WTO Reform and
Reconstruction of
International Economic
and Trade Rules
WTO Laws and China (2020)

WTO改革与国际经贸规则重构

WTO法与中国（2020）

林中梁　王崇敏　王琦　史晓丽◎主编

知识产权出版社
全国百佳图书出版单位
—北京—

图书在版编目（CIP）数据

WTO 改革与国际经贸规则重构：WTO 法与中国：2020／林中梁等主编.—北京：知识产权出版社，2021.7
ISBN 978－7－5130－7560－2

Ⅰ.①W… Ⅱ.①林… Ⅲ.①世界贸易组织—改革—文集—2020②国际贸易—商务规则—文集—2020 Ⅳ.①F743.1－53②F744－53

中国版本图书馆 CIP 数据核字（2021）第 115079 号

责任编辑：齐梓伊　唱学静　　　　　　责任校对：潘凤越
封面设计：瀚品设计　　　　　　　　　　责任印制：孙婷婷

WTO 改革与国际经贸规则重构——WTO 法与中国（2020）

林中梁　王崇敏　王　琦　史晓丽　主编

出版发行：知识产权出版社有限责任公司	网　　址：http://www.ipph.cn
社　　址：北京市海淀区气象路 50 号院	邮　　编：100081
责编电话：010－82000860 转 8176	责编邮箱：qiziyi2004@qq.com
发行电话：010－82000860 转 8101/8102	发行传真：010－82000893/82005070/82000270
印　　刷：北京建宏印刷有限公司	经　　销：各大网上书店、新华书店及相关专业书店
开　　本：700mm×1000mm　1/16	印　　张：23.25
版　　次：2021 年 7 月第 1 版	印　　次：2021 年 7 月第 1 次印刷
字　　数：360 千字	定　　价：98.00 元
ISBN 978－7－5130－7560－2	

出版权专有　侵权必究

如有印装质量问题，本社负责调换。

目　　录

contents

一、WTO改革与国际经贸规则重构

后WTO时代国际经贸规则重构趋势及中国因应
　　——以《美国-墨西哥-加拿大协定》为视角　　翁国民　宋　丽 / 3
多边贸易体制"成员驱动"法律问题研究　　徐　泉　郝　荻 / 23
超越WTO改革路径：关于特殊与差别待遇的再思考　　韩永红 / 63
WTO发展问题与谈判模式的改革
　　——以中国视角分析欧盟改革方案　　李一凡 / 78

二、货物贸易与服务贸易规则

WTO国家安全例外条款的适用新趋势
　　——以WTO"俄乌过境争端案"专家组报告为视角　　师　华　刘　敏 / 95
"数据本地化"与"数据自由化"的碰撞
　　——WTO规则下"数据本地化"的合法性探讨　　徐　军　李　茜 / 108
"非市场经济条款"的解释困境　　杨国华 / 122
论WTO欧盟—与价格比较方法有关的措施案（DS516）中的嗣后
　　解释　　全小莲 / 131

欧盟反倾销中的新替代国制度及其违法性分析
　　——兼评"中国诉欧盟反倾销价格比较方法案" 刘　勇　谢依依／156

WTO改革视角下全球可再生能源政策与国际贸易法
　　——贸易争端的解决与应对策略 李　威／174

三、WTO争端解决机制

晚近WTO争端解决专家组的条约解释 张乃根／197

国际组织与主权国家权力的再平衡
　　——以争端解决机制为视角 屠新泉　石晓婧／234

司法节制原则的默示标准及其在"232措施案"中的可能应用 梁　意／253

四、区域贸易协定、中国自由贸易港

论国有企业的国际规范 黄志瑾／277

"一带一路"跨境电子商务规则的构建
　　——以CPTPP、USMCA为鉴 郑玲丽／307

中国自由贸易试验区立法问题探析 徐忆斌／330

中国特色自由贸易港的法制体系建设：指导思想、功能内涵与
　　制度架构 郑　蕴／348

一、WTO 改革与国际经贸规则重构

后 WTO 时代国际经贸规则重构趋势及中国因应
　　——以《美国-墨西哥-加拿大协定》为视角　翁国民　宋　丽 / 3
多边贸易体制"成员驱动"法律问题研究　徐　泉　郝　荻 / 23
超越 WTO 改革路径：关于特殊与差别待遇的再思考　韩永红 / 63
WTO 发展问题与谈判模式的改革
　　——以中国视角分析欧盟改革方案　李一凡 / 78

# 后 WTO 时代国际经贸规则重构趋势及中国因应
——以《美国-墨西哥-加拿大协定》为视角

翁国民　宋　丽[*]

一、引言

近两年，国际社会局势风云变幻。和平与发展作为21世纪的时代主题面临着前所未有的挑战，国际政治、经济等多层面暗潮涌动。美国单方面宣布退出《苏联和美国消除两国中程和中短程导弹条约》[①]致使该条约于2019年8月2日全面失效，引发世界政治局势的动荡。经济基础决定上层建筑，国家间政治上开始军事备赛，背后是经济博弈的动态推动。代表国际经贸多边规则的集大成者世界贸易组织（World Trade Organization, WTO），其多边争端解决机制能否继续有效存在并发挥其解决多边争端的功能尚不可知，各国对WTO改革的呼声日益高涨，WTO各成员陆续对WTO改革提出自己的方案，但能否对WTO顺利进行改革及如何改革仍是未知数。各国经济发展程度的差异，致使WTO多边体制下协商

---

[*] 翁国民，浙江大学经济学院教授；宋丽，澳门科技大学法学院国际经济法博士研究生。
[①]《苏联和美国消除两国中程和中短程导弹条约》规定美苏两国不再保有、生产或试验射程500千米至5500千米的陆基巡航导弹和弹道导弹。该条约是1987年美苏两国签订的，为维持国际和平稳定发挥了重要作用。

一致的规则制定方式落后于实践发展,各国纷纷诉求区域贸易协定以表达自己的利益诉求。美国接连单方面退出多边及区域协定、单方面对中国启动"301调查"挑起贸易争端等单边主义行为表现出对WTO多边体制的抛弃,美方重启与墨西哥、加拿大经贸协定谈判形成的《美国-墨西哥-加拿大协定》(United States-Mexico-Canada Agreement, USMCA),内含美国当前对经贸规则重构的新诉求,应当引起中国高度重视。

中国学者对当前美国单边主义盛行的经济形势做了大量研究[②],WTO争端解决机制成立以来对多边争端的解决发挥了重大作用,随着上诉案件的不断增加,上诉机构的作用日益突显,而美国当前干预上诉机构成员的选任,致使上诉机构面临史无前例的生存危机。[③] 美国单边主义表现,并不能视为逆全球化,正如学者车丕照所言:"全球化是不可逆转的趋势,美国并非反对全球化,只是反对不符合美国利益的全球化,美国并非反对多边规则,而是对现行的多边规则不满,其单边主义行为是按照自己意志来重塑全球规则体系。"[④] 美国单边主义和贸易保护主义是引起WTO成员对WTO进行改革的导火索,本轮WTO改革针对中国意图明显,上诉机构也面临停摆的可能。[⑤] 在接连出现的单边主义与贸易保护主义形势下,国际经贸规则从多边走向了碎片化,区域性的高标准新规则成为国际经贸规则重塑的载体。[⑥] USMCA内含美国对全球经贸规则的核心诉求,近期学界对其进行了专题探

[②] 参见孙南翔:"美国经贸单边主义:形式、动因与法律应对",载《环球法律评论》2019年第1期,第179-192页;韩立余:"当代单边主义与多边主义的碰撞及其发展前景",载《国际经济法学刊》2018年第4期,第23-41页;朱榄叶:"美国的单边主义行动违反国际法",载《国际经济法学刊》2018年第4期,第1-11页;孙南翔:"唤醒装睡的美国:基于美国对华单边贸易救济措施的分析",载《国际经济法学刊》2018年第3期,第20-28页。

[③] 石静霞:"世界贸易组织上诉机构的危机与改革",载《法商研究》2019年第3期,第150页。

[④] 车丕照:"是'逆全球化'还是在重塑全球规则?",载《政法论丛》2019年第1期,第15-16页。

[⑤] 郑伟、管健:"WTO改革的形势、焦点与对策",载《武大国际法评论》2019年第1期,第75-77页。

[⑥] 祝明侠:"国际经贸规则变化新趋势及我国的因应对策",载《烟台大学学报(哲学社会科学版)》2015年第6期,第114页。

讨。学者分别从协定发展视角[⑦]、国际政治视角[⑧]、经济学视角[⑨]、全球价值链视角[⑩]、规则视角（主要从投资与"非市场经济国家"条款进行探讨）[⑪]对USMCA进行全面解读，为本文以USMCA为视角研究当前国际经贸规则重构问题提供了大量有益文献。

以USMCA为视角对国际经贸规则重构问题进行研究，不仅有利于中国应对当前经贸摩擦，亦有助于为WTO改革提供方向，使得多边贸易体制走出困境。本文拟以USMCA为切入点，从规则层面深入探析美国单边主义诉求的实质及国际经贸规则重构的新动向，明晰国际经贸规则重构趋势对中国制度和规则的挑战，并提出应对策略。

二、新时期国际经贸规则重构的背景

（一）WTO多边体系遭遇挑战

1. WTO规则僵化，难以回应现实需求

随着通信技术、互联网技术的飞速发展，物联网、大数据、云计算的出现，促使世界商业模式发生了巨大变化。以电子商务为代表的数字贸易的兴起，使世界经济的表现形式发生了重大改变。人工智能技术近年来的发展也

[⑦] 参见王学东："从《北美自由贸易协定》到《美墨加协定》：源起、发展、争论与替代"，载《拉丁美洲研究》2019年第1期，第1-22页；欧阳俊、邱琼："《美墨加协定》的目标、原则和治理机制分析"，载《拉丁美洲研究》2019年第1期，第23-42页；廖凡："从《美墨加协定》看美式单边主义及其应对"，载《拉丁美洲研究》2019年第1期，第43-59页。

[⑧] 参见沈伟："'修昔底德'逻辑与规则遏制与反遏制——中美贸易摩擦背后的深层次原因"，载《人民论坛·学术前沿》2019年第1期，第40-59页；刁大明、宋鹏："从《美墨加协定》看美国特朗普政府的考量"，载《拉丁美洲研究》2019年第2期，第80-94页。

[⑨] 参见魏红霞："《美墨加协定》谈判中的各方利益博弈"，载《拉丁美洲研究》2019年第2期，第44-56页；洪朝伟、崔凡："《美墨加协定》对全球经贸格局的影响：北美区域价值链的视角"，载《拉丁美洲研究》2019年第2期，第25-43页。

[⑩] 参见陈靓、黄鹏："WTO现代化改革——全球价值链与多边贸易体系的冲突与协调"，载《国际展望》2019年第1期，第16-34页；陈靓、武雅斌："全球价值链下服务贸易规则的新发展——美墨加协定（USMCA）的视角"，载《国际贸易》2019年第2期，第87-96页。

[⑪] 参见万军："《美墨加协定》对北美三国投资的影响"，载《拉丁美洲研究》2019年第2期，第1-24页；孙南翔："《美墨加协定》对非市场经济国的约束及其合法性研判"，载《拉丁美洲研究》2019年第1期，第60-77页；池漫郊："《美墨加协定》投资争端解决之'三国四制'：表象、成因及启示"，载《经贸法律评论》2019年第4期，第14-26页。

如火如荼，可以预见在不久的将来，人们将在"万物皆互联，无处不计算"的环境下精准生活。[12] 人工智能技术日益成熟，在国际贸易领域，人工智能技术将推动数字经济发展成为世界贸易的强大驱动力。面对世界经济形势的新发展，WTO项下多边协定已不能满足飞速发展的商业形式的需要，尤其是无法回应新兴数字贸易对传统国际经贸规则的需求，现行的WTO项下多边协定面临着规则挑战。

时代在进步，而WTO项下多边协定的产生方式却没有适应时代的发展，仍然采取协商一致的规则产生方式。众所周知，随着WTO成员的增加，能够在一项规则制定上达成一致的可能性已经微乎其微，更何况在目前数字经济、国有企业、竞争政策、通信服务、金融服务等需要进行利益再平衡的新议题下，各成员的利益诉求千差万别，不仅在发达国家与新兴经济体之间差异巨大，同时在发达国家之间、发展中国家之间由于经济制度发展的差异也很难达成一致，WTO的多边谈判功能几近丧失。难以回应经济发展实践的多边协定与僵化的WTO机制本身，昭示着WTO多边机制亟待进行改革。

2. 美国单边主义对WTO多边规则的挑战

当前单边主义与贸易保护主义盛行，引起世界各国对经济局势的关注。自从特朗普政府上台后，以自动"退群"的方式，单方面宣布退出其已签订或已批准的多边协定，单方面对中国启动"301调查"，指责中国强制技术转让，并表示WTO多边规则已经对中国存在的问题难以规制，美国以此作为借口干预WTO上诉机构成员的任命，使WTO争端解决机制的上诉机构面临停摆的可能。而自WTO成立以来，WTO争端解决机制通过专家组与上诉机构的设置运转良好，解决了大量成员之间的经贸摩擦问题，为国际经贸规则的良好运行和世界经济的强劲发展做出了不可磨灭的贡献。而美国单方面干预上诉机构成员的任命，使得在2019年12月，上诉机构成员仅余一人，即使专家组审理完手中的贸易摩擦争端，争端双方也不再能够进行上诉，或即使上诉也没有意义；这使得WTO机制在美国单方面干预下将面临争端解决

---

[12] 参见吴汉东、张平、张晓津："人工智能对知识产权法律保护的挑战"，载《中国法律评论》2018年第2期，第1-24页。

功能的丧失。

WTO多边协定落后于实践发展，同时，在单边主义与贸易保护的干预下，WTO自身面临巨大挑战，其谈判功能与争端解决功能几近丧失。这使得各经济体纷纷对多边机制丧失信心，转而寻求双边和区域的合作，近年来涌现出大量的区域贸易协定即是例证。

（二）各方经贸规则诉求逃离多边

美国各种单边主义行径，应视为对WTO多边体制的背离。美国以WTO多边机制不能对新兴经济体国家（主要针对中国）进行约束为由，企图以一种釜底抽薪的方式让WTO多边机制完全瘫痪，以便于其在多边之外形成全新的规则制度模式，国际经济形势似乎从"规则导向"又回到了"实力导向"。[13] 这不仅是国际关系博弈的过程，亦是WTO成员之间国家经济实力博弈的过程。

WTO各成员在不同场合提出对WTO改革的方案，由于并未触及美国核心的利益诉求，故而未能启动对WTO体制进行改革的议程。在多边机制停滞不前、多边协定中规则僵化的同时，各成员无论是发达国家还是发展中国家都在某种程度上寻求区域性协作，将在多边体制下得不到满足的利益诉求转向双边、区域贸易协定的达成。截至2019年，已经通知WTO生效的区域贸易协定有301个，其中152个包含了服务贸易的内容，只包含货物贸易内容的区域贸易协定有149个。[14] 进言之，大量涌现的新一代区域贸易协定中的新议题，集中反映了各国的不同利益诉求与各方的核心关注。

WTO上诉机构危机是由于美国单方面的干预导致的，那么美国的核心利益诉求就成为化解本次危机的核心。美国在背离WTO多边机制的同时，积极寻求并达成的区域贸易协定，其核心议题就成为世界各国应当关注的焦点。近年来美国大量缔结区域贸易协定，甚至在《跨太平洋伙伴关系协定》（Trans-Pacific Partnership，TPP）谈判中故意避开中国等新兴经济体，意图重

---

[13] 韩立余："当代单边主义与多边主义的碰撞及其发展前景"，载《国际经济法学刊》2018年第4期，第39-40页。

[14] WTO Regional Trade Agreements Database（Aug. 10, 2019），http：//rtais.wto.org/UI/publicsummarytable.aspx.

新主导国际经贸规则的制定。但特朗普政府上台后，2017年美国退出以其为主导的TPP，在2017年美国退出该协定后其更名为《全面与进步跨太平洋伙伴关系协定》（Comprehensive and Progressive Agreement for Trans-Pacific Partnership，CPTPP）；因为特朗普政府贸易政策的调整，所以《跨大西洋贸易与投资伙伴关系协定》（Transatlantic Trade and Investment Partnership，TTIP）谈判陷入停滞状态。从美国政府退出TPP、暂停TTIP的谈判，可以从侧面得出结论：这两个被其他国家广泛研究的协定不再符合美国的利益诉求了。此后，美国积极地与墨西哥、加拿大就1994年达成的《北美自由贸易协定》（North America Free Trade Agreement，NAFTA）重新进行磋商，这充分地反映出美国对现行规则的不满。美国于2018年11月30日正式签署的USMCA，其核心议题涵盖政府采购、投资、跨境服务贸易、临时入境、金融服务、通信、数字贸易、知识产权、竞争政策、国有企业、劳工、环境、中小型企业等议题，以及在例外与一般条款里设置"非市场经济国家"条款[15]，这些核心议题无一不体现美国对其利益的关注。

USMCA的达成，反映了美国的核心利益诉求，同时在该协定中美国不再掩饰对中国贸易政策的偏见，其中"非市场经济国家"条款直指中国市场经济体制，应当引起中国的高度重视。另外，该协定也包含美国当前的利益关注点，由于篇幅有限，仅对新议题中对国际经贸规则重构具有重大影响及对中国构成挑战的议题进行讨论。

三、从USMCA看经贸规则重构

（一）USMCA规则解读

1. USMCA的实质

USMCA是美国与墨西哥、加拿大在1994年NAFTA的基础上更新的协

---

[15] United States-Mexico-Canada Agreement（USMCA），Office of the United States Trade Representative（Aug. 10，2019），https：//ustr.gov/trade-agreements/free-trade-agreements/united-states-mexico-canada-agreement.

定。但与 NAFTA 不同的是，USMCA 的实质发生了根本变化。

一方面，美、墨、加三方于 1994 年达成的 NAFTA 属于在 WTO 项下允许的区域贸易协定，而 USMCA 在许多方面突破了 WTO 多边规则，且在名称上可以看出该协定为美、墨、加三国之间的协定，且没有把区域经济一体化列为 USMCA 的目标，国际法地位弱化为国家间协定，不再是区域性协定。[16] 这与美国推行单边主义有关，美国一直认为现行的 WTO 多边体系已经不符合其利益诉求了。在 WTO 成立之初，最惠国待遇原则和国民待遇原则构成的非歧视原则成为 WTO 多边体制的基石，而由于大多数的成员是发展中国家，所以在 WTO 多边规则下就将维护发展中国家利益作为制度发展的目标，引入了发展中国家差别化待遇，结果是发展中国家承担了较少的国际义务，而最惠国待遇原则和国民待遇原则实际上只对占 WTO 约 1/4 的发达经济体成员生效。随着美国贸易政策的调整，尤其是特朗普政府推行"美国优先"贸易政策，意图消除长期以来的贸易逆差，让本国空心制造业回流，美国开始寻求更公平而非更自由的贸易环境，特朗普政府认为多边规则会削弱其讨价还价的能力，不主张签订大型的区域化贸易协定，而是更倾向于一对一的双边谈判。[17]

另一方面，如果把 USMCA 的性质定位为区域贸易协定，那么根据 1947 年《关税与贸易总协定》（General Agreement on Tariffs and Trade，GATT）第 24.4 条，为了贸易更自由，各成员可以自行签署贸易协定以建立紧密联系的经济一体化。也即为了实现更自由的区域经济一体化，在 WTO 的多边协定下是允许各方自愿签署协议的。另根据 GATT（1994）第 24 条规定，在缔结区域贸易协定时，需满足两项义务：一是双方签订协定不得给其他成员制造更多贸易壁垒，也即要么给其他成员更优惠政策，要么至少要维持现状不变，不能为其他非缔约的成员增加义务；二是在达成的该区域贸易协定中，协定的缔约方应实现更高水平的开放、贸易更自由，也即区域贸易自由化安

---

[16] 欧阳俊、邱琼："《美墨加协定》的目标、原则和治理机制分析"，载《拉丁美洲研究》2019 年第 1 期，第 27 页。

[17] 魏红霞："《美墨加协定》谈判中的各方利益博弈"，载《拉丁美洲研究》2019 年第 2 期，第 54 页。

排应在 WTO 项下进行，在缔约方内部应更开放，在外部不能对其他成员造成限制。USMCA 作为区域贸易协定来讲，其中形成世界关注焦点的"非市场经济国家"条款赋予了美、墨、加三方单方认定其他成员为非市场经济国家的权利，并对缔约方与该非市场经济国家进行贸易谈判的权利进行了限制。若该第三方意与美、墨、加任何一方签订区域贸易协定，则必须证明自己是市场经济国家。该条款明显为第三方成员增加了义务，不仅违反了《维也纳条约法公约》第 14 条关于条约不得为第三国创设义务的规定，也违反了 WTO 多边规则项下区域贸易协定应当更自由，而不是增加贸易限制壁垒的规定。美国在 USMCA 中倡导缔约方具有对非市场经济国家的单方认定权，强调其单边权利，并干预 WTO 上诉机构的运行，进而阻止其他成员运用 WTO 的争端解决机制来约束其行为，是典型的单边主义行径。

综上，从 USMCA 名称及美国国内贸易政策层面不宜将其性质认定为区域贸易协定；另从规则层面，USMCA 制造了更多贸易壁垒，而不是使贸易更自由，亦不能认定其为符合 WTO 多边规则的区域贸易协定，它实质上与美国当前的"美国优先"贸易政策有关，在性质上就应定位为美国单边主义裹胁下的国家间协定。美国单边主义背离多边体系，在中美贸易摩擦愈演愈烈、WTO 面临改革、国际经贸规则重构阶段迅速达成的 USMCA 具有更多的政治意图。在贸易协定的性质发生根本变化的基础上，再看协定内容，也已与之前 NAFTA 发生了较大的变化，下面将从发生重大变化的章节、条款入手进行分析。

2. "非市场经济国家"条款

"非市场经济国家"条款被称为"毒丸条款"，为 USMCA 第 32.10 条。该条规定 USMCA 中的任何一方在与非市场经济主体商谈自贸协定之前，应提前 3 个月通知到其他缔约方；在与非市场经济主体签署自贸协定前不晚于 30 天向其他缔约方提交意欲签订的自贸协定文本以供审查；如果缔约方与非市场经济主体签署的自贸协定生效，那么其他缔约方则有权在提前 6 个月通知后退出 USMCA。该条规定了一个通知义务，即提前 3 个月通知其他缔约方有关与非市场经济主体签订自贸协定的意图；一个告知义务，即将其与非市场经济主体之间的贸易协定内容告知其他缔约方；一个退出通知，即基于该缔约方与非市场经济主体签订了自贸协定，其他缔约方则有权在通知该缔约方之日起6个月之后自由退出USMCA。在该条款下，主要有以下几个规则问题。

一是对非市场经济国家的界定权问题。USMCA内容规定对于非市场经济国家的界定，由美、墨、加三方单方面界定，无须根据WTO多边体制中对非市场经济国家的定义来进行界定。美国多次指出中国的市场经济体制问题，并认为中国的国有企业违反竞争中立获得非基于市场的额外优势，质疑中国的贸易政策。同时，美国认为现行WTO多边规则无法规制中国的贸易政策问题，且USMCA在中美贸易摩擦期间达成。所以，在美国倡导迅速签订的USMCA中加入"非市场经济国家"条款，意在针对中国的贸易政策。中国于2001年"入世"时在《中国加入工作组报告书》中进行了15年的非市场经济承诺，也即在2016年中国就自动取得市场经济国家地位，无须其他WTO成员的承认，而当前世界主要的经济体美、日、欧均不承认中国的市场经济地位，甚至美国商务部于2017年10月出台备忘录将中国界定为非市场经济国家，其行为不符合《WTO协定》的宗旨与目标。美国主导的USMCA中直指中国的贸易政策，不再掩饰对中国贸易政策的不满，甚至美国在各种场合宣称，将该条款作为模板推广到其他贸易协定当中。该歧视性条款在中美贸易摩擦的大背景下提出，对中国的贸易谈判造成了巨大的压力与阻碍，企图将中国孤立在国际贸易与投资活动之外，应当引起中国的高度重视。

二是"非市场经济国家"条款合法性问题。从"非市场经济国家"条款的内容来看，该条款不仅为第三国创设了义务，而且限制了第三国与协定的缔约方进行贸易谈判的权利，是一个违反国际法的存在。首先，缔约方要与非市场经济主体意图签订自贸协定，在有这个意图之前的3个月就要告知其他缔约方，从一开始缔约方与非市场经济主体的贸易协定谈判就不自由。USMCA成员是主权国家，缔约自由是其一项基本权利。在WTO多边体制下，各个成员均可以自由地缔结条约，而在美、墨、加三国的一个经济贸易协定中对缔约方的缔约自由进行限制。这显示出美国领导性的缔约地位，墨、加两国为了其他利益进行了妥协，甚至可以说让渡了部分缔约自由的主权，这不仅是对缔约方进行贸易谈判权的限制，也给第三方附加了义务，即一旦被认定为非市场经济国家，将不能自由地与美、墨、加三方缔结贸易协定。其次，缔约方要将与非市场经济主体之间的贸易协定内容告知其他缔约方，这里增加了一个信息披露的义务，也是对非市场经济主体与缔约方自由贸易谈判的限制。最后，若缔约方与非市场经济主体谈判成功，协定生效，其他缔约方可享有 6 个月通知后的自由退出权，这相当于一个威胁条款。中国作为加拿大第二大贸易伙伴、墨西哥第四大贸易伙伴，具有庞大的经济体量，但美国是加拿大、墨西哥的第一大贸易伙伴。也即美国给墨西哥、加拿大成员方以选择权，不过这是一道单选题，墨、加双方选择了美国。美国依据该条款成功阻碍了中国与墨、加两国缔结贸易协定的谈判，若后续美国将该条款推广到与其他国家的贸易协定中，那么中国将很难与其他国家进行贸易谈判，美国就达到了孤立中国的目的。

三是 USMCA 第 32.10 条退出条款与第 34.6 条退出条款的关系问题。USMCA 第 32.10 条退出条款是指基于该缔约方与非市场经济主体签订了自贸协定，其他缔约方则有权在通知该缔约方之日起 6 个月后自由退出 USMCA；第 34.6 条是该协定的正常退出条款，即任一缔约方均有权以书面的形式向其他缔约方递交退出协定的通知，通知其他缔约方之后 6 个月即可正式退出该协定。表面看起来都是其他缔约方主动提出退出该协定，且均有一个通知义务，期限也均为 6 个月，但通过以上对第 32.10 条文本的分析，可以得知这两个条款存在巨大差异。第 32.10 条退出条款存在一个前提即缔约方与非市场经济国家签订了自贸协定，且该协定已生效，经其他缔约方的评估审查后作出退出 USMCA 的决定或通知，也即在其退出协定的通知作出前，授予其提前介入非市场经济主体的自贸协定的权利，在此情况下，存在缔约方、非市场经济主体、宣布退出协定的缔约方这三方关系；而第 34.6 条退出条款是一个正常退出条款，是没有发生缔约方与非市场经济主体进行贸易协定谈判的情况下的一个退出机制，这种情况只存在于 USMCA 缔约方成员内部的成员主体之间，不涉及非市场经济主体关系。

综上，通过对第 32.10 条内容的规则分析，得出该条款将非市场经济国家的界定权授予该协定内部成员，不符合 WTO 多边规则；该条款内容为第三方成员设定义务、限制自由贸易谈判的权利，不仅违反《维也纳条约法公约》，亦违反 WTO 缔约自由的多边规则；通过与协定正常退出机制相比较，得出该条款的退出机制是建立在限制第三方缔约自由的前提下进行的，是一个威胁性存在，也违反国际法。该条款的存在，是对 WTO 多边体系的背离，是对多边规则的公然挑战，也是美国单边主义孤立中国、开展自由贸易重要的一步。

3. 数字贸易规则初现

数字贸易以往采用电子商务的定义，而在 USMCA 中首次以数字贸易作为章节标题，取代了电子商务标题，明确了数字贸易的含义，避免陷入"以网络交易平台支撑的在线交易"的误解。[18] 随着数字贸易的出现，长期以来 WTO 项下的多边协定由于不能应对数字贸易的挑战而广遭诟病，且 WTO 自身存在的多边谈判功能弱化的问题，致使迟迟达不成多边协议，无法对协定内容进行更新以适应快速发展的世界经济；而区域性贸易协定的大量涌现，使得世界各经济体更加丧失对多边规则的期盼，转而寻求双边、区域性经济一体化。数字贸易规则的制定也是在这个背景下推动的。起初数字贸易的体现就是电子商务，通过网络进行交易，将线下贸易移到线上，有关电子商务的贸易规则也是在区域性协定中达成的。随着数字贸易的日益发展，尤其是随着通信技术、互联网技术、人工智能技术、大数据的发展，商业模式的创新，使得数字贸易不再拘泥于传统的电子商务模式，故在以往电子商务章节的规制纪律是：禁止对通过电子方式跨境的商品、数字产品征收关税；鼓励缔约方开展合作以保护网络消费者的合法权益；禁止当地存在；鼓励数据跨境流动；消除数据本地化的限制等；而在 USMCA 的数字贸易章节则更加注重网络安全、透明度等纪律问题，且数字贸易的条款不仅规定在数字贸易章节，还散见于跨境服务贸易等其他服务贸易规则纪律中。

在数字经济的推动下，数字贸易出现大发展。谁占据了数字贸易的优势，谁就取得了未来经济的制高点。各国纷纷抢占技术战略高地，因为数字贸易要想蓬勃发展，必须有技术支持。在数字贸易过程中，数据不可避免地将进行跨境传输，而在跨境流动的过程中，可能发生数据泄露等数据安全问题，

---

[18] 陈靓、武雅斌："全球价值链下服务贸易规则的新发展——美墨加协定（USMCA）的视角"，载《国际贸易》2019 年第 2 期，第 93 页。

如用户个人隐私数据泄露、数字产品的技术数据被窃取。这种数据安全问题将极大地阻碍数据的自由流动,进而限制数字经济的发展。未来在数字贸易的发展中,必须通过加强技术来保障网络安全,在确保个人隐私、数据等安全的前提下,鼓励数据跨境自由流动,以促进数字经济发展。在USMCA中新增网络安全条款,鼓励各缔约方加大合作,共同应对数据安全威胁问题,有助于世界各经济体增强对数字贸易的信心。

4. 投资争端解决机制变化

USMCA中投资争端解决机制出现国别变化。美国与加拿大的投资争端、墨西哥与加拿大的投资争端,且无论是两国投资者之间还是投资者与东道国政府之间的投资争端都不得诉诸仲裁进行解决,除非另有约定,此类投资争端只能诉诸国内法院、国家间的仲裁或其他救济方式解决,也即加拿大完全放弃了国际仲裁。在2016年加拿大与欧盟签署的《综合经济与贸易协定》(Comprehensive Economic and Trade Agreement,CETA)中,加拿大设置了投资法庭与上诉机构作为解决机制,表明加拿大支持以设立多边投资法院的方式来解决投资争端,不再诉诸国际投资机制解决。[19] 这也是对国际投资争端解决机制进行改革的一种新动向。

另外,美国与墨西哥之间的投资争端仍可通过投资者-国家争端解决机制(Investor-State Dispute Settlement,ISDS)进行国际仲裁解决,在USMCA中虽然保留了投资仲裁方式,但进行了相当大程度的限制,这种限制规定在第14章"投资"中,具体为附件"14-D墨西哥与美国国际投资争端"。该附件从两个层面对投资争端仲裁进行了限制。一是限缩了可诉诸仲裁的投资争端范围,明确将投资设立与取得、间接征收排除在可仲裁范围之外。二是规定了仲裁的前置程序,分别从当地救济与时限要求两个维度对仲裁程序的启动进行了限制。当地救济要求指的是投资者在依ISDS机制提起仲裁前首先应在东道国国内法院起诉,即用尽当地救济;时限要求指的是在国内法院程序终结后或起诉之日起30个月后方可提起仲裁程序。

---

[19] 池漫郊:"《美墨加协定》投资争端解决之'三国四制':表象、成因及启示",载《经贸法律评论》2019年第4期,第17页。

可仲裁投资争端范围的限缩及仲裁程序前置程序的存在，使得仲裁程序的提起呈现高难度的特征，考虑到时间成本及提起仲裁的难度，投资者不得不放弃仲裁救济，转向国内救济，这也是在国际投资仲裁领域出现的新动向，即投资仲裁解决机制回归国家化，扩展东道国对该投资争端的治理。

（二）国际经贸规则重构趋势

1. 经贸规则重构表现

首先，从规则重构方式来看，当前国际经贸规则的重构主要以双边、区域一体化为主；而从USMCA来看，国际规则重构则体现出明显的挑战WTO多边体系的特征，其倡导的"区域贸易协定"具有单边主义色彩。随着世界经济再平衡的启动，美国不再遵循全球价值链对已有的国际规则进行深化，而是避开甚至屏蔽、阻碍重要的经济体，寻求其"志同道合"的盟国在区域层面上推动符合美国利益的规则，全球经贸规则的构建不再是区域自由化，而是美国单边主导的"区域主义"。[20] 在区域主义之下，美国大力推行"美国优先"的贸易政策，并试图将该贸易政策推广到与其他贸易谈判主体的协定之中去，而其单边主义色彩浓厚的贸易政策很难被大部分缔约方接受。考虑到协定达成的效率与成功率，美国积极寻求双边合作，在区域谈判中亦是采取双边方式，与各缔约方分别进行谈判，且暂时停止多边谈判的进程。

其次，从"非市场经济国家"条款的加入来看，美国意图直指中国的贸易政策，质疑中国的市场经济国家地位。在WTO多边体制之下，所有的成员均适用最惠国待遇原则，无论是不是市场经济国家，每个成员都是贸易政策优惠的受惠者，且WTO宗旨是维护发展中成员利益，引入特殊与差别待遇条款，使得发展中成员承担较少的国际义务却依然享受"最惠"待遇；而在美国推行的"区域主义"之下，强调对等原则，即意味着各成员都承担相同的义务，享有相同的权利，这也是美国一直强调的公平。美国认为在WTO多边体系中没有得到公平对待，其承担了不平等的国际义务，限制其进行讨

---

[20] 陈靓、武雅斌："全球价值链下服务贸易规则的新发展——美墨加协定（USMCA）的视角"，载《国际贸易》2019年第2期，第94页。

价还价的能力，并对多边体制难以制约中国而愈发不满，导致其对多边丧失了信心。在美国抛弃多边后，以其贸易政策来推行"互惠"，从"非市场经济国家"条款的加入可以看出美国迫切制约中国等新兴经济体的诉求，试图构建符合美国现阶段利益的全球经贸规则。

再次，从数字贸易规则的制定来看，虽然数字贸易蓬勃发展，但国际规则制定却迟迟没有进展，在USMCA中首次规定数字贸易规则是一个重大突破，具有重大意义，这是从规则层面为未来数字经济的发展保驾护航。从电子商务章节中禁止对电子传输产品征收关税、限制数据本地化、鼓励数据跨境等基础性条款，到单独设立数字贸易章节，并加入当前亟待解决的网络安全条款，提高政府行政透明度要求等，为数字贸易的发展提供了极大的制度与规则保障。另外，以数字贸易为核心，通过对既有规则的数字化升级，促使原规则的更新换代，改善了原规则不能解决数字贸易问题的情况。

最后，从国际投资争端解决机制的变化来看，在ISDS中，加拿大彻底放弃国际投资仲裁机制，在美国与墨西哥投资仲裁的启动中，限缩了可进行仲裁的范围并设置了仲裁启动的前置程序，极大地增加了仲裁程序启动的难度，迫使投资者不得不选择东道国国内救济，从这个层面上反映出国际投资争端回归国家化管理的方式。各国在条约谈判时究竟应当选择国际救济还是国内救济的方式，缔约方的国内法治因素是着重考虑的关键因素。[21] 从现实情况来看，美国的法治化水平是全世界有目共睹的，其高水平的国内法治环境将与ISDS具有同等水平甚至超过ISDS争端解决的水平；而墨西哥属于发展中国家，法治化水平相对较低，其对投资争端的解决水平低于ISDS国际救济的方式。从表面上看，美国与墨西哥之间保留ISDS并对仲裁程序的启动进行限制，是对美国投资者的不公平对待，甚至引起了美国国内的广泛批评，称美国投资者能否被公平地对待将取决于墨西哥法院。但这实质上将有助于美国投资回流，有助于美国制造业的回归，因为当美国投资者在法治化

---

[21] See Sergio Puig & Gregory Shaffer, *Imperfect Alternatives: Institutional Choice and the Reform of Investment Law*, 112 American Journal of International Law 361, 408 (2018). 转引自池漫郊："《美墨加协定》投资争端解决之'三国四制'：表象、成因及启示"，载《经贸法律评论》2019年第4期，第23页。

水平低的国家得不到有效救济时，将会考虑将投资回流，制造业回迁，以确保其自身利益的实现。

从规则制定的角度来看，USMCA 反映了当前美国的核心诉求。在美国单边主导的区域主义之下，倡导"美国优先"的贸易政策，在具体条款制定上存在着背离多边体制的倾向，而在具体议题的设置上，又极大地推进了当前亟待解决的数字贸易规则的进展，取得小范围的新突破，同时在投资领域展现去国际化的新趋势。这些都是根据美国的国内诉求来推行的国际政策，在当前国际经贸规则重构阶段将引领规则重构的趋势。

2. 规则重构的实质动因

美国单边主义背离了 WTO 的多边体系，在中美贸易摩擦期间、国际规则重构启动之时抢先、快速制定并达成规则，目的在于维持其规则制定主导者的地位，同时可防止其他经济体对规则先行进行解释，以符合美国现阶段的利益诉求。

在美国国内层面，数字贸易规则的制定、投资争端解决机制的重构，均是由美国的国内贸易政策决定的。数字贸易规则的制定将有利于美国数字贸易的发展，并在国际经济中占据优势地位，投资争端解决机制的变化将有利于美国投资回流、制造业回归，重振美国国内经济。

在国际层面，USMCA 中加入了对中国有重磅影响的"非市场经济国家"条款。该条款是一个相当具有歧视性的条款，通过规则的方式对中国进行规制，意图将中国排除在现代国际贸易与投资活动体系之外。授予缔约方单方面对非市场经济国家的认定权，与非市场经济国家签订自贸协定时要提前告知其他缔约方、提供文本审查，以及其他缔约方的退出机制，无一不体现了对非市场经济国家贸易谈判的限制。USMCA 在中美贸易摩擦期间达成，中美贸易摩擦的实质是崛起大国与守成大国之间的必然冲突。[22] 美国实质上并不是反全球化，只是在改造当前的贸易规则以符合其自身的利益，对具有强劲竞争力的对手构筑规则障碍，以守住其大国地位。

---

[22] 参见沈伟："'修昔底德'逻辑与规则遏制与反遏制——中美贸易摩擦背后的深层次原因"，载《人民论坛·学术前沿》2019 年第 1 期，第 40-44 页。

四、中国因应

（一）中国面临的挑战

当前国际经济形势风云变幻，在国际经贸规则重构的过程中，美国占据主导地位，中国欠缺规则制定的话语权，在既定与未来规则制定的趋势下，中国将面临以下几项挑战。

1. "非市场经济国家"条款的挑战

美国在其主导的 USMCA 中加入针对中国贸易政策的"非市场经济国家"条款，意图将中国排除在国际贸易与投资活动之外，在实质上将会对中国产生不利的影响。根据对"非市场经济国家"条款内容的解读可知，未来该条款将对中国与该协定缔约方进行贸易谈判产生极大的限制，制造难以逾越的障碍；如若未来美国将该条款纳入其与其他经济体的自贸协定中，将增加中国与其他经济体进行磋商谈判的难度。在此视角下，"非市场经济国家"条款的存在将对中国自贸区的发展产生极大的威胁，中国将无法顺利自由地与其他国家开展贸易谈判。另外，该条款意指中国以国有企业为主的贸易政策，不符合市场经济国家的标准，甚至未来会在美国主导的各类自贸协定中加入国有企业条款，限制中国国有企业的公平竞争机会并对中国国有企业设置贸易障碍，这些都将会对中国国有企业占一定比例的贸易、服务、投资行业形成巨大挑战。美国迅速达成的 USMCA 也具有相当大的政治意图，即拉拢其贸易伙伴对中国经济进行阻碍、围堵，企图对中国经济进行绝地遏制。

美国主导的 USMCA 中的"非市场经济国家"条款多层面违反国际法，违反 WTO 多边贸易规则，对多边规则形成巨大挑战，背离多边体系，并对当前 WTO 改革的进程形成阻碍。中国在多种场合均公开宣称中国将坚定支持和维护以 WTO 为核心的多边贸易体制。美国以其协定更新的方式，不仅向世界宣告抛弃 WTO，重构国际经贸规则体系，更是公开向中国发起挑战，遏制中国积极推进多边贸易体制改革优化的进程，在规则制定层面遏制中国的话语权。

2. 数字贸易规则的挑战

美国在 USMCA 中构筑数字贸易规则,是一个新突破,具有重要的国际意义,但是其构筑的国际标准是根据美国当前国内实际情况制定的。美国数字经济发展如火如荼,掌握着高精尖的技术,可以说美国的数字贸易是美国经济大发展的一张硬牌,构筑高标准的数字贸易规则将极大地促进美国国内数字经济的进一步发展。中国数字贸易虽然有了一定的发展,但对于高精尖的国际高水平领先技术掌握不足,容易形成技术限制,那么此时美国制定的数字贸易规则对中国来说将会是一个高于中国实际发展水平的标准。中国当前还是处于数据保护、个人隐私保护层面,如果进行高水平的开放,让数据自由跨境流动,将会对中国的数字监管与治理能力构成挑战。

3. 国际投资争端解决机制弱化的挑战

投资争端解决机制的改变趋势是由 ISDS 向国内管辖转变,由东道国享有更多的规制权。在世界各国对其研究如火如荼之时,USMCA 达成的条款趋势却是弱化现行的国际投资仲裁解决方式,转而由国内法院管辖,强调东道国对投资争端的规制权,这与美国国内的贸易政策相关,将有助于促进美国投资回流,吸引各国对美国进行国际投资。但对中国来说,现行国际投资争端仲裁方式的弱化,将对中国倡议的"一带一路"构成挑战。在中国"一带一路"倡议下,中国众多投资者对"一带一路"沿线国家进行投资,且绝大多数是投资基础设施建设。众所周知,基础设施投资的工期长、回收慢,面临巨大的投资风险,其中不乏东道国国内的政治更迭、国有化征收、限制汇出等风险,且"一带一路"沿线国家多为发展中国家,还有极不发达国家,经济落后、政治不稳定,同时国内法治化水平不高。在 ISDS 仲裁机制下,由一个相对高水平的国际投资仲裁机制来解决投资争端相对有保障,而一旦弱化国际仲裁的投资争端解决方式,回归东道国国内管辖,将产生极大的不确定性,对中国的对外投资产生巨大挑战,也对中国的"一带一路"倡议的稳定性形成威胁。

（二）中国的应对之策

当前国际经贸规则重构对中国构成诸多挑战：在国际上限制了中国与其他经济体贸易谈判的自由，阻碍了对 WTO 多边体制进行改革，遏制了中国在当前规则制定中的话语权，在数字贸易的技术层面对中国形成了挑战；在中国国内层面，对中国自贸区建设形成阻碍与限制，增加了中国"一带一路"倡议的风险点。鉴于此背景，中国亦应从国际和国内两个层面予以应对。

1. 国际层面

一是坚定维护并积极推动 WTO 进入改革进程，在多边体制下提高自己的话语权。美国采取单边主义、贸易保护主义行径，是对 WTO 多边贸易体制的极大破坏，中国应联合其他爱好和平发展的国家，共同抵制美国的单边主义。同时在 WTO 改革趋势中，中国在提出中国方案的同时，应时刻关注当前国际贸易、投资领域的新议题，并对新议题的讨论保持开放的态度，宜与其他经济体保持友好的贸易谈判姿态，在必要时应展示中国优势产业、国内良好的法治化营商环境以吸引外商来我国投资，与我国展开贸易往来。

二是 USMCA 加入了针对中国贸易政策的"非市场经济国家"条款，中国在国际上亦应积极提出质疑，将 USMCA 中违反国际法的条款向世界各国阐释以赢得国际声援，将 USMCA 具有单边主义实质的国家间协定性质，对多边规则的破坏性展示于世，以联合其他成员共同抵制该条款的推广，为中国赢得本应该有的自由贸易谈判机会，以免被美国遏制并排除在世界经济之外。

三是推动区域自由化发展，以区域推动多边。在 WTO 多边规则启动之外，亦应积极推动区域一体化。因为区域经济一体化是由具有共同利益诉求的经济体所组合进行的谈判，可以快速在一定领域内达成新的规则，做大利益共同体。一方面可以抵御美国的单边主义，另一方面通过区域经济一体化新议题的达成，可以进一步促进多边规则的形成。

2. 国内层面

一是针对"非市场经济国家"条款,在国内层面要做好应对。继续深化国有企业改革,强化市场在资源配置中的基础性作用,完成中国经济体制改革,以适应目前经济的发展。针对中国国有企业涉及的优势地位问题,中国要高度重视,积极改善当前的经济竞争环境,营造公平、合理、有序的国内竞争,从而推动整个中国经济朝市场化方向进行变革。另外,要加快国内经济体制改革,提高中国市场的承压能力,促进市场的高水平开放,对外营造良好的法治化营商环境。

二是针对数字贸易条款对国内治理能力的挑战,中国应在完善既有的《中华人民共和国电子商务法》《中华人民共和国网络安全法》的基础上,通过对数据规制法律的系统梳理,实现现有法律法规的数字化升级,以促进数据自由跨境流动为目标,加大对数据流动的监管力度,将既有的法律法规细化,以提高监管水平。国家互联网信息办公室于2019年6月13日发布的《个人信息出境安全评估办法(征求意见稿)》就是对个人信息出境进行具体规定所做的一次有益尝试。

三是针对ISDS的弱化,中国应积极推动与"一带一路"沿线国家的双边经贸谈判,在当前国际形势中,确保将ISDS稳定在中国"一带一路"沿线国家的双边协定中,以避免东道国法院由于法治化水平过低而加重中国对外投资风险。同时,面对ISDS弱化的趋势,中国亦应做好充分准备:一方面,对中国对外投资风险进行重新评估,调整投资方向;另一方面,中国自身作为投资的东道国也应提高国内法治化水平,为外国投资者提供一个良好的投资环境,以吸引更多的外商投资,促进中国经济发展。

五、结语

后WTO时代,WTO面临巨大挑战,国际经济形势风云变幻。在此背景下制定达成的USMCA为研究当前经济局势与国际经贸规则重构趋势提供了最新的文本。通过对内含美国核心诉求的USMCA的研究,可以在规则层面解读出:该协定诸多条款违反国际法,具有美国单边主义和贸易保护主义色彩，尤其是引起世人关注的"非市场经济国家"条款，严重破坏了 WTO 的多边体制，引起世界各经济体的恐慌，纷纷逃离 WTO 多边机制，寻求双边合作，这将不利于国际统一多边规则的推动与达成。对于数字贸易规则初现、投资仲裁机制的弱化对国际经贸关系具体将产生多大影响，还需要继续观察，暂不好做定论。USMCA 对国际经贸规则重构产生的后续影响，以及对中国各行业产生的具体挑战，也是后续研究的重点，我们会持续对 WTO 改革进程与国际经贸规则重构进行关注。

多边贸易体制"成员驱动"法律问题研究

徐 泉 郝 荻[*]

尽管许多国际组织也被称为"成员驱动",但世界贸易组织(World Trade Organization,WTO)无疑是当之无愧的成员驱动的国际组织。整个立法过程由全体成员掌控,这几乎成为WTO奉行的基本教条。[①] WTO成员驱动的属性如此鲜明,以至于有学者认为与其将WTO看成一个国际组织,不如说它只是一个国家或地区选择适用的名称和标签,而这个标签下的实质是164个国家和单独关税区开展经济贸易合作从而减少贸易壁垒以增进贸易流量的行为。[②] 因此,成员驱动事实上是WTO运转的精髓,这一运行机理对WTO规则生成、内部治理以及发展演进各方面都产生了深刻的影响,在展现出WTO独特制度优势的同时也导致了WTO的诸多问题。然而"成员驱动"在实际运用中已经被泛化为一个笼统的概念,与其相关的许多问题都没有得到充分揭示与思考:何谓成员驱动,哪些成员驱动,如何驱动,因何驱动,成员驱动会导致什么样的问题? 本文将逐一对上述内容进行分析和阐述,以

---

[*] 徐泉,西南政法大学国际法学院教授;郝荻,西南政法大学国际法学院博士研究生。本文系作者主持的国家社科基金项目"WTO双重二元结构理论研究"(项目编号:17XFX010)的阶段性成果。

[①] Manfred Elsig & Thomas Cottier, *Reforming the WTO: the Decision-Making Triangle Revisited*, in Thomas Cottier & Manfred Elsig eds., Governing the World Trade Organization: Past, Present and Beyond Doha, Cambridge University Press, 2011, p. 292.

[②] James Bacchus, *A Few Thoughts on Legitimacy, Democracy, and the WTO*, 7 Journal of International Economic Law 668 (2004).

WTO成员分为主权国家与单独关税区。目前WTO中存在4个单独关税区,即欧洲联盟、中国香港地区、中国澳门地区和中国台湾地区。单独关税区不享有主权。本书在探讨主权国家与国际组织之间的关系、国家利益等时,所提到的国家仅指WTO成员中的主权国家,不包括或涉及单独关税区。

期对"成员驱动"这一WTO基本的动力引擎提供较为全面的梳理和解读。

一、多边贸易体制成员驱动的法律属性

"成员驱动"的字面含义是指国际组织的成员为国际组织的运转提供动力。在多边贸易体制中，成员驱动是一个包含了多重维度的一体化的特定概念。在体制层面，成员驱动是一种GATT（General Agreement on Tariffs and Trade，即《关税与贸易总协定》）/WTO的内部治理模式；在机制层面，成员驱动是一种谈判和决策方式；在主权国家层面，成员驱动是维护成员经济主权的制度保障。

（一）多边贸易体制的内部治理模式

从广义上讲，成员驱动代表着多边贸易体制的治理模式。WTO的164个成员的贸易部长或外交官掌控着WTO全部立法进程和部分司法、行政事务，并排除了公民、非政府组织以及其他经济体的充分有效参与。[3] 在相互依赖的国际经济贸易背景下，WTO全体成员为解决共同面临的挑战在WTO内部寻求合作，共同引领多边贸易体制的发展演进，并集体为该体制的"齿轮"提供运转动力。成员驱动的共同治理理念也代表了一种美好希冀反映在《马拉喀什建立世界贸易组织协定》（以下简称《WTO协定》）的序言中，序言文本呼吁全体成员为提高生活水平、保证充分就业、提高实际收入、实现可持续发展等目标而共同采取行动。然而，成员驱动并不当然导致WTO全体成员的共同治理，事实上，无论是全球治理还是多边贸易体制的内部治理，在现实中远未达到理想状态下的共同治理模式。当今国际社会是一个无政府社会，WTO并非超国家机构，由成员驱动的WTO为政府间权力政治留下了广阔的运行空间。

在WTO内部治理过程中，一些国家发挥了领导作用，其他参与国家则根据自身策略的分化分别扮演追随者、搭便车者和干扰者的角色。多边贸易

---

[3] Ernst-Ulrich Petersmann, Between "Member-Driven" WTO Governance and "Constitutional Justice": Judicial Dilemmas in GATT/WTO Dispute Settlement, 21 Journal of International Economic Law 106 (2018).

体制中的领导作用是指在国际贸易关系或制度设计中的组织、塑造和引导性的支配作用。④ 领导权的行使者可以通过强制、设置议程、塑造观念、协调不同利益关系等多种途径引导、协调、塑造国际经贸事务的集体行动。⑤ 而多边贸易体制的参与者会视对制度安排的预期收益、成本承担能力等多种因素采取追随或搭便车的策略。⑥ 除了对国际经贸规则起推动作用的行为体，同样值得关注的是对多边贸易体制规则起阻碍作用的成员方。⑦ WTO 成员驱动模式下成员享有的否决权会导致 WTO 治理中干扰者的产生。干扰者会因其利益受到制度的创建和运行的消极影响，或因自己的意图未体现在制度设计中而采取干扰策略。因此干扰者也可能成为潜在的领导者。

成员担任的角色并非一成不变，而是会随着成员实力和意愿的变化而调整。优秀的领导角色应当通过提高权力的合法性，协调、兼容不同成员方的国家利益，通过提高利益的兼容度而争取更多的支持者⑧，提高 WTO 治理的效率。

（二）多边贸易体制的谈判和决策方式

除了成员共同治理的内涵，成员驱动更多地与"协商一致"的谈判和决策方式相联系。虽然《WTO 协定》第 9 条第 1 款为 WTO 决策规定了投票的可能性，但是 GATT 和 WTO 实践中，协商一致是主要的决策方式。《WTO 协定》第 9 条第 1 款规定，"世界贸易组织应当实行 GATT 1947 所遵循的协商一致的决策方式，除非另有规定，若无法经协商一致作出决定，争论事项应通过投票表决"。该条款的脚注进一步解释了"协商一致"："如果在决定作出时，与会成员没有正式对提出的决定表示反对，则视为达成了协商一

---

④ 庞中英："效果不彰的多边主义和国际领导赤字：兼论中国在国际集体行动中的领导责任"，载《世界经济与政治》2010 年第 6 期，第 7—8 页。
⑤ 陈琪、管传靖："国际制度设计的领导权分析"，载《世界经济与政治》2015 年第 8 期，第 16 页。
⑥ 陈琪、管传靖："国际制度设计的领导权分析"，载《世界经济与政治》2015 年第 8 期，第 19 页。
⑦ 研究成员治理既要关注主要成员如何对国际经贸规则做"加法"，也要研究如何做"减法"。参见温尧："退出的政治：美国制度收缩的逻辑"，载《当代亚太》2019 年第 1 期。
⑧ 管传靖、陈琪："领导权的适应性逻辑与国际经济制度变革"，载《世界经济与政治》2017 年第 3 期，第 47—48 页。

致。"协商一致决策方式的优势在于作出的决定容易获得广泛的支持和良好的执行。[9] 协商一致给所有成员以理论上的否决权,成员能够通过行使否决权而阻碍对其不利的决定的产生,以免多数成员支持的决定被强加于自身。[10] 由于寻求协商一致的过程包括寻求妥协的过程,所以协商一致的决策方式还会影响到决定的实质内容,最终达成的一致意见往往能够反映不同成员的重要考虑和影响力。[11]

但协商一致是一种支持现状的决策模式,达成一致意见的困难程度导致协商一致在实践中暴露出一些弊端。首先,协商一致可能导致 WTO 决策的过程变得烦琐和低效。[12] 对于 164 个有着不同经济发展水平的成员,达成一致意见本身就是困难的,很容易使 WTO 谈判和决策陷入瘫痪。[13] 特别是当 WTO 治理无法适应新的贸易业态时,这种决策方式容易使 WTO 陷入危机。其次,协商一致决策没有配套的谈判机制,而成员的经济实力和谈判能力的差距可能导致达成协商一致的过程中充满了妥协、劝服、压力甚至胁迫。最后,协商一致的立法过程与反向协商一致的争端解决机制的结合导致了 WTO 的内在矛盾和失衡。在长期缺乏立法回应的情况下,独立、自动的争端解决机制可能会因司法造法的倾向而影响 WTO 体制的合法性。[14]

(三) 维护 WTO 成员经济主权的制度保障

"协商一致"被称为能够维护国家主权的民主的决策方式。[15] 尽管 WTO

---

[9] Claus-Dieter Ehlermann & Lothar Ehring, *Decision-Making in the World Trade Organization*, 8 Journal of International Economic Law 66 (2005).

[10] Peter Van Den Bossche & Lveta Alexoviov, *Effective Global Economic Governance by the World Trade Organization*, 8 Journal of International Economic Law 671 (2005).

[11] Thomas Cottier & Satoko Takenoshita, *The Balance of Power in WTO Decision-Making: Towards Weighted Voting in Legislative Response*, 58 Aussenwirtschaft 178 (2003).

[12] Thomas Cottier, *Preparing for Structural Reform in the WTO*, World Trade Institute, 2006, p. 1.

[13] Peter Van Den Bossche & Lveta Alexoviov, *Effective Global Economic Governance by the World Trade Organization*, 8 Journal of International Economic Law 671 (2005).

[14] Claus-Dieter Ehlermann & Lothar Ehring, *Decision-Making in the World Trade Organization*, 8 Journal of International Economic Law 69 (2005).

[15] Manfred Elsig & Thomas Cottier, *Reforming the WTO: The Decision-Making Triangle Revisited*, in Thomas Cottier & Manfred Elsig eds., Governing the World Trade Organization: Past, Present and Beyond Doha, Cambridge University Press, 2011, p. 297.

一、WTO 改革与国际经贸规则重构

已经从仅处理关税问题的 GATT 演变为协调、监管广泛国际贸易事务的国际经济组织，但其在实践中承袭的"协商一致"的决策方式使得主权国家在享受并承担国际贸易权利义务方面保留了最终决定权。[16] 协商一致的决策机制反映出 WTO 并非对国家主权构成威胁的超国家机构，而是具有契约性特征的国际组织。[17] 在谈判中，每一成员都有权自主判断某一协定是否对自己有利，从而决定是否签署某一协定，GATT 和《WTO 协定》在理论上确保了每一个成员方在国际经贸合作关系中的收益都能增加，是帕累托改进的体现[18]，也避免了"多数人的暴政"，满足了作为国际法律观念基石的国家同意理论。[19] 因此，至少从理论上讲，协商一致的决策方式构成了维护国家主权的制度屏障，保证了国际义务与国家主权之间的审慎平衡。[20]

然而实践中多边贸易体制的成员驱动并没有确保所有成员平等、完整地享有国家经济主权。一些西方国家所持有的国家经济主权的双重标准恰恰折射出 WTO 中成员驱动的失衡，将发展中成员的主权置于事实上被抑制的状态。[21] 受自身资源禀赋、经济发展水平、谈判能力等多种因素限制，在成员驱动 WTO 治理过程中，发展中国家的平等参与权与民主决策权未得到充分保护。然而西方主权理论为部分 WTO 成员的主权抑制状态提供了说辞。一方面，西方主权理论在处理与自身国家主权相关的事务时，坚持强调主权的

---

[16] Susan M. Hainsworth, *Sovereignty, Economic Integration, and the World Trade Organization*, 33 Osgoode Hall Law Journal 606（1995）.

[17] Carsten Herrmann-Pillath, *Reciprocity and the Hidden Constitution of World Trade*, 17 Constitutional Political Economy 143 – 144（2006）.

[18] J. Michael Finger & L. Alan Winter, *Reciprocity in the WTO*, in Bernard Hoekman, Aaditya Mattoo, & Philip English eds., Development, Trade, and the WTO: A Handbook, World Band Publications, 2002, p.50.

[19] 参见［美］约翰·H. 杰克逊：《国家主权与 WTO——变化中的国际法基础》，赵龙跃、左海聪、盛建明译，社会科学文献出版社 2009 年版，第 245 页。

[20] Tomer Broude, *International Governance in the WTO: Judicial Boundaries and Political Capitulation*, Cameron, 2004, p.289.

[21] 例如，路易斯·亨金提出，在法律的目的上，主权这一概念应当作为"时代遗物被放到历史的书架上"。参见［美］路易斯·亨金：《国际法：政治与价值》，张乃根、马忠法、罗国强等译，中国政法大学出版社 2005 年版，第 146 – 148 页。杰克逊曾提出传统的主权观念已经过时，而现代主权的问题是权力在"横向"和"纵向"上的分配。参见［美］约翰·H. 杰克逊：《国家主权与 WTO——变化中的国际法基础》，赵龙跃、左海聪、盛建明译，社会科学文献出版社 2009 年版，第 87 页。

不容侵犯性质；另一方面，在与发展中国家的互动交往中，又秉持主权过时论的立场。[22] 西方国家所持有的国家经济主权的双重标准折射出多边贸易体制中成员驱动的失衡，也暴露了多边贸易体制中存在的民主赤字危机。

二、成员驱动下多边贸易体制的发展脉络与演进逻辑

现实中多边贸易体制的发展脉络并未展现理论上成员驱动的基本内涵。多边贸易体制实际发展演进中的成员驱动并不意味着"全体成员驱动"，而是成员间类型化的不均衡驱动。在这种驱动模式下的多边贸易体制演进过程中，美国起着主导性与决定性作用，欧盟、日本等主要发达成员起着重要作用，而发展中成员起着相对弱势但具改革属性的作用。

（一）成员驱动下多边贸易体制的发展脉络——ITO-GATT-WTO

考虑到美国贸易政策对于"二战"后建立的布雷顿森林体系的影响，想要揭示多边贸易体制下的成员驱动就势必要对美国贸易政策进行深度剖析，且有必要追溯到美国早期的贸易政策以寻求美国政治与文化中的内核。

1. GATT 建立之初的美国贸易政策

美国作为"二战"后世界最大的霸权国家，其贸易政策对多边贸易体制的生成和发展起到了举足轻重的作用。美国贸易政策的内核在不同的政治经济环境下可能会有不同的外在表现形式，但"美国利益优先"的内在属性却始终深刻影响着多边贸易体制的演进，并在历史的轮回中得以印证。

美国从来不是一个完全奉行自由贸易政策的国家，"重商主义"和"保护主义"一直是美国贸易政策中不可或缺的组成部分。1934 年之前的美国贸易政策以民族主义和贸易保护主义为基础，因此这一时期的互惠贸易法案以避免竞争和威胁贸易伙伴作出让步为谈判目标，从未真正开放美国市场来争取外国市场准入。美国保护主义的贸易政策在 1930 年达到了顶峰。[23]《斯穆

---

[22] 黄仁伟、刘杰：《国家主权新论》，时事出版社 2004 年版，第 91 页。
[23] Carolyn Rhodes, *Reciprocity, U.S. Trade Policy, and the GATT Regime*, Cornell University Press, 1993, p. 48.

特-霍利关税法》引发了贸易伙伴的一系列报复行为,限制了世界经济的发展,在一定程度上构成了战争爆发的导火索。[24]

他国的报复和世界贸易萧条使得旧有美国贸易政策和极端贸易保护主义备受质疑。从1934年以后,美国采取了自由主义的互惠策略,《1934年互惠贸易协定法》成为美国贸易政策历史上的关键性转折点,但这种转折并非"颠覆性"的。《1934年互惠贸易协定法》并没有采取自由放任的经济政策,而是保留了互惠原则和对美国产业的保护。[25]虽然互惠与无条件最惠国待遇的结合使得互惠不再被作为一种贸易保护的政策工具来使用[26],但是谈判过程中的对等减让加上总统实施惩罚性报复措施的权力说明美国从未摒弃公平贸易而追求自由贸易。由于美国贸易政策中"美国利益优先"的内核是根深蒂固的,所以贸易保护主义与霸权主义时常打着公平贸易的幌子卷土重来。

2. ITO 的筹备与 GATT 的建立

美国贸易政策中"美国利益优先"的内核使得国际贸易组织(International Trade Organization,ITO)与 GATT 的筹备与建立具有难以磨灭的工具属性。美国利用自身法律规则、贸易体系以及法治和文化意识形态渗透并影响全球市场,将法律作为确保美国利益优先的工具,以霸权思路推动全球治理。[27]多边贸易体制是在美国的主导下按照美国的价值标准和制度模式在"二战"后建立起来的。多边层面的自由贸易有利于美国维持"二战"后经济繁荣、保障充分就业,同时有利于巩固美国在全球层面的贸易领导地位。[28]美国在"二战"后致力于通过建立 ITO 来推动贸易和就业领域的国际合作。[29]虽

---

[24] Carolyn Rhodes, *Reciprocity, U. S. Trade Policy, and the GATT Regime*, Cornell University Press, 1993, p. 49.

[25] Carolyn Rhodes, *Reciprocity, U. S. Trade Policy, and the GATT Regime*, Cornell University Press, 1993, p. 70.

[26] Carolyn Rhodes, *Reciprocity, U. S. Trade Policy, and the GATT Regime*, Cornell University Press, 1993, p. 61.

[27] 强世功:"《美国陷阱》揭露了一个骇人听闻的霸凌主义案例",载《求是》2019年第12期。

[28] 舒建中:《多边贸易体系与美国霸权——关贸总协定制度研究》,南京大学出版社2009年版,第13页。

[29] 建立 ITO 计划以美国《1934年互惠贸易协定法》为国内法基础,并以《大西洋宪章》及《英美互助协定》第7条确立的原则作为最初谈判依据。参见谭融:《国际贸易组织(ITO)的失败:国家与市场》,上海社会科学院出版社2010年版,第33-69页。

然历经多次谈判㉚、作为妥协结果而最终形成的《国际贸易组织宪章》未能在美国国会获得通过㉛，但主要处理关税谈判问题的 GATT 得以临时适用。㉜ GATT 许多规则和例外的生成都来源于美国国内法，深深刻上了美国贸易政策和利益取向的烙印。㉝ GATT 制度的建立标志着美国主导下的战后多边贸易体制形成。

美国《1934 年互惠贸易协定法》在多边贸易体制的筹备建立过程中发挥了至关重要的作用。互惠与无条件最惠国待遇的结合成为 GATT 的两大关键性支柱。无条件最惠国待遇与具体的互惠（specific reciprocity）相互补充、相互配合。㉞ 前者降低了双边谈判成本，避免了贸易转移效应，拓展了国家间合作范围㉟；后者则限制了"搭便车"的可能性，回应了成员方各自的政治现实，并为成员间共同削减贸易壁垒提供了动力源泉。㊱ 然而互惠与无条件最惠国待遇之间存在着张力，且二者在多边贸易体制中所占的比重处于持续的变化之中。互惠标准的模糊性导致这一概念隐藏了操纵与被操纵的权力关系。㊲ 当具体的互惠所占比重过大时，不可避免地会影响无条件最惠国待遇的适用，导致主要成员偏离多边主义，走向区域、双边甚至单边主义。

3. 主要供应方规则驱动下的 GATT 早期谈判

GATT 谈判采用主要供应方的谈判模式。只有缔约方单独或集体构成某

㉚ Douglas A. Irwin, Petros C. Mavroidis & Alan O. Sykes, *The Genesis of the GATT*, Cambridge University Press, 2008, pp. 5 – 97.

㉛ [美] 安妮·O. 克鲁格：《作为国际组织的 WTO》，黄理平、彭利平、刘军等译，人民出版社 2002 年版，第 275 – 276 页。

㉜ Douglas A. Irwin, Petros C. Mavroidis, Alan O. Sykes, *The Genesis of the GATT*, Cambridge University Press, 2008, pp. 119 – 120.

㉝ 参见舒建中：《多边贸易体系与美国霸权——关贸总协定制度研究》，南京大学出版社 2009 年版，第 30 – 33 页；[美] I. 戴斯勒：《美国贸易政治》，王恩冕、于少蔚译，中国市场出版社 2006 年版，第 22 – 23 页。

㉞ Robert O. Keohane, *Reciprocity in International Relations*, 40 International Organization 25 (1986).

㉟ Bernard M. Hoekman & Michel M. Kostecki, *The Political Economy of the World Trade System: the WTO and Beyond*, Oxford University Press, 2009, p. 42.

㊱ Carsten Herrmann-Pillath, *Reciprocity and the Hidden Constitution of World Trade*, 17 Constitutional Political Economy 149 (2006).

㊲ Robert O. Keohane, *Reciprocity in International Relations*, 40 International Organization 8 (1986).

一产品的主要供应方,方可向产品进口方在互惠的基础上要求减让。[38] 这一谈判模式既通过将公共产品私有化而有效地防止了"搭便车"的行为,又奠定了谈判进程实质上是由少部分国家掌控的基本格局。而由于发展中国家难以构成某一产品的主要供应方,所以它们在这一过程中被边缘化了。虽然无条件最惠国待遇能够确保发展中国家非互惠地享受发达成员的贸易减让成果,但是这种非互惠利益在本质上依附于发达国家间的互惠减让,并未通过贸易谈判而规则化、义务化。[39] 受主要供应方规则的影响,发展中国家难以实质性地参与多边贸易谈判,其具有比较优势和关键利益的产业和领域被排除在多边贸易自由化的范畴之外。

尽管 GATT 前几轮回合在发达国家间的贸易自由化中取得了突破性的进展,但农产品领域的贸易壁垒依然如故[40],且工业化国家集体采取了歧视性方式应对发展中国家的纺织品和服装产业。《国际棉纺织品贸易短期安排》在引进多边贸易体制之初只覆盖了有限的产品范围,但当工业化国家习惯将其作为满足国内贸易保护主义需求的工具时,国际棉纺织品短期安排演变为长期安排,覆盖了更广泛的产品类别,并牵涉更多的发展中国家。[41] 随后《国际棉纺织品贸易长期安排》又转变为《多种纤维协定》,由发达国家以更歧视性的方式对抗发展中国家的纺织品和服装出口。

4. 东京回合——贸易保护主义的复苏

东京回合的贸易自由化谈判从关税领域扩展到非关税壁垒,增加了贸易自由化的深度和广度。然而,该回合在处理自愿出口限制和有序销售协定方面没有任何进展,纺织品和农产品两个关键领域仍然游离于 GATT 纪律之

---

[38] Rules and Procedures for the Dillon and Kennedy Rounds, Factual Note by the Secretariat, MTN/W/8, GATT Doc. 25 February 1975, p. 3.

[39] Nicolas Lamp, *How Some Countries Became Special*, 18 Journal of International Economic Law 765 (2015).

[40] Donatella Alessandrini, *Developing Countries and the Multilateral Trade Regime*, Hart Publishing, 2010, p. 56.

[41] Rorden Wilkinson, *Multilateralism and the World Trade Organization: The Architecture and Extension of International Trade Regulation*, Routledge, 2000, p. 61.

外。[42] 1974—1975 年，工业化国家经历了严重的经济衰退，激发了普遍的贸易保护主义情绪。随着这一时期美国霸权式微，美国推动开放式贸易体制的意愿也逐渐下降。[43] 20 世纪七八十年代，发达国家实施了一系列以自愿出口限制为代表的进口限制措施，各国广泛援引国内不公平贸易立法以阻止来自发展中国家的竞争冲击。[44] 东京回合期间发达国家涌现的贸易保护主义情绪表明，在经济困难时期多边贸易体制规则未能有效应对民族主义与贸易保护主义行为。[45]

5. 乌拉圭回合与 WTO 的建立——失衡的南北谈判

乌拉圭回合谈判开始后，发展中国家希望借此次谈判废除《多种纤维协定》，修订保障措施条款，加强非歧视性的多边规则。为此它们愿意进行互惠的谈判并在服务贸易、知识产权等领域作出相应妥协。发展中国家在此次谈判中获得了一些收益，自愿出口限制措施被禁止了，保障措施的实施被规范化。然而由于美国的反对，乌拉圭回合在反倾销措施的改革上留了缺口，导致发达国家行业利益集团仍可以为保护主义目的而滥用反倾销立法，因而减损了其他领域歧视性措施的改革成果。[46] 农产品领域虽然实现了边境措施的关税化，但该领域整体贸易自由化进展依旧十分缓慢。《纺织品与服装协议》(Agreement on Textiles and Clothing, ATC) 虽然规定分四个阶段逐步取消配额制度，但发达国家直到最后一个阶段才予以实施。另外，服务贸易、投资、知识产权等议题被成功纳入多边贸易体制，并受到强有力的争端解决机制保障执行，这些协定中给予发展中国家的短暂过渡期根本不足以消化沉重的执行成本。乌拉圭回合贸易协定综合来看是对发展中成员颇不平衡的贸

---

[42] Andrew G. Brown, *Reluctant Partners: A History of Multilateral Trade Cooperation 1850 – 2000*, pp. 114 – 115.

[43] Andrew G. Brown, *Reluctant Partners: A History of Multilateral Trade Cooperation 1850 – 2000*, pp. 116 – 117.

[44] Donatella Alessandrini, *Developing Countries and the Multilateral Trade Regime*, Hart Publishing, 2010, p. 67.

[45] Andrew G. Brown, *Reluctant Partners: A History of Multilateral Trade Cooperation 1850 – 2000*, p. 125.

[46] Rorden Wilkinson, *Multilateralism and the World Trade Organization: The Architecture and Extension of International Trade Regulation*, Routledge, 2000, pp. 92 – 93.

易谈判结果。

6. 多哈回合——WTO 危机的显现

不平衡的乌拉圭回合协定为 WTO 时代成员内部分裂的扩大化埋下了隐患。在 WTO 西雅图部长级会议上，欧盟和美国一直试图加入新加坡议题和劳工问题，发展中国家则表示在"执行议题"得到解决之前拒绝发起新一轮谈判，双方均拒绝作出任何妥协。最终西雅图部长级会议在非政府组织的游行示威中以失败告终。[47] 在 2003 年坎昆部长级会议上，WTO 谈判再次遭遇滑铁卢。美国和欧盟通过频繁的双边协商互相接受了对方扭曲贸易的农业支持政策，导致了美欧双方与发展中成员在农产品贸易上的分歧难以弥合，奠定了坎昆部长级会议失败的基调。随后因新加坡议题被纳入总理事会主席草案引起了发展中国家激烈的反抗，新加坡议题上的分歧成为导致坎昆部长级会议失败的直接导火索。[48]

多哈回合至今的 WTO 规则谈判的失败值得反思。WTO 成员在实质问题上的意见分歧自然是造成 WTO 危机的重要因素，如果所有成员都能就谈判的协定达成一致意见，WTO 就能顺利地运转。但成员在实质问题上的分歧绝非 WTO 陷入危机的根本原因，因为意见分歧和利益冲突是国际合作与全球治理中的正常现象。正是这种现实的存在才需要国际组织通过内部治理来平衡不同的利益诉求，才需要有效的决策机制来解决有争议性的问题。[49] 因此，造成 WTO 危机的根本原因是结构性的[50]，成员驱动的决策机制内在地引发了成员权力运用的不平衡，而谈判机制的缺失导致权力制衡的缺位，也进一步反映了 WTO 内部治理的制度赤字。

---

[47] Kent Jones, *Who's Afraid of the WTO?*, Oxford University Press, 2004, pp. 19–20.

[48] ［南非］法扎尔·伊斯梅尔：《改革世界贸易组织：多哈回合中的发展中成员》，贺平、凌云志、邓峥晖译，上海人民出版社 2011 年版，第 43 页。

[49] Claus-Dieter Ehlermann & Lothar Ehring, *Decision-Making in the World Trade Organization*, 8 Journal of International Economic Law 53 (2005).

[50] Manfred Elsig & Thomas Cottier, *Reforming the WTO: The Decision-Making Triangle Revisited*, in Thomas Cottier & Manfred Elsig eds., Governing the World Trade Organization: Past, Present and Beyond Doha, Cambridge University Press, 2011, p. 290.

（二）多边贸易体制成员驱动的演进逻辑

梳理多边贸易体制的建立与发展的历史可以发现，WTO 内部治理危机萌芽于 ITO 筹备及 GATT 建立之初，发酵于 GATT 发展全过程，突出表现于多哈回合谈判。多边贸易体制演进的线索背后始终存在着一条成员驱动的主轴。成员驱动是多边贸易体制权力导向与规则导向交织在动态层面的反映。多边贸易体制发展过程中，成员驱动的演进逻辑展现出类型化、多轨制、不平衡的主要特征。

1. 多边贸易体制成员的类型化

多边贸易体制成员驱动的第一个变化是成员数量"由少到多"，发展中成员比例不断增大。随着多边贸易体制的扩员，发展中国家在 GATT/WTO 中的比例显著上升。GATT 创立之初，只有 23 个原始缔约方，其中有 10 个是发展中国家。[51] 之后发展中成员在 GATT/WTO 中的比例逐渐上升，到了 1970 年，GATT 成员增至 77 个，其中有 52 个发展中国家。1987 年乌拉圭回合期间，GATT 成员总数为 95 个，其中有发展中国家 65 个，1997 年 WTO 成员共 132 个，其中有发展中国家 98 个。[52] 截至 2019 年 9 月，WTO 一共有 164 个成员方，接近 80% 的成员均为发展中国家。[53]

多边贸易体制成员驱动的第二个变化是成员身份的类型化，且不同类型的成员在驱动多边贸易体制运转的过程中发挥的作用不同。美国作为"二战"后霸权国在建立起多边贸易体制过程中的作用是独一无二的。以美国和欧盟组成的 G2 掌控着多边贸易体制的发展走势和多边贸易规则的主导权。以"老四方成员"为代表的主要发达成员在 WTO 内部治理中发挥着关键性作用。发展中成员在多边贸易体制中并不只是扮演着被动式和防御性的角色，而是努力争取对多边贸易体制的制度架构和规则走向产生影响，这种影响甚

---

[51] 舒建中：《多边贸易体系与美国霸权——关贸总协定制度研究》，南京大学出版社 2009 年版，第 253 页。

[52] Constantine Michalopoulos, *The Developing Countries in the WTO*, 22 World Economy 122.

[53] 参见 WTO 网站，https://www.wto.org/english/thewto_e/whatis_e/tif_e/org6_e.htm，2019 年 9 月 12 日访问。

至具有改革色彩。其中大型发展中成员和新兴经济体国家在发展中成员群体中发挥了领导性作用，最不发达国家借助其他发展中国家的力量也逐步争取自身的权益。因此，发展中成员的驱动逻辑是从外围向中心靠拢，由边缘化走向南北合作对抗。但概言之，由于成员间实力水平差异，WTO 成员的类型化导致成员驱动的实践偏离了理论上的国家主权平等，走向了权力滥用与权力失衡。在成员数量增多后，成员驱动呈现出"由多到少"的现象，意味着少数成员可以置多数发展中成员的利益于不顾，利用其权力和实力塑造多边贸易规则以满足自身利益；甚至为掌控规则制定主导权并减少国际公共产品的提供成本而偏离多边主义，走向区域、双边和单边主义。

2. 成员贸易政策的多轨制

多边贸易体制不等同于多边主义。多边主义只是其中一种选择路径，"必须把多边组织从多边主义制度中区分开来"[54]。WTO 规则不仅容纳了多边主义，也为区域主义和诸边协定留下了空间。多边主义制度包含了不可分割性和扩散的互惠性，前者在多边贸易体制中体现为无条件最惠国原则，后者则意味着整个群体内长期达成的平衡，并不依靠具体的对等交换。[55] 一个富有远见的行为体更倾向于依靠多边主义来解决合作问题，而非利用自身权力获取短期利益。但是在现实世界的全球治理中，多边主义通常被看作一种工具性手段而非目的。自利的国家只有在能够实现自身目的时才会寻求多边主义。在面临短期利益选择时，它们可能会减损多边主义中不可分割性和扩散性互惠两大要素，通过抵制"搭便车"将公共产品私有化，进而走向少边主义。当多边层面的规则制定难以获得满意的结果时，霸权国家或主要发达经济体也会选择通过"多轨"贸易政策引领、促成多边层面的谈判目的。

在区域层面，美国自 20 世纪 80 年代起就采取了多边主义与区域主义"双管齐下"的贸易政策。乔治·布什总统完成了《北美自由贸易协定》（North American Free Trade Agreement，NAFTA）谈判，克林顿总统则推动 NAFTA 在

---

[54] Lisa L. Martin, *Interests, Power, and Multilateralism*, 46 International Organization 767 (1992).
[55] ［美］约翰·鲁杰主编：《多边主义》，苏长和等译，浙江人民出版社 2003 年版，第 12 – 13 页。

国会获得通过。NAFTA 不仅成为 GATT 多边主义的替代方案，也是"促进各国就乌拉圭回合协议达成一致的巨大推动力量"，使得乌拉圭回合协议这项广泛、综合性的贸易协定完全符合美国的利益诉求。[56] 如今美国更激进地运用了类似的策略，一边欲使 WTO 争端解决机制陷入瘫痪，一边将《美国－墨西哥－加拿大协定》（United States-Mexico-Canada Agreement，USMCA）打造为未来谈判的模板[57]，意图先在"小圈子"内就核心议题达成一致，再逐步"扩容"，以达到重塑多边贸易规则的效果。[58] "规则制定的区域化演进有利于主要大国的单项输出，减弱了发展中国家在多边规则建构中的话语权。"[59]

在双边层面，大国和贸易强国更容易凭借权力优势获得偏向自身利益甚至带有歧视性的协定。美国发现，相较于复杂的多边谈判，制裁威胁下的双边谈判更能有效地按照其喜好塑造世界[60]，在双边协定中获取的利益可能是从多边贸易体制中难以取得的。例如，美国在 20 世纪七八十年代开始推行以产品为基础的互惠。1986 年美国和日本谈判半导体贸易协定，以保证美国国内制造的产品进入日本市场的数量。[61] 这事实上是一种被管理的贸易，阻碍了一国比较优势的发挥，严重损害了多边贸易体制非歧视原则。[62] 而特朗普政府更加强调对等，否定各个成员经济发展阶段与水平的差异性。要求广大新兴和发展中国家都实施和美国相同的关税水平，否则就是不公平。[63] 特朗

---

[56] 张建新：《权力与经济增长——美国贸易政策的国际政治经济学》，上海人民出版社 2006 年版，第 188 页。

[57] Agreement between the United States of America, the United Mexican States, and Canada Text, Office of the United States Trade Representative（Sep. 12, 2019），https://ustr.gov/trade-agreements/free-trade-agreements/united-states-mexico-canada-agreement/agreement-between.

[58] 陈凤英、孙立鹏："WTO 改革：美国的角色"，载《国际问题研究》2019 年第 2 期。

[59] 王秋雯："国际竞争规则重塑进程中的中国话语权构建"，载《当代世界与社会主义》2019 年第 4 期。

[60] Gerard & Victoria Curzon, *Non-discrimination and the Rise of "Material" Reciprocity*, 12 The World Economy 492 (1989).

[61] Gerard & Victoria Curzon, *Non-discrimination and the Rise of "Material" Reciprocity* 12 The World Economy 489 (1989).

[62] Richard H. Snape, *Reciprocity in Trade Agreements*, in Deepak Lal & Richard H. Snape eds., Trade, Development and Political Economy, Palgrave, 2001, pp. 147–155.

[63] 何伟文："世贸组织改革须以加强多边为方向"，载《环球时报》2018 年 9 月 25 日，第 14 版。

普政府希望国会通过《美国互惠贸易法案》授权总统更广泛的施加关税的权力,以促使总统能够不受约束地抛开WTO进行双边谈判,为不同国家设定不同水平关税。⑭

在单边层面,美国可能以维护国家安全、公平贸易等原则作为托词,将国内规则凌驾于国际规则之上,以单边确定的标准执行现有规则或扭曲现有规则。一国的经济单边主义还可以体现为在国际经济规则制定过程中,试图使本国制定的规则为多数国家所接受。⑮ 最为典型的运用单边措施的例子是美国国内法中的"301条款"。301条款给予美国总统以及美国贸易代表在磋商失败的情况下单边采取报复措施的权力。301条款报复威胁下的谈判不同于区域、诸边甚至双边背景下的平等互利的谈判,而是具有国家单方政策协调性质的谈判。谈判日程完全由美国设置,美国可以决定外国的哪些做法是不公平的,并要求该国单方面修改贸易政策。301条款所打击的"歧视性"行为并不限于多边贸易规则所禁止的歧视性行为,也包括GATT/WTO规则所允许的措施,因此301条款能够单边地创造新的政治法律标准,该条款是侵略性单边主义的例子,破坏了美国的多边贸易承诺以及多边贸易规则的制度基础,还有可能引起其他贸易伙伴的报复行为。⑯

总之,美国和欧盟等成员运用多轨贸易政策以达成两个目的。第一,提高它们在WTO多边贸易谈判中的筹码。为促使国际经贸规则更符合自身利益,它们通过双边和区域谈判的同步进行把持有不同意见的国家各个击破⑰,甚至不惜运用单边主义威胁迫使其他国家作出让步,再通过双边、区域层面的谈判成果促进多边层面的谈判优势。第二,减少提供国际公共产品或国际制度设计领导权的成本。减少成本的核心思路就是偏离"无条件最惠国待

---

⑭ All Information (Except Text) for H. R. 764-United States Reciprocal Trade Act. https://www.congress.gov/bill/116th-congress/house-bill/764/all-info, 2019年9月12日访问。

⑮ 李向阳:"国际经济规则的形成机制",载《世界经济与政治》2006年第9期,第75页。

⑯ William R. Sprance, *The World Trade Organization and United States' Sovereignty: The Political and Procedural realities of the System*, 13 American University International Law Review 1255 (1998).

⑰ Gregory Shaffer, *Power, Governance, and the WTO: A Comparative Institutional Approach*, in Michael Barnett & Raymond Duvall eds., Power in Global Governance, Cambridge University Press, p. 133.

遇"以减少"搭便车"的现象。因此,大国贸易政策从多边主义到少边主义再到单边主义的过程是一个歧视性递增的过程,也是愈发强调"公平贸易"和"对等"的过程。有学者认为,美国的领导力已经"从原来的霸权逐渐转型为以单边主义为基础、以多边协调为辅的领导力"[68]。随着特朗普政府过度破坏多边贸易体制而倚重双边谈判,实施重商主义、民族主义和美国优先的贸易政策,并利用美国权力优势实施非法贸易制裁,美国在全球经济治理的领导力中根基也受到了削弱和冲击。[69]

3. 成员驱动的持续不平衡

虽然多边贸易体制的成员驱动经历了成员数量"由少数向多数"的转变,但是随后驱动途径发生了由"多边向多轨"的转化。即使是在多边谈判中,也并非全体 WTO 成员都平等地享有规则制定权和 WTO 内部治理的权力。首先,GATT 原始缔约方与后加入成员相比享受着明显的"先发优势"。一国越早加入多边贸易谈判,它就越具有塑造谈判进程的影响力,且不会面临繁重的成员资格条件。[70] 有学者将这一先发优势描述为"通过塑造规则、实施相应措施以保障自身地位并获取足够利益,与此同时禁止后加入者获取同样的优势"[71]。这就解释了为何 GATT 围绕着原始缔约方以及发达国家的利益需要而设计,积极促进制成品、半制成品以及工业产品的贸易自由化却将农产品排除在外。其次,造成贸易谈判结果不平衡的另一关键因素是,具有"先发优势"那一少部分成员持续掌控并主导着谈判进程。关键成员通过"多轨"渠道战略性地施加谈判压力,并通过"同心圆"谈判模式,控制、引领着多边贸易规则的制定,许多发展中成员在"层层趋进"的谈判进程中

---

[68] 张云:"全球单向依存迷思与美国未来的国际领导力",载中美聚焦网 2019 年 8 月 23 日,http://cn.chinausfocus.com/m/41483.html。

[69] Ernst-Ulrich Petersmann, *How should WTO Members React to Their WTO Crises*, 18 World Trade Review 516 (2019).

[70] Rorden Wilkinson, *Barriers to WTO Reform: Intellectual Narrowness and the Production of Path-dependent Thinking*, in Thomas Cottier & Manfred Elsig eds., Governing the World Trade Organization: Past, Present and Beyond Doha, Cambridge University Press, 2011, p.320.

[71] Robert Hunter Wade, *What Strategies Are Viable for Developing Countries Today? The World Trade Organization and the Shrinking of "Development Space"*, 10 Review of International Political Economy 632 (2003).

被边缘化。因此，多边贸易体制成员驱动的核心自始至终持续地掌握在少数国家或成员的手中，成员驱动的不平衡一直存在。最后，GATT/WTO 的谈判模式是"反复博弈"的回合谈判。每一轮谈判结果都是相互影响，而非独立的。任何对先前回合中不平衡结果的改革要求都必须伴随着新的"出价"，因此成员方之间实力水平的差距导致谈判结果中的不平衡被固化在多边贸易体制的回合谈判中。⑫

三、多边贸易体制下两类成员的驱动策略

许多制度主义者将成员驱动的制度建立的过程视为集体的努力，但现实是，多边贸易体制的成员方在制度建立的过程中对最终的结果形成了不成比例的影响。⑬ 在为多边贸易规则提供动力和影响力方面，发达成员和发展中成员采取了不同的驱动策略。

（一）多边贸易体制中的发达成员的驱动策略

鉴于强大的经济实力与谈判能力，主要贸易大国和发达成员能够有效利用以下诸多驱动和谈判策略主导多边贸易规则的制定，迫使持反对意见的成员作出妥协，以使多边贸易规则更加贴近自身利益和发展诉求。

1. 发起"同心圆"谈判

由于在 164 个成员中达成协商一致是一个极其烦琐的过程，所以多边贸易体制决策的实质内容大都是在非正式的谈判背景下作出的，且这一决策模式体现为以同心圆为表征的不同层次。这些非正式的部长级会议并非 WTO 正式机构，因此没有正式的 WTO 规则规定被邀请的成员范围以及主持会议的具体人选。多边贸易体制中的倡议通常发起于美国与欧盟的双边谈判中，

---

⑫ Rorden Wilkinson, *Barriers to WTO Reform: Intellectual Narrowness and the Production of Path-dependent Thinking*, in Thomas Cottier & Manfred Elsig eds., Governing the World Trade Organization: Past, Present and Beyond Doha, Cambridge University Press, 2011, p. 318.

⑬ Lloyd Gruber, *Power Politics and the Institutionalization of International Relations*, in Michael Barnett & Raymond Duvall eds., Power in Global Governance, Cambridge University Press, p. 102.

由美国和欧盟构成的 G2 成了同心圆非正式谈判的核心。[74] 相较于发展中国家，美国和欧盟有着不可比拟的"议价能力"，通过协调彼此立场并权衡利益，它们能够掌控并主导规则的形成，并从发展中成员身上获取收益。[75] 同心圆的第二层由"四方成员"（Quad）构成。老"四方成员"[76] 作为一个发达成员联盟具有显著的谈判优势，有着足够的力量来行使否决权并塑造着历届谈判回合的结果。[77] 在 2004 年七月框架协定后，老四方逐渐被 G6（美国、欧盟、日本、加拿大、印度、巴西）替代。同心圆的第三层扩大到由25～30个成员方构成的非正式决策圈，这一谈判场所通常被称为"绿屋会议"（秘密会议）。绿屋会议在部长或大使层面召开，既可以处理一般性的议题，也可以处理具体议题。由于大部分发展中国家被排除在这一谈判场所之外，所以绿屋会议被经常性地批评为缺乏透明度与包容性。[78] 而全体成员方会议（如正式部长级会议或贸易谈判委员会会议）则位于同心圆的最外层，因成员数量广泛，所以这一层次的谈判往往难以达成实质性的成果，内层同心圆中发达成员主导的谈判倡议或草案难以在全体成员会议上被更改。[79] 以美国、欧盟为核心的主要发达成员正是以"同心圆"谈判模式主导并驱动了多边贸易体制规则的生成。

2. 控制议程设置

议程设置主要是指在规则制定过程中关注哪些问题和不关注哪些问题，如何对关注问题的优先程度进行排序。通过对议程的控制，霸权国家或主要成员方可以使自己关切的问题被优先关注和解决。由于缺乏明确统一的议程

---

[74] Manfred Elsig, *Different Facets of Power in Decision-Making in the WTO*, Swiss National Centre of Competence in Research Working Paper, No. 23, 2006, p. 21.

[75] 参见［南非］法扎尔·伊斯梅尔：《改革世界贸易组织：多哈回合中的发展中成员》，贺平、凌云志、邓峥晖译，上海人民出版社2011年版，第120－121页。

[76] 老"四方成员"包含美国、欧共体、日本和加拿大。

[77] Peter Drahos, *When the Weak Bargain with the Strong: Negotiation in the World Trade Organization*, 8 International Negotiation 90.

[78] Manfred Elsig, *Different Facets of Power in Decision-Making in the WTO*, Swiss National Centre of Competence in Research Working Paper, No. 23, 2006, p. 22.

[79] Manfred Elsig & Thomas Cottier, *Reforming the WTO: The Decision-Making Triangle Revisited*, in Thomas Cottier & Manfred Elsig eds., Governing the World Trade Organization: Past, Present and Beyond Doha, Cambridge University Press, 2011, p. 297.

设置的标准或规则,所以 WTO 只能通过协商一致来确定哪些议题包含在 WTO 权限范围内,哪些议题应当获得优先考虑。[80] 而发达成员和大国在议程设置的过程中能够发挥不对等的影响力来最终左右贸易回合谈判的议程设置结果。在 GATT 与 WTO 谈判中,议程设置长期以来都是由美国和欧盟掌控的。[81] 虽然发展中国家也可以提出会议议程动议,且被纳入部长级会议宣言中,但当这些议程或动议正式进入相关的谈判委员会时,来自发展中成员的动议会习惯性"流产"。发达成员会通过阻碍协商一致的达成来阻止发展中成员动议的进一步讨论和发展,而选择绿屋会议等非正式会议对其感兴趣的议题进行广泛的实质性谈判。[82] 从动议到提议再到草案文本谈判的过程大都发生于非正式部长级会议中,而大部分发展中成员都被排除在会议进程之外。由于不同的 WTO 成员方就不同的贸易议题和领域具有不同的利益诉求和比较优势,所以议题设置中的部分成员主导导致的权力不均衡作用将会深刻影响到谈判程序的公平公正。[83]

3. 实施分化策略

发达成员对发展中成员实施的分化策略既适用于某一发展中成员群体,也适用于特定的发展中成员联盟。在运用上述"同心圆"谈判模式时,大多数发展中成员通常位于同心圆外围。为促使发展中成员接受内层同心圆的建议或方案,发达成员会对其采取分化策略,而最困难也最关键的一步就是确保较大发展中成员和新兴经济体的支持。随着以金砖国家为代表的新兴经济体进入 WTO 主要决策层,它们往往加大了主要成员间达成一致意见的难度。因为这些新兴经济体国家具有与发达国家不同的发展阶段和国内政治经济现

---

[80] Cecilia Albin, *Using Negotiation to Promote Legitimacy: An Assessment of Proposals for Reforming the WTO*, 84 International Affairs 761 (2008).

[81] Richard H. Steinberg, *In the Shadow of Law of Power? Consensus-Based Bargaining and Outcomes in the GATT/WTO*, 56 International Organization 355 (2002).

[82] Richard H. Steinberg, *In the Shadow of Law of Power? Consensus-Based Bargaining and Outcomes in the GATT/WTO*, 56 International Organization 354–355 (2002).

[83] Cecilia Albin, *Using Negotiation to Promote Legitimacy: An Assessment of Proposals for Reforming the WTO*, 84 International Affairs 761 (2008).

状,所以在一些具有明显意见分歧的问题上会采取强硬的立场。[84] 对此,美国、欧盟等发达成员会采用"逐个击破"的策略,运用其市场资源及实力优势在双边谈判中施压,一旦发展中成员在双边谈判中作出妥协,就会加速美欧方案在多边层面实施的进程。因此,发展中成员的意志在分化策略中被瓦解,当最终只剩下最不发达成员时,"最后的防线"几乎"不攻而破"。因为被排除在贸易体制之外的成本如此沉重,所以它们不得不接受对其不利的谈判结果。[85]

发达成员同时进行双边与多边谈判从而对发展中成员联盟实施分化策略的做法也是屡见不鲜。[86] 在发起乌拉圭回合谈判期间,由 24 个发展中成员组成的"强硬派"(hardliners)曾强烈反对在贸易体制中纳入服务贸易、知识产权等新议题。美国和欧盟则分别对"强硬派"的领导成员施压,导致反对新议题的 24 个成员减少到 10 个,最终新议题仍被纳入多边贸易体制中。[87] 在多哈回合中,一些发展中国家联盟也在双边谈判的诱惑和压力中开始分化。例如,发展中国家的志同道合集团(Like Minded Group,LMG)曾极力反对在解决乌拉圭回合协定导致的执行议题之前开展任何新的谈判,并拒绝向发达成员作出任何让步。但是"四方集团"开始有针对性地与 LMG 中的特定成员方进行双边谈判,并以给予它们优惠待遇为诱惑要求其放弃对新加坡议题的反对立场。同时,一些国家还被警告如果不软化立场就会面临被撤销优惠待遇的风险。最终,分化策略在发展中成员联盟中产生了多米诺骨牌效应,

---

[84] Amrita Narlikar, *New Powers in the Club: The Challenges of Global Trade Governance*, 86 International Affairs 722 (2010).

[85] Igor Abdalla Medina de Souza, *An Offer Developing Countries could not Refuse: How Powerful States Created the World Trade Organization*, 18 Journal of International Relations and Development 162 (2015).

[86] Gregory Shaffer, *Power, Governance, and the WTO: A Comparative Institutional Approach*, in Michael Barnett & Raymond Duvall eds., Power in Global Governance, Cambridge University Press, 2005, pp. 133–135.

[87] Igor Abdalla Medina de Souza, *An Offer Developing Countries could not Refuse: How Powerful States Created the World Trade Organization*, 18 Journal of International Relations and Development 171 (2015).

新一轮的"多哈发展议程"正式发起。⑧⑧

4. 威胁转移论坛

论坛转移包括几个相互关联的策略：将议题从一个组织转移到其他组织，在不同组织内推进相同的议程，以及退出当前的组织。⑧⑨ 无论采用其中哪一种策略，这种权力运用策略的实质均在于利用"最佳可替代谈判协定"（Best Alternative to a Negotiated Agreement，BATNA）⑨⑩ 的力量，BATNA 让有经济实力的主要 WTO 成员能够不依赖多边协定的达成，不顾多边场所的反对声音而在其他论坛中推动与其国家利益更加适配的经贸规则（"go it alone" power）。换言之，这种"走开"的能力成为主要经济体和大国在多边谈判中一项重要的权力来源。⑨① 这项权力的行使削减了发展中小国的可选择策略范围。只要维持成员资格所需要的成本小于被现有体制排除在外的成本，这些国家甚至可能会接受绝对收益为负的多边贸易协定，以免本国在经济全球化与国际贸易合作的浪潮中被孤立和边缘化。⑨②

大国和主要发达成员在国际经贸谈判中广泛地使用了威胁转移论坛的策略。例如，由于美国和欧盟无法在世界知识产权组织（World Intellectual Property Organization，WIPO）中获得知识产权议题的多数支持，所以就把该议题转移到 GATT 项下，进而在 1994 年催生了《与贸易有关的知识产权协定》（Agreement on Trade-Related Aspects of Intellectual Property Rights，TRIPs）。20 世纪 80 年代末，发达国家提出在经济合作与发展组织（Organization for Economic Co-operation and Development，OECD）国家内建立自由贸易与投资区域，自由贸易与投资安排中的所有权益只能由 OECD 国家享有，以此为

---

⑧⑧ [英] 阿姆里塔·纳利卡：《权力、政治与 WTO》，陈泰锋、薛荣久译，外语教学与研究出版社 2007 年版，第 244 页。

⑧⑨ Igor Abdalla Medina de Souza, *An Offer Developing Countries could not Refuse: How Powerful States Created the World Trade Organization*, 18 Journal of International Relations and Development 160 – 161 (2015).

⑨⑩ William Ury & Bruce Patton, *Getting to Yes*, Houghton Mifflin, 1991, p. 100.

⑨① Landau Alice, *Analyzing International Economic Negotiations: Towards a Synthesis of Approaches*, 5 International Negotiation 12 (2000).

⑨② Gruber Lloyd, *Power Politics and the Free Trade Bandwagon*, 34 Comparative Political Studies 703 – 741 (2001).

发展中国家制造了谈判压力。此外，与乌拉圭回合谈判同时进行的 NAFTA 谈判也被视为美国牵制欧盟和其他国家的谈判策略。这些谈判策略的运用迫使对特定立场持反对态度的成员作出让步和妥协。[93]

在威胁转移论坛策略中不得不提到的是乌拉圭回合谈判末期发达国家退出 GATT 建立新国际组织的做法，这一举措直接造成了乌拉圭回合不平衡的贸易协定的达成。因为如果发展中国家拒绝签署建立 WTO 的一揽子协定，那么它们在之前 GATT 回合谈判中获得的贸易减让以及最惠国待遇就会全部丧失。[94] 发展中国家不但要面临美国和欧盟不受约束的农产品贸易政策，还会失去其出口产品进入发达国家的市场准入机会。发达国家退出现有论坛的策略正是利用了不同国家间非对称的相互依赖，并通过模拟创造出"无政府状态"向发展中国家施压，迫使发展中国家接受其本不愿接受的非帕累托改进的结果。[95]

5. 行使否决权

否决权在理论上并非发达成员的专利，每一成员方都具有行使的权利。随着以金砖国家为代表的新兴经济体国家的崛起，这些经济体逐渐靠近 WTO 核心决策层，它们也从未吝惜通过行使否决权而阻止对其不利的贸易规则的产生。[96] 但发展中国家在 WTO 中的影响力仍在很大程度上局限于说"不"的能力，而非建设性和引领性的能力。[97] 有学者认为，国际组织真正意义上的"成员驱动"要求 WTO 成员坐在"驾驶员"的位置上实际地进行驾驶和操作，而不仅仅只会按下"刹车"来制动。[98] 从这个意义上，尽管 WTO 中

---

[93] Richard H. Steinberg, *In the Shadow of Law of Power? Consensus-Based Bargaining and Outcomes in the GATT/WTO*, 56 International Organization 349 (2002).

[94] Manfred Elsig, *Different Facets of Power in Decision-Making in the WTO*, Swiss National Centre of Competence in Research Working Paper, No. 23, 2006, p. 20.

[95] Richard H. Steinberg, *In the Shadow of Law of Power? Consensus-Based Bargaining and Outcomes in the GATT/WTO*, 56 International Organization 349 (2002).

[96] Amrita Narlikar, *New Powers in the Club: The Challenges of Global Trade Governance*, 86 International Affairs 719 (2010).

[97] 屠新泉："我国应坚定支持多边贸易体制、积极推进全球贸易治理"，载《国际贸易问题》2018 年第 2 期。

[98] Claus-Dieter Ehlermann & Lothar Ehring, *Decision-Making in the World Trade Organization*, 8 Journal of International Economic Law 71 (2005).

发达成员和发展中成员都会运用否决权来阻断于己不利的贸易规则的生成,但是在对WTO这一国际组织"以退为进"的驱动效果上,主要发达成员和大国显然更胜一筹。有学者认为,美国阻挠上诉机构法官的遴选,令上诉机构陷入瘫痪,并威胁退出WTO的真正目的是"希望一次性彻底解决世界贸易体系与美国现行利益和力量不匹配的矛盾和问题"。美国即便退出WTO,也不会走向"孤立主义",而是将继续采取多轨策略,并将立场不一致的国家各个击破,逐步做大自己的"朋友圈",最后重塑全球贸易新秩序。

6. 主导价值取向

成员驱动不仅发生在具体的规则制定过程中,通过影响多边贸易体制的价值取向,成员借助于理念、原则、价值等规范元素的指引作用也会于多边贸易规则产生间接却深远的影响,这些规范性元素不仅会影响到规则谈判者的行为,还可以制造谈判"聚焦点"从而从整体上影响着谈判的走向。[99]"发展回合""互惠""自由贸易"等概念的提出均属于这一范畴。例如,作为GATT支柱性甚至宪法性原则的互惠理念长期以来影响着多边贸易体制的发展。以美国为首的主要发达成员操纵着互惠标准和概念的含义,因而控制着多边贸易规则的走向。当自身利益受到威胁时便采用更狭窄、更严格的主观互惠标准,从而在公平贸易与自由贸易的转换间游刃有余。

全球治理从协调行为主体实践的功能和角度来看似乎类似于一项机器的技术性运转,但容易被忽视的是,一些被认可的价值和理念在全球治理机器的背后驱动并控制着它的运作。[100]霸权国家在国际社会推行制度霸权也同样需要一定程度的合法性以获得其他国家的认可与追随。但合法性往往是合法化这一复杂过程的结果,合法化过程本身是有争议且不透明的,其中难以摆脱权力的影响与博弈。[101]如果某一理念通过获得一定程度的"合法性"而成为主流价值,它就容易被视为"中立"的,而这一理念背后的权力作用以及

---

[99] Manfred Elsig, *Different Facets of Power in Decision-Making in the WTO*, Swiss National Centre of Competence in Research Working Paper, No. 23, 2006, p. 14.

[100] Igor Abdalla Medina de Souza, *An Offer Developing Countries could not Refuse: How Powerful States Created the World Trade Organization*, 18 Journal of International Relations and Development 159 (2015).

[101] Matthew Eagleton-Pierce, *Symbolic Power in the World Trade Organization*, Oxford University Press, 2013, p. 60.

所附加的特定政治利益往往会被忽视。[102] 因此 WTO 成员在提出相应理念从而影响多边贸易体制的价值取向方面面临着更高层面的对抗与较量。在这一问题上，受制度变迁的路径依赖的影响，GATT 创始成员方无疑具有天然的竞争优势。

（二）发展中成员集团化联盟

发展中成员是多边贸易体制中一股独特的力量，发展中成员驱动过程并非被动跟随多边贸易体制运转的过程。相反，发展中成员创造了自己的动力[103]，它们通过总结历史经验教训，积极谈判适合本国（本地区）的发展道路和发展模式，不断增进国内经济体制改革，推动扩大对外开放，已经"成为推动自身经济腾起的根本力量"[104]。发展中成员自身的动力源与多边贸易体制的动力相互作用，造就了发展中成员成为既希望维护现有多边贸易秩序又具有充分改革意愿的特殊的力量群体。

发展中成员的驱动方式和策略主要是通过集团化联盟。联盟是指成员集团内部的合作和协调，且集团内部成员能够意识到其集体行为存在的状态。[105] 在国际关系理论中，国际体系内部国家实力水平的差异将会导致联盟利益的产生。弱国具有天然倾向形成联盟以对抗强国。[106] 由于在"中心–外围"的国际权力结构中被边缘化，所以发展中国家除了组成联盟以寻求保护、应对共同挑战并与发达国家进行对抗，几乎没有其可供选择的策略。[107] 因此在多边贸易体制谈判中，发展中成员逐渐增加了对联盟建设的投入以影响其在贸

---

[102] Matthew Eagleton-Pierce, *Symbolic Power in the World Trade Organization*, Oxford University Press, 2013, p. 70.

[103] Robert E. Hudec, *Developing Countries in the GATT Legal System*, Cambridge University Press, 2011, p. 4.

[104] 徐崇利："二战之后国际经济秩序公正性之评判——基本逻辑、实力兴衰及收益变化"，载《经贸法律评论》2019 年第 3 期。

[105] J. P. Singh, *Coalitions, Developing countries, and International Trade: Research Findings and Prospects*, 11 International Negotiation 499–500 (2006).

[106] I. William Zartman, *Positive Sum: Improving North-South Negotiations*, Transaction Books, 1987.

[107] J. P. Singh, *Coalitions, Developing countries, and International Trade: Research Findings and Prospects*, 11 International Negotiation 503–504 (2006).

易谈判中的收益。"通过采取集团化的策略,许多发展中成员积极为广大发展中国家的整体利益代言。"[108] 发展中成员联盟致力于在多边贸易体制下更有效地参与贸易谈判,并建立了一定的组织形式与谈判平台,形成"集体的声音",使得少数发达成员垄断"游戏规则"的现象得以部分改观。[109]

在 GATT 时期,发展中成员集团化联盟最初体现为以阵营为特征的传统联盟类型,较为典型的是非正式集团以及由其发展而来的 G-10。[110] 这类联盟成员之间没有共同的经济利益基础,而是展现出"相互捧场"的利益诉求(一些成员会对其他成员追求的目标给予政治和外交支持,同样它们自己也会获得其他成员的类似支持)。[111] 真正使这类联盟获得一定程度凝聚力的因素是成员方的共同观念,即第三世界成员应当团结起来对抗发达成员,提高自身的谈判地位。然而联盟内部不同的利益诉求导致这类联盟总体上是松散的。虽然从非正式集团中衍生出来的 G-10 展示出强硬的谈判立场和姿态,但是一些小型发展中成员希望获得更多灵活性并与发达成员达成某种妥协,所以这种难以弥合的内部分歧导致联盟最终失败。但非正式集团以及 G-10 作为早期发展中成员合作模式仍然帮助发展中成员以集团化联盟的形式表达了自身意志,增强了话语权。[112]

对 G-10 形成挑战的另一种联盟类型是"以议题为基础的联盟"。最为典型的是 G-20[113] 及其所发展出的"牛奶咖啡联盟"。由于以议题为基础,所以

---

[108] [南非] 法扎尔·伊斯梅尔:《改革世界贸易组织:多哈回合中的发展中成员》,贺平、凌云志、邓峥晖译,上海人民出版社2011年版,第38—39页。

[109] 参见徐泉:"WTO体制中成员集团化趋向发展及中国的选择析论",载《法律科学(西北政法学院学报)》2007年第3期。

[110] Amrita Narlikar, *International Trade and Developing Countries-Bargaining Coalitions in the GATT & WTO*, Routledge, 2003, p. 7.

[111] Amrita Narlikar, *International Trade and Developing Countries-Bargaining Coalitions in the GATT & WTO*, Routledge, 2003, p. 60.

[112] 如在乌拉圭回合谈判期间,G-10 在软化《服务贸易总协定》使其更多考虑到发展中国家权益的问题上发挥了重要的作用。Amrita Narlikar, *International Trade and Developing Countries-Bargaining Coalitions in the GATT & WTO*, Routledge, 2003, p. 76.

[113] G-20 包括孟加拉国、智利、柬埔寨、印度尼西亚、科特迪瓦、牙买加、马来西亚、墨西哥、巴基斯坦、菲律宾、罗马尼亚、新加坡、斯里兰卡、韩国、泰国、土耳其、乌拉圭、赞比亚、扎伊尔(刚果)以及中国香港地区。

这类联盟将服务贸易领域有共同立场的成员聚集在一起，其内部结构相对简单。G-20及牛奶咖啡联盟较为关注小型发展中成员的诉求，并在议程设置和谈判策略上展示出相当程度的灵活性。这种灵活姿态使其成为"谈判式联盟"与G-10所代表的"阻碍性联盟"形成了对比。[14]

从西雅图和多哈部长级会议开始，发展中成员集团化联盟的热潮达到了新的高度。WTO时期的发展中成员联盟充分吸取了在GATT时期不同联盟类型的经验教训，在寻求一致的经济政治基础的同时，注重增强集团内部的凝聚力，以更加成熟的组织形式在发展中成员参与谈判时发挥积极的作用。例如，2003年坎昆部长级会议前美欧联合提案催生了发展中成员在印度和巴西的领导下形成G20（20国集团）。该集团要求对农产品国内支持措施进行更加积极的削减，并克服了印度与巴西之间的分歧，要求发达成员在开放国内市场和取消出口补贴问题上作出实质性让步。[15] 由印度尼西亚牵头，来自拉丁美洲、非洲、南亚以及东南亚等地的20多个成员方组成了"战略产品和特殊保障机制联盟"，后来成员方扩大到33个形成了G33（33国集团）。G33建议发展中国家应被允许指定特定产品为战略产品，就这些产品免于承担新的义务，同时要求建立只有发展中成员才能享有的特殊保障机制，以保护发展中成员国内市场免受进口激增带来的冲击。此外，由非洲集团、非加太国家集团以及最不发达国家组成了G90（90国集团），G90代表最不发达国家的利益，在特殊与差别待遇、特殊保障机制、棉花问题以及特惠侵蚀等问题上呈现出积极的参与态势。[16]

多哈回合中，上述联盟表现出一定程度的凝聚力与抗压能力，联盟内部积极协调立场，联盟之间定期会晤共同磋商。一些规模较大的发展中成员担负起帮助最不发达成员的责任，考虑它们的特殊处境和发展需求。以G20为

---

[14] Amrita Narlikar, *International Trade and Developing Countries-Bargaining Coalitions in the GATT & WTO*, Routledge, 2003, p.97.

[15] 徐泉："WTO体制中成员集团化趋向发展及中国的选择析论"，载《法律科学（西北政法学院学报）》2007年第3期，第141页。

[16] Dilip K. Das, *Special Treatment and Policy Space for the Developing Economies in the Multilateral Trade Regime*, 8 The Estey Centre Journal of International Law and Trade Policy 52 (2007).

代表的发展中成员联盟逐渐超越了相对狭隘的福利主义利益,为发展中成员建立统一的联合阵线奠定了基础。[117]发展中成员集团化联盟增加了发展中成员的集体谈判优势,促进了南南合作,在一些领域成为与美国和欧盟"相提并论的主要对话者"[118]。集团化联盟成为发展中成员为多边贸易谈判和WTO内部治理提供动力的主要途径,也为推进多边贸易谈判朝着民主、公平的方向发展做出了重要贡献。[119]

四、多边贸易体制成员驱动引发的法律问题与成员驱动和主要动力来源

成员驱动本身是一个中性词,并不必然是WTO需要改革的对象。但是成员驱动中的非对称性以及少数成员主导会导致WTO内部治理的结构性失衡,引发多边贸易体制的民主赤字,影响成员合作结果和多边贸易规则的公平公正。

(一) 多边贸易体制成员驱动引发的法律问题

1. 多边贸易体制的民主赤字

WTO结构框架内纳入了许多象征着民主理念的元素,这也使WTO乍看起来符合一个民主的国际组织的基本特征。这些元素包括由"一成员一票"所保障的全体成员方的平等地位、成员平等参与决策、依据法治的争端解决等。然而这种粗浅的解读忽略了WTO体制框架内成员权力不对称的事实。成员物质资源、发展水平、谈判能力等方面的差距导致WTO民主在许多情况下"徒有其表"。对于非正式谈判机制的依赖进一步加剧了成员间资源和

---

[117] [南非]法扎尔·伊斯梅尔:《改革世界贸易组织:多哈回合中的发展中成员》,贺平、凌云志、邓峥晖译,上海人民出版社2011年版,第37页。

[118] [南非]法扎尔·伊斯梅尔:《改革世界贸易组织:多哈回合中的发展中成员》,贺平、凌云志、邓峥晖译,上海人民出版社2011年版,第66页。

[119] 徐泉:"WTO体制中成员集团化趋向发展及中国的选择析论",载《法律科学(西北政法学院学报)》2007年第3期,第146页。

权力的不平衡。形式上的民主结构和实质上的权力导向之间的反差充分暴露了WTO内部治理中的民主赤字。[20]

随着新兴市场国家和发展中国家群体性崛起，全球经济治理逐步呈现出多元化的格局。[21]然而基于"二战"后形成的以西方为中心主导的治理模式却未能从本质上适应国际权力格局演变的新情况、新现实；少数霸权国家操纵着多边贸易体制的发展进程，将一国私利置于国际社会集体利益之上，导致治理过程缺乏民主，全球治理供给不足且效率低下。[22]虽然新兴经济体国家在WTO中能够有效地行使否决权，但仍然缺乏实质性地塑造多边贸易规则的机会和能力。相比于新兴经济体而言，一般发展中国家在多边贸易体制面临的民主赤字问题则更加严峻。近年来，新兴经济体随着自身实力不断增强，在自由主义国际经济秩序中可获得"增量收益"[23]，多边贸易体制对于新兴经济体的不公正状况得到了轻微改观；但对于一般发展中国家，特别是最不发达国家而言，国际经贸秩序的失衡状态未得到根本上的改善。[24]一些小型发展中国家与主要发达经济体从国际经济秩序中获得的相对收益的分配差距甚至还在逐渐扩大。

面对发展中成员整体在多边贸易体制代表性不足的情况，WTO更需要从根源处实质地解决民主赤字问题，促使WTO谈判和决策过程自始至终、从上到下都具备包容性。[25]申言之，提高发展中成员的民主参与不应仅仅体现在最后的决策过程中，而应贯穿于从议程设置到非正式会议再到正式会议的

---

[20] Machael Strange, *Discursivity of Global Governance: Vestiges of "Democracy" in the World Trade Organization*, 36 Alternatives: Global, Local, Political 241 (2011).

[21] "世界和平与发展的力量不断壮大：发展中国家助力世界多极化"，载《人民日报》2019年2月15日，第9版。

[22] 王新奎："增强制定经贸规则的能力提高制度性话语权"，载《国际贸易问题》2016年第11期，第37页。

[23] 徐崇利："新兴国家崛起与构建国际经济新秩序——以中国的路径选择为视角"，载《中国社会科学》2012年第10期，第193页。

[24] 徐崇利："二战之后国际经济秩序公正性之评判——基本逻辑、实力兴衰及收益变化"，载《经贸法律评论》2019年第3期。

[25] Manfred Elsig & Thomas Cottier, *Reforming the WTO: the Decision-Making Triangle Revisited*, in Thomas Cottier & Manfred Elsig eds., Governing the World Trade Organization: Past, Present and Beyond Doha, Cambridge University Press, 2011, p.301.

全过程；不仅要体现在具体规则的谈判过程中，也要体现在发展模式、价值取向、原则理念的平等对话和协商交流过程中。民主与发展有着千丝万缕的紧密联系，多边贸易体制规则制定与内部治理的民主与合法性是促使其实现发展导向的程序保障。在权力阴影与经济外交胁迫下生成的规则不可能促进第三世界国家和整个世界的发展。[126]

2. 多边贸易规则中的权力导向

国际制度是国家之间基于权力与利益互动博弈的结果。现实主义者一般认为国际制度优先服务于国家利益，强国以符合自身意志和利益的方式以工具性的手段利用制度，而弱国很难利用权力和实力控制制度的生成和发展以使其服务于自身利益。[127]"二战"后建立的国际经济秩序是以美国为主导建立起的自由主义国际经济秩序，采取的是"实力界定收益"[128]的市场化逻辑。虽然形式上多边贸易体制规则是平等的，但实质上贸易规则带来的收益具有分配性和非中性。发达成员由于经济、政治实力的优势从多边贸易规则中获得的整体收益大于发展中成员。自由主义国际关系学者和法律实证主义者忽视了 WTO 体制内结构性、宪法性的不平衡。[129]他们没有质疑为什么现有规则而非其他规则可以最终被固化下来，现有规则体现了谁的利益，反映了何种价值。[130]他们没有解释为何财产权被重新定义以使得知识产权的保护被纳入国际贸易合作的范畴，而发展中成员享有比较优势的农产品的保护水平却居高不下。他们也没有解释为何发达成员一方面通过强调自由贸易和比较优势意图在服务贸易、投资等领域打开发展中成员市场，而另一方面打着公平贸

---

[126] Bhupinder Chimni, *The WTO, Democracy and development. A View from the South*, in Carolyn Deere-Birkbeck ed., Making Global Trade Governance Work for Development: Perspectives and Priorities from Developing Countries, Cambridge University Press, 2011, p.270.

[127] 陈琪、管传靖："国际制度设计的领导权分析"，载《世界经济与政治》2015 年第 8 期，第 11 页。

[128] 徐崇利："二战之后国际经济秩序公正性之评判——基本逻辑、实力兴衰及收益变化"，载《经贸法律评论》2019 年第 3 期。

[129] Igor Abdalla Medina de Souza, *An Offer Developing Countries could not Refuse: How Powerful States Created the World Trade Organization*, 18 Journal of International Relations and Development 157 (2015).

[130] [英]苏珊·斯特兰奇：《国家与市场》，杨宇光等译，上海人民出版社 2012 年版，第 19 页。

易的旗号滥用贸易救济措施,肆意展开反倾销调查以削弱出口方成员的竞争优势。[131] 成员驱动的 WTO 治理模式和谈判机制在试图给成员主权以充分尊重的同时,也给权力滥用以充分的土壤,导致在权力阴影下生成的多边贸易体制规则难以兼顾各个成员方的国家利益,也进而导致规则公平性与公正性的部分缺失。

3. 权力博弈引发的合作困境

国家通过国际制度展开合作,但国际制度并不必然确保国家间的合作。在当今世界当中,单个国家无法依靠自己的力量来面对各种挑战,国家间相互依赖程度的加深导致了在许多问题上进行合作的内在需求。[132] 由于国际社会缺乏中心化的法律权威来建立、裁决和执行国际规则,所以互惠在国际关系中发挥着重要的作用。[133] 新自由制度主义者已借助"囚徒困境"的博弈模型,以科学的实验结果论证了"一报还一报"的互惠策略有助于在长期的重复博弈中产生合作的结果。[134] 然而新自由制度主义者过分偏重于合作带来的绝对收益而低估了相对收益的重要性。因为互惠缺乏明确的标准,新自由制度主义者并没有对博弈模型中权力的不对等性给予充分的讨论。[135] 在不平衡的权力作用下,决策者的行动并非完全自愿且不受限制的,导致最终的合作结果可能会牺牲一方的利益而使另一方获利。国际制度是国家之间用于维持或促进合作,以解决共同问题的手段,然而制度并不能确保国家之间的合作,围绕国际制度中权力、利益以及责任的分配,甚至会引发冲突。[136] 这种冲突和紧张的局势恰好反映在多边贸易体制的内部治理过程中。

---

[131] Gregory Shaffer, *Power, Governance, and the WTO: A Comparative Institutional Approach*, in Michael Barnett & Raymond Duvall eds., Power in Global Governance, Cambridge University Press, p. 139.

[132] Robert O. Keohane, *Reciprocity in International Relations*, 40 International Organization 14 (1986).

[133] Robert O. Keohane, *Reciprocity in International Relations*, 40 International Organization 1 (1986).

[134] [美] 罗伯特·阿克塞尔罗德:《合作的进化》,吴坚忠译,上海人民出版社 2007 年版,第 36 页。

[135] [美] 罗伯特·基欧汉:《霸权之后》,苏长和、信强、何曜译,上海人民出版社 2016 年版,第 71-73 页。

[136] 陈琪、管传靖:"国际制度设计的领导权分析",载《世界经济与政治》2015 年第 8 期,第 11 页。

WTO复杂、冗长又缺乏成果的谈判过程充分体现了WTO成员间的利益冲突和权力博弈。所有成员方都清楚，谈判回合中达成的合作结果和分配效应将会长期固化在多边贸易规则之中。[137] 任何一方都不愿接受一个其认为"不公平"的谈判结果。WTO成员在想要尽可能多地获取相对收益的同时[138]，还需要平衡其试图获得的国际领导权地位、国际声誉以及维护国际公共产品所需负担的成本。由于在全球治理领域享受较多权力和利益的发达国家尽力推脱义务，而新兴国家无法获得与其实力相匹配的治理权力，所以责任赤字也成为WTO成员间出现合作困境的重要原因。在面临权力博弈引发的合作困境时，平衡、限制权力滥用，矫正现有体制的结构失衡，尽可能使谈判结果更加趋近于公平公正，对于突破困境走向集体合作和共同治理是关键性的。全球治理中的"公平"和"效率"价值并非如一些学者所理解的是厚此薄彼的割裂关系[139]，特别在新兴经济体群体性崛起的多极化时代，公平在一定程度上是获得效率的必要条件。因此，全球治理应当是一个平等协商的过程，"通过平等协商解决不同问题领域的责任分担和利益共享"[140]。为避免权力冲突和博弈引发的合作困境，从旧有的制度框架内沿袭的结构性权力失衡以及类型化、不平衡的成员驱动模式必须进行相应的改革。

4. 少边主义对多边主义的侵蚀

受少数国家权力滥用的影响，当今以规则为基础的多边主义全球治理体系正面临着单边主义、霸权主义、民粹主义、贸易保护主义等多重威胁。虽然"多边主义是第二次世界大战后世界秩序保持基本稳定的重要基础"，且国际社会普遍认可了多边主义蕴含的平等协商、开放包容、合作共赢等精神

---

[137] Manfred Elsig & Thomas Cottier, *Reforming the WTO: The Decision-Making Triangle Revisited*, in Thomas Cottier & Manfred Elsig eds., Governing the World Trade Organization: Past, Present and Beyond Doha, Cambridge University Press, 2011, p. 294.

[138] Igor Abdalla Medina de Souza, *An Offer Developing Countries could not Refuse: How Powerful States Created the World Trade Organization*, 18 Journal of International Relations and Development 158 – 159（2015）．

[139] ［英］苏珊·斯特兰奇：《国家与市场》，杨宇光等译，上海人民出版社2012年版，第19页。

[140] 秦亚青、魏玲："新型全球治理观与'一带一路'合作实践"，载《外交评论》2018年第2期，第3-4页。

对世界和平和发展的重大意义[141]，但面对狭隘与短视的国家利益，多边主义的治理理念和机制遭受了重创。[142] 诚然，区域主义与多边主义并非"水火不容"的关系，前提是WTO成员方善意地遵守WTO对于区域贸易协定相关规则，并维护好二者之间的平衡。也有学者认为区域贸易协定在处理非传统贸易问题上具有优势，因而可以成为全球贸易协定的模板从而对全球贸易自由化产生促进作用。[143] 但许多区域贸易协定脱离了多边贸易规则的控制，且被一些国家战略性地运用以获得不平衡的多边贸易谈判的筹码。[144] 此外，发达国家在一些歧视性的双边协定中豁免其敏感部门的贸易保护主义措施，或运用单边措施向贸易对手施加压力。[145] 这种带有明显歧视性的少边主义对多边贸易体制带来的冲击是致命性的。

造成WTO成员偏离多边主义的主要原因是其战略性追求短期利益而对多边贸易体制的工具性利用。虽然国际经贸合作的最终目的是促进以平等待遇和非歧视原则为基础的多边主义，然而GATT/WTO的建造者事实上从未认真考虑过多边承诺。WTO的行政机构非常无效，且无力依据变化的经济形势作出相应的决策。主要发达成员方受短期国家利益的左右，对多边主义缺乏真正的信任。也因此，"二战"后国际经济法从未从真正意义上建立起能够超越主要发达国家狭隘政治经济利益且具有连贯性的规则体系和国际机构。一旦华盛顿共识中包含的"市场原教旨主义"让位于另一个发展范式（如公平贸易），就会引起国际经贸规则的潜在变化，甚至导致少边主义对多边主义的侵蚀。[146] 事实也证明，当美国从狭隘的民族利益出发界定本国利益的阻力减少，美国就会更多地转向单边主义。而为应对变化无常的美国贸易政策，

---

[141] 吴志成："多边主义是人心所向"，载《理论导报》2018年第10期。

[142] 何亚非："当今世界需要坚持和重塑多边主义"，载中美聚焦网2019年8月14日。

[143] Roberta Benini & Michael G. Plummer, *Regionalism and Multilateralism: Crucial Issues in the Debate on RTAs*, 41 Economic Change and Restructuring 270.

[144] Eugénia da Conceição-Heldt, *The Clash of Negotiations: The Impact of Outside Options on Multilateral Trade Negotiations*, 18 International Negotiation 113 (2013).

[145] Daniel W. Drezner, *All Politics is Global: Explaining International Regulatory Regimes*, Princeton University Press, 2007.

[146] Julio Faundez & Celine Tan, *International Economic Law, Globalization and Developing Countries*, Edward Elgar Publishing, 2010, p. 29.

欧洲和东亚也不得不发展以地区为中心的治理结构，积极寻求保护自身利益的途径。[147]

（二）成员驱动的主要动力来源——国家利益

国家利益是主权国家体系形成的产物，"是国际关系中驱动国家互动的最基本要素"，它决定着国家的具体目标和具体行动。[148]国际关系古典现实主义将国家利益界定为对权力的追求，其基本组成部分就是本国的生存和安全。新现实主义更加强调物质力量的作用，且把结构性因素看作界定利益模式的决定性因素。"利益决定制度，权势的分布状况决定利益"[149]，国家利益并非一成不变的，而是要受到内生变量与外生变量的影响，因此处于动态的形成与调整过程中。WTO主要成员国家利益的变化在一定程度上解释了多边贸易体制规则的发展演进趋势。虽然乌拉圭回合增加了多边贸易体制的规则导向，但并不意味着发达成员在任何时候都坚定地遵守非歧视原则和规范，相反，它们在国际贸易合作进程中会不断地违背这项承诺，这取决于它们如何去界定本国的国家利益。依据变化的国家利益，主要发达成员可以把控多边贸易体制的发展趋向、主导新的多边贸易规则的生成，或通过对GATT/WTO价值理念的再解释而重塑多边贸易规则。[150]

在多边贸易体制内，国家利益驱使下的国家间博弈通常体现为规则制定主导权的博弈。"一国建立起该国主导的国际制度的过程，是对权力资源的投资。"[151]因为国际社会正在走向以发展问题为核心的"规则世界"，而围绕规则制定所展开的国际规则主导权的博弈正逐渐取代结盟对抗成为大国政治

---

[147] [美]约瑟夫·格里科、约翰·伊肯伯里：《国家权力与世界市场：国际政治经济学》，王展鹏译，北京大学出版社2008年版，第301页。

[148] 李少军："论国家利益"，载《世界经济与政治》2003年第1期，第4—5页。

[149] Arthur A. Stein, *Coordination and Collaboration: Regimes in an Anarchic World*, 36 International Organization 319.

[150] Andrew G. Brown, *Reluctant Partners: A History of Multilateral Trade Cooperation 1850–2000*, pp. 167–168.

[151] 陈琪、管传靖："国际制度设计的领导权分析"，载《世界经济与政治》2015年第8期，第21页。

的主导内容。[152] 由于国际经贸规则的非中性，规则难以兼顾所有国家的利益，因此各国在参与全球化过程中都力图最大限度地影响国际经济规则的制定。[153] 然而，各国间的实力差距造成了各国影响国际经济规则制定的能力上的不平衡。多边贸易体制建立与发展的历史表明，只有少数国家深入参与并塑造了国际经贸制度安排从而使之更符合自己的利益需要。[154] 也只有少数拥有领导权的国家利用对制度运作的优势影响力，将自己的理念和价值观纳入制度安排，通过将对自己有利的规则多边化，进而从中获得额外制度收益。[155]

发展中国家群体力量的崛起为多边贸易体制规则领导权的博弈增添了新的张力。多边贸易体制是在美国主导下，美英协调立场共同建立起的调整国际经贸关系的重要国际规则体系。随着越来越多的发展中成员加入以及新兴经济体国家参与引领国际经贸规则的建设，多边贸易体制内权力的博弈逐渐加剧。"在权势相对衰落的情形下，美国希望通过改进现有制度和创设新制度来护持霸权，延续制度红利"[156]，为此甚至不惜采取破坏现有规则体系并威胁退出的方式。但无论是威胁退出还是直接退出，美国都没有放弃影响未来多边贸易规则制定的权力，在本质上都是为了实现为本国利益"发声"的目的，即通过改革现有规则和塑造未来规则发展方向，调整现有体制中的收益分配，以使国际经贸规则更好地服务于本国利益。

作为理性主义的新现实主义和新自由主义都认为国家是利己的，认为追求自我利益是国家利益的核心。[157] 但二者最大的争议在于绝对利益还是相对利益最终左右着国家行为[158]，对于这一问题的回答也直接影响着对国家合作

---

[152] 李巍："国际秩序转型与现实制度主义理论的生成"，载《外交评论》2016 年第 1 期，第 170 页。

[153] 陈琪、管传靖："国际制度设计的领导权分析"，载《世界经济与政治》2015 年第 8 期，第 12 页。

[154] 李向阳："国际经济规则的形成机制"，载《世界经济与政治》2006 年第 9 期，第 78 页。

[155] 陈琪、管传靖："国际制度设计的领导权分析"，载《世界经济与政治》2015 年第 8 期，第 22 页。

[156] 温尧："退出的政治：美国制度收缩的逻辑"，载《当代亚太》2019 年第 1 期。

[157] [美] 亚历山大·温特：《国际政治的社会理论》，秦亚青译，上海人民出版社 2014 年版，第 232 页。

[158] Joseph M. Grieco, *Anarchy and the Limits of Cooperation: A Realist Critique of the Newest Liberal Institutionalism*, 42 International Organization 495-498.

前景的预判和分析。国家间经贸合作的博弈虽然非零和博弈，但新现实主义和新自由主义在这一问题上的胶着进一步证实了国家间合作既具有潜力和空间，同时也伴随着严峻的挑战和困难。在多边贸易体制中，受绝对利益驱使的成员驱动将有助于 WTO 成员谈判新规则以合作应对全球化带来的新挑战，而受到相对利益驱使的成员驱动将导致无止境的权力滥用，最终使国家间博弈走向"共同利益困境"（如囚徒困境）[159]。换言之，倘若各国过于强调相对收益的获取，甚至将国际制度操纵为自身利益的战略工具，则不可避免地会造成国家间的矛盾和冲突，进而导致治理失效。[160] 因此，多边贸易体制和国家间经济合作的未来在很大程度上取决于大国和主要发达经济体能否以长远的眼光界定其国家利益，把国际社会的集体利益视为国家利益的一部分，像一个负责任的大国一样"自律"[161]，注重权力行使的合法性，避免权力的过分滥用。同时也考验着 WTO 成员能否推动 WTO 这一曾在调整国际经贸关系中发挥重要作用的国际经济组织进行结构性改革，在改善民主赤字、提高分配正义的同时，协调成员方创造出更多的合作潜能。

五、多边贸易体制成员驱动的法律规制

广大发展中国家在 WTO 中的参与度不够、发言权不足是 WTO 长期以来面临合法性危机的重要原因。WTO 改革的核心应当是扩大发展中国家的参与权和决策权，让发展中国家能够积极、深入地参与到国际经贸体制的设计、改革和治理过程中。[162] 要想破解类型化、不平衡的成员驱动带来的 WTO 治理难题必须坚持维护多边主义，通过完善多边贸易体系的制度设计规制成员权力的滥用。

---

[159] Arthur A. Stein, *Coordination and Collaboration: Regimes in an Anarchic World*, 36 International Organization 304 – 305.

[160] 李巍："国际秩序转型与现实制度主义理论的生成"，载《外交评论》2016 年第 1 期，第 189 页。

[161] ［美］斯蒂芬·M. 沃尔特：《驯服美国权力：对美国首要地位的全球回应》，郭盛、王颖译，上海人民出版社 2008 年版，第 202 页。

[162] 刘敬东："WTO 改革的必要性及其议题设计"，载《国际经济评论》2019 年第 1 期。

（一）适度增强对 WTO 组织机构的授权

多边贸易体制的合作严重受限于一些国家的单边主义和权力滥用。这些国家以维护国家主权和国家安全为借口，拒绝在多边层面的充分授权，利用本国权力优势控制国际规则的制定和发展。[163] 为改善这种状况，可以考虑适度增加对 WTO 组织机构的进一步授权，进而提高多边贸易体制自身的能动性。多边贸易体制在 ITO – GATT – WTO 的发展演进过程中，成员驱动（特别是少数成员主导）的属性过于明显，掩盖了其本身作为一个国际组织的独立性。有效的国际组织和治理机制不只是一个谈判场所，而应该能为规则的生成发挥出能动的独立的作用。[164] 因此有学者认为，现行的 WTO 从根本属性上仍然处于正式的国际组织与国际会议之间。[165] WTO 的成立并未改变其前身 GATT 固有的"契约"性质，仍然缺乏现代治理所应当具有的权威。[166]

增强对组织机构的授权并不代表要放弃"协商一致"的成员驱动模式，而是利用中立的第三方机构调整、制衡 WTO 内不对称的权力作用，为成员驱动"保驾护航"。尤其是在规则谈判领域，WTO 成员可以授权增加总干事或秘书处的权力，通过超国家行为者的介入补充并管理成员间的权力博弈。有学者建议，当 WTO 成员中没有符合标准和任职要求的主席可供选择时，可以考虑从秘书处职员中选任中立、客观的"超国家机构"主席承担相应职务。[167] 这项授权将有助于加速谈判进程，避免 WTO 谈判和决策程序陷入无止境的重复对抗。[168]

---

[163] Manfred Elsig & Thomas Cottier, *Reforming the WTO: The Decision-Making Triangle Revisited*, in Thomas Cottier & Manfred Elsig eds., Governing the World Trade Organization: Past, Present and Beyond Doha, Cambridge University Press, 2011, p. 289.

[164] Peter Van Den Bossche & Lveta Alexoviov, *Effective Global Economic Governance by the World Trade Organization*, 8 Journal of International Economic Law 683 (2005).

[165] Peter Van Den Bossche & Lveta Alexoviov, *Effective Global Economic Governance by the World Trade Organization*, 8 Journal of International Economic Law 684 (2005).

[166] 刘敬东："WTO 改革的必要性及其议题设计"，载《国际经济评论》2019 年第 1 期。

[167] Faizel Ismail, *Reforming the World Trade Organization*, 10 World Economics 141 (2009).

[168] Manfred Elsig & Thomas Cottier, *Reforming the WTO: The Decision-Making Triangle Revisited*, in Thomas Cottier & Manfred Elsig eds., Governing the World Trade Organization: Past, Present and Beyond Doha, Cambridge University Press, 2011, p. 302.

认为超国家机构的权力必然导致国家主权受损的观点是有失偏颇的。现行的国际体制并不再像古典现实主义者所认为的那样，由自给自足的主权国家自私地追求国家利益，而不必考虑他国的行为政策。相互融合和相互依赖的世界经济发展进程使一国的行为会对他国造成深刻的影响。因此逐渐出现的国家间经济融合趋势需要一个更加强大的以规则为基础的法律框架，通过各国共同的主权让渡认可和保护各国共同利益。[69] 以规则为导向的国际机制应当包含一系列有效、准确、可执行并被所有成员方接受的标准，确保每一成员都有充足的话语权进行法律"输出"，平等地参与国际事务合作和全球治理。因此，主权在国际层面的适当让渡是必要的，国际规则体系不仅不会替代、反而会补充国家主权和国际体制机制参与者的国家利益。[70] 同理，一个成功的 WTO 会增强国家的经济主权和独立性[71]，真正威胁到国家主权的从来都不是良善的国际法治，而是权力阴影下的规则导向和权力滥用。

（二）建立多边贸易体制谈判机制

自 WTO 成立以来，WTO 的立法功能几乎陷入停滞，多哈谈判无疾而终，成员分歧难以弥合，WTO 无法适应国际经济贸易新形态的发展变化对多边贸易规则进行调整、补充和更新。[72] GATT/WTO 日常工作的模式以及 WTO 各个委员会、大会的程序在这些年中并未发生实质性的变化，WTO 是一个成员驱动的谈判论坛而非多边机构的"咒语"依然盛行。[73] 因此，WTO 的谈判必须进行结构性的改革和调整。有必要全面建立起多边贸易体制的谈判机制，使其与协商一致的决策过程相互配合，以达成更加公平、平衡的成员驱动模式。

---

[69] Susan Hainsworth, *Sovereignty, Economic Integration, and the World Trade Organization*, 33 Osgoode Hall Law Journal 621 (1995).

[70] Susan Hainsworth, *Sovereignty, Economic Integration, and the World Trade Organization*, 33 Osgoode Hall Law Journal 591 (1995).

[71] James Bacchus, *A Few Thoughts on Legitimacy, Democracy, and the WTO*, 7 Journal of International Economic Law 670 (2004).

[72] 廖凡："世界贸易组织改革：全球方案与中国立场"，载《国际经济评论》2019年第2期。

[73] 托马斯·科蒂尔："一种WTO决策制定的双层次分析法"，载［加］黛布拉·斯蒂格主编：《世界贸易组织的制度再设计》，汤蓓译，上海人民出版社2011年版，第49页。

首先，设立的谈判机制应将非正式小型部长级会议机制化、规范化、常态化。在承认其在促进成员达成共识方面的作用和必要性的同时，建立有章可循、清晰完善的制度配给。事先告知会议安排，事后向未与会成员披露会议议程和谈判结果。[174] 其次，谈判机制还应规范多边贸易谈判的议程设置。议程设置权对于所有 WTO 成员而言都是不可或缺的重要权利，奠定了整个谈判的基础，包含在谈判议程中的议题必须在 WTO 成员中获得广泛支持，否则谈判成功的概率就会大打折扣。因而这项权利应确保为所有 WTO 成员所享有，谈判议程的建立需要国家内部与国家之间开展广泛的、正式化的磋商程序。[175] 最后，WTO 谈判机制还应对发展中成员以集团化联盟的方式参与 WTO 小团体会议的做法给予制度支持与保障。[176] WTO 谈判机制的建立可以进一步完善 WTO 多边主义制度。制度不仅是集体行动的工具，还是秩序的基础所在。[177] 特别是在以美国为代表的核心成员既可以促成也可以破坏现有国际经贸规则体系的情形下，WTO 更应当建立基于规则的国际经贸秩序，使最强大的国家在制定、遵守规则面前不能随心所欲，让权力的使用获得合法性。[178]

（三）规制 WTO 主席的作用

在多边贸易体制中，自上而下的主席驱动与自下而上的成员驱动并行存在，并相得益彰。前者主要作用于多边贸易谈判的程序控制，后者则作用于对谈判实体内容和结果的控制。由于谈判程序会对谈判结果产生重要影响，因此 WTO 主席是 WTO 规则谈判过程中的关键性角色。主席对于谈判程序的控制包含"制定会议议程、确定谈判模式、确定发言顺序和时间、决定结束

---

[174] Cecilia Albin, *Using Negotiation to Promote Legitimacy: An Assessment of Proposals for Reforming the WTO*, 84 International Affairs 767 (2008).

[175] Bernard Hoekman, *Proposals for WTO Reform: A Synthesis and Assessment*, The World Bank Policy Research Working Paper, 2011, p.345.

[176] 傅星国：《WTO 决策机制的法律与实践》，上海人民出版社 2009 年版，第 177 页。

[177] [美] 布鲁斯·琼斯、卡洛斯·帕斯夸尔、斯蒂芬·约翰·斯特德曼：《权力与责任》，秦亚青、朱立群、王燕等译，世界知识出版社 2009 年版，第 42 页。

[178] [美] 布鲁斯·琼斯、卡洛斯·帕斯夸尔、斯蒂芬·约翰·斯特德曼：《权力与责任》，秦亚青、朱立群、王燕等译，世界知识出版社 2009 年版，第 33－36 页。

谈判"等多项内容[179],主席在程序问题上的自由裁量权在很大程度上决定了谈判的成败。然而当下 WTO 主席角色的运作尚未被充分地规范化。有学者认为,发达成员对于作为贸易谈判委员会主席的 WTO 总干事的行动产生了潜移默化的影响。总干事在设置会议议程、制定正式或非正式谈判文本等活动中很大程度上接纳了主要发达成员的立场和建议。[180]此外,主席的选任程序时常是在没有 WTO 成员参与的情况下暗中进行的,一些发展中国家的谈判代表很多情形下都没有机会指定他们喜欢的主席。[181]在很多重要会议上首先发言的总是老"四方成员国",其次是其他有影响力的谈判者,而其他发展中国家的"声音"则相对显得无关紧要。[182]

在增强对国际组织授权的情况下,更需要进一步提高对 WTO 主席行动的规范化,以防止主席权力的滥用。主席自上而下的权力不应是独立的或专断的,而是对成员自下而上权力的协调与补充,为实现民主和平衡的成员驱动提供保障。因此,在肯定 WTO 主席在谈判中拥有一定自由裁量权和行动灵活性的同时,有必要制定更具体清晰的规则对主席权力予以一定的限制和规范。促使 WTO 主席能够以中立的身份应对国家间权力的不对等,并在复杂的谈判中协助成员方寻求共同利益,协调文化差异和价值冲突。[183]特别是在议程设置等问题上,虽然主席能够最终决定将哪些议题纳入会议谈判范畴之中,但这一决定必须遵循经成员认可的既定程序和规则。[184]清晰的谈判规则和主席的遴选规则将有助于创造一个更加包容、透明的谈判进程,让 WTO 主席能够站在公正、客观的立场上为促进 WTO 成员平等协商,改善 WTO 内

---

[179] Robert Kanitz, *Managing Multilateral Trade Negotiations: The Role of the WTO Chairman*, CMP Publishing Ltd, 2011, p. 66.

[180] Richard H. Steinberg, *In the Shadow of Law or Power? Consensus-Based Bargaining and Outcomes in the GATT/WTO*, 56 International Organization 356 (2002).

[181] Robert Kanitz, *Managing Multilateral Trade Negotiations: The Role of the WTO Chairman*, CMP Publishing Ltd., 2011, p. 22.

[182] Robert Kanitz, *Managing Multilateral Trade Negotiations: The Role of the WTO Chairman*, CMP Publishing Ltd., 2011, p. 65.

[183] Robert Kanitz, *Managing Multilateral Trade Negotiations: The Role of the WTO Chairman*, CMP Publishing Ltd., 2011, p. 1.

[184] Cecilia Albin, *Using Negotiation to Promote Legitimacy: An Assessment of Proposals for Reforming the WTO*, 84 International Affairs 768 (2008).

部不平衡的成员驱动做出贡献。

六、结语

多边贸易体制中的成员驱动是一个包含了多重维度一体化的特定概念。在体制层面，成员驱动是一种 WTO 的内部治理模式；在机制层面，成员驱动是一种谈判和决策方式；在主权国家层面，成员驱动是维护成员经济主权的制度屏障。成员驱动的逻辑脉络伴随着多边贸易体制的发展演进，为体制的建立和发展提供了根本动力。成员驱动虽然是个中性词，但在演进过程中出现了成员类型化、多轨制与不平衡的特征，多边贸易规则生成与发展的控制权始终掌握在少数发达成员手中。发达成员因经济实力与谈判水平优势可以利用发起"同心圆"谈判、影响议程设置、实施分化策略、威胁转移论坛、行使否决权、主导价值取向等多种驱动方式和策略；发展中成员则主要利用集团化联盟的方式增加发展中成员集体的影响力与话语权，希望摆脱多边贸易体制"中心－外围"的治理模式，以自身的发展动力为多边贸易体制输入改革性力量。但两类成员驱动力量的总体不对称导致了多边贸易体制的民主赤字和结构性失衡，影响了成员间的合作前景，是 WTO 相互交织的权力导向与规则导向在动态层面的反映。面对失衡的成员驱动的影响，WTO 需要作出结构性改革与调整，建立、完善谈判机制，规制不对称的成员驱动，以有效避免成员权力的滥用。

超越 WTO 改革路径：
关于特殊与差别待遇的再思考

韩永红[*]

在新一轮世界贸易组织（World Trade Organization，WTO）改革议程设置过程中，发展中国家的特殊与差别待遇成为焦点问题之一。一方面，2019年1月16日，美国向 WTO 提交了题为《一个无差别的 WTO：自我认定的发展地位威胁体制相关性》的文件，质疑 WTO 成员"自我认定"为发展中成员的做法，认为该做法严重损害了 WTO 的谈判功能，也是导致贸易与发展委员会对特殊与差别待遇条款审议无果的重要原因。[①] 2019年7月26日，美国白宫网站发布了题为《改革 WTO 发展中国家地位的备忘录》的文件，授权美国贸易代表办公室（Office of the United States Trade Representative，USTR）在与相关法律一致的情形下，运用一切可用手段确保 WTO 改革，以阻止自我认定为发展中国家的成员在 WTO 规则和谈判中继续享有灵活性。在该备忘录发布之日起90日内，如 USTR 确定无法在 WTO 改革方面取得实质性进展，则 USTR 可以在与相关法律一致的情形下，对其判定为不当地自我认定为发展中国家、不当地在 WTO 规则和谈判中寻求灵活性以获益的

---

[*] 韩永红，广东外语外贸大学法学院教授。本文系作者主持的国家社科基金项目"我国对外援助基本法构建研究"（项目编号：19BFX200）的阶段性成果。

[①] See WTO, An Undifferentiated WTO: Self-declared Development Status Risks Institutional Irrelevance—Communication from the United States, WT/GC/W/757, Jan. 16, 2019.

WTO 成员，不再给予 WTO 发展中国家待遇。②另一方面，2019 年 3 月 4 日，中国、印度、南非等十国向 WTO 联合提交了题为《惠及发展中成员的特殊与差别待遇对于促进发展和确保包容的持续相关性》的文件，确认发展中成员地位的自我认定方式是 WTO 体制下一项具合法性的长期实践。发展中国家的特殊与差别待遇是多边贸易体制的一项基石性原则，是用于确保多边贸易谈判结果与发展中成员经济发展水平差异和能力受限相适应的重要制度手段。③2019 年 5 月 8 日，挪威、加拿大、中国等 9 个 WTO 成员又联合提交了题为《在 WTO 规则制定的努力中追求发展的维度》文件，在肯定特殊与差别待遇合法性的基础上，提出以更加务实的方式来改革特殊与差别待遇是保障和提升以规则为基础的多边贸易体制的重要组成部分。④上述各方的立场文件已清楚地表明，在新一轮 WTO 改革议程中，发展中成员利用特殊与差别待遇条款的正当性和合法性正在面临前所未有的强烈质疑和挑战。在此背景下，实有必要澄清特殊与差别待遇的正当性与合法性，探讨提升特殊与差别待遇实施效果的可行性路径。

一、特殊与差别待遇的正当性

特殊与差别待遇最广为接受的正当性基础在于对实质公平的追求。由于历史原因，发达国家与发展中国家在经济发展水平、国家治理能力等方面存在明显差异，而表面公平的自由贸易规则并不必然能够公平地分配贸易收益。

---

② See Memorandum on Reforming Developing-Country Status in the World Trade Organization, The white House (July 27, 2019), https://www.whitehouse.gov/presidential-actions/memorandum-reforming-developing-country-status-world-trade-organization/.

③ See WTO, The Continued Relevance of Special and Differential Treatment in Favour of Developing Members to Promote Development and Ensure Inclusiveness—Communication from China, India, South Africa, the Bolivarian Republic of Venezuela, Lao People's Democratic Republic, Plurinational State of Bolivia, Kenya, Cuba, Central African Republic and Parkistan, WT/GC/W/765/Rev.2, March 4, 2019.

④ See WTO, Pursuing the Development Dimension in WTO Rule-Making Efforts—Communication from Norway, Canada, Hong Kong, China, Iceland, Mexico, New Zealand, Singapore and Switzerland, WT/GC/W/770/Rev.3, May 7, 2019.

一、WTO 改革与国际经贸规则重构

若单纯要求发达国家与发展中国家按照同一规则进行互惠的自由竞争，犹如运动场上不分性别、不分级别的竞技，实质上是不公平的。在此种自由竞争中，发达国家可轻易地凭借其实力优势，"合法"地对发展中国家进行经济剥削和掠夺，其结果将导致富者越富，贫者越贫。[5]因此，需要区别对待发展中国家与发达国家，对发展中国家作出有利的特殊权利、义务安排，以弥补其实力不足的弱势，以表面上的不公平，追求实质公平的结果。特殊与差别待遇则被视为弥补发展中国家和发达国家之间的实力差异、实现实质公平的法律手段。

罗尔斯的正义理论为特殊与差别待遇的正当性提供了理论基础。罗尔斯认为正义即公平。公平则是"所有的社会基本产品——自由和机会、收入和财富以及自尊的基础都应平等地分配，但为最不利者的利益时，可以予以不平等地分配"。继而，罗尔斯提出了两个正义原则：第一个原则可简单概括为自由平等原则，用于处理公民的政治权利问题；第二个原则是机会平等原则和差别原则的结合，用于处理有关社会和经济利益的问题。社会和经济的不平等安排应该满足两个条件：第一，应该适合社会之最少受惠者的最大利益；第二，所从属的公职和职位应该在机会公平平等条件下对所有人开放。[6]差别原则用来纠正机会的公平平等原则可能带来的不公正。"那些先天有利的人，不论他们是谁，只能在改善那些不利者的状况的条件下从他们的幸运中得利"[7]。尽管罗尔斯本人仅将其上述理论适用于一国境内，但后来的众多评论者，特别是美国学者弗兰克·加西亚认为在国际层面与国内层面存在的正义问题具有相似性，从而将罗尔斯的正义理论的适用范围拓展至国际层面。在国际贸易语境下，罗尔斯的上述原则意味着每个国家均有平等的权利获得社会基本产品，社会基本产品应在发达国家与发展中国家之间平等分配。但贸易自由化并不必然导致社会基本产品在发达国家与发展中国家之间的平等

---

[5] 参见曾华群："论'特殊与差别待遇'条款的发展及其法理基础"，载《厦门大学学报（哲学社会科学版）》2003年第6期，第5-6页。

[6] See John Rawls, *A Theory of Justice*, the Belknap Press of Harvard University Press, 1971, pp. 302-303.

[7] See John Rawls, *A Theory of Justice*, the Belknap Press of Harvard University Press, 1971, p. 304.

分配。对于贸易自由化对发达国家和发展中国家经济发展的影响,虽然尚无最终结论,但经济学家已达成基本共识:贸易自由化使发展中国家的经济受益,但受益程度低于发达国家。"发展中国家的关切和参与正在被边缘化,已拥有不平等的世界自然和社会资源份额的国家继续从国际贸易中获得不平等的收益份额。"⑧对于在国际贸易体制中处于不利地位的发展中国家,基于其与发达国家之间的差异性导致的不公平问题应予以解决。特殊与差别待遇正是解决这一不公平问题,提升发展中国家国际贸易收益的一种制度手段。发展中国家在国际社会基本产品分配上,有权获得优惠的待遇。正如弗兰克·加西亚所言,"基于分配正义,在满足富裕国家对贫穷国家应承担的道德义务方面,特殊与差别待遇原则居于核心地位。从这个角度而言,特殊与差别待遇原则不仅仅是政治妥协的产物:它反映了源自国家间经济不平等的道德义务"⑨。

特殊与差别待遇正当性的另一个理论基础是发展权。作为一项重要人权,发展权的权利主体涵盖个人、民族和国家。《世界人权宣言》(1948)第28条规定:"人人有权要求一种社会和国际秩序,在这种秩序中,本宣言所载的权利和自由能获得充分实现。"1979年,第34届联合国大会通过的《关于发展权的决议》指出,发展权是一项人权,国际贸易是实现发展权的手段。平等发展机会是各个国家的天赋权利,也是个人的天赋权利。而《发展权利宣言》(1986)确认"发展权利是一项不可剥夺的人权,发展机会均等是国家和组成国家的个人的一项特有权利",并在第3条第1款进一步确认:"各国对创造有利于实现发展权利的国家和国际条件负有主要责任。"1993年,联合国大会世界人权会议通过的《维也纳宣言和行动纲领》重申了《发展权利宣言》的声明,指出"各国应互相合作,确保发展和消除发展障碍。国际社会应促进有效的国际合作,实现发展权利,消除发展障碍。为了在执行发展权利方面取得持久的进展,需要国家一级实行有效的发展政策,以及在国

---

⑧ Hansel T. Pham, *Developing Countries and the WTO: The Need for More Mediation in the DSU*, 9 Harvard Negotiation Law Review 335 (2004).

⑨ Frank Garcia, *Trade and Inequality: Economic Justice and the Developing World*, 21 Michigan Journal of International Law 980 (2000).

际一级创造公平的经济关系和一个有利的经济环境"。上述发展权的国际话语体系表明，公平是发展权的基本价值之一，国家间的发展公平是国际社会的普遍诉求，每个国家均有权获得平等发展的机会，平等地参与、享受发展的成果。而发展权问题的提出是发达国家和发展中国家之间的"非均衡性和不平等性日益恶化"的必然产物。[10] 特殊与差别待遇则可视为消除发展的国际性障碍，为发展中国家的全面发展创设便利的一种制度努力。美国学者弗兰克·加西亚曾指出，发展而非贸易自由化是发展中国家的第一位经济政策目标，公平而非恩惠是发展的基础。因此，发展中国家应围绕发展和公平双重目标重新聚焦WTO的贸易和发展政策，而非仅改革现有特殊与差别待遇具体条款。[11]

二、特殊与差别待遇的合法性

"一种国际秩序的生命力体现在它在合法性和权力之间建立的平衡，以及分别给予两者的重视程度。"[12] 正当性的论证只能说明特殊与差别待遇是发展中国家的应有权利。应有权利是潜在的法定权利而不是实在的法定权利。只有转化成法定的权利，它才有最终实现的可能。[13]特殊与差别待遇的合法化是发展中国家争取建立公平国际经济新秩序的重大成果。自20世纪50年代以来，借助发展经济学和去殖民化运动蓬勃兴起的有利因素，发展中国家经过艰难的政治和谈判博弈，最终通过多种国际法律文件确认了在国际合作中发达国家应给予发展中国家某些特殊待遇的权利。例如，《各国经济权利和义务宪章》第17条规定："国际合作以谋发展是所有国家的一致目标和共同义务。每个国家都应对发展中国家的努力给予合作，提供有利的外界条件，给予符合其发展

---

[10] 汪习根：《法治社会的基本人权——发展权法律制度研究》，中国人民公安大学出版社2002年版，第22页。

[11] Frank J. Garcia, *Beyond Special and Differential Treatment*, 27 Boston College International and Comparative Law Review 291 (2004).

[12] [美] 亨利·基辛格：《世界秩序》，胡利平、林华译，中信出版集团2015年版，第75页。

[13] 参见周晓虹："正当性、合理性和现实性——世贸组织法中发展中国家的特殊与差别待遇"，载《法制与社会发展》2002年第4期。

需要和发展目标的积极协助，……以加速它们的经济和社会发展。"第18条也规定："发达国家应当向发展中国家施行、改进和扩大普遍的、非互惠的和非歧视的关税优惠制度。……发达国家还应认真考虑在可行和适当的领域内，并以给予特别和较为有利的待遇的方式，采取其他区别对待的措施，以满足发展中国家的贸易和发展需要。"在《关税与贸易总协定》（General Agreement on Tariffs and Trade，GATT）和WTO体制内，在前期努力的基础上，于1979年11月28日通过的《对发展中国家差别和更优惠待遇、互惠和更全面参与的决定》（L/4903），授权缔约方可以违背GATT第1条最惠国待遇的规定，给予发展中国家差别和更为优惠的待遇，而不将此种待遇给予其他缔约方。这些差别和更为优惠的待遇范围包括：①发达的缔约方根据普惠制给予来自发展中国家产品的优惠关税待遇；②GATT条款下的非税措施；③欠发达缔约方之间的区域性和全球性协定中给予关税和非关税优惠措施；④发展中国家给予最不发达国家的特殊待遇。上述"授权条款"正式确立了发展中国家享有特殊与差别待遇的合法性。授权条款的意义在于把特殊与差别待遇置于GATT法律体制中的核心地位，在法律上永久确认了发展中国家和发达国家之间贸易关系应遵循非互惠原则。[14]后续的乌拉圭回合协定则为发展中国家成员的特殊与差别待遇的合法性提供了更广泛的制度保障。据统计，WTO协定中的"特殊与差别待遇条款"合计有6大类，共145项。[15]

除了多边贸易法律体系，特殊与差别待遇也已进入国际环境法领域和国际投资法领域。在国际环境法领域，发展中国家享有的特殊与差别待遇具体体现为"共同但有区别的责任"原则。1992年《里约环境和发展宣言》提出了"共同但有区别的责任"原则。原则六规定：发展中国家，尤其是最不发达国家和那些环境最易受到损害的国家的特殊情况和需要，应给予特别优

---

[14] 参见杜明、李红波：《GATT/WTO体制中特殊差别待遇的历史考察》，载《世界经济与政治》2005年第8期，第71页。

[15] 六大类包括：①旨在增加发展中成员贸易机会的规定；②要求所有WTO成员保障发展中成员利益的规定；③承诺、行动的灵活性及政策工具的应用；④过渡期；⑤技术援助；⑥有关最不发达成员的规定，允许继续享受未加入WTO前发达国家给予发展中国家的单方面关税优惠，即普惠制。See WTO, Committee on Trade and Development, Special and Differential Treatment Provisions in WTO Agreements and Decisions, WT/COMTD/W/239, October 12, 2018.

先的考虑。在环境和发展领域采取的国际行动也应符合各国的利益和需要。原则七规定:"……鉴于造成全球环境退化的原因不同,各国负有程度不同的共同责任。发达国家承认,鉴于其社会对全球环境造成的压力和它们掌握的技术和资金,它们在国际寻求持续发展的进程中承担着责任。"而具有法律约束力的《联合国气候变化框架公约》将"共同但有区别的责任"原则确立为首要原则,第3条第1项规定:"各缔约方应当在公平的基础上,并根据它们共同但有区别的责任和各自的能力,为人类当代和后代的利益保护气候系统。因此,发达国家缔约方应当率先对付气候变化及其不利影响。"基于此原则,《联合国气候变化框架公约》对发达国家和发展中国家规定的温室气体减排义务以及履行义务的程序均有所区别,要求发达国家采取具体措施限制温室气体的排放,并向发展中国家提供资金以支付它们履行该公约下义务所需的费用。而发展中国家只承担提供温室气体源与温室气体汇的国家清单的义务,制订并执行含有关于温室气体源与汇方面措施的方案,不承担有法律约束力的限控义务。2016年签署的《巴黎协定》在序言、第2条和第3条中进一步明确遵循"共同但有区别的责任"原则。作出了包括"以公平为基础并体现共同但有区别的责任和各自能力的原则,同时要根据不同的国情""充分考虑到最不发达国家在筹资和技术转让行动方面的具体需要和特殊情况"等表述。

特殊与差别待遇也已开始通过国际投资协定的相关条款进入国际投资法领域。例如,《中华人民共和国政府与东南亚国家联盟成员国政府全面经济合作框架协议投资协议》在序言中即规定"注意到《框架协议》所认识到的缔约方之间不同的发展阶段和速度,和对柬埔寨、老挝、缅甸和越南等东盟新成员实行特殊待遇及灵活性的必要性"。又如,《东部和南部非洲共同市场投资协定》(COMESA Investment Agreement)就公平公正待遇标准作出进一步澄清性规定:"为实现更大确定性,各成员国理解成员国间存在不同形式的行政、立法和司法制度,处于不同发展水平的成员国可以不在同一时间内达至相同的标准。"[⑯]这一规定体现了特殊与差别待遇的精神。目前,在国际

[⑯] See Article 14 (3), COMESA Investment Agreement (2007),转引自 UNCTAD Investment Policy Framework for Sustainable Development, p. 81.

投资协定中特殊与差别待遇条款尚不多见。尽管会有一些关于发展政策空间和灵活性的一般表述,但由于国际投资协定尤其是双边投资协定基本都是互惠和平衡的产物,所以很少会对一方的权利或义务作出倾斜。为促进国际投资的可持续发展,联合国贸易和发展会议倡议可以通过以下几种形式促进特殊与差别待遇进入国际投资领域:基于发展为中心的发展中国家义务例外;发展中国家最佳努力义务;非平衡性义务履行时间表,规定发展中国家可获得更长的义务履行时间;仲裁庭以发展导向来解释条约义务。[17]

三、特殊与差别待遇的可执行性

特殊与差别待遇是 WTO 的重要基石,学者们一致认为这一原则不能否定。[18]但接下来的一个问题是:在国际贸易环境、发展中国家和发达国家力量对比发生变化的新情势下,如何坚持特殊与差别待遇?如何提升特殊与差别待遇的可执行性,以确保发展中国家获得实际制度收益?

(一) WTO 改革的路径

目前,关于改革特殊与差别待遇的建议几乎都聚焦于 WTO 多边贸易体制,如有学者提出发展中国家应通过联盟的方式形成谈判合力,"硬化"WTO 法中的特殊与差别待遇规则。[19] 也有学者认为对发展中国家进行划分是趋势,但采用单一的划分标准无法使有需要的发展中国家获得符合其需要的协助,也难以就其标准达成一致意见。建议考虑就各个部门领域内的特殊与差别待遇条款设定不同的适用条件。[20]这些观点均有裨益。但仍需思考一个前

---

[17] See UNCTAD Investment Policy Framework for Sustainable Development, UNCTAD (July 2, 2019), https: //investmentpolicy. unctad. org/investment-policy-framework.

[18] 参见陈卫东:"'特殊与差别待遇'是 WTO 的重要基石",载《人民日报》2019 年 1 月 17 日,第 9 版;李馥伊:"世贸组织改革各方动向和应对建议",载《中国经贸导刊》2019 年第 7 期。

[19] 参见姜作利:"试析 WTO 特殊差别待遇规则'硬化'的合理性——发展中国家的视角",载《山东师范大学学报(人文社会科学版)》2015 年第 4 期。

[20] 参见漆彤、范睿:"WTO 改革背景下发展中国家待遇问题",载《武大国际法评论》2019 年第 1 期。

提性问题：WTO 是否仍是推动特殊与差别待遇谈判的合适平台？

虽然 WTO 多哈回合致力于提高特殊与差别待遇条款的精确性、有效性和可操作性，但迄今成员方无法就提升特殊与差别待遇的可执行性达成任何有意义的共识。WTO 下特殊与差别待遇规则的模糊性和"软法性"，经常为学者所诟病。[21]这也导致在 WTO 争端解决实践中很难认定发达国家是否违反了特殊与差别待遇条款。对我国而言，由于《中国加入工作组报告书》和《中华人民共和国加入世界贸易组织议定书》的相关规定[22]，我国从特殊与差别待遇中实际获得的制度收益更为有限。虽然为提升特殊与差别待遇的可执行性，在 2013 年 12 月举行的巴厘岛部长级会议上决定建立特殊与差别待遇的监督机制，由贸易与发展委员会负责分析和审查 WTO 下的特殊与差别待遇条款〔WT/MIN（13）/45 - WT/L/920〕，但该监督机制的运行依赖于成员方提交相关书面报告。迄今为止，贸易与发展委员会尚未收到成员关于特殊与差别待遇执行的任何书面报告。[23]

更为重要的是，在新的自由贸易环境下，通过 WTO 落实原有特殊与差别待遇条款存在缺乏政治意愿的根本障碍。WTO 体制下的现有特殊与差别待遇条款是在特定历史条件下，发展中国家和发达国家政治博弈和妥协的成果。如今，伴随着中国等新兴国家发展程度的提升，要求"特殊与差别待遇"的地位和力度从逻辑上说将趋于下降。这将在客观上抑制其他新兴国家在建立更加公正的国际经济秩序的传统路径上发动的攻势，而作为经济最发达的新兴国家的中国，在这一传统路径上的斗争则可能陷入守势。[24]另外，面对发达

---

[21] 部分相关论述可参见车丕照、杜明："WTO 协定中对发展中国家特殊与差别待遇条款的法律可执行性分析"，载《北大法律评论》2005 年第 2 期；林灵："试析多哈回合'特殊与差别待遇'谈判及中国相关立场"，载《武大国际法评论》2007 年第 2 期；Akiko Yanai, *Rethinking Special and Differential Treatment in the WTO*, IDE Discussion Paper, Dec. 1, 2013, http：//hdl. handle. net/2344/1287 等。

[22] 例如，《中华人民共和国加入世界贸易组织议定书》第 7 条第 3 款承诺不援用《与贸易有关的投资措施协议》第 5 条（关于发展中国家可享有更长过渡期的规定）；在第 10 条中承诺自加入时取消《补贴与反补贴措施协定》第 3 条范围内的所有补贴。

[23] See Committee on Trade and Development, WT/COMTD/W/239, Oct. 12, 2018.

[24] 参见徐崇利："新兴国家崛起与构建国际经济新秩序——以中国的路径选择为视角"，载《中国社会科学》2012 年第 10 期，第 203 页。

国家和发展中国家力量对比的新变化，部分发达国家对发展中国家的自我认定和适用特殊与差别待遇的心态已发生显著变化。发展中国家定义已经被政治化。例如，基于中国经济发展的成就和国际影响力的提升，中国已不再被西方视为发展中国家，认为至少已属"一只脚已踏进发达国家领地"的发达国家。[25]基于此种认识，美国、欧盟、加拿大等发达成员纷纷要求改变 WTO 现有的发展中成员"自我认定"为发展中国家的方法，确立新的发展中国家认定标准，拟实质性降低或排除对发展中国家整体豁免的承诺，从而从根本上否定或改变特殊与差别待遇的性质。[26]就发展中国家的认定标准，目前联合国贸易和发展会议、国际货币基金组织和世界银行等国际组织存在相互交叠、复杂多样的分类标准。有学者将此种复杂状态形容为"已不仅是意大利面条碗，而是由不同厨师基于不同配方而烹制出的面条和意大利面混合碗"[27]。此种情形下，可以预见通过 WTO 谈判快速达成新的发展中国家认定标准的可能性很小，这也从另一个侧面解释了为何美国在《改革 WTO 发展中国家地位的备忘录》中，急于宣布如在该备忘录发布之日起 90 天内，WTO 改革无法取得实质性进展，将授权 USTR 单方面否认 WTO 发展中成员自我认定为发展中国家。

（二）双边和区域自由贸易协定路径

发展中国家的法定权利实现程度将主要取决于发展中国家实施 WTO 协定的能力、发达国家履行义务的程度和权利救济手段的有效性这三个变量。[28]就特殊与差别待遇而言，发达国家履行义务的程度和权利救济手段的有效性

---

[25] JIN Ling & SU Xiaohui, *How the West Perceives China's Developing Country Status*, 22 China International Studies 138 (2010).

[26] 例如，欧盟提议对特殊与差别待遇启动"毕业"程序，对最不发达国家以外的发展中国家改采用以需求为导向和以证据为基础的方法来确定是否适用特殊与差别待遇。参见 Concept Paper：WTO Modernization，http：//trade.ec.europa.eu/doclib/docs/2018/september/tradoc_157331.pdf.，2019 年 6 月 10 日访问。

[27] Djalita Fialho & Peter A. G. van Bergeijk, *Spaghetti and noodles：Why is the developing country differentiation landscape so complex?*, ISSN 0921-0210, 2013.

[28] 参见周晓虹："正当性、合理性和现实性——世贸组织法中发展中国家的特殊与差别待遇"，载《法制与社会发展》2002 年第 4 期。

两个变量均表现不佳，我们应重点关注如何提升发展中国家从特殊与差别待遇中获得实际收益的能力。正如包括中国等9个WTO成员提交的《在WTO规则制定的努力中追求发展的维度》文件中所言："致力于通过谈判就发展中国家成员何时可以适用特殊与差别待遇问题达成共识性标准既不现实也不实用。问题是如何使特殊与差别待遇能够回应发展中成员面临的发展挑战。"[29]我们认为，以适应发展中国家的发展需求为出发点，以能力建设援助为切入点，通过双边和多边自由贸易协定来提升特殊与差别待遇的可执行性是更为现实的路径。

首先，在特殊与差别待遇的执行和谈判中，应重在强调发展中国家和发达国家在国家能力建设方面的差异性，而非经济地位的差异性来拓展特殊与差别待遇的正当性基础。如前文所述，发展权是特殊与差别待遇正当性的理论基础之一。而发展能力受限是发展中国家面临的一个严重问题。WTO发展中成员能力受限表现在：①缺乏人力资源方面的谈判能力；②缺乏机构层面的协调能力；③缺乏社会层面的谈判和支持能力。[30]经过多年奋斗，部分发展中国家在经济发展方面的部分指标与发达国家之间的差距变小甚至消失，但在国家能力建设方面[31]，尤其是参与或主导国际制度的制定和实施方面的能力差距巨大。在美国2019年提交和发布的《一个无差别的WTO：自我认定的发展地位威胁体制相关性》和《改革WTO发展中国家地位的备忘录》两个文件中，广泛列举了发展中国家赶超发达国家的多个经济发展指标，但却无一提及能力建设指标。

---

[29] See WTO, Pursuing the Development Dimension in WTO Rule-Making Efforts—Communication from Norway, Canada, Hong Kong, China, Iceland, Mexico, New Zealand, Singapore and Switzerland, WT/GC/W/770/Rev.3, May 7, 2019.

[30] See WTO, Pursuing the Development Dimension in WTO Rule-Making Efforts—Communication from Norway, Canada, Hong Kong, China, Iceland, Mexico, New Zealand, Singapore and Switzerland, WT/GC/W/770/Rev.3, May 7, 2019.

[31] 关于国家能力建设，学界已逐渐形成国家与社会、国家与市场、国际体系三个研究维度。在国际体系的维度之下的，集中体现为国家应对全球竞争与挑战能力的建设。这一能力建设分解为如下几个层面：其一，确保主权与领土不受侵犯能力的建设；其二，参与或主导创建国际体系运行机制能力的建设；其三，让本国的国家力量赢得与其他国家的比较优势能力的建设。参见于春洋："全球化时代何以'重构民族国家'——国家权力合法性与国家能力建设析论"，载《甘肃社会科学》2016年第1期。

其次，特殊与差别待遇的执行和谈判应更倚重双边和区域自由贸易协定路径，通过多样化的技术援助和能力建设条款拓展特殊与差别待遇的实施空间。第一，在多边谈判陷入困境的情况下，诸边谈判可能成为未来 WTO 多边贸易体制发展的主要动力。双边和区域自由贸易协定与 WTO 多边贸易体制有共存的法律基础。除 GATT 第 24 条、《服务贸易总协定》第 5 条的规定外，正式确立了发展中国家享有特殊与差别待遇合法性的"授权条款"也鼓励通过缔结区域性和全球性协定给予发展中国家关税和非关税优惠措施。此外，当下奉行单边主义的美国也把推动诸边、部门贸易谈判作为破解多边经贸僵局，重新塑造以自身利益为核心的贸易体制的主要路径。[32] 可以说，双边和区域性自由贸易协定已成为重构国际经贸规则的平台。第二，双边和区域性自由贸易协定拓展了特殊与差别待遇实施的领域和途径。新一代双边、区域性自由贸易协定规制的主题已超越经贸投资，涵盖环境保护等领域。借由国际环境保护领域已确立的"共同但有区别责任"原则，可拓展特殊与差别待遇的实施空间；新一代双边和区域性自由贸易协定中的能力建设相关条款体现了"特殊与差别待遇"的精神。例如，《全面与进步跨太平洋伙伴关系协定》（Comprehensive and Progressive Agreement for Trans-Pacific Partnership，CPTPP）的相关规定可见于第 21 章"合作与能力建设"和第 23 章"发展"。第 21 章规定合作与能力建设的领域包括："促进本协定条款的执行；提升各缔约方利用本协定所创造的经济机会的能力；推进和促进各缔约方间的贸易和投资。各缔约方可以通过对话、工作坊、研讨会、会议、合作项目、促进能力建设和培训的技术援助、政策和程序的最佳实践分享、专家、信息和技术交流等方式开展合作和能力建设。"其中，第 21.5 条规定"认识到各缔约方处于不同发展水平，各缔约方应根据各自拥有的资源情况和比较能力，提供适当的财政或实物资源用以开展本章下的合作和能力建设。"[33] 第 23.2 条规定："1. 各缔约方认可每个缔约方在实施发展政策，包括为本国国民最

---

[32] 参见陈凤英、孙立鹏："WTO 改革：美国的角色"，载《国际问题研究》2019 年第 2 期，第 72 页。

[33] 参见新西兰外交贸易部网站，https://www.mfat.govt.nz/assets/Trans-Pacific-Partnership/Text/21.-Cooperation-and-Capacity-Building-Chapter.pdf，2019 年 7 月 10 日访问。

大化利用本协定所创造的机会的政策中领导力的重要性。2. 各缔约方认可本协定的条款设计已考虑到各缔约方不同的经济发展水平,包括对国内发展目标达成的支持和赋能。……4. 各缔约方可以通过利用本协定创造的贸易和投资机会,制定政策提升基础广泛的经济增长以利于可持续发展和减少贫困。这些政策包括致力于改善脆弱地区、人口和中小企业贸易条件的以市场为基础的方法。"[34]

最后,通过双边和区域性自由贸易协定来提升特殊与差别待遇的可执行性符合美国"重执行"的自由贸易协定谈判偏好。在新一轮 WTO 改革议程中,美国强烈要求修改发展中国家地位认定标准,实质性缩减 WTO 体制下特殊与差别待遇的适用范围。其背后是美国要求以"互惠"取代"最惠",以"形式公平"取代"实质公平"的自由贸易协定谈判新思维。这与特殊与差别待遇的正当性基础和价值追求存在对立和矛盾。因此,"特殊与差别待遇"的表述和条款不太可能出现在美国主导达成的新的自由贸易协定中。但鉴于技术援助、能力建设和条约遵守之间的内在联系,以促进自由贸易协定的执行为切入点,可以在新的双边和区域性自由贸易协定中导入特殊与差别待遇的实质内容。技术援助是特殊与差别待遇的实质内容之一。[35] 国家能力被视为影响国家对国际法遵守情况的重要因素之一。国际法学者的研究表明,除利益、声誉、制裁、规范外,国家能力的欠缺也是导致国家不遵守国际法的原因。[36] 而通过提供相关法律信息和国家能力建设资源,可以改变不遵守国家的偏好,说服国家遵守。[37] 基于美国对条约执行的偏好,其将有动力在双边

---

[34] 参见新西兰外交贸易部网站,https://www.mfat.govt.nz/assets/Trans-Pacific-Partnership/Text/23.-development-Chapter.pdf, 2019 年 7 月 10 日访问。

[35] WTO 体制下特殊与差别待遇的主要内容包括市场准入、市场保护和技术援助。市场准入通过允许发展中成员的产品以优惠税率出口到发达成员市场以支持发展中成员的经济发展;市场保护实质上是非互惠原则,确认发达成员不应期望获得同等的市场准入或同等的减让作为回报;技术援助要求在贸易知识和资源方面处于优势的发达成员应为发展中成员提供知识和财政资助。

[36] 参见韩永红:"国际法何以得到遵守——国外研究述评与中国视角反思",载《环球法律评论》2014 年第 4 期。

[37] See Abram Chayes, Antonia H. Chayes, *The New Sovereignty: Compliance with International Regulatory Agreements*, Havard University Press, 1995, pp. 197–198.

和区域性自由贸易协定中嵌入反映特殊与差别待遇精神的技术援助和能力建设条款。例如，在《美国－墨西哥－加拿大协定》（United States-Mexico-Canada Agreement，USMCA）中即包含了提升中小企业利用该协定创造的贸易机会能力的章节（第25章）；"贸易技术壁垒"一章中也规定"基于共同达成的条款，对与发展、执行、审查技术法规、标准、合格评定有关的实践提供技术建议和援助；或者基于共同达成的条款，提供技术援助与合作，以开展能力建设并支持本章的执行"（第11.9条）。

四、结语

发展中国家和发达国家力量对比的变化导致部分发达国家对发展中国家适用特殊与差别待遇的心态发生显著变化，从而使WTO体制下特殊与差别待遇的正当性和合法性出现不稳定状态。但发达国家与发展中国家仍存在多方面差距，在国家能力建设方面的差距尤为巨大。这一现实决定了特殊与差别待遇的存在仍具有实质公平和发展的正当性基础。WTO体制下的"授权条款"和具体特殊与差别待遇条款、国际环境法领域中的"共同但有区别的责任"原则、国际投资法领域对可持续投资的追求为特殊与差别待遇的合法性提供了基本保障。未来我国应在坚持特殊与差别待遇正当性与合法性基础上，关注其可执行性，以保证发展中国家的实际制度收益。目前，WTO多哈回合谈判的停滞；国际组织对发展中国家的分类和认定存在相互交叠的复杂标准，在短期内不可能就发展中国家认定标准达成一致；更为重要的是，通过WTO落实原有特殊与差别待遇条款存在缺乏政治意愿的根本障碍。因此，WTO恐怕已不再是通过谈判提升特殊与差别待遇有效性和可操作性的合适平台。[38] 特殊与差别待遇的执行和谈判应更倚重双边和区域性自由贸易协定路径，通过多样化的技术援助和能力建设条款拓展特殊与差别待遇的实施空间。

---

[38] 在现行WTO体制下，仍可以利用"贸易援助倡议"（The Aid for Trade Initiative）平台，通过推动发展中成员贸易能力建设来提升特殊与差别待遇的可执行性。

这与我国提出的"增加技术援助的针对性和具体性，确保其有助于发展中成员融入多边贸易体制和全球价值链"，"在未来贸易投资规则制定中，为发展中成员提供充分有效的特殊与差别待遇"的特殊与差别待遇改革建议相符。[39]也与我国以"平衡的贸易自由化原则"推动引领区域性贸易自由化规则创制[40]，展现更大的包容性和灵活度的制度创建路径相符。

---

[39] 参见《中国关于世贸组织改革的建议文件》，载中华人民共和国商务部网站 2019 年 5 月 14 日，http://www.mofcom.gov.cn/article/jiguanzx/201905/20190502862614.shtml。

[40] 参见徐崇利："软硬实力与中国推引局域性国际经济法律制度的创建——以'原则'为制高点的'自上而下'之路径"，载《国际商务研究》2018 年第 2 期。

WTO 发展问题与谈判模式的改革
——以中国视角分析欧盟改革方案

李一凡[*]

一、WTO 改革的背景

世界贸易组织（World Trade Organization，WTO），自 1995 年成立以来就成为全球经济合作的平台和贸易自由化的积极推动者，在其运转的 20 多年来，为各国经济和国际贸易的发展做出了突出贡献。然而目前 WTO 及其背后的多边贸易体制受到了前所未有的重大考验。近几年来对 WTO 进行现代化改革的呼声也越来越高。

（一）WTO 条约制定面临的危机

自 2001 年年底多哈回合谈判启动以来，除了在极少数领域的谈判取得了实质性进展，多边谈判几乎处于停滞状态，各成员方之间难以达成一致意见。而与此同时，全球经济发展中出现了新趋势，不断涌现出新问题、新矛盾。WTO 在这些领域缺乏回应和规制措施，无法满足世界经济发展的需要。于是各成员方都在多边体系之外积极寻求其他路径以解决目前的问题，这导致了双边协定和区域协定的快速发展，WTO 出现了被边缘化的趋势。

---

[*] 李一凡，德国汉堡大学法学院博士研究生。

（二）WTO 危机的产生

WTO 之所以会面临上述状况，根本原因主要有两点：一是第二轮全球化浪潮导致的世界经济格局的变化；二是部分国家科技进步迅速，增强了自身经济实力，对世界经济格局产生影响。WTO 成立于 1995 年，正值商品全球化的时代，也就是第一轮全球化浪潮时期，因此，WTO 多边贸易体系实际上是商品全球化的产物。在第一轮全球化过程中，科技发展带来了运输技术上的提高，随着运输成本的降低，各国之间通过生产和消费关系建立起了贸易连接。而随着通信技术的快速发展和运输能力的进一步提升，通信成本和运输成本进一步降低，使商品的生产过程在不同国家进行成为可能。由于各国在商品生产不同环节比较优势的存在，不仅生产和消费可以实现全球化，原本在一国之内的商品生产价值链突破了国界，开始向全世界蔓延，从而形成了全球价值链。使得商品的生产也实现了全球化。全球价值链的兴起标志着第二轮全球化浪潮的到来。[1] 在第二轮全球化过程中，在生产的某一环节具备比较优势的国家抓住机会发展制造业，形成了全球经济格局中的新势力。

全球价值链的发展在带动部分国家制造业发展的同时就意味着部分国家的制造业在全球竞争中失去比较优势，进一步引发该国制造业就业机会的缩水。尽管全球价值链的发展从长远来看对价值链上的各个国家均有利，但短时间内的不利影响也形成了对部分国家产业的严重打击，这也是目前反全球化思想的来源。在这种情况下，各国政府就面临着政策上的困境，而抉择的结果往往是长远利益让位于暂时的困境，也就是以牺牲贸易自由化为代价，维护国内的既得利益者的利益。[2]

WTO 面临危机的第二个原因是部分国家科学技术水平的快速发展对世界经济格局的影响。西方发达国家在很长一段时间内在科学技术的发展上占据明显优势，因此，有能力生产大量优质的高科技产品，并在相关产业中巩固

---

[1] 陈靓、黄鹏："WTO 现代化改革——全球价值链与多边贸易体系的冲突与协调"，载《国际展望》2019 年第 1 期，第 19 - 20 页。

[2] ［美］约翰·麦金尼斯、马克·莫维塞西恩：《世界贸易宪法》，张保生、满运龙译，中国人民大学出版社 2004 年版，第 20 - 21 页。

自身的经济地位。而很多发展中国家由于科学技术上的落后在国际高科技产品的市场中难以获得一席之地,长期被排除在高科技产品的国际竞争之外。而如今这一状况已经发生了改变,部分发展中国家科技高速发展,已经有能力在高科技产品的国际市场上获取份额,而西方发达国家在这一领域的优势逐渐缩小,在比较优势丧失的过程中,相关产业就受到了冲击。同时国内政策的滞后性导致政府不能及时应对新状况,解决社会矛盾。③ 于是,为了保护国内产业,保留就业机会,政府也同样会选择牺牲贸易自由化。

国际贸易中,经济力量从传统强国逐渐转移至新兴经济体,如中国、巴西、印度等。④ 出现了传统强国不愿放弃贸易统治地位,同时新兴力量主张更多话语权的局面。WTO 成立之时全球价值链对世界经济格局的影响尚未显露,同时发展中国家的科学技术在当时也不足以对西方发达国家的产业形成威胁,因此 WTO 及其背后的多边贸易体系目前出现了滞后性,表现为对于上述两种趋势的发展准备不足,难以应对。由于多边协定在这一方面规制的失灵,面对经济格局的变化和利益的重新分配的需求,各国只能另寻出路,也就是从国内政策以及双边协定和区域协定入手来维护自身利益。

全球价值链的兴起和发展以及部分国家科技水平的快速进步所带来的社会矛盾导致了一些国家对外贸易政策上的改变,进而上升到政治层面。对全球化的抵制和保护主义的抬头在近几年的两次政治事件,即美国总统选举和英国脱欧中表现得尤为明显。这两次政治事件都对相应国家的贸易政策产生了深远的影响。值得注意的是,在"二战"之后,美国总统大选首次出现了包括现任总统在内的大多数竞选人在一定程度上抵制贸易自由化的现象。⑤ 同时,两个政治事件都导致相应国家退出主要贸易协定,对于美国来说是退出《跨太平洋伙伴关系协定》(Trans-Pacific Partnership, TPP),对英国来说则是退出欧洲单一市场

---

③ 刘敬东:"WTO 改革的必要性及其议题设计",载《国际经济评论》2019 年第 1 期,第 41 页。

④ G. Pigman, *The Populist Wave and Global Trade Diplomacy Besieged: A European Approach to WTO Reform*, 14 Place Brand Public Diplomacy 12 (2018).

⑤ G. Pigman, *The Populist Wave and Global Trade Diplomacy Besieged: A European Approach to WTO Reform*, 14 Place Brand Public Diplomacy 11 (2018).

一、WTO改革与国际经贸规则重构

（European Single Market）⑥，两者均可表达出目前国际贸易中反全球化和保护主义思想的抬头。

同时，双边协定和区域协定发展迅速，WTO的多边贸易体制出现了被边缘化的趋势。例如，美国退出TPP后，原参与国将其更新为《全面与进步跨太平洋伙伴关系协定》（Comprehensive and Progressive Agreement for Trans-Pacific Partnership，CPTPP）并签署，美国、墨西哥、加拿大三国签署了《美国－墨西哥－加拿大协定》（United States-Mexico-Canada Agreement，USMCA），美国与欧盟，美国与韩国，美国与日本，欧盟与新加坡之间都签署了双边贸易协定。⑦ WTO在国际贸易体系中的核心地位受到了挑战。

（三）WTO改革的必要性

WTO多边贸易体系受到了来自现实的诸多挑战，对其进行现代化改革，使其重新焕发生机是各成员方的共识。

尽管WTO在多边谈判程序上近乎停滞，在面对世界经济发展的新趋势时显得力不从心，同时也有被边缘化的趋势，但WTO的各项多边协定在目前是，甚至在将来很长一段时间内都会是国际贸易运行的基础，WTO内部机构目前也在正常运行，甚至目前出现的大量双边协定和区域协定也是建立在WTO规则的基础上。⑧ 不仅如此，WTO通过规制国际贸易对区域和平的贡献也功不可没。⑨ 因此，抛弃WTO多边贸易体系另寻出路

---

⑥ World：DDG Wolff-Maintaining and Improving the Multilateral Trading System is Vitally Important，Asia News Monitor（Sep. 22，2018），https：//search. proquest. com/docview/2136268368？accountid.

⑦ 陆燕："G20峰会打开WTO改革局面带来重要契机"，载《中国经济时报》2018年12月3日，第5版。

⑧ World：DDG Wolff-Maintaining and Improving the Multilateral Trading System is Vitally Important，Asia News Monitor（Sep. 22，2018），https：//search. proquest. com/docview/2136268368？accountid.

⑨ United Nations，*Economic and Social Commission for Asia and the Pacific*，*Regional Perspectives on the WTO Agenda：Concerns and Common Interests ：Papers Presented at the ESCAP/UNCTAD High-level Meeting of ESCAP Developing Countries in Preparation for the Fourth WTO Ministerial Conference and at the Doha and Beyond ：Expert Group Meeting on the Future WTO Agenda*，United Nations Publications，2001，p. 2.

是不现实的。

除了 WTO 多边贸易体制本身的价值以外，对 WTO 进行现代化改革也是各成员方的共识。欧盟在其提出的《WTO 现代化方案》中指出，WTO 多边贸易体系在贸易自由化和贸易公平方面具有不可替代的作用，为经济增长和人口脱离贫困做出了突出贡献，因此对 WTO 进行现代化改革是有必要的。[⑩]《关于 WTO 改革的渥太华部长级联合公报》也对 WTO 促进和保障贸易的作用予以充分肯定，并表达了对维护 WTO 多边贸易体制的强烈支持。[⑪] 我国在 2018 年年末就 WTO 改革提出了三个基本原则和五点主张，支持对 WTO 进行改革"以增强世贸组织的有效性和权威性"[⑫]。同时，我国还与欧盟、加拿大等成员方在 WTO 总理事会会议上发表了就 WTO 争端解决机制改革的联合提案。美国尽管多次威胁退出 WTO，并在 WTO 多边贸易体系外与多方签订了双边协定和区域协定，但其在《美国、日本、欧洲联盟三方贸易部长会议联合声明》中也表示对于 WTO 改革持支持态度。[⑬] 尽管改革是各方共识，但目前就如何进行改革还存在意见上的分歧。

中国在 WTO 条约制定层面上还未提出具体改革方案。本文以欧盟提出的改革路径为分析视角，从发展问题和谈判模式改革两个方面分别进行讨论，并结合中国的实际情况就 WTO 条约制定层面的改革发表看法。

二、WTO 改革中的发展问题

WTO 中的发展问题主要涉及的是发展中成员在 WTO 多边贸易体系下的

[⑩] EU Concept Paper on WTO Reform, European Commission (Sep. 18, 2018), http://trade.ec.europa.eu/doclib/docs/2018/september/tradoc_157331.pdf.

[⑪] Joint Communiqué of the Ottawa Ministerial on WTO Reform, Government of Canada (Oct. 25, 2018), https://www.canada.ca/en/global-affairs/news/2018/10/joint-communique-of-the-ottawa-ministerial-on-WTO-reform.html.

[⑫]《中国关于世贸组织改革的立场文件》，载中华人民共和国商务部网站 2018 年 12 月 2 日，http://www.mofcom.gov.cn/article/i/jyjl/j/201812/20181202812404.shtml。

[⑬] Joint Statement of the Trilateral Meeting of the Trade Ministers of the European Union, Japan and the United States, Delegation of the European Union to the United States (Jan. 9, 2019), https://eeas.europa.eu/delegations/united-states-america/56329/joint-statement-trilateral-meeting-trade-ministers-european-union-japan-and-united-states_en.

待遇问题。为了帮助发展中成员尽快融入经济全球化的浪潮，享受经济全球化带来的福利，WTO规则作出了有利于发展中成员的规定。主要包括：①给予履行协定和承诺更长的过渡期；②增加发展中成员的贸易机会的措施；③其他成员方保障发展中成员的利益的条款；④对发展中成员提供技术上的援助；⑤针对最不发达成员的特殊待遇。[14] 西方发达国家虽承认这一机制的合理性，但同时也认为如今WTO框架下对发达国家和发展中国家的区分已经不能反映客观现实。[15] 一些发展中国家经济发展迅速，使得发展中国家之间的经济和发展状况也存在巨大差别，而WTO规则针对发展中成员的特殊待遇却依旧将这些国家一视同仁。发展中国家则对于西方发达国家的这种态度表示担忧。由于改革方案的不确定性，所以发展中成员所享有的特殊待遇一旦被剥夺，将对国内产业形成较大冲击，同时也标志着相关产业要经历一段艰难的适应期[16]，因此，一些发展中成员致力于在原有议程中进一步讨论如何细化相关条款以增强其可操作性，而对于将新的划分方法引入协商议程不感兴趣。[17]

（一）欧盟改革方案：分类与"毕业"制度

欧盟支持WTO框架下的特殊与差别待遇，但认为应当将注意力和资源集中在真正需要帮助和支持的发展中成员，因此主张对发展中成员应区别对待。其在《WTO现代化方案》中提出，由于WTO成员中2/3都主张享受发展中国家待遇，反而淹没了来自真正需要帮助的成员方的声音，因此应对发展中国家建立"毕业"制度；现有的特殊与差别待遇应当以需求为导向，以证据为基础；对发展中成员未来要求增加的特殊待遇应进行逐案分析。其中第二项可通过对发展中成员进行分类、建立毕业制度或其他

---

[14] Special and Differential Treatment, World Trade Organization (Feb. 28, 2019), https://www.WTO.org/english/tratop_e/dda_e/status_e/sdt_e.htm.

[15] EU Concept Paper on WTO Reform, European Commission. (Sep. 18, 2018), http://trade.ec.europa.eu/doclib/docs/2018/september/tradoc_157331.pdf.

[16] T. Fritz, *Special and Differential Treatment for Developing Countries*, 5 Global Issue Papers 29 (2005).

[17] 孙振宇主编：《WTO多哈回合谈判中期回顾》，人民出版社2005年版，第279页。

手段实现。[18]

毕业制度指的是鼓励发展中成员通过整体或者单个协议的方式从发展中阵营"毕业",放弃在相关领域享受特殊与差别待遇。同时鼓励这些成员对正在享受的特殊待遇列出详细清单,并就何时承担 WTO 规则下的全部义务作出规划。[19] 分类制度,顾名思义,就是对于现在发展中阵营的成员进行分类,根据各成员方发展上的差异性来赋予不同的特殊待遇。

(二) 中国可借鉴欧盟方案

在《中国关于世贸组织改革的立场文件》中提出了三个基本原则,其中第二项涉及发展中国家待遇问题。中国认为:"世贸组织改革应该保障发展中成员的发展利益,发展是世贸组织工作的一个核心,改革应该解决发展中成员在融入经济全球化方面的困难,赋予发展中成员实现其经济发展所需要的灵活性和政策空间,帮助实现联合国 2030 年可持续发展的目标,缩小南北差距。"[20] 但对于相关的 WTO 规则是否进行改革,如何进行改革并没有提出具体方案。就中国在 WTO 多边贸易体系中的经验来讲,欧盟提出的上述改革方案是可以接受的,但同时也应注意到上述方案中存在的不足之处。

1. 分类和毕业制度的合理性

首先,就欧盟提出的分类制度,在 WTO 框架内可以找到依据。从 WTO 规则上来说,在乌拉圭回合的谈判中,《补贴与反补贴措施协定》附件 7 出现了对于 WTO 发展中成员进行的分类。以人均年国民生产总值 1000 美元为划分标准,附件中列明玻利维亚、喀麦隆、刚果(布)等 20 个发展中国家只有达到这一标准时才适用反补贴协议第 27 条第 2 款第 (b) 项关于其他发

---

[18] EU Concept Paper on WTO Reform, European Commission (Sep. 18, 2018), http://trade.ec.europa.eu/doclib/docs/2018/september/tradoc_157331.pdf.

[19] EU Concept Paper on WTO Reform, European Commission (Sep. 18, 2018), http://trade.ec.europa.eu/doclib/docs/2018/september/tradoc_157331.pdf.

[20] 《中国关于世贸组织改革的立场文件》,载中华人民共和国商务部网站 2018 年 12 月 2 日,http://www.mofcom.gov.cn/article/i/jyjl/j/201812/20181202412404.shtml.

展中国家的规定。而在此之前,可以享受优惠于其他发展中国家的补贴政策㉑。不仅在条约文本中可以找到对发展中成员分类的先例,在争端解决机制的裁决中也出现过类似的情况。在印度诉欧共体关于给予发展中国家关税优惠的条件一案中,WTO 上诉机构认定发达国家有义务在对发展中国家给予优惠待遇时积极回应发展中国家的"财政和贸易需求"。发达国家可以根据条约规定给予不同的发展中国家不同的关税待遇。而对于具有"相似的发展、财政和贸易需求"的发展中国家,发达国家则应当保证给予相同的优惠。㉒ 由此可见,WTO 多边贸易体系并没有禁止对发展中国家进行分类,相反,对在必要时采取分类方法持支持态度。㉓ 因此,欧盟提出对于发展中国家进行分类的方案在 WTO 框架内是有依据的,具有合理性。

而对于欧盟提出的发展中成员的毕业制度,中国也应持开放的态度予以回应。欧盟在对发展问题的表述中提到,目前的 WTO 发展中成员阵营囊括了一些世界上最大的贸易国。㉔ 虽未明确指出,但"世界上最大的贸易国"这一表述明显有指向中国之意。因此,若毕业制度在将来被采纳,中国极有可能面临从发展中阵营整体上或部分"毕业"的情况。即使如此,中国也不必对毕业制度持抗拒态度。因为,中国实际上在 WTO 中享受到的发展中国家优惠待遇并不多;相反,由于发展中国家的身份承担了"甚至比发达国家成员更重的'WTO-Plus'条款义务"㉕。从这个角度进行分析,不论是分类制度还是毕业制度的实施,对于中国的负面影响都并不大。

㉑ Annex Ⅶ (b), Agreement on Subsidies and Countervailing Measures, World Trade Organization, (Feb. 20, 2019), https://www.WTO.org/english/docs_e/legal_e/24-scm_03_e.htm#annⅦ.

㉒ European Communities-Conditions for the Granting of Tariff Preferences to Developing Countries, WT/DS246/AB/R, World Trade Organization (April 4, 2004), https://docs.WTO.org/dol2fe/Pages/FE_Search/FE_S_S006.aspx? Query = (% 40Symbol% 3d + wt% 2fds246% 2f *) &Language = ENGLISH&Context = FomerScriptedSearch&languageUIChanged = true, 64, 76.

㉓ J. Paugam & A. Novel, *Why and How Differentiate Developing Countries in the WTO? Theoretical Options and Negotiating Solutions*, Trade for Development : the future of Special and Differential Treatment of Developing Countries, 2005.10.28: 1 – 22, 6 – 7.

㉔ EU Concept Paper on WTO Reform, European Commission (Sep. 18, 2018), http://trade.ec.europa.eu/doclib/docs/2018/september/tradoc_157331.pdf.

㉕ 刘敬东:"WTO 改革的必要性及其议题设计",载《国际经济评论》2019 年第 1 期,第 50 页。

2. 采用分类制度和毕业制度应注意的问题

在进行具体方案设计时，中国也应注意到分类制度与毕业制度存在的缺陷，以及自身在发展中的不足之处，采取措施积极维护自身利益。分类制度和毕业制度虽有合理性，但这两种措施过于看重国家的产业发展、经济状况以及整体收入等数据，而对每个国家的社会状况以及与之息息相关的该国的发展需求关注度不够。同时，目前关于分类制度和毕业制度的讨论大都局限在竞争法、市场准入以及贸易优惠几个领域，将其作为是否给予特殊与差别待遇以及在何种程度给予特殊与差别待遇的重点领域，与此同时，发展中国家真正需要 WTO 规则灵活性适用的其他领域就沦为了讨论的背景。[26] 因此，这两种方案能在多大程度上对发展中国家产生积极影响，能否切合发展中国家真正的需求值得考虑。中国在提出具体方案时可与其他发展中成员充分讨论，对现有的方案进行细化、补充。

除了对方案本身的讨论，中国的现实状况也应当纳入考量的范围。中国虽属于欧盟指出的"一些世界上最大的贸易国"，但值得注意的是，中国与其他发达成员之间在很多层面仍存在较大差距。在目前尚不发达，有待提高的领域，中国应当在发展问题上充分表明现实状况，阐明这些领域对特殊与差别待遇的需求以维护自身利益。中国在 2001 年加入 WTO 时确实不发达，当时的人均国内生产总值约为美国的 1/30。而我国在加入 WTO 后的 20 年来国际贸易发展迅速，并成为世界第二大经济体，部分产业甚至已经达到了与工业化国家相当的水平。因此，一些发达国家认为再将中国视为 WTO 中的发展中成员，让其享受特殊与差别待遇是不公平的。[27] 然而经济上的巨大进步并不意味着中国在其他产业和其他领域已经迈入发达国家的门槛。中国 2017 年的人均国内生产总值为 16660 美元，尽管与 2001 年相比有了巨大进步，但横向与美国进行比较则仍存在较大差距。同时，中国存在少数高

---

[26] T. Fritz, *Special and Differential Treatment for Developing Countries*, 5 Global Issue Papers 30 (2005).

[27] "China, which is a great economic power, is considered a Developing Nation within the World Trade Organization. They therefore get tremendous perks and advantages, especially over the U. S. Does anybody think this is fair. We were badly represented. The WTO is unfair to U. S." 参见特朗普的推特 2018年4月6日推文，https：//twitter.com/realdonaldtrump/status/982264844136017921。

收入城市，但由于极大的收入不平等状况，中国的平均财富仍旧处于较低水平。[28]

因此，中国在对于欧盟提出的改革方案持开放态度的同时也应清醒地认识到自身发展状况。

三、WTO 改革中的谈判模式问题

WTO 谈判模式上的问题其实由来已久。自 1995 年 WTO 成立以来，多边谈判的过程就充满曲折，WTO 继承了《关税与贸易总协定》（General Agreement on Tariffs and Trade，GATT）通过回合的形式进行的多边谈判，但实际上 WTO "从未经历过一个完整回合的谈判"。[29] 而谈判的成果更是寥寥无几，除了《贸易便利化协定》以外，WTO 在自身规则上并没有较大改善。2001 年开启的多哈回合谈判至今没有实质性进展，甚至一些西方发达国家在 WTO 的讨论中已经不再提及多哈议程，2017 年的布宜诺斯艾利斯会议正式标志着多边谈判进入停滞状态。[30] 而部分国家为了深化国际贸易方面与他国的合作只得在多边谈判的框架外另寻出路，这也导致了目前双边协定和区域协定的快速发展。根据"自行车理论"，WTO 若不持续向前发展则会有倾倒的危险。因此，及时推进 WTO 多边谈判关系到 WTO 组织及其背后多边贸易体系的生死存亡。

而 WTO 多边谈判处于停滞状态的原因除有上文提到的成员之间利益分歧逐渐扩大之外，与 WTO 的谈判模式也有很大关系。目前 WTO 采取的是协商一致和一揽子承诺的多边谈判模式。协商一致原则是 WTO 多边谈判的基本原则，《马拉喀什建立世界贸易组织协定》第 9 条脚注 1 中对这一原则进

---

[28] S. Lester & H. Zhu, *What Trump Gets Right on China and Trade*, The Chautaugua Abstract Company（April 5, 2018）, https://www.cato.org/publications/commentary/what-trump-gets-right-about-china-trade.

[29] 贺小勇、陈瑶："'求同存异'：WTO 改革方案评析与中国对策建议"，载《上海对外经贸大学学报》2019 年第 26 期，第 25 页。

[30] 龚柏华："论 WTO 规则现代化改革中的诸边模式"，载《上海对外经贸大学学报》2019 年第 2 期，第 13－14 页。

行了解释,若在会议中无成员对提出的事项表示正式反对,则可以视为对该事项达成了一致。㉛ 这一原则的采取也是 WTO 民主精神的体现。WTO 的运行目前为成员驱动模式,因此,WTO 的决策机制需要同时考虑到发达成员和发展中成员的意见。目前 WTO 多数成员为发展中成员,采取协商一致原则可以保证发达成员不担心发展中成员依仗数量上的优势形成对发达国家不利的决策结果,发展中成员也不必担心发达成员凭借国际贸易中的多数份额来造成对发展中成员的压迫。㉜ 但这一谈判模式是一把双刃剑,在成员利益分歧较大时也形成了对谈判进程的制约。而一揽子承诺则意味着对于协议不能进行选择性接受,要么全部接受,要么全部拒绝。这一原则在一定程度上维护了 WTO 多边贸易体制规则的完整性。以多哈回合的谈判为例,在利益分歧较大的成员方之间采用协商一致原则和一揽子承诺原则的谈判模式导致各成员方在对所有事项达成一致以前谈判成果为零,自 2001 年多哈回合启动至今 20 年来,实质性的进展尚未出现。因此,对现有的谈判模式进行改革是有必要的。

但是对于谈判模式的改革并不意味着对多边谈判模式的否定和抛弃。为了体现民主精神,同时考虑到多边谈判模式对于全体成员方需求的照顾符合 WTO 目前的成员驱动模式,所以对于这一原则应当予以保留,并加以维护。同时为了兼顾谈判效率,促使一部分成员回归到多边谈判中,维护 WTO 多边贸易体系在国际贸易中的核心地位,可以对多边谈判模式进行完善和补充。

(一) 欧盟改革方案:引入"开放的诸边谈判模式"

欧盟为了改进 WTO 谈判模式,主张在维护多边谈判模式的同时适当引入"开放的诸边谈判模式"(inclusive plurilaterlal mode)。这种谈判模式是诸边谈判模式的一种,另一种为"封闭的诸边谈判模式"(exclusive plurilateral

---

㉛ Marrakesh Agreement Establishing the World Trade Organization, World Trade Organization (Feb. 2, 2019), https://www.WTO.org/english/docs_e/legal_e/04-WTO_e.htm#fnt-1.

㉜ 龚柏华:"论 WTO 规则现代化改革中的诸边模式",载《上海对外经贸大学学报》2019 年第 2 期,第 14 页。

mode)。诸边谈判模式是相对于多边谈判模式而言更灵活也更有效率的方式[33],这一模式来源于诸边主义思想,这种思想指的是"一定数量政府之间,可使他们相互联系的共同利益"[34]。不同于多边谈判模式,诸边谈判模式达成的协议仅限于志同道合的成员之间,并不致力于将所有成员纳入协议范围。

1. "开放的诸边谈判模式"概述

引入"开放的诸边谈判模式",意味着 WTO 成员中若有一部分对某议题感兴趣,则可以自行协商谈判达成一个协议,这个协议仅在签署的成员之间有效,但谈判所达成的贸易自由化结果在最惠国待遇的基础上适用于 WTO 全体成员,无论该成员是否参与了这一协议的谈判过程。[35] 同时,这一协议的达成不需要全体成员在 WTO 部长级会议上的协商一致。这也就在一定程度上缓解了多边谈判模式造成的僵局。不仅如此,这一谈判模式达成的协议对其他成员开放,若其他成员有意参与到这一协议中,可向秘书处寻求支持。

这一模式具有"精选谈判议题"和"核心成员参与"的特征。[36] 其中"精选谈判议题"针对的是一揽子承诺的模式,有关成员方可以选择与自身利益最为切实相关的议题进行谈判,达成的协议可以是碎片化的结果,而不必对其他协议一并接受,有利于将 WTO 众多议题的谈判过程放缓,逐步进行。"核心成员参与"指的是协议的达成可在某领域占有较大市场份额的几个成员之间进行,由在这一领域具有核心利益的国家先进行试点,其他成员可以酌情参与。这种模式同时考虑到了参与和未参与谈判的成员两方的利益。对于参与谈判的成员方来说,与个别成员不能达成共识并不会影响谈判的进行,参与谈判的成员方可以先行享受该领域的规则更新。

---

[33] P. Draper & M. Dube, *Plurilaterals and the Multilateral Trading System*, The E15 Initiative Strengthening the Global Trade System,2013.12:2-3.

[34] R. Saner, *Plurilateral Agreements: Key to Solving Impasse of WTO/Doha Round and Basis for Future Trade Agreements within the WTO Context*, CSEND Policy Brief, 2012 (7).

[35] P. Draper & M. Dube, *Plurilaterals and the Multilateral Trading System*, The E15 Initiative Strengthening the Global Trade System,2013.12:2-3.

[36] 龚柏华:"论 WTO 规则现代化改革中的诸边模式",载《上海对外经贸大学学报》2019 年第2期,第17页。

这一模式的支持者主张，在 WTO 框架内对于更新规则和深化贸易自由问题上具有核心利益的国家应该获得这样的机会。[37] 对于未参与谈判的成员方来说，这样可以打消它们在该议题上的顾虑，其他成员方试点工作的进展也为有顾虑的成员方在一定程度上提供了履行协议的可预见性。这种模式同时也贯彻了 WTO 的最惠国待遇原则，将谈判成果与其他成员共享。

2. 欧盟方案仍以多边模式为主

欧盟在《WTO 现代化方案》中虽提议引入"开放的诸边谈判模式"，但采用了"灵活的多边主义"（flexible multilateralism）这一表述，同时在阐述具体方案时也表明其依旧坚定支持多边谈判模式，只有在多边谈判模式协商一致无果时才转而寻求"开放的诸边谈判模式"这一路径。这表示，协商一致和一揽子承诺的多边谈判模式依旧是 WTO 谈判的原则，且其地位不可动摇，而诸边模式只是出于谈判效率的考量，为了解决谈判停滞的困境而采取的次优选择。

（二）中国可借鉴欧盟方案

1. WTO 框架内"开放的诸边谈判模式"的先例

"开放的诸边谈判模式"实际上并不是一种全新的谈判模式，WTO 已有先例。1998 年生效的《基础电信协议》即采用了这种谈判模式。《基础电信协议》仅由 WTO 的 69 个成员参与，但协议在最惠国待遇的基础上适用于其他成员。[38] 除此之外，《信息技术协定》也是典型的"开放式诸边协定"。1996 年 29 个 WTO 成员在新加坡发布了《关于信息技术产品贸易的部长宣言》，开启了《信息技术协定》的谈判之旅。[39] 在 2015 年内罗毕的会议上，

---

[37] P. Draper & M. Dube, *Plurilaterals and the Multilateral Trading System*, The E15 Initiative Strengthening the Global Trade System, 2013.12: 1.

[38] C. Oliver, *WTO Agreement on Basic Telecommunications Services and FCC Implementation*, Communications Lawyer, 13 (1998).

[39] 钟英通："WTO 体制中的诸边协定问题释微——以《信息技术协定》为例"，载《甘肃政法学院学报》2017 年第 3 期，第 136 页。

经过新成员加入和扩围谈判达成了《关于信息技术产品贸易扩围的部长宣言》。截至 2015 年 12 月，扩围谈判共有"24 个参加方、54 个 WTO 成员参加"[40]。同时，协议中达成的关税减让被列入参与成员的 WTO 减让表中，而减让表作为 WTO 规则文本不可缺失的一部分，也就意味着相关减让应当遵循 WTO 中的最惠国待遇原则，适用于所有成员，包括未参与《信息技术协定》谈判的成员方。可见 WTO 框架内已存在诸边协议成功的先例，说明 WTO 多边贸易体系本身并不排斥这一模式在一定条件下的适用。

2. 中国关于谈判模式改革的立场和观点

中国就谈判模式问题也表达了立场，认为改革应当维护"多边贸易体制的核心价值"[41]，"推动世贸组织规则与时俱进"[42]。但针对 WTO 应当如何进行改革的问题需"遵循协商一致的决策机制"[43]保障全体成员对改革进程的参与。可见，除了 WTO 改革这一关乎 WTO 生死存亡的重要话题不能妥协外，中国在 WTO 其他规则谈判中对于其他谈判模式的引入并不排斥。实际上，在多边谈判近乎停滞的状态下，这也是推动谈判进程、维护 WTO 持续发展的唯一选择。

对于中国来说，首先应当继续支持多边谈判模式作为 WTO 多边谈判的决策机制。这一模式在对发达成员和发展中成员的利益进行平衡方面具有不可替代的优势，同时也是 WTO 成员驱动模式下的必然选择。但出于谈判效率的考量，有必要对目前的多边谈判进行完善。因此，欧盟提出的"灵活的多边主义"是可以接受的。在更好的路径提出之前，"开放的诸边谈判模式"不失为一种选择。但需要注意的是，不能仅为了谈判效率和推动 WTO 规则更新而将诸边谈判作为谈判的主要方式，诸边模式的采取应当慎重，不能折

---

[40] "《信息技术协定》扩围谈判全面结束"，载中华人民共和国商务部网站 2015 年 12 月 17 日，http：//www. mofcom. gov. cn/article/ae/ai/201512/20151201212077. shtml。

[41] "中国关于世贸组织改革的立场文件"，载中华人民共和国商务部网站 2018 年 12 月 2 日，http：//www. mofcom. gov. cn/article/i/jyjl/j/201812/20181202812404. shtml。

[42] "中国提出世贸组织改革的立场与主张"，载新华网 2018 年 11 月 23 日，http：//www. xinhuanet. com/world/2018-11/23/c_1210000961. htm。

[43] "中国关于世贸组织改革的立场文件"，载中华人民共和国商务部网站 2018 年 12 月 2 日，http：//www. mofcom. gov. cn/article/i/jyjl/j/201812/20181202812404. shtml。

损多边模式在 WTO 中的地位。[44] 同时，在一部分成员之间达成的诸边协议通过不断吸纳新成员的加入也可以发展成为 WTO 规则下的多边协议。因此，已经达成诸边协议的成员方也应当积极推动诸边到多边的发展，促进 WTO 规则向整体性和统一性方向完善和发展。不仅如此，为了防止诸边模式的滥用，应当就引进的新谈判模式设立详细规则，明确谈判程序，以及非参加方的权利义务，以增强这种模式的可预见性。[45]

四、结语

在发展问题和谈判模式上，欧盟向 WTO 提出了具体的改革方案。在发展问题上欧盟主张对发展中国家采取分类制度和毕业制度以更好地实施特殊与差别待遇。在这一主张下，中国极有可能整体上或在部分产业失去发展中国家的优惠待遇，但结合中国目前的发展状况，在 WTO 体制内享受的发展中国家特权与相应义务对比可知，分类制度与毕业制度实际上对中国影响不大，可以作出让步。但在中国相对薄弱，需要发展中国家特权的领域也应坚持立场，表明发展需要获得 WTO 的制度支持。针对谈判模式，欧盟主张采用"灵活的多边主义"，在多边谈判不能达成成果时可以选择次优方案，即"开放的诸边谈判模式"。这一模式既维护了多边谈判在 WTO 中不可动摇的地位，同时兼顾了谈判效率，且在 WTO 中已存在成功经验，因此中国可以接受这一提议。

---

[44] 雷蒙："诸边谈判：推动贸易自由化的良方？"，载《WTO 经济导刊》2018 年第 7 期，第 62 页。

[45] 屠新泉、李思奇："WTO 改革的稳与进"，载《环球》2018 年第 17 期，第 19 页。

二、货物贸易与服务贸易规则

WTO国家安全例外条款的适用新趋势
　　——以WTO"俄乌过境争端案"专家组报告为视角　师　华　刘　敏 / 95
"数据本地化"与"数据自由化"的碰撞
　　——WTO规则下"数据本地化"的合法性探讨　徐　军　李　茜 / 108
"非市场经济条款"的解释困境　杨国华 / 122
论WTO欧盟—与价格比较方法有关的措施案（DS516）中的嗣后解释　全小莲 / 131
欧盟反倾销中的新替代国制度及其违法性分析
　　——兼评"中国诉欧盟反倾销价格比较方法案"　刘　勇　谢依依 / 156
WTO改革视角下全球可再生能源政策与国际贸易法
　　——贸易争端的解决与应对策略　李　威 / 174

WTO国家安全例外条款的适用新趋势
——以WTO"俄乌过境争端案"专家组报告为视角

师 华 刘 敏[*]

一、国家安全例外条款概述

1994年《关税与贸易总协定》（General Agreement on Tariffs and Trade，GATT）第21条，是世界贸易组织（World Trade Organization，WTO）对GATT 1947安全例外条款的完全继承，这一条款是当前的WTO体系中所有的安全例外条款的立法基础，也是对于国家安全例外最具概括性最全面的条文。[①] 从根本上看，这一条款的订立，是多边贸易体制下对国家主权以及国家根本利益进行保护的体现。

GATT 1994第21条规定如下："本协定不得解释为：（a）要求任何缔约国提供其根据国家基本安全利益认为不能公布的资料；或（b）阻止任何缔约国为保护国家基本安全利益对有关下列事项采取其认为必须采取的任何行动：（ⅰ）裂变材料或提炼裂变材料的原料；（ⅱ）武器、弹药和军火的贸易或直接和间接供军事机构用的其他物品或原料的贸易；（ⅲ）战时或国际关系中的其他紧急情况；或（c）阻止任何缔约国根据联合国宪章为维持国际

---

[*] 师华，同济大学法学院教授、博士生导师；刘敏，同济大学法学院国际法专业研究生。
[①] 例如《服务贸易总协定》第14条、《与贸易有关的知识产权协定》第73条中关于安全例外的规定与GATT 1994第21条的规定完全一致。

和平和安全而采取行动。"

这一条款设立的初衷,就在于对国家主权进行充分且有力的保护,是多边贸易框架下国家主权至上原则的体现。由于其立法本旨一定程度上与WTO制度所倡导的开放、公正的多边主义"相悖",因此从这一条款设立之初至今就争议不断。一方面,学界普遍认为这一条款的设立是必要的,是对国际法最基本原则的根本遵循;另一方面,由于这一条款在语义上的模糊性程度太高,导致国际社会普遍担心其在适用中会非常容易被滥用,从而对多边主义的国际贸易形势造成危害。从当前对于GATT 1994第21条的研究来看,这一条款的解释和适用主要面临两大问题:一个是这一条款对于"国家安全"的列举语义太过模糊,增加了适用的难度;另一个在于第(b)款中提到的"其认为"(it considers)被认为是赋予了各成员一定的"自主决定权",但自主决定的内容和程度尚不明晰。

从国家安全例外条款设立至今,国际社会一直对这一条款的启用持谨慎态度,各国都不愿意贸然援引这一条款而破坏国家主权与多边合作这二者之间的微妙平衡。而在美国特朗普政府执政以来,其所秉持的"美国至上"理念被国际社会广泛认为是对当前的多边主义和经济全球化理念的粗暴践踏。近几年来,特朗普政府不断提高关税和贸易壁垒,与包括中国在内的多个国家之间贸易摩擦与争端不断,并试图通过援引国家安全例外条款规避WTO义务。这对于当前的WTO争端解决机制以及全球经济与贸易的稳定性和开放性都造成了巨大的挑战。在此种背景下,俄罗斯与乌克兰的这一争端案的解决具有十分重大而深远的意义。

二、WTO DS512 俄乌过境争端案概述

自2016年起,乌克兰通过俄罗斯—乌克兰边境的公路和铁路向哈萨克斯坦、吉尔吉斯斯坦、蒙古国、塔吉克斯坦、土库曼斯坦和乌兹别克斯坦等多个邻国的货物运输都受到了俄罗斯的限制,俄罗斯的限制主要是两个方面:一方面,乌克兰的货物不能直接通过俄乌边境的公路或铁路运输,而需要通过白俄罗斯—俄罗斯的边境过境,且在白俄罗斯和俄罗斯两国进境和出境需

要分别履行登记手续；另一方面，俄罗斯禁止由乌克兰向第三国运输的一部分的特定种类货物通过其边境。俄乌双方就俄罗斯实施的贸易限制性措施是否正当发生争议，经磋商未果后，乌克兰请求 WTO 争端解决机构（Dispute Settlement Body，DSB）设立专家组解决相关争议。俄罗斯未就乌克兰的具体主张进行论述，而是直接援引了 GATT 1994 第 21 条第（b）款第（ⅲ）项以证明其实施的贸易限制性措施的正当性。②

（一）争端背景介绍

2013 年年底，乌克兰国内爆发了严重的政治危机，这场危机的根源在于乌克兰国内的"亲俄派"与"亲欧派"间的矛盾根深蒂固且难以调和，从而爆发了大规模的暴力冲突。这场国内的政治危机最终波及俄乌双方长期争议领土克里米亚地区，致使俄乌关系迅速恶化，俄军在 2014 年 2 月 28 日进驻克里米亚，克里米亚经全民公投后宣布独立，成立克里米亚共和国，并正式申请加入俄罗斯联邦，由此引发了全球的政治经济动荡。以美国、欧盟为首的西方国家和地区指责俄罗斯操纵克里米亚公投，对俄罗斯进行了多个领域的经济制裁。乌克兰政府召回驻俄罗斯联邦大使，双方关系进入持续紧张的状态。

2016 年 9 月 14 日，乌克兰向 DSB 提出申诉，要求与俄罗斯联邦就乌克兰通过俄罗斯向第三国过境受到多种限制的问题进行磋商。双方自 2016 年 11 月 10 日开始进行磋商，欧盟作为第三方参与，俄乌双方最终未能通过磋商解决该争议。2017 年 2 月 9 日，乌克兰请求 DSB 设立专家组解决争议，DSB 于 2017 年 3 月 21 日的会议上决定成立争议解决专家组。2019 年 4 月 5 日，专家组作出报告并向各成员发出，俄罗斯与乌克兰均未对该份报告提出上诉。③

---

② Report of the panel: Russia-Measures Concerning Traffic in Transit, WT/DS512/R, p. 24, Paras. 7.3 – 7.4.

③ Panel and Appellate Body proceedings, World Trade Organization（July 16, 2019），https://www.wto.org/english/tratop_e/dispu_e/cases_e/ds512_e.htm.

(二) 乌克兰提出申诉的主要事实与理由

乌克兰提出,自 2016 年 1 月 1 日起,乌克兰无法通过俄乌边境的公路和铁路向哈萨克斯坦和吉尔吉斯斯坦等周边国家运输货物,并且声称该过境限制违背了 GATT 1994 第 5 条第 2 款至第 5 款关于过境自由的规定以及俄罗斯加入议定书时的承诺。④

GATT 1994 第 5 条第 2 款至第 5 款规定如下:

2. 来自或前往其他缔约国领土的过境运输,有权按照最便于国际过境的路线通过每一缔约国的领土自由过境。不得以船舶的国籍、来源地、出发地、进入港、驶出港或目的港的不同,或者以有关货物、船舶或其他运输工具的所有权的任何情况,作为实施差别待遇的依据。

3. 缔约国对通过其领土的过境运输,可以要求在适当的海关报关;但是,除了未遵守应适用的海关法令条例的以外,这种来自或前往其他缔约国领土的过境运输,不应受到不必要的耽延或限制,并应对它免征关税、过境税或有关过境的其他费用,但运输费用以及相当于因过境而支出的行政费用或提供服务成本的费用,不在此限。

4. 缔约国对来自或前往其他缔约国领土的过境运输所征收的费用及所实施的条例必须合理,并应考虑运输的各种情况。

5. 在有关过境的费用、条例和手续方面,一缔约国对来自或前往其他缔约国的过境运输所给的待遇,不得低于对来自或前往任何第三国的过境运输所给的待遇。

依据以上有关过境自由的规定,WTO 成员应当为缔约方提供公平无差别的过境运输待遇,具体来说,主要包括所有成员主体地位平等、报关手续无差别且过境费用应当合理无差别。依据专家组报告中对事实的调查⑤,俄罗斯的确在以上几个方面对乌克兰实施了相应的过境限制措施。

---

④ Report of the panel: Russia-Measures Concerning Traffic in Transit, WT/DS512/R, pp. 21 – 22.

⑤ Report of the panel: Russia-Measures Concerning Traffic in Transit, WT/DS512/R, pp. 25 – 26, Paras. 7.10 – 7.12.

除此之外，乌克兰还依据 GATT 1994 第 10 条第 1 款、第 2 款以及第 3 款第（a）项关于贸易条例的公布与实施的规定，认为俄罗斯未以统一、合理的方式公布其采取的贸易限制性措施。⑥

（三）俄罗斯对于申诉的辩解与理由

俄罗斯并未对乌克兰所做的相关事实和其援引的 WTO 规定进行直接的辩解或陈述，而是认为过境限制措施是为保护其国家基本安全利益而采取的，是"为应对 2014 年发生的国际关系中的紧急情况而做出的维护国家安全利益的举措"。⑦因此俄罗斯直接援引了 GATT 1994 第 21 条第（b）款第（ⅲ）项的规定，并且认为专家组缺乏对这一争议的管辖权，其调查结果应仅限于认定俄罗斯援引"国家安全例外"这一条款的事实，而不对乌克兰的主张作进一步的审查。

俄罗斯认为，自 2014 年以来俄乌双方关系持续紧张，符合第（b）款第（ⅲ）项规定的"国际关系中的其他紧急情况"这一情形。而第（b）款的起首部分的规定是允许缔约国采取"其认为必须"（it considers necessary）采取的任何行动，俄罗斯认为按照其文义进行解释，该条的措辞明确地赋予了成员援引本条款的自主决定权（sole discretion），以确定采取的措施的必要性程度、形式、计划及手段，即第（b）款下的三项内容是由缔约国自己判断是否为保护其基本安全利益而必须采取的措施，因此主张专家组缺乏对援引 GATT 1994 第 21 条的措施进行评估的管辖权。

（四）俄乌双方争议焦点

本案中，俄罗斯意图通过援引这一条款而证明其对乌克兰交通过境自由采取的限制和发布的禁令具有正当性，并未违反 WTO 所规定的成员义务。俄罗斯同时也主张这一条款的适用无须接受 DSB 的审查，这一观点也是

---

⑥ Report of the panel: Russia-Measures Concerning Traffic in Transit, WT/DS512/R, p. 23, Para. 7.2.

⑦ Report of the panel: Russia-Measures Concerning Traffic in Transit, WT/DS512/R, p. 24, Para. 7.4.

GATT 1994 第 21 条在适用中最具争议的一个问题,即 DSB 是否有评估这一条款的司法管辖权的问题。

从总体上看,俄罗斯与乌克兰争端的核心焦点就在于对 GATT 1994 第 21 条如何适用和解释,具体可以归纳为两个争议焦点:第一,以国家安全例外为由采取的措施是否受 DSB 的管辖;第二,援引 GATT 1994 第 21 条而采取的措施是否可以进行评估,应当以怎样的标准进行审查。专家组报告主要对这两个问题进行了分析和论述,并得出了几个非常重要的结论,对国家安全例外条款现存的适用难题有了实质性的突破,也对未来这一条款的援引与适用产生了深远的影响。

三、专家组报告的解释与论述

在本案中,专家组作出了一系列具有开创性的解释与论断。专家组认为,对于这一争端的解决,必须将其置于由 2014 年 2 月乌克兰政治巨变引发的两国关系严重恶化这一大背景下进行分析,因此专家组报告首先对于争端发生的相关背景事实(factual background)[⑧] 进行了梳理与总结,确认了双方之间实施的贸易限制性措施的时间、内容和具体方式。

在对双方发生争议的背景以及具体事件有了深入的认识后,专家组报告对俄乌双方对于此次争端的主要态度和核心观点进行了总结。其中特别提到,这是 WTO 争端解决专家组首次被诉请对 GATT 1994 第 21 条进行解释,也正是由于这一争议的特殊性,专家组认为在着手解决案件之前必须先处理管辖权的问题,即专家组一旦确定其无权审查俄罗斯援引 GATT 1994 第 21 条的合法性,则不会对乌克兰申诉的关于俄罗斯违反 GATT 1994 第 5 条、第 10 条以及议定书中的承诺等问题进行进一步的裁决。

(一) 确认 DSB 有审查援引国家安全例外条款的管辖权

在对管辖权问题进行裁决的过程中,专家组首先阐述了俄罗斯、乌克兰

[⑧] Report of the panel: Russia-Measures Concerning Traffic in Transit, WT/DS512/R, p.24.

以及多个作为第三方的成员的观点和建议。

俄罗斯的观点可以归纳为两个方面。一方面，俄罗斯主张专家组不具有审查 GATT 1994 第 21 条的逻辑起点就在于该条第（b）款的措辞"其认为"，俄罗斯认为这一措辞明确地将援引第（b）款下三项内容的权利赋予了各缔约方，并且各成员在援引这一条款时的主观裁量不能被任何其他方"怀疑或重新评估"（doubted or re-evaluated by any other party）。另一方面，俄罗斯认为，援引该条款所引起的问题已经超出了成员之间的贸易和经济关系的范畴，也超出了 WTO 的管辖范围。具体来说，WTO 无法确定各成员的基本安全利益的内涵以及保护此类基本安全利益需要采取的行动，也无法确定披露哪些信息可能损害成员的基本安全利益；此外，WTO 也无法厘清构成"国际关系中紧急情况"的情形。俄罗斯警告说，让 WTO 参与政治和安全问题将破坏《WTO 协定》下各成员间权利和义务的微妙平衡，并危及多边贸易体系。

在这一问题上，中国作为第三方的观点也被记录在专家组报告中。中国认为，专家组有权审查俄罗斯对 GATT 1994 第 21 条的援引。中国敦促专家组在评估俄罗斯援引第 21 条第（b）款第（iii）项时要采取极为谨慎的态度，以便在防止第 21 条被滥用和逃避 WTO 义务之间保持微妙的平衡。一方面，缔约国保护其基本安全利益的权利不可以被损害，尤其是各成员对其自身安全利益的自主决定权。另一方面，中国认为依照《维也纳条约法公约》第 26 条的规定[9]，各成员在援引第 21 条第（b）款时应当恪守善意义务（in good faith）。

美国作为第三方也提交了自己的意见[10]，但其在先后两次提交的文件中的观点并不一致。在第一次写给专家组的信中美国主张专家组并无对援引 GATT 1994 第 21 条的行为进行审查的管辖权；而在随后提交的文件中，美国澄清了此前的说法，认为在该争端的背景下专家组具有管辖权，但是由于这一条款具有"自主决

---

[9] Article 26 of Vienna Convention on the Law of Treaties: Every treaty in force is binding upon the parties to it and must be performed by them in good faith.

[10] Report of the panel: Russia-Measures Concerning Traffic in Transit, WT/DS512/R, p.37, Paras. 7.51 – 7.52.

定"的性质,因此成员的援引是"不可审理的"(non-justiciable)。

专家组在作出判断前,先对 GATT 1994 第 21 条进行了细致的分析。专家组先对第(b)款的起首部分与第(b)款下的三项内容之间的关系进行了解释。专家组认为,解释第 21 条第(b)款下的三项内容的普遍含义,应在其背景下,并根据 GATT 1994 和《WTO 协定》的立法目的进行解释。在此种条件下,第(b)款起首部分的补语性描述——"其认为"无法适用于第(b)款下所列举的三项情形的确定。如果所实施的措施属于第 21 条第(b)款的范畴,则必须客观地评估该项措施是否符合第(b)款下所列举的三项情形的具体要求。此外,专家组详述了 GATT 1994 第 21 条设立时的协商过程,并且认为从这一条款设立的协商过程来看,第 21 条第(b)款第(ⅲ)项的设立目的绝不是成为保护贸易限制性措施免受审查的"万能符"(an incantation that shields a challenged measure from all scrutiny)。

专家组最后得出的结论是,俄罗斯基于 GATT 1994 第 21 条的文义解释而主张专家组缺乏管辖权的论点,完全是一种"自我裁决"(totally self-judging)。[11]专家组驳回了这种观点,并且认为只要是以 GATT 1994 第 21 条第(b)款具有自我决定的性质为依据,而主张专家组不具有管辖权或者是主张这一条款"不可审理"的观点都是不应当被支持的。

(二)认定俄罗斯依据国家安全例外条款采取的措施具有正当性

在明确了专家组对于援引 GATT 1994 第 21 条有管辖权之后,专家组认为乌克兰提供了足够的证据证明俄罗斯采取了一些贸易限制性措施,那么随后要解决的问题就是俄罗斯所采取的措施是否在第 21 条第(b)款第(ⅲ)项所述的"战时或国际关系中的其他紧急情况"下采取的。专家组首先对"战时或国际关系中的其他紧急情况"进行了解释,认为其可被具体描述为一个国家陷入"武装冲突,或潜在的武装冲突,或紧张、危机升级,或一国总体失稳"的情形。

俄罗斯向专家组提供了其采取贸易限制性措施而参考的几个因素:第一,

---

[11] Report of the panel: Russia-Measures Concerning Traffic in Transit, WT/DS512/R, p. 50, Para. 7.102.

双方间紧张关系的产生及持续时间;第二,这种紧张升级与乌克兰具有关联性;第三,俄罗斯与乌克兰的边境安全受到不良影响;第四,俄罗斯与乌克兰间的紧张关系使得俄罗斯遭到其他国家的贸易制裁;第五,双方间处于"国际关系中的其他紧急情况"的状态为公开知悉的。[12]

专家组认为,俄罗斯在对乌克兰实施贸易限制措施时参考的因素,对于证明双方处于"国际关系中的其他紧急情况"这一大前提是充分且足够清晰的,因此在综合了证明双方间关系的客观证据以及俄方提供的参考因素的基础上,专家组认为俄方是满足援引 GATT 1994 第 21 条第(b)款第(ⅲ)项的标准的,并且其采取的每项措施也均符合"及时"(taken in time)应对国际关系中的紧急情况的要求。[13]

(三)要求各缔约方恪守"善意义务"

GATT 1994 第 21 条所指的"基本安全利益"显然是一个相对于"安全利益"更为狭窄的概念,通常可以理解为与国家典型职能有关的利益,即国家保护其领土及其人口免受外部威胁以及维护内部法律和公共秩序的利益。[14]由于这种"基本安全利益"取决于各国的具体情况,并可能会随着环境的变化而变化,因此专家组肯定了各国都具有对"基本安全利益"进行各自的定义和判断的权利。

同时,专家组认为这并不意味着 WTO 各缔约方可以自由地将任何"国家利益"都上升到"基本安全利益"的高度。各成员应当酌情谨慎地判断一项特定利益是否属于"基本安全利益",并且在解释和适用 GATT 1994 第 21 条时应当恪守善意义务。正如《维也纳条约法公约》第 31 条第(1)款所述"条约应得到善意解释……"以及第 26 条规定的"条约必须由各缔约国善意履行",专家组强调,善意义务作为一般法律原则和一般国际法原则,是所有条约的基础,

---

[12] Report of the panel: Russia-Measures Concerning Traffic in Transit, WT/DS512/R, p. 54, Para. 7.119.

[13] Report of the panel: Russia-Measures Concerning Traffic in Transit, WT/DS512/R, p. 55, Para. 7.124.

[14] Report of the panel: Russia-Measures Concerning Traffic in Transit, WT/DS512/R, p. 56, Para. 7.130.

因此各成员在援引 GATT 1994 第 21 条时也应当遵循这一原则。[15]

善意义务要求成员不使用 GATT 1994 第 21 条"国家安全例外"的规定作为规避 WTO 义务的手段。因此援引这一条款的成员有责任阐明由于"国际关系中的其他紧急情况"而受到威胁的国家基本安全利益，并且有足够的客观事实对其观点予以证明。

综上所述，专家组报告首先驳回了俄罗斯"GATT 1994 第 21 条的援引不受 WTO 争端解决机制管辖"的主张，认为第（b）款的起首部分提到的"保护国家基本安全利益……其认为必须采取的任何行动"并非无限制的绝对自主决定权。其次，专家组确认了依据第 21 条而采取的措施在客观上具有可审查性，认为第 21 条第（b）款的三项内容可以依据客观的因素予以考量。在事实认定方面，专家组根据俄罗斯和乌克兰之间的具体情况，认为自 2014 年以来俄罗斯和乌克兰之间的局势可以被裁定为属于"国际关系中的其他紧急情况"。除此之外，专家组还提出，成员在援引 GATT 1994 第 21 条的时候应当恪守"善意义务"，即各成员不得将 GATT 1994 第 21 条作为规避履行 WTO 义务的手段，WTO 成员仅通过将"贸易利益"上升为"国家安全利益"而逃避 WTO 义务的行为不应得到支持。

四、专家组报告的国际影响

近年来，美国政府多次以"国家安全"为由，证明其对其他 WTO 成员提高关税和贸易壁垒的合法性，如备受关注的美国加征钢铝关税案，遭到了包括中国在内的多个成员的反对和申诉。[16]这也使得备受争议且此前几乎从未

---

[15] Report of the panel: Russia-Measures Concerning Traffic in Transit, WT/DS512/R, p.56, Para. 7.132.

[16] 截至 2019 年 1 月 31 日，已有 9 个 WTO 成员针对美国的"232 措施"向 WTO 发起申诉，分别为中国（DS544，2018 年 4 月 5 日）、印度（DS547，2018 年 5 月 18 日）、欧盟（DS548，2018 年 6 月 1 日）、加拿大（DS550，2018 年 6 月 1 日）、墨西哥（DS551，2018 年 6 月 5 日）、挪威（DS552，2018 年 6 月 12 日）、俄罗斯（DS554，2018 年 6 月 29 日）、瑞士（DS556，2018 年 7 月 9 日）、土耳其（DS564，2018 年 8 月 15 日）。WTO 成立了专家组对美国加征钢铁和铝进口关税的"232 措施"进行调查与审理。

被启用的 GATT 1994 第 21 条究竟应如何解释和适用的问题再次成为关注的焦点，DSB 此次对于俄乌争端的处理在很大程度上会成为解决类似争议之范例。

（一）专家组报告作出了一系列具有开创性意义的裁决

首先，专家组报告明确了 DSB 对于成员援引 GATT 1994 第 21 条的管辖权，对司法管辖权进行一定程度的扩张是在当前环境下保证 WTO 制度的稳定、可预期的必然选择，可以有效地防止成员以"自我裁决"的方式决定提高贸易壁垒并规避 WTO 义务。

其次，报告中提出，成员援引 GATT 1994 第 21 条时需要尽到相应的"善意义务"，这就要求成员援引国家安全例外条款时必须具备充分的客观理由，并且恪守善意的解释和适用这一条款的义务。因此 WTO 专家组可以从两方面对其实施的措施进行审查：一是是否有证据表明该成员所保护的安全利益为"基本安全利益"；二是为保护基本安全利益而实施的受到质疑的措施是否出于善意。专家组对于"善意义务"的阐述实质上是为成员援引 GATT 1994 第 21 条提出了更高的要求，以期各成员在援引这一条款时更加谨慎和克制。

最后，专家组报告对于 GATT 1994 第 21 条第（b）款的第（ⅲ）项"战时或国际关系中的其他紧急情况"作出了详尽的解释，认为具体的情况可归纳为"武装冲突，或潜在的武装冲突，或紧张、危机升级，或一国总体失稳"的情形。报告中同时还特别排除了"各成员之间政治或经济上的差异"这种情形，认为其本身并不足以构成"国际关系中的紧急情况"。这种解释对于美国有不利的影响，美国此前一直主张其加征钢铝关税是本国的钢铝行业复苏"所必需的"，是为了保护其国防基础和国家安全，依据专家组报告的解释，这种理由是明显不能成立的。

（二）专家组报告有利于维护 WTO 体系的稳定

对于 WTO 争端解决机制而言，专家组报告的生效对于维护整个 WTO 制度的稳定性和可预期性具有重要的积极意义。但也要看到，这一案件由于俄乌双方均未对报告提出上诉而顺利终结，一旦类似的案件进入上诉程序，则无论是裁决结果还是程序都有可能会出现巨大的变数。由于各成员在这一条款的解释和适用方面仍然存在巨大争议，因此，如何解决援引国家安全例外条款的争议仍是 DSB 的重大议题。

此外，对于 DSB 而言，这一报告的作出也极有可能会导致当前的 WTO 制度面临巨大的危机。专家组在俄乌过境争端案中虽然确认了俄罗斯对乌克兰采取的贸易限制性措施的合法性，但仍然对 WTO 成员援引 GATT 1994 第 21 条进行了解释和适用上的限制，这也许会导致一些 WTO 成员认为 DSB 所作的裁决是对国家主权的侵犯，进而引发各国对于 WTO 争端解决机制的信任危机，使得 DSB 的权威性遭到质疑和挑战。

（三）专家组报告与中国的态度和立场一致

中国在 2019 年 5 月 13 日正式向 WTO 提交了《中国关于世贸组织改革的建议文件》。该份文件肯定了 WTO 在全球经济治理体系中的重要作用，也表明了对目前 WTO 面临的严峻危机的深刻担忧，旗帜鲜明地阐述了中国"多边贸易体制的积极参与者、坚定维护者和重要贡献者"的立场和态度。在行动领域，中国提出的关于 WTO 改革的建议主要包括四个方面：一是"解决危及世贸组织生存的关键和紧迫性问题"；二是"增加世贸组织在全球经济治理中的相关性"；三是"提高世贸组织的运行效率"；四是"增强多边贸易体制的包容性"。[17]

在第一部分"解决危及世贸组织生存的关键和紧迫性问题"中提到的一个具体建议就是要"加强对滥用国家安全例外的措施的审查"。文件中提到，当前个别成员以"国家安全"为借口提高关税和贸易壁垒，实施各种扰乱国际正常贸易秩序的不正当贸易限制性措施。中国认为，WTO 应当敦促各国秉承善意和克制原则援引安全例外条款，并应在 WTO 框架下对援引国家安全例外条款予以进一步的澄清和规范。[18]为此，中国建议 WTO，应当加强对以

---

[17]《中国关于世贸组织改革的建议文件》，2019 年 5 月 13 日发布，第 4 页。
[18]《中国关于世贸组织改革的建议文件》，2019 年 5 月 13 日发布，第 6 页。

"国家安全"为理由而采取的贸易限制性措施的通报纪律,对此类措施应当开展多边审议;此外,中国还强调 WTO 应当为利益受影响的成员提供更为快速且有力的救济方式,以保障其在 WTO 制度中权利与义务的相对平衡。

这一建议的提出表明了中国对于国家安全例外条款被无端滥用的深切担忧,中国始终强调这一条款必须被谨慎而克制地援引,否则会对整个 WTO 制度造成巨大冲击。

五、结语

总体而言,俄乌过境争端案的专家组报告是 DSB 作出的一次具有里程碑意义的裁决,其对于 GATT 1994 第 21 条国家安全例外条款全面而具体的解释,为解决近年来的许多类似争端提供了良好的开端和范例,对于遏制当前的单边主义、保护主义抬头的趋势有一定积极作用。

对于 WTO 各成员而言,这一案件也再次警示各成员应当恪守 WTO 义务,对援引这一条款要持高度谨慎的态度,深刻地意识到这一条款的滥用对于国际经济和贸易秩序的巨大破坏力,努力维护本国利益与多边贸易秩序间的平衡。同时,也可以在他国试图不当援引国家安全例外条款规避 WTO 义务的时候,积极通过 WTO 争端解决机制正当的途径维护本国合理利益。

"数据本地化"与"数据自由化"的碰撞
——WTO规则下"数据本地化"的合法性探讨

徐 军 李 茜[*]

人工智能时代数据价值日益突显,数据被认为是21世纪的"新石油"。数据与人工智能的结合不断催生新的商业模式和业态,数据驱动的智能经济与社会呼之欲出。在此背景下,各国都高度重视数据经济(data economy)的发展。

在"数据本地化"与"数据自由化流动"两大潮流愈发兴盛之际,由我国于2017年6月1日施行的《中华人民共和国网络安全法》(以下简称《网络安全法》)第37条之规定[①]可知,我国一方面坚持了"数据本地化"的策略,另一方面又肯定了一定条件下的数据跨境流动。2017年9月25日,美国向WTO贸易服务理事会提交了针对中国的《网络安全法》第37条规定的数据跨境安全评估制度的相关文件,认为《网络安全法》的此项规定将会严重阻碍数据自由流动,并对外国供应商产生不利影响。[②] 2018年9月28日,时任国家互联网信息办公室副主任刘烈宏介绍《个人信息和重要数据出境安

---

[*] 徐军,北京市盈科(福州)律师事务所高级合伙人;李茜,北京市盈科(福州)律师事务所合伙人。

[①] 《网络安全法》第37条规定:"关键信息基础设施的运营者在中华人民共和国境内运营中收集和产生的个人信息和重要数据应当在境内存储。因业务需要,确需向境外提供的,应当按照国家网信部门会同国务院有关部门制定的办法进行安全评估;法律、行政法规另有规定的,依照其规定。"

[②] "美国向WTO提交针对中国《网络安全法》相关措施的申辩文件",载搜狐网,http://www.sohu.com/a/196782025_825373。

全评估办法》和《信息安全技术数据出境安全评估指南》等配套措施仍在制定研究中。

那么应该如何来认识"数据本地化"和"数据自由化"之间的关系？各国推动"数据本地化"的真正动因为何？在何种限度下，"数据本地化"具有正当性？"数据本地化"与国际贸易之间又具有何种关联？本文通过探寻数据保护的司法和立法边界，寻求既促进数据利用又注重数据保护的良性数据治理的重要性，将进一步地来思考《网络安全法》中的跨境数据监管制度是否具有合理性，即将出台的《个人信息和重要数据出境安全评估办法》和《信息安全技术数据出境安全评估指南》又该如何系统地回应既有的国际贸易规则，从而避免招致国际法律责任。

一、从美国政府诉微软案[3]看"数据本地化"的起源

2013 年 12 月，美国缉毒局在调查毒品走私案件时，检方希望微软公司提供涉案相关邮件信息。美国缉毒局以《美国宪法》第四修正案中的"合理根据"（probable cause）[4]为由，根据《美国联邦法典》第 18 编第 2703 节的规定向纽约南部地区法院申请了搜查令，要求微软公司提交某电子邮箱用户的全部电子邮件及相关信息。微软坚持"数据存储地标准"，认为该电子邮箱用户的全部数据只存储在爱尔兰，只适用于美国境内的搜查令不能覆盖到爱尔兰。地区法院的治安法官（magistrate judge）认为，根据《储存通信法》（Stored Communications Act，SCA）的规定，地区法院有权签署调查令以调查储存在国外的信息。地区法院举行了听证会后也认同了治安法官的观点。微软公司上诉至美国联邦第二巡回上诉法院。上诉法院认为，要求微软公司提交该电子数据的搜查令是对第 2703 节的"未经授权的域外执法"（an

---

③ UNITED STATES, PETITIONER v. MICROSOFT CORPORATION, No. 17-2.
④ Amendment IV: The right of the people to be secure in their persons, houses, papers, and effects, against unreasonable searches and seizures, shall not be violated, and no Warrants shall issue, but upon probable cause, supported by Oath or affirmation, and particularly describing the place to be searched, and the persons or things to be seized.

unauthorized extraterritorial application），因此撤销原判。最后，该案上诉至美国最高法院。

在该案等待审理过程中，美国国会通过了《澄清境外合法使用数据法》（Clarifying Lawful Overseas Use of Data Act，以下简称 CLOUD 法），该法修改了 SCA 的内容，于第 103 条第（a）款第（1）项明确规定："在本法规定的情形下，电子服务提供商应当将其拥有、监管或控制的用户通信数据、记录及其他信息保存、备份及披露，包括储存于美国国内以及美国国外的数据。"（A ［service provider］ shall comply with the obligations of this chapter to preserve, backup, or disclose the contents of a wire or electronic communication and any record or other information pertaining to a customer or subscriber within such provider's possession, custody, or control, regardless of whether such communication, record, or other information is located within or outside of the United States.）于是美国政府依据 CLOUD 法申请了新的调查令。由于诉争调查令已被新的调查令替代，因此美国最高法院判决撤销原判，发回上诉法院，要求上诉法院撤销地区法院判决和驳回微软公司动议，并要求地区法院对此案不予受理。

2018 年 3 月 21 日，代替 SCA 的 CLOUD 法并入美国《2018 年综合拨款提案》并在国会表决通过。3 月 23 日美国总统特朗普在《2018 年综合拨款提案》上签名，CLOUD 法在 3 天内走完从草案成为法律的历程，即刻生效。2018 年 4 月 17 日，美国最高法院随即公布了该案仅有两页半的无效判决书。从此，美国政府可以名正言顺地根据 CLOUD 法要求美国公司披露储存于美国领土外的用户数据。

为了避免再次出现美国政府要求微软公司提供其在爱尔兰数据中心的用户数据争端，欧盟于 2018 年 5 月 25 日出台了《一般数据保护条例》（General Data Protection Regulation，GDPR），该条例第 48 条规定："如第三国的法院、裁判所、行政机关要求数据控制者或数据处理者，提供或公布个人数据，则仅当该要求是基于国际协定时才有效，例如欧盟或成员国与第三国签有的双边司法协助条约。"

事实上，自从 2013 年斯诺登爆料美国"棱镜计划"事件发生之后，各国政府便高度重视数据安全，20多个国家相继通过立法或直接采取实践，推动"数据本地化"策略。[5]例如，2015年9月俄罗斯在第242-FZ号联邦法中确定[6]，本国公民的个人信息数据只能存于其境内的服务器中，数据跨境传输前本国用户的数据需在本地复制存储；2014年印度国家安全理事会建议，应将政府机构和印度公民的数据本地化，所有的电子邮件服务提供者要将在印度运营的服务器放在印度，所有在印度产生的数据要放在印度的服务器中。[7]然而，在双边或者多边的国际规则谈判或者国际组织的议题探讨中，数据跨境自由流动获得了极大的关注和推动，不同于前述国家的国内立法，这些国际层面的文件大都推动数据的自由流动。例如，2015年10月，美国等12个国家签订的《跨太平洋伙伴关系协定》（Trans-Pacific Partnership，TPP）在原则上禁止缔约方要求相关服务商将计算机设备置于其领土内作为在其境内从事经营的条件[8]，经济合作与发展组织（Organization for Economic Co-operation and Development，OECD）更新的《隐私保护和个人数据跨境流通的指南》规定，成员应采取合理并恰当的步骤确保个人数据的跨境流动，成员应当尽量克制其对个人数据在它自己与另一成员间的跨境流动。[9]

二、"数据本地化"的内涵

尽管各国均在推动"数据本地化"的策略，但是实践呈现出明显的差异。对"数据本地化"的实践做细致的梳理，是后文进一步展开探讨的必要前提。

---

[5] Anupam Chander; Uyen P. Le, Data Nationalism, 64 Emory L. J. 677 (2015).
[6] Processing and Storage of Personal Data in the Russian Federation. Changes since September 1, 2015, Ministry of Telecom and Mass Communications of the Russian Federation, February 12, 2016.
[7] 邓文："数据本地化立法问题研究"，载《信息安全研究》2017年第2期，第183页。
[8] 参见TPP第14章。
[9] OECD Guidelines on the protection of privacy and transborder flows of personal data, 2013 OECD (Dec. 25, 2017), http://www.oecd.org/sti/ieconomy/oecd_privacy_framework.pdf.

(一)"数据本地化"的三重内涵

"数据本地化"从广义上来说包括了三重含义,即"服务本地化""设施本地化"和"存储本地化"。"服务本地化"是指境外服务提供者如果想要在东道国提供服务,必须在东道国境内设立,或者维持办事处以及任何形式的企业,成为东道国的居民;"设施本地化"则要求适用东道国领土内的计算设施,或者要求将设施置于其领土之内作为经营活动的前提;"存储本地化"则是狭义的"数据本地化",是指东道国要求来源于其境内的数据存储于其本国境内。[10]

三者各有侧重点:"服务本地化"和"设施本地化"的要求均是针对欲在东道国境内从事相关服务活动的境外企业而言的,"服务本地化"要求境外服务商须以商业存在的方式提供服务,"设施本地化"虽不要求设立商业存在,但是相关服务的物理设施须在东道国境内。从效果来看,二者均在客观上对服务贸易设置了一定条件和门槛。"存储本地化"同时针对境内外的服务提供者,强调数据来源国对本地数据的存储和管控。三者之间的关联是:"服务本地化"意味着需要在东道国境内建立相关设施(即"设施本地化"),建立相关设施则进一步地导致"存储本地化"。但是"存储本地化"并不必然要求在东道国境内有自己的设备(即"设施本地化"),东道国可以要求其存储在指定的设备中,但不要求一定要在境内设立商业存在(即"服务本地化")。

(二)"数据本地化"与"禁止数据跨境流动"之间的关系

"数据本地化"与"禁止数据跨境流动"之间既有联系又有区别,"数据本地化"的直接目的是实现数据在本地的存储,但不一定不允许数据的跨境传输;而禁止数据跨境流动,是指既要求数据在本地存储,又不允许传输到境外。

---

[10] 李海英:"数据本地化立法与数字贸易的国际规则",载《信息安全研究》2016年第9期,第782页。

不同国家立法的侧重点各不相同，但是大都同时关注到了数据的存储和数据的流动问题。[11] 例如，俄罗斯立法要求俄罗斯公民个人的信息只能存储于俄罗斯境内的服务器中，即要求"设施本地化"和"存储本地化"，但是并不绝对排斥数据的自由流动，只要数据传输之前在本地予以复制储存即可。欧盟立法则着眼于隐私保护，侧重对个人数据的自由流动予以一定限制，1995年的《个人数据保护指令》第25条规定，欧盟居民的个人信息只能向具有"充分保护水平"的国家和地区传输，也就是原则上应当将欧盟居民的信息存储于本地（即"存储本地化"），仅在传输的目的国具有充分保护水平时，才允许数据的传播。

从制度目的上来说，着眼于数据流动环节的立法，以传输目的国的保护水平为前提，判定是否允许个人信息数据的流动，直接服务于个人隐私权的保护这一目的。表面上"数据本地化"也服务于境内居民隐私的保护，但是背后的动因远非如此简单，下文将继续分析。

三、"数据本地化"的动因及正当性分析

因为"数据本地化"实际上涵盖前述"服务本地化""设施本地化"以及"存储本地化"三个方面的内容，并且所涉及的信息数据也并不完全局限于个人隐私数据，所以"数据本地化"要求并不单一地限定于保护居民隐私这一目的，还涉及其他目标。这些目标中，哪些具有正当性，哪些欠缺正当性，应予以辨别。

（一）保护个人信息安全

个人信息是隐私权的重要组成部分，隐私权有时又跟宪法基本权利相关（如在美国，隐私权与言论自由权之间具有紧张关系，这是宪法层面的问题），所以隐私权立法的效力具有一定的地域性，各个国家的隐私权保护状

---

[11] 李海英："数据本地化立法与数字贸易的国际规则"，载《信息安全研究》2016年第9期，第782页。

113

况也有所差异。当个人隐私数据存储在境外，侵害隐私权的行为及结果完全发生在境外之时，本国的隐私权保护规则实际无法在域外发生效力，根本无从保护本国居民的隐私权。所以基于此，要求将本国居民个人信息存储在本国，并且根据数据流向国的隐私权保护程度决定是否传输个人数据是有一定道理的。但是问题在于，如果需要保护本国国民信息，那么对数据信息主体需要做严格的国籍判断，在现实生活中可能做到吗？如果一概要求来源于本国的数据存储在本国，势必涵盖在境内活动或居住的外国居民的信息，似乎又过度扩张了保护范围。再有，基于保护个人信息的理由，需要在本地存储的数据应该严格限制在个人信息的范围之内，所以要求服务本地化或者要求在境内设立物理设备，进而存储所有在本国产生的信息，那么要求本地化存储的信息就已经不限于个人信息，实际上超出了保护个人信息的限度。

基于商业服务的客观需求，绝对禁止信息的流通是不具有正当性的，如果要保护个人信息安全，除在信息存储环节需要予以注意之外，还应该在信息的传播环节施加管控。所以单纯的数据本地化的要求实际上还不能完全服务于保护个人信息安全的目的，俄罗斯立法虽要求数据本地化，但是在数据传播流通之前仅仅要求在本地复制即可，实际上是无法服务于个人信息的保护的。

（二）监管便利

一国可以有效地监控其境内存储的信息这点毋庸置疑，但是客观来说，即使要求"数据本地化"，仍无法做到所有政府需要的数据信息都被存储在境内，如果数据被存储在境外，强迫外国运营的企业交出存储在境外的数据有一定的难度，就如上文的微软案。[12] 所以除了单边性立法要求"数据本地化"之外，还需要其他双边性措施实现监管目的，如通过命令本国境内运营商提交境外存储的数据，或者是通过政府间的双边性协定安排，协助调查和调取相关数据。就监管而言，"数据本地化"仅仅是便利了监管，但是并非

---

[12] Reema Shah, *Law Enforcement and Data Privacy: A Forward-Looking Approach*, 125 Yale Law Journal 543–558 (2016).

唯一的手段。

从便利监管这一目标可以进一步衍生出一些问题。当今，互联网是重要的言论发表场所，公民可以通过网络监督，促进政府行动的透明度，进一步保护人权。一些国家为了防止外国信息媒体在境内传播不利言论，抑或是监督境内舆论，采取"服务本地化"等措施，限制外国网络服务商进入本国市场，同时方便本国依法律对境内设立的网络服务实体进行监控和管制。从一定程度上，"数据本地化"被异化成了政治管制的工具。例如，越南相关立法并没有限定本地存储的数据范围，概括性地要求任何组织和商业实体应依照相关职权部分的要求，将服务系统设在越南，监控、存储并提供信息。[13]

（三）维护国家安全

"斯诺登事件"之后，美国政府的大规模监控使得各国陷入国家安全的恐慌与担忧之中。许多国家纷纷要求将牵涉国家安全的数据存储在本地，如巴西、德国、印度要求与国家安全有关的数据必须存储于境内服务器；俄罗斯、越南和印度尼西亚则提倡数据主权的概念，进而主张将来源于本国境内的数据存储在境内。[14] 有的国家特别限制关键基础设施数据的跨境流动，尤其是关涉政府部门的数据，如德国和法国致力于为政府数据建立本地云端系统。[15] 但是以下几点问题亦需注意：第一，要求来源于本国境内的所有数据均存储在本国，超出了维护国家安全的必要限度；第二，数据本地化存储仅仅是保护国家安全的一个条件，外国信息监控部门对信息的监控是不以物理接触为前提的，即使存储在境内，如果存储技术易于破解，外国仍可以监控收集到相关信息。[16]

---

[13] Erica Fraser, *Data Localisation and the Balkanisation of the Internet*, SCRIPTed 359, 366 (2016).

[14] Anupam Chander, supra note 5.

[15] 陈咏梅、张姣："跨境数据流动国际规制新发展：困境与前路"，载《上海对外经贸大学学报》2017年第6期，第39页。

[16] Erica Fraser, supra note 13, at 364.

（四）特定经济考量

互联网经济是当代经济发展的重要引擎，一些国家积极推动"数据本地化"策略，目的就是设置一定的贸易壁垒，排除外国服务商介入本国市场或者扶持国内相关产业的发展。例如，要求外国服务商需做到服务本地化，一方面引进外国的技术，另一方面创造当地的就业；或者要求"设施本地化"，给外国服务商进入本国设置门槛，强制要求在本国境内建立相关的物理设施，使得外国服务商的服务成本上升，失去与本地企业竞争的优势；或者要求"存储本地化"，并且对数据的境外传输施加过高的限制，阻碍数据回流至公司总部，进而限制业务发展。

但是事实上，"数据本地化"会阻碍国内经济的发展，理由如下。第一，数据自由流动，不仅仅对于跨境商务是必要的，对于国内经济而言也是必要的。数据自由流动有助于给境内企业提供生产和销售的资讯，进一步为其更好地赢利和拓展国际市场提供可能。但数据本地化要求人为地造成了数据自由流动的障碍，对国内外的经营者均有可能产生负面影响。第二，施加过高的市场门槛，不可避免地造成服务成本的上涨，最后成本负担转嫁在了消费者头上。缺乏国际竞争商，人为促成国市场寡头垄断的产生，最终还是由国内消费者承担苦果。[17]

如果没有其他正当化的政策目的，如保护国家安全、保护公民隐私，以上措施很难说具有正当性。最后，还需提及的是在现行 WTO 贸易规则的框架下，某国承诺了特定服务市场的准入，并未特别声明施加一定的限制，"服务本地化""设施本地化"以及"存储本地化"均有违背 WTO 规则之嫌，下文将继续分析。

（五）小结

"数据本地化"实际上并不能完全实现前述目标，且有些目标本身值得商榷，如政治监控与压制，维护本国企业的垄断地位等。另外，应当注意到

---

[17] Erica Fraser, supra note 9, at 367–368.

数据自由流动对于国际以及国内经济发展而言具有极大的推动作用。[18] 所以原则上，应积极推动数据自由流动，仅在有正当事由的例外条件下，允许"数据本地化"的实践存在。这种价值判断鲜明地体现在最新谈判的国际贸易规则中，如 TPP 原则上反对了诸种形式的"数据本地化"要求，仅在为了合法的公共政策目标之时，一国方可以要求"设施本地化"和"存储本地化"[19]，并且这些措施不得以构成任何或不合理歧视的方式适用，也不得对贸易构成变相的限制，除此之外，对信息跨境流动还不得超出实现目标所需要的限度。

四、现行国际贸易体制下"数据本地化"的合法性

（一）WTO 规则下的检视

当前最为广泛且有效的能用于评判"数据本地化"是否具有正当性的规则是《服务贸易总协定》（General Agreement on Trade in Services，GATS）。GATS 的一般规则和特定国家的具体承诺表一同构成了特定国家的义务。判定"数据本地化"措施是否违反其义务，需结合这二者来判断。[20]

1. "服务本地化"的合法性判断

是否必须以服务本地化的形式提供服务，需结合相关承诺来判定其合法性。如果一国承诺可以允许特定服务以跨境服务的形式提供，那么要求"服务本地化"作为提供服务的前提应属违反 WTO 义务的情形。

2. "设施本地化"的合法性判断

如果一国已经对相关领域或者服务提供模式的"国民待遇"作出过承诺，那么要求对该领域或服务模式采取"设施本地化"的措施，可能违反"国内待遇"的要求。

---

[18] Joshua Paul Meltzer, *The Internet, Cross-Border Data Flows and International Trade*, 2 Asia & the Pacific Policy Studies 90–92 (2015).

[19] 参见 TPP 第 14.13 和 14.11 条。

[20] Mira Burri, *The Governance of Data and Data Flows in Trade Agreements: The Pitfalls of Legal Adaptation*, 51 U. C. D. L. Rev. 65, 80–99 (2017).

有无违反"国民待遇"的核心在于判断施加"设施本地化"措施是否会使得其他成员的服务和服务提供商对比本国的服务和服务商处于更为不利的地位。从一般认知来看，建立和维护数据中心往往成本高昂。在正常情况下，跨境服务商会根据实际的营业需求，合理地将其服务器置于某一个或多个市场，但绝不可能在各个市场均设置服务设备。强制要求"设备本地化"将人为地阻却外国服务商进入本国市场。即使外国服务商接受了此项要求，"设施本地化"也难免会增加其成本，导致其产品价格的增高。相较于市场局限于本国境内的境内服务商而言，其待遇要更为不利。所以，若WTO成员已经就跨境数据服务供应作出了承诺，那么成员很难宣称那些要求外国服务商在境内建立物理设施或者要另行存储在指定设备之类的"设施本地化"与GATS第17条第3款国民待遇原则相符合。[21]

3. "存储本地化"的合法性判断

以"服务本地化"和"设施本地化"的方式实现"存储本地化"，将有可能违反相关的义务，详细分析如前所述。至于不要求建立设施，只要求在指定数据库存储本地数据，并且施加若干跨境传输的限制是否违反WTO义务呢？

不以"服务本地化"与"设施本地化"为前提，单纯要求来源于国内的数据存储在本国境内是否会违反WTO中的相关义务，对此应作具体分析。应特别分析三种情况：第一种情况是要求"存储本地化"，并完全禁止数据的自由流动；第二种情况仅仅是要求"存储本地化"，并不禁止数据的自由流动；第三种情况是要求"数据本地化"，但是对数据的跨境流动予以审查。针对这三种情况，可以围绕以下两个核心议题作分析。

第一，不以"服务本地化"或者"设施本地化"的方式实现"数据本地化"意味着境外服务商需另行租用或者将数据存储外包，由此是否会产生过高的成本，从而不可避免地导致其产品价格的提高，相比于境内服务商处于不利地位，需结合实际情形进行分析。如果答案是肯定的，应当认为"存储

---

[21] "WTO服务贸易规则与承诺下的数据本地化措施分析"，载 scc wto, http://www.sccwto.org/post/11172? locale = zh-CN。

本地化"与前述"设施本地化"一样,将有可能违反 GATS 第 17 条第 3 款的国民待遇原则。

第二,何种程度下的数据跨境流动的监管是合法的。完全限制跨境数据流动,将有可能限制跨国服务商将重要服务数据传送到公司总部,直接导致的后果是服务无法开展,显然将外国服务商置于较本国服务商不利地位,根本上违反了国民待遇原则。但是 GATS 第 14 条列举出了可以基于特定目标采取可能阻碍贸易的措施。[22] 实施"数据本地化"策略有诸多的动因,需从实质上判断数据本地化的措施所服务的目的是否属于 GATS 第 14 条所列明的特定政策目的(是否具有"关联性")。保护个人隐私与保护国家安全实际上是被认可的,但是还需进一步判断的是,所实施的措施对于所保护的利益而言,是不是"必要的",而不是仅是"合理可行"的。

总的来说,要使得"存储本地化"具有合法性需注意以下两点。第一,"存储本地化"针对的数据类型应当是对于个人隐私的保护以及国家安全而言确属必要的数据。具体来说,采取的措施需满足"必要性"和"关联性"才可能具有合法性。对来源于境内的数据都要求本地化存储不符合"关联性"的要求,要求"服务本地化"及"设施本地化"对于维护个人隐私和国家安全而言并不满足必要性的要求。故这些措施在现行 WTO 规则体系下很可能被判定为违法。第二,"存储本地化"不能要求绝对地禁止数据的自由流动,应该结合具体情况,对数据的流动予以一定的认可。例如,当当事人同意,以及数据流向国立法完备和数据接收方具有保护数据的能力时,应当允许数据的跨境流动。

---

[22] GATS 第 14 条规定:"一般例外 1. 只要这类措施的实施不在情况相同的国家间构成武断的,或不公正的歧视,或构成对服务贸易的变相限制,则本协定的规定不得解释为阻止任何成员采用或实施以下措施:(a)为保护公共道德或维护公共秩序而必需的;(b)为保护人类、动物或植物的生命或健康而必需的;(c)为确保服从与本协定规定不相抵触的包括与下述有关的法律和法规所必需的:(1)防止欺诈和欺骗做法的或处理服务合同违约事的;(2)保护与个人资料的处理和散播有关的个人隐私以及保护个人记录和账户秘密的;(3)安全问题;(d)与第 17 条不一致的,只要待遇差别是为了保证对其他成员只有当社会的某一根本利益受到真正和足以严重的威胁时才能援引该公共秩序例外。对成员的服务或服务提供者平等和有效地课征或收取直接税。(e)与第 2 条不一致的,只要这种待遇差别是源于避免双重征税协议或该成员受其约束的任何其他避免双重征税的国际协议或安排的规定。"

(二) 我国《网络安全法》相关问题的回应

1. 美方的批评

美方批评中国的相关措施在很多情况下将阻碍、中断或禁止日常商业业务中信息的跨境传输。具体而言：第一，该措施适用于"网络运营者"，可能包括任何拥有网站或使用互联网与用户、服务商和分支机构通信的外国服务供应商。如此广泛的定义意味着该措施会对诸多外国公司产生负面影响。第二，涉及"重要数据"和"个人信息"的措施要求满足一套广泛而烦琐的适用情形，否则将对跨境传输进行严格限制。适用情形甚至对现代商业基础性和常规性的信息传输进行了限制。第三，根据规定的情形，"网络运营者"传输"个人信息"需要事先征得每一个人的同意，这将产生非常繁重的义务要求，阻碍商业运作，对隐私保护也并无裨益。目前已经存在能够实现隐私保护且并不烦琐的其他选择。第四，在一些情况下，安全评估的结果会彻底禁止数据跨境传输，包括非常广泛且模糊的定义。例如，传输可能威胁"国家安全""经济发展"和"社会公共利益"，或跨境传输不利于公共和国家利益。这将无限制地扩大可能涵盖的交易范围。第五，该措施强制要求"关键信息基础设施"的数据本地化存储，而"关键信息基础设施"在《网络安全法》中的定义非常广泛而模糊。数据跨境传输需要经过中国授权机构进行审查，这些规定将阻碍信息跨境的自由流动并中断日常的商业运行。[23]

2. 有待进一步明确的问题

(1) "关键信息基础设施"。《网络安全法》第 31 条[24]列举了涉及公共通信和信息服务、能源、交通、水利、金融、公共服务、电子政务等重要行业和领域的，只要对其损害将会危害国家安全、国计民生、公共利益的关键信

---

[23] "美国通过 WTO 要求中国暂缓实施网安法最终措施（译文及评析）"，载知识产权司法保护网（知产法网）2017 年 10 月 7 日，http：//www.chinaiprlaw.cn/index.php? id = 4929。

[24] 《网络安全法》第 31 条规定："国家对公共通信和信息服务、能源、交通、水利、金融、公共服务、电子政务等重要行业和领域，以及其他一旦遭到破坏、丧失功能或者数据泄露，可能严重危害国家安全、国计民生、公共利益的关键信息基础设施，在网络安全等级保护制度的基础上，实行重点保护。关键信息基础设施的具体范围和安全保护办法由国务院制定。……"

息基础设施均属于需接受第 37 条规定的需审查方可跨境传输的关键信息基础设施。审查的范围确实有过宽的嫌疑，应该进一步对数据予以分类，限定严重危害国家安全、国计民生、公共利益的关键信息基础设施的范围。

（2）跨境流动的审查。审查标准还需进一步予以研究，在实现数据自由流动和实现特定公共政策目标之间实现平衡。具体而言，以什么标准判断数据可否流向特定个体或者目标国？判断数据流动的"必要性"是否合理，应当结合哪些因素予以考量？需遵守我国《网络安全法》中的限制义务的主体有哪些？这些问题在制定《个人信息和重要数据出境安全评估办法》和《信息安全技术数据出境安全评估指南》时宜做审慎思考。

五、结语

减少"数据本地化"规则，促进数据的跨境流动是未来国际规则的努力方向。国内规则应该积极与国际规则接轨，尽可能地在数据本地化的主权利益与数据跨境自由流动的超主权诉权中实现平衡。当前，各国在采取数据本地化的措施之前，应确保其规则与国际规则所认可的相关政策目标相关联，并且此种规则对于实现这些政策目标而言是必要的。

"非市场经济条款"的解释困境

杨国华[*]

2019年6月17日,世界贸易组织(World Trade Organization, WTO)网站发布了一条消息,称"欧盟—与价格比较方法有关的措施案"(DS516)专家组收到中国关于中止工作的请求;专家组同意该请求,中止其工作。[①] 2016年12月12日,中国起诉欧盟(和美国),认为其法律中有关反倾销调查中确定"非市场经济"正常价值的规定不符合WTO相关规则。[②] 专家组中止工作,意味着本案可能最终不会作出裁决[③],从而避免了一场有关WTO争端解决机制正当性的危机。然而,此案前后所引发的"非市场经济条款"解释争论,却具有非常重要的理论价值和现实意义。

一、问题产生的文本:《中华人民共和国加入世界贸易组织议定书》第15条

2001年中国加入WTO的时候,在详细记载了WTO成员,特别是中国

---

[*] 杨国华,清华大学法学院教授,中国法学会世界贸易组织法研究会常务副会长。
[①] 见WTO文件:WT/DS516/13。
[②] 起诉欧盟,见WTO文件:WT/DS516/1;起诉美国,见WTO文件:WT/DS515/1。起诉美国停留在磋商阶段,中国没有要求成立专家组;案件信息见WTO网站,https://www.wto.org/english/tratop_e/dispu_e/cases_e/ds515_e.htm,2019年6月22日访问。
[③] WTO"诉讼程序法"[《关于争端解决规则与程序的谅解》(Understanding on Rules and Procedures Governing the Settlement of Disputes, DSU)]第12条第12款规定,经起诉方请求,专家组可以随时终止工作,但是超过12个月专家组权限即消失。DSU文本见WTO网站,https://www.wto.org/english/docs_e/legal_e/28-dsu_e.htm,2019年6月22日访问。

权利义务的《中华人民共和国加入世界贸易组织议定书》中，第15条（"确定补贴和倾销时的价格可比性"）规定：在特定情况下，反倾销调查机关可以不使用中国价格作为"正常价值"以确定倾销④是否存在。但是该条第（d）项有一个终止条款："无论如何，（a）项（ii）目的规定应在加入之日后15年终止"（In any event, the provisions of subparagraph (a) (ii) shall expire 15 years after the date of accession），而第（a）项（ii）目就是上述"特定情况"："如受调查的生产者不能明确证明生产该同类产品的产业在制造、生产和销售该产品方面具备市场经济条件，则该WTO进口成员可使用不依据与中国国内价格或成本进行严格比较的方法。"⑤ 这就是所谓的"非市场经济条款"。

2016年12月，中国加入WTO满15年，但是欧盟（和美国）仍然没有修改相关法律，继续在反倾销调查中拒绝使用中国价格作为"正常价值"。⑥ 于是，中国将欧盟（和美国）的相关做法诉诸WTO。中国认为，第15条规定了明确的过渡期，此后欧盟（和美国）不能不用中国价格。但是欧盟（和美国）则认为：过渡期后，第（a）项第（ii）目所终止的，只是中国企业的

---

④ 倾销是指出口价格低于国内价格（正常价值），反倾销是指进口国针对倾销所采取的加征关税行为。一般情况下，确定是否倾销，是将出口价格与国内价格进行比较，但是在特殊情况下，也可以不与国内价格进行比较。参见WTO《关于实施1994年关税与贸易总协定第6条的协定》（以下简称《反倾销协定》）第2条，载WTO网站，https：//www.wto.org/english/docs_e/legal_e/19-adp_01_e.htm，2019年6月22日访问。

⑤ 议定书全文见"中国加入世界贸易组织法律文件"，载中华人民共和国商务部网站，http://sms.mofcom.gov.cn/aarticle/ztxx/200209/20020900039082.html，2019年6月22日访问。

⑥ 欧盟法律对来自"非市场经济"国家（包括中国）的产品计算正常价值制定了特殊标准，而在生产商不能证明符合这些标准的情况下，就使用"市场经济"第三国的价格作为替代。也就是说，只有中国生产商能够证明以下5条标准，才能使用中国价格：①关于价格、成本和投入，包括原材料、技术和劳动成本，产出、销售和投资等，企业在这些方面的决定应符合市场的供求关系，不受国家重大干预，主要的投入成本应基本反映市场价值；②企业要有一套清楚的财务记录，经过独立的审计，符合国际财会标准，并适用于所有场合；③企业从以前的非市场机制过渡时，其生产成本和财务状况，尤其是在资产折旧、购销、易货贸易和补偿贸易支付形式方面，不能有重大扭曲；④企业应受制于破产法和财产法，以确保企业在法律上的确定性和经营上的稳定性；⑤外汇兑换应根据市场汇率。该法律［Regulation (EU) 2016/1036］见欧盟网站，https://eur-lex.europa.eu/legal-content/EN/TXT/PDF/?uri=CELEX:32016R1036&qid=1561185561524&from=EN。另参见WTO文件：WT/DS516/1。2017年12月，欧盟对该法律进行了修改［Regulation (EU) 2017/2321］，制定了类似的"重大扰乱"标准以替代原来的标准。该法律见欧盟网站，https://eur-lex.europa.eu/legal-content/EN/TXT/PDF/?uri=CELEX:32017R2321&qid=1561187934741&from=EN，2019年6月22日访问。美国法律中有类似规定，参见WTO文件：WT/DS515/1。

"举证责任",即证明市场经济条件的任务,应该转由调查机关承担,而如果调查机关发现非市场经济条件成立,则仍然可以不使用中国价格。欧盟(和美国)还进一步指出:WTO《反倾销协定》等相关规定,本来就允许在非市场经济的情况下不使用此价格。[7]

二、条约解释的困境:两种观点与正当性危机

这是一个典型的条约解释案例,即如何理解第15条的含义。在条约解释方面,通用的方法是《维也纳条约法公约》第31条和第32条,即从文字、上下文、宗旨目的和起草文件等方面,以及"有效解释"等其他"国际公法的习惯解释规则"进行解释。[8] 在条约解释过程中,必然需要解决一系列问题。例如,为什么第(d)项第一句和第三句提到的是第(a)项,而只有第二句提到的是第(a)项第(ⅱ)目?如果第二句提到的也是第(a)项,那么结果有什么不同?第(a)项第(ⅱ)目终止后,第(a)项第(ⅰ)目还在,这意味着什么?如果《反倾销协定》中本来就允许这种做法,那么第

---

[7] 中国观点,参见"张向晨大使在中国诉欧盟反倾销替代国做法世贸争端案(DS516)专家组第一次听证会上的口头陈述",载中国常驻世贸组织代表团网站,http://wto.mofcom.gov.cn/article/xwfb/201712/20171202685211.shtml。欧盟书面陈述、口头陈述和回答问题等文件,见欧盟网站,http://trade.ec.europa.eu/wtodispute/show.cfm?id=658&code=2#_eu-submissions。美国作为第三方的书面陈述、口头陈述、回答问题和法律分析等文件,见美国贸易代表办公室网站,https://ustr.gov/issue-areas/enforcement/dispute-settlement-proceedings/wto-dispute-settlement/pending-wto-dispute-32,2019年6月22日访问。像其他案件一样,中国相关文件没有公布。

[8] 参见《维也纳条约法公约》第31条和第32条;全文见联合国网站,http://legal.un.org/docs/?path=../ilc/texts/instruments/english/conventions/1_1_1969.pdf&dang=EF,2019年6月23日访问。DSU第3条第2款规定,应该按照"国际公法的习惯解释规则"解释WTO协议。实践中,WTO专家组和上诉机构就是按照《维也纳条约法公约》和"有效解释"等习惯规则进行解释。参见 Isabelle Van Damme, *Treaty Interpretation by the WTO Appellate Body*, Oxford University Press, 2009; Asif H. Qureshi, *Interpreting WTO Agreements: Problems and Perspectives*, Cambridge University Press, 2006。关于《维也纳条约法公约》相关条款的理解和适用,参见 Mark E. Villiger, *Commentary on the 1969 Vienna Convention on the Law of Treaties*, Martinus Nijhoff Publishers, 2009; Oliver Dorr eds., *Vienna Convention on the Law of Treaties: A Commentary*, Springer, 2012; Richard Gardiner, *Treaty Interpretation*, Oxford University Press, 2008; Duncan B. Hollis eds., *The Oxford Guide to Treaties*, Oxford University Press, 2012; *Draft Articles on the Law of Treaties with Commentaries*, 1966, Yearbook of the International Law Commission, 1966, Vol. Ⅱ。

二、货物贸易与服务贸易规则

15 条的意义是什么？第（b）项有什么启示？案件审理过程中，专家组提了两轮共计 94 个问题，其中就包括这些关键问题。⑨

显然，解释第 15 条并不是一件简单的事情。当事方各执一词，学术界也争论不休。⑩ 此外，WTO 专家组的裁决，必然面临正当性危机。中国强烈表示，"非市场经济条款"必须到期结束，这事关缔约诚信⑪，而欧盟（和美国）也高度关注此案，认为案件结果事关 WTO 声誉。⑫ 专家组裁决，即使从条约解释角度完美无缺，但是支持一方观点，都会引起另一方激烈反弹，威胁到专家组的权威性。国际法庭（如 WTO 专家组和上诉机构）的正当性，除了来自法律依据和法律程序的"规范正当性"（normative legitimacy），还有来自成员对裁决结果接受程度的"社会正当性"（sociological legitimacy）。也就是说，如果成员认为裁决不公，国际法庭的正当性就面临挑战。⑬

三、合同解释的启示：确定共同意思

国际条约的理论认为，条约是合同性质的。⑭ 具体到 WTO，WTO 就是

---

⑨ 见页下注⑦所提及欧盟和美国提交专家组的文件。

⑩ 学术界的争论，参见 Jorge Miranda, *A Comment on Vermulst's Article on China in Anti-dumping Proceedings after December* 2016, 11 Global Trade and Customs Journal 306 – 313（2016）。

⑪ 前文脚注所提及中国大使发言称：本案"涉及一项国际法的根本原则：条约必须遵守""中方提起本案的目标是确保作出的承诺得到履行、达成的条约得到尊重""欧盟和其他成员如今必须停止其在过去数十年间针对中国出口产品使用的所谓替代国倾销计算方法""本案对中国来说具有格外的重要意义，不仅在法律意义上如此，在经济和政治意义上同样如此""关系到争端解决体制的可信度，关系到世贸组织的权威，关系到全体成员对于多边贸易体系的信念"。

⑫ 美国贸易代表 Robert Lighthizer 曾威胁说：这是最为重大的一起诉讼，错误裁决对 WTO 将是灾难性的。见 2017 年 6 月 21 日 Robert Lighthizer 在美国参议院财政委员会听证会上的讲话，载 govinfo 网站，https://www.govinfo.gov/content/pkg/CHRG-115shrg30211/pdf/CHRG-115shrg 30211.pdf，2019 年 6 月 25 日访问。

⑬ 关于国际法庭的正当性，参见 Nienke Grossman eds., *Legitimacy and International Courts*, Cambridge University Press, 2018; Rudiger Wolfrum eds., *Legitimacy in International Law*, Springer, 2008; Jutta Brunnee & Stephen J. Toope, *Legitimacy and Legality in International Law: An Interactional Account*, Cambridge University Press, 2010. 法院不能依法裁判以及法院判决结果引起社会批评，都会产生"正当性"问题。但是由于国际法（庭）是国家"同意"的产物，因此缔约国强烈"不同意"，将产生更大影响，甚至导致"正当性"危机。

⑭ 例如，《维也纳条约法公约》第 2 条规定：条约即国际协议（international agreement）。

164 个成员之间的合同。⑮ 因此，条约解释之目的，是确定缔约方的"共同意思"（common intention）。⑯ 由此推论，条约解释与合同解释是一样的。

国际统一私法协会制定并由联合国大会通过的《国际商事合同通则》，是国际上权威的商事合同统一规则。⑰ 该通则第 4 条"合同的解释"明确规定"合同应根据当事人各方的共同意思予以解释"，而在该意思不能确定的情况下，"合同应根据一个与各方当事人具有同等资格的、通情达理的人处于相同情况下时，对该合同所应有的理解来解释"。至于如何判断这个第三人"所应有的理解"，应该考虑的因素有：当事人之间的初期谈判；当事人之间已确立的习惯做法；合同订立后当事人的行为；合同的性质和目的；所涉交易中通常赋予合同条款和表述的含义；惯例。⑱ 对照《维也纳条约法公约》，我们可以发现很多差异，如"用语"甚至没有被特别提及，而作为"解释之补充资料"的"条约之准备工作及缔约之情况"（the preparatory work of the treaty and the circumstances of its conclusion），在合同解释中却成为第一考虑因素。也就是说，同为确定"共同意思"，在条约中要首先考虑文字，而在合同中却要首先考虑谈判文件。⑲

---

⑮ "WTO 协议实质上是合同（contracts）"，而 WTO 前身《关税与贸易总协定》干脆称缔约方为"contracting parties"。参见 WTO 官方出版物：*Understanding the WTO*, World Trade Organization, 2010, pp. 3 – 7。

⑯ 例如，WTO 上诉机构认为，《维也纳条约法公约》第 31 条条约解释之目的在于确定当事方的共同意思（The purpose of treaty interpretation under Article 31 of the Vienna Convention is to ascertain the common intentions of the parties.）。参见"欧共体计算机设备案"上诉机构报告（EC—Computer Equipment, WT/DS62/AB/R, WT/DS67/AB/R, WT/DS68/AB/R）第 84 段。

⑰ 参见张玉卿主编：《国际统一私法协会国际商事合同通则 2016》，中国商务出版社 2019 年版，前言。

⑱ 全文见前引张玉卿著作。英文评注版另见国际统一私法协会网站：https://www.unidroit.org/instruments/commercial-contracts/unidroit-principles-2016，2019 年 6 月 23 日访问。关于合同解释，参见 Catherine Michell, *Interpretation of Contracts: Current Controversies in Law*, Routledge-Cavendish, 2007。

⑲ 《联合国国际货物销售合同公约》第 8 条也规定了"共同意思"和"谈判历史"："（1）为本公约的目的，一方当事人所作的声明和其他行为，应依照他的意旨解释，如果另一方当事人已知道或者不可能不知道此一意旨。（2）如果上一款的规定不适用，当事人所作的声明和其他行为，应按照一个与另一方当事人同等资格、通情达理的人处于相同情况中，应有的理解来解释。（3）在确定一方当事人的意旨或一个通情达理的人应有的理解时，应适当地考虑到与事实有关的一切情况，包括谈判情形、当事人之间确立的任何习惯做法、惯例和当事人其后的任何行为。"该公约文本见联合国网站，https://www.un.org/zh/documents/treaty/files/UNCITRAL-1980.shtml，2019 年 6 月 23 日访问。

具体到第 15 条解释，如果按照合同解释方法，就应该首先考虑 WTO 成员，特别是中美双方在起草制定第 15 条时的情况，包括起草文件。[20] 事实上，中国也特别强调了谈判过程中各个版本协议甚至谈判代表表态中所体现的"共同意思"。[21] 当然，从条约解释的角度看，这相当于颠倒了《维也纳条约法公约》第 31 条和第 32 条的顺序，并且不一定能够得出确定结论，即不一定能够找到"共同意思"。[22]

四、逻辑解释的结论：现实的适用性

第（a）项是由两目组成的，仿佛人都有双足，而第（ⅱ）目终止，必然对第（a）项整体产生影响，仿佛一足残疾则不为完人。这是毋庸置疑的逻辑问题。也就是说，第（ⅱ）目终止，第（ⅰ）目也随之终止。严谨的逻辑推演表明，15 年过渡期结束后，欧盟（和美国）只能使用中国价格。

当然，在现实中，欧盟（和美国）可能仍然认为中国是"非市场经济"[23]，

---

[20] 第 15 条内容最初来自中美双边谈判和协议。参见前引中国大使发言："《议定书》第 15 条绝大部分是在中美双边入世谈判中达成的。"

[21] 前引中国大使发言中，列举了 1999 年中美达成协议时美国贸易代表和国会议员的发言以及 2001 年欧盟委员会的文件。在专业人士整理的一份资料（《反倾销中的价格可比性问题——中国入世议定书第十五条日落条款历史解释》，未发表）中，则详细列举了主要文本的变化过程。相关文件载商务部世界贸易组织司编：《中国加入世界贸易组织谈判文件资料选编》（20 册），中国商务出版社 2013 年版。

[22] 同为确定"共同意思"，为何《维也纳条约法公约》和《国际商事合同通则》对待谈判历史的态度大相径庭，目前没有看到权威说明（有研究表明，《维也纳条约法公约》起草过程中，曾经有人建议将"准备资料"等置于同等地位，但未被采纳。参见李浩培：《条约法概论》，法律出版社 1987 年版，第 433 页）。也许条约常常是多个国家参加而合同一般为双方签订是原因之一，即在只有两个人的情况下，谈判历史更加能够说明双方的"共同意思"，而在人数众多的情况下，就只能依赖条约文本。此外，可以想象，确定"共同意思"是非常困难的。从哲学角度来看，自己说话做事，甚至书面表达的意思，都可能是模糊或动态的，更何况两人以至多人的"共同意思"。

[23] 关于中国的"非市场经济"状况，参见前引美国提交专家组的书面陈述。此外，2017 年，欧盟和美国分别公布了长篇报告，认为中国是"非市场经济"国家。欧盟报告（*Commission Staff Working Document on Significant Distortions in the Economy of the People's Republic of China for the Purposes of Trade Defence investigations*，465 页），见欧盟网站，http：//trade. ec. europa. eu/doclib/docs/2017/december/tradoc_156474. pdf；美国报告（*China's Status as a Non-Market Economy*，205 页），见美国商务部网站，https：//enforcement. trade. gov/download/prc-nme-status/prc-nme-review-final-103017. pdf，2019 年 6 月 23 日访问。

特别是在反倾销调查中,中国价格不能作为比较标准。因此,逻辑结论只是文字分析的结果,不能适用于现实的情况。不仅如此,说第(i)目随之终止,与条约"有效解释"原则相悖,因为按照这个原则,每个条款都是有意义的,解释不能导致某些条款无用。总之,逻辑解释是纯粹文字解释,而不是确定缔约方的"共同意思",也没有考虑谈判文件等其他资料,因此其结论不能解决现实问题。

五、哲学解释的思路:另辟蹊径

逻辑学本身就是哲学的分支。此处所说的"哲学解释",特指哲学诠释学(hermeneutics),即当代德国哲学家伽达默尔所开创的哲学理论。这个理论对文学、历史学、法学、艺术、宗教学和社会学等领域的解释学都产生了深刻的影响,其核心之一,是实现了解释作为"方法论"到"本体论"的转变。[24] 具体而言,读者对语言的解释,并非使用各种方法试图找到文本所承载的起草者意图,而是读者与文本之间的反复对话,从而确定文本的性质。这个理论通过"诠释学循环""前理解""事情本身""完满性前把握""时间距离""效果历史意识""视域融合""应用""问答逻辑"和"诠释对话"等特定概念,立体、动态地描述了解释的过程。[25] 简而言之,解释并非手段,解释本身就是目的。解释也是个不可避免的过程,只要我们开始读文本,解释就已经开始了。

将哲学诠释学理论运用于第15条,则解释并非条约解释与合同解释所宣称的那样,确定WTO成员的"共同意思"——也许所谓的"共同意思"并不存在,或者即使存在也模糊不清,甚至残缺不全。解释也不是逻辑学那样

---

[24] 洪汉鼎编著:《〈真理与方法〉解读》,商务印书馆2018年版,"写在《〈真理与方法〉解读》前",第ⅱ-ⅲ页。

[25] 参见"哲学诠释学的基本特征——伽达默尔《真理与方法》一书梗概",载洪汉鼎编著:《〈真理与方法〉解读》,商务印书馆2018年版,第577-657页。另参见Hans-Georg Gadamer, *Truth and Method*, Second, Revised Edition, Continuum Publishing Group, 1975。关于法律诠释学,参见郑永流:"出释入造——法律诠释学及其与法律解释学的关系",载《法学研究》2005年第3期,第21-36页。

拘泥于文字——现实可能有更加复杂的情形。解释就是创造的过程，是读者与文本之间的对话成果。具体而言，解释就是读者带着已有经验和能力，试图挖掘出文本在此时此刻的本质含义。解释不会预设结果，甚至没有合同解释中"合理"（reasonable）那样的检验标准。然而，在综合考虑了文字、上下文、宗旨目的、辅助资料和现实情况后，一定会有一个"有效的"结论，也是相对来说最"合理"的解释。即便如此，解释也没有穷尽，我们只能在诠释学的循环中一步步去靠近更"有效的"结果，因为人是理性的，而文本作为一种存在，一定有其合理性。哲学诠释学抛弃了法律（合同）解释理论的"虚伪性"，避免了逻辑解释的局限性，为解释的创造性开辟了道路。这个思路并不仅仅是理论意义上的，并非仅仅澄清了解释的性质，而且可能会在解释方法和结果方面产生影响。例如，"新第15条"，即只有第（a）项第（i）目存在的第15条就可能被认定为不合理，因为结构有残缺，应该恢复到合理状态。

六、结语

2016年12月，15年期到，但是欧盟和美国没有修改相关做法，仍然在反倾销调查中不使用中国价格。到期第二天，中国就将欧盟和美国告到WTO。这是坚定的"维权"行为，同时表明了对WTO的信赖。[26] 然而，时过境迁，当前WTO争端解决机制困难重重，上诉机构无法正常运转，甚至行将停止工作[27]，引发了WTO争端解决机制的合法性危机。[28] 在这种情况下，作为十分敏感的案件，本案裁决必将进一步加重这场危机，因为不管怎样裁决，都会引起当事方强烈不满，令人质疑该裁决的正当性。因此，中国主动中止案件，实为明智之举，是"顾全大局"的表现。至于将来如何解决这个问题，即

---

[26] 参见前引中国大使发言："中方将此诉诸争端解决程序，正是为了维护多边规则的正义之举。"

[27] 上诉机构法定人数为7人，但是由于美国阻挠上诉机构成员遴选，人员不能及时补足，目前只有3人，不能正常审理案件，并且到2019年年底只有1人，将完全停止审理案件。关于上诉机构危机，参见杨国华："WTO上诉机构危机的原因"，载《北大法律评论》第19卷第2辑，北京大学出版社2019年版。

[28] 严格而言，WTO争端解决机制的运转已经不合法，因为上诉机构成员不符合法定人数，进而产生了专家组裁决不能正常上诉所引起的合法性问题。

对于中国来说,如何实现反倾销调查中的公正待遇,以及对于欧盟和美国来说,如何对中国产品一视同仁,可能需要根据形势的发展,特别是欧盟和美国等对于中国市场经济发展的情况进行判断,因为本案的实质问题,并非第 15 条如何理解,而是中国价格是否可用。显然,这是一个事实问题,并非 WTO 专家组职权范围,甚至并非 WTO 能够解决。换句话说,对于第 15 条的解释,无论如何完美无缺,可能都不会最终解决问题。如果专家组裁决不利于欧盟(和美国),它们估计会置之不理;而如果不利于中国,中国也可能会强烈反对。因此,从过去、现在和未来的角度,本案能够引发很多思考。[29]

---

[29] (国内)法律解释似乎不会遭遇这样的困境。首先,法律条款清晰。立法过程中,经过反复讨论和公开征求意见,法律条款的含义可能比较明确,不像国际条约那样,由少数谈判者拟定,而且常常出现"建设性模糊"的现象,即为了达成协议而故意使用比较模糊的词汇。其次,解决方法简单。适用过程中,遇到需要解释的问题,如当事人对法律条款所规定的权利和义务有不同理解,普通法系中有司法造法的传统,法官可以作出权威解释,而大陆法系中也有立法机关权威解释的职权,对法律条款的分歧很快就可以得到解决;法官或立法机关进行法律解释的时候,也不必追究立法意图,而是作出决定就可以了。相比之下,国际法庭没有造法职能,而条约中的所谓"立法解释"条款也较难援用。以第 15 条为例,国内法中可能就不会出现这样的条款,因为第(a)项第(ii)目终止后的条款显然是残缺的,而如果出现了这样的条款,也会得到立法机关的很快纠正或澄清。然而,条约解释显然是法律解释的组成部分,其解释方法也有"语法""逻辑""历史"和"体系"之分(参见 [德] 萨维尼、格林:《萨维尼法学方法论讲义与格林笔记》,杨代雄译,法律出版社 2014 年版,第 7 - 32 页),与《维也纳条约法公约》各要素相似(尽管不存在全世界统一的法律解释方法),并且学理上也有"主观论"["以探究历史上立法者的心理意愿为解释目标"(拉伦茨)]和"客观论"["以解析法律内存的意义为目标"(拉伦茨)]之争。拉伦茨认为:"法律解释的最终目标只能是:探求法律在近日法秩序的标准意义(其今日的规范性意义),而只有同时考虑历史上的立法者的规定意向及其具体的规范想法,而不是完全忽视它,如此才能确定法律在法秩序上的标准意义"(参见 [德] 卡尔·拉伦茨:《法学方法论》,陈爱娥译,商务印书馆 2013 年版,第 193 - 200 页)。拉伦茨的观点似乎与哲学诠释学的观点相近,仿佛法律条款富有生命、不断变化。此外,德沃金似乎也持相似观点,甚至宣称"法律即解释"(Ronald Dworkin, *Law as Interpretation*, 60 Tex. L. Rev. 527 (1982); *Law's Empire*, Harvard University Press, 1986)。关于法律解释,另参见 Fernando Atria eds., *Law and Legal Interpretation*, Dartmouth Publishing Company, 2003。

论 WTO 欧盟—与价格比较方法有关的措施案（DS516）中的嗣后解释

全小莲[*]

2016 年 12 月 12 日，因《中华人民共和国加入世界贸易组织议定书》（以下简称《中国入世议定书》）中"非市场经济（non-market economy）条款"到期，中国向世界贸易组织（World Trade Organization，WTO）起诉欧盟，认为其国内反倾销法中有关确定非市场经济正常价值（normal value）的规定不再符合 WTO 相关规则。虽然《中国入世议定书》明确规定了非市场经济方法（替代国方法）对中国适用的 15 年期限[①]，但被申诉方欧盟和第三方美国[②]认为《中国入世议定书》中特定条款的到期不会影响非市场经济方法的继续使用。欧美主张，WTO 是为市场经济构建秩序的平台，因此正常价值应是市场供求关系决定的价格。如果出口国达不到这一要求，进口成员依

---

[*] 全小莲，西南政法大学国际法学院副教授。本文系笔者主持的国家社科基金项目"WTO 贸易救济中的中国'市场经济地位'问题研究"（项目编号：15XFX023）的研究成果之一。中国同时起诉了欧盟和美国，起诉欧盟的案件编号为 DS516，即"欧盟—与价格比较方法有关的措施案"（European Union-Measures Related to Price Comparison Methodologies，以下简称"欧盟—价格比较方法案"）。起诉美国的案件编号为 DS515，即"美国—与价格比较方法有关的措施案"（United States-Measures Related to Price Comparison Methodologies）。其中，起诉欧盟的案件已经推进至专家组程序，而起诉美国的案件出于诉讼策略与诉讼成本的考虑，暂时仍处于磋商阶段。

[①] Protocol on the Accession of the People's Republic of China, including the Decision of 10 November 2001, WT/L/432, 23 November 2001.

[②] 2016 年 12 月 22 日，根据 DSU 第 4.11 条，美国作为第三方加入"欧盟—价格比较方法案"，European Union-Measures Related to Price Comparison Methodologies, Request to Join Consultations, Communication from the United States, WT/DS516/7, 6 January 2017。

然可以对其使用替代国方法。

为了支撑对中国继续使用替代国方法的正当性，欧美均利用了条约的嗣后解释方法。具体而言，第一，欧盟认为在 WTO 反倾销法律体系下每个成员长期享有拒绝使用非市场经济价格的权利。这种权利是内生于整个 GATT（General Agreement on Tariffs and Trade，即《关税与贸易总协定》）/WTO 法律体系而且是不言自明的。《中国入世议定书》所构成的 WTO 反倾销法的嗣后协定，是对此种业已存在的权利的确认。③ 第二，欧美认为各 WTO 成员的国内立法将正常价值定义为市场价格是不争的事实，各成员的国内立法中的此类规定构成 WTO 反倾销法的嗣后实践。④ 第三，欧美列举了 GATT 时期波兰等"非市场经济国家"的《加入工作组报告》，指出这些议定书并未规定特殊的"非市场经济条款"。欧美就此主张，这种立法模式构成 WTO 反倾销法的嗣后实践，体现出 WTO 成员默认没必要增设新的条款处理非市场经济问题，因为 WTO 法自身就允许利用非市场经济方法来解决因非市场因素而导致的价格与成本的扭曲。⑤

2019 年 6 月 17 日，"欧盟—价格比较方法案"的专家组同意了中国中止工作的请求，决定暂停本案相关工作。虽然本案很有可能最终不会得到裁决，但探究欧美在抗辩中使用的"嗣后解释方法"却具有非常重要的理论价值和现实意义。本文通过梳理嗣后解释的理论与实践，逐一反驳欧美在抗辩中的三项主张，以期加深学界对嗣后解释问题的认识，同时为中国在此问题上的立场提供解释力和说明力。

一、条约嗣后解释的理论演进与实践

嗣后协定与嗣后实践作为条约解释的方法，规定在《维也纳条约法公

---

③ 参见《欧盟第一次开庭陈述》，第 21 段。
④ 参见《欧盟在第二次专家组实质性会议上答专家组问》，第 103 段；《美国第三方书面陈述》，第 114 段。
⑤ 参见《美国第三方书面陈述》，第 114 段至第 117 段；《欧盟在第二次专家组实质性会议上答专家组问》，第 103 段、第 108 段和第 126 段。

约》(Vienna Convention on the Law of Treaties, VCLT) 第31条第3款之中，适用于包括 WTO 在内的国际法诸多领域的条约解释。国际法委员会对嗣后解释方法的研究集中在两个阶段：一是在 VCLT 的起草阶段；二是在 2008—2018 年的专题研究阶段。此外，包括 WTO 争端解决案例在内的大量案例也从司法角度丰富了嗣后解释方法的内涵。

(一) VCLT 起草阶段国际社会对嗣后解释的理解

1. 1964 年报告

在 VCLT 以前，国际法中没有关于条约解释的统一成文规则。1964 年，国际法委员会开始着手条约解释规则的编纂工作。在第六次会议上，特别报告员汉弗莱·沃尔多克爵士提交了关于条约法的第三次报告，首次涉及嗣后实践对条约解释的效力问题（第71条至第73条）。[⑥] 在评注中，国际法委员会列举了嗣后实践的三种功能：作为条约的补充解释工具、作为条约的有权解释以及修改和拓展原条约含义。

首先，国际法委员会认为嗣后实践仅是当条约解释显属荒谬或不合理时作为条约补充解释方法的证据，与条约准备工作处于同等位阶。[⑦] 正如菲茨莫里斯所言，条约准备工作仅包含缔约方意图的声明，嗣后实践将此种意图注入行动。[⑧] 其次，当所有缔约方一致表明接受该嗣后实践的约束时，此种嗣后实践对于条约意义的解释就是决定性的，是默示协议达成的要素，构成对原条约的有权解释。最后，当嗣后实践与原条约本来的含义不符时，条约解释和修改之间的界限将不再清晰。为此，国际法委员会专门拟定一个条款（第73条），从时际法的角度处理嗣后解释对原条约的拓展、修改与取代问题。[⑨]

[⑥] 沃尔多克在报告中尚没有提出嗣后协定（subsequent agreement）这一概念。

[⑦] Yearbook of The International Law Commission, Vol. Ⅱ, 1964, A/CN. 2/SER. A/1964/ADD. 1, p. 59, para. 23.

[⑧] British Yearbook of International Law, vol. 33 (1957), p. 223.

[⑨] 国际法委员会认为，条约解释的时际法问题有两个维度，第一个维度即要求根据条约缔结时措辞之原意解释条约，第二个维度就是要考虑法律发展对条约解释和适用的影响。第73条事实上就是从"后产生的习惯法""后续协定"以及"嗣后实践"三个方面规定法律发展对条约解释和适用的影响。参见 Yearbook of The International Law Commission, Vol. Ⅱ, 1964, A/CN. 2/SER. A/1964/ADD. 1, p. 61, para. 31。

2.《1964年草案》

1964年，国际法委员在向联合国大会提交的报告（以下简称《1964年草案》）的第3编第3节中，将嗣后解释方法归类于"关于解释的一般规则"（第69条）。[10] 与沃尔多克提交的报告相比，草案出现了如下变化：第一，国际法委员会虽然没有使用嗣后协定这一名称，但已经形成了作为协定的嗣后解释的实质性规则；第二，国际法委员会从立法上严格区分了嗣后实践的解释与修改功能[11]，就条约的解释而言，嗣后实践构成缔约方对条约含义理解的客观证据，而不是补充资料；[12] 第三，国际法委员会采纳国际法院在"英伊石油公司案"中的判决意见[13]，认为在条约缔结前、缔结时和缔结后达成的协定应被视为条约的一部分。[14]

3.《1966年草案》

1966年，国际法委员会通过了《条约法条款草案及评注》（Draft Articles on the Law of Treaties with Commentaries，以下简称《1966年草案》）。该草案第3编第3节内容与VCLT条约解释规则基本一致，并正式提出与上下文一并考虑的"嗣后协定以及嗣后实践"概念，强调在地位上与文义解释、上下文解释和目的解释具有同等位阶。[15]

《1966年草案》延续《1964年草案》的观点，正式确认嗣后协定必须视为条约的一部分。但就嗣后实践而言，国际法委员会删去了《1964年草案》中的"全体"（All）这个词，认为"当事国之了解"一词必然是指的"全体当事国"，但并非所有缔约国都要参与到实践中来，只要承认此种实践就已

---

[10] 联合国大会：《大会正式记录，第十九届会议，补编第9号》（A/5809），第199页。

[11] 国际法委员会在"条约解释"标题外单独设定了专门处理嗣后条约、嗣后实践以及习惯法对条约的修改问题的条款（第68条）。

[12] 联合国大会：《大会正式记录，第十九届会议，补编第9号》（A/5809），第204页，第14段。

[13] "英伊石油公司案" [Anglo-Iranian Oil Co. (United Kingdom v. Iran)]，初步反对意见，《1952年国际法院案例汇编》，第44页。

[14] 联合国大会：《大会正式记录，第十九届会议，补编第9号》（A/5809），第204页，第14段。

[15] Yearbook of the International Law Commission, vol. II, 1966, A/6309/Rev.1, p.220, para. 9.

足够。⑯ 除此之外，《1966 年草案》第 4 编确定了修正与修改条约的规则，其中第 38 条在《1964 年草案》第 68 条的基础上，规定"条约得以后来适用条约确定当事国同意修改其规定之惯例修改之"。

4. 1969 年正式约文

VCLT 沿用了《1966 年草案》中关于嗣后协定和嗣后实践的规则，分别规定在第 31 条第 3 款第（a）项和第（b）项。值得注意的是，VCLT 最终没有保留《1966 年草案》第 38 条关于嗣后实践对原条约的修改规则，因为该草案条款遭到了维也纳条约法外交会议上很多代表的反对。反对者主要担心这会破坏条约的稳定性，导致滥用，弱化"条约必须遵守"原则以及临时修改条约对国内宪法的潜在威胁。此外，还有些代表提出，这一草案条款并没有存在的必要，因为将嗣后行为作为条约解释的一种方法已经涵盖了现实需要，很多时候是很难区分条约的解释、再解释和修改的。因此，在最终就是否删除《1966 年草案》第 38 条进行表决时，共 53 票支持删除、15 票反对删除、另有 26 票弃权。此后，嗣后实践对条约的修改功能最终从 VCLT 中被删除。⑰

（二）国际法院关于嗣后解释的实践

国际法院经过初期的犹豫之后，于 1990 年起开始援引 VCLT 第 31 条和第 32 条，将其规定的通则和其他解释资料作为条约解释的基础。⑱ 就嗣后解释方法而言，国际法院"经常审查缔约国在条约适用中的嗣后实践"⑲，其判例大致说明了嗣后协定和嗣后惯例作为解释资料可能产生的法律效力，也是

---

⑯ Yearbook of the International Law Commission, vol. Ⅱ, 1966, A/6309/Rev. 1, p. 220, para. 15.

⑰ Official Records of the United Nations Conference on the Law of Treaties, pp. 208 – 215, cited from Georg Nolte, Second Report on Subsequent Agreements and Subsequent Practice in Relation to the Interpretation of Treaties（A/CN. 4/671）, paras. 119 – 123.

⑱ Georg Nolte, First Report on Subsequent Agreements and Subsequent Practice in Relation to the Interpretation of Treaties（A/CN. 4/660）, para. 10.

⑲ "卡西基里/塞杜杜岛案"（博茨瓦纳/纳米比亚）[Kasikili/Sedudu Island（Botswana/Namibia）]，《1999 年国际法院案例汇编》，第 1076 页，第 50 段。

将嗣后解释方法诉诸实践的重要范例。[20] 国际法院的实践主要涉及以下几个方面。

第一，国际法院并不总是将嗣后实践与嗣后协定进行区分。例如，在"领土争端案"中，国际法院使用了"嗣后态度"一词，既指其后来所称"嗣后协定"，也指嗣后单方面的"态度"[21]；在"加布奇科沃－大毛罗斯项目案"中，国际法院用了"嗣后立场"一词。[22] 此外，在"乌拉圭河纸浆厂案"中，国际法院认为嗣后实践的外延更广，可以包含VCLT第31条第3款第（a）项和第（b）项的全部形式。[23]

第二，国际法院确定了构成嗣后解释的必要条件。首先，国际法院认为嗣后协定和实践必须是对原条约的解释和适用，与条约义务无关的嗣后行为不在此列。"南极捕鲸案"的判决表明[24]，只能通过认真考虑当缔约国集体意见之表达是否以及在何种程度上意在"涉及条约解释"，才能确定这一表达所具有的确切意义。其次，缔约国在解释或适用条约方面所持立场不能是偶然叠加的，而必须意识到这些立场的共同性。例如，在"卡西基里/塞杜杜岛案"中，国际法院对嗣后实践的要求是，"当局完全意识到和接受这一实践，将之视为对界限的确认"[25]。

第三，国际法院的某些判例表明，可以通过各国实践帮助理解条约约文的通常含义、上下文以及目的和宗旨，如在"威胁或使用核武器的合法性的问题案"

---

[20] Georg Nolte, First Report on Subsequent Agreements and Subsequent Practice in Relation to the Interpretation of Treaties（A/CN.4/660），para. 32.

[21] "领土争端案"（阿拉伯利比亚民众国诉乍得）［Territorial Dispute（Libyan Arab Jamahiriya/Chad）］，《1994年国际法院案例汇编》，第34页，第66段起。

[22] "加布奇科沃－大毛罗斯项目案"（匈牙利诉斯洛伐克）［Gabčíkovo-Nagymaros Project（Hungary/Slovakia）］，《1997年国际法院案例汇编》，第77页，第138段。

[23] "乌拉圭河纸浆厂案"（阿根廷诉乌拉圭）［Pulp Mills on the River Uruguay（Argentina v. Uruguay）］，2006年6月13日令，《2006年国际法院案例汇编》，第113页，第53段。

[24] "南极捕鲸案"（澳大利亚诉日本，新西兰参加）［Whaling in the Antarctic（Australia v. Japan；New Zealand intervening）］，《2014年国际法院案例汇编》，第83段。

[25] "卡西基里/塞杜杜岛案"（博茨瓦纳/纳米比亚）［Kasikili/Sedudu Island（Botswana/Namibia）］，《1999年国际法院案例汇编》，第1094页，第74段；第1077页，第55段。

中，国际法院确定"毒物或有毒武器"通常含义的根据之一就是各国实践。㉖ 在"政府间海事协商组织海事安全委员会章程案"中，国际法院观察到各国实施《政府间海事协商组织公约》不同条款的实践都以注册吨位为依据，因此不可能以除注册吨位外的其他标准确定"最大船运能力国家"㉗；再如，在"格陵兰和扬马延之间区域海洋划界案"中，国际法院援引缔约国的实践和执行情况，澄清一项关于大陆架划界的双边协定的目的和宗旨。㉘ 然而，依据嗣后解释确定的约文含义可能会比原义更宽泛或更狭义。一个著名的例子是，国际法院参照联合国的嗣后实践，在"关于联合国某些经费案"中对"经费"（广义解释）和"行动"（狭义解释）的解释。㉙ 此外，在"关于航行和有关权利的争端案"中，国际法院明确表示"当事国的嗣后实践可能导致偏离以默认协定为基础的原有意图"。㉚

第四，国际法院认为构成嗣后实践的行为未必是联合行为，仅有并行行为即可。㉛ 例如，在"柏威夏寺案"中，泰国并没有参与法国的边界地图制作，仅仅是通过默认的方式接受了地图，此种"实践—接受"的模式可被视为对边界条约有效的嗣后解释。又如，在"喀麦隆与尼日利亚间陆地和海洋边界案"中，国际法院认为两个国家以某种方式各自独立授予石油开采权，如果是基于明示或默示的协定，则可以作为对某个海域边界特定走向的实

㉖ "威胁或使用核武器的合法性的问题案"（咨询意见）[Legality of the Threat or Use of Nuclear Weapons (Advisory Opinion)]，《1999年国际法院案例汇编》，第248页，第55段。

㉗ "政府间海事协商组织海事安全委员会章程案"（咨询意见）[Constitution of the Maritime Safety Committee of the Inter-Governmental Maritime Consultative Organization (Advisory Opinion)]，《1960年国际法院案例汇编》，第169页。

㉘ "格陵兰和扬马延之间区域海洋划界案"（丹麦诉挪威）[Maritime Delimitation in the Area between Greenland and Jan Mayen (Denmark v. Norway)]，《1993年国际法院案例汇编》，第51页，第27段。

㉙ "关于联合国某些经费案"（咨询意见）[Certain Expenses of the United Nations (Advisory Opinion)]，《1962年国际法院案例汇编》，第158页起（经费），第164页起（行动）。

㉚ "关于航行和有关权利的争端案"（哥斯达黎加诉尼加拉瓜）[Dispute regarding Navigational and Related Rights (Costa Rica v. Nicaragua)]，《2009年国际法院案例汇编》第242页，第64段。

㉛ "柏威夏寺案"（柬埔寨诉泰国）[Temple of Preah Vihear (Cambodia v. Thailand)]，《1962年国际法院案例汇编》，第33页。

践。[32]至于未参与实践的缔约国能否通过沉默的方式接受实践,国际法院在"柏威夏寺案"中表明,"如果情况明显紧急,需要在合理期间内作出某种反应",则一个当事国的某一嗣后行为所针对的另一当事国"一定被视为已予默许"。[33]

第五,就嗣后解释的价值而言,国际法院取决于嗣后实践对相关条约所具有的特定性和相关性。[34]例如,在"卡西基里/塞杜杜岛案"中,因国际法院不认为某些形式的合作对于争议中的边界问题有法律上的相关性,便对这些实践不予考虑。另外,针对缔约国明确反对先前商定的嗣后实践行为,国际法院在"海洋争端案"中认为"实践的意义在这个日期之后确实会大为削弱",但在此之前的共同实践依然保持应有的价值。[35]

第六,国际法院认识到,下级主管机关的行为,甚至其他行为体的行为,也可以成为与解释条约相关的嗣后实践,如在"有关摩洛哥境内的美国国民权利案"中,国际法院认为地区海关当局的实践也可以用来解释《阿尔赫西拉斯总议定书》第95条。[36]再如在"卡西基里/塞杜杜岛案"中,国际法院将当地Masubia部落的成员对边界上一个岛屿的经常使用视为嗣后实践。[37]但是,国际法院也意识到在某些情况下,不能把下级官员的行为和地方实践归于国家,即不构成嗣后实践。例如,在"柏威夏寺案"中,如果上级机关对

---

[32] "喀麦隆与尼日利亚间陆地和海洋边界案"(喀麦隆诉尼日利亚,赤道几内亚参加)[Land and Maritime Boundary between Cameroon and Nigeria (Cameroon v. Nigeria: Equatorial Guinea intervening)],《2002年国际法院案例汇编》,第447页,第304段。

[33] "柏威夏寺案"(柬埔寨诉泰国)[Temple of Preah Vihear (Cambodia v. Thailand)],《1962年国际法院案例汇编》,第23页。

[34] "格陵兰和扬马延之间区域海洋划界案"(丹麦诉挪威)[Maritime Delimitation in the Area between Greenland and Jan Mayen (Denmark v. Norway)],《1993年国际法院案例汇编》,第55页,第38段。

[35] "海洋争端案"(秘鲁诉智利)[Maritime Dispute (Peru v. Chile)],《2014年国际法院案例汇编》,第52页,第142段。

[36] "有关摩洛哥境内的美国国民权利案"[Rights of Nationals of the United States of America in Morocco (France v. United States of America)],《1952年国际法院案例汇编》,第211页。

[37] "卡西基里/塞杜杜岛案"(博茨瓦纳/纳米比亚)[Kasikili/Sedudu Island (Botswana/Namibia)],《1999年国际法院案例汇编》,第1095页,第74段。

该地图不知情,则不该把下级官员对该地图的理解或行为归于泰国。[38]

第七,国际法院似乎没有明确承认某一特别嗣后实践具有修改条约的效力。然而,在某些案件中确实有所体现。例如,Parra-Aranguren 法官在"卡西基里/塞杜杜岛案"中表示,解释和修改条约之间的界线在实践中往往"很难区分",并在"柏威夏寺案"中认为法国地图作为嗣后实践的效果就是对原边界条约的修改。[39] 在"喀麦隆与尼日利亚间陆地和海洋边界案"中,国际法院认为条约被当事国嗣后实践修改的可能性"在法律上不能完全排除"。[40] 但从"纳米比亚案"咨询意见和"隔离墙案"咨询意见[41]中可以看出,虽然国际法院承认嗣后实践对确定条约的含义具有重要的甚至是决定性的效力,但国际法院迄今尚未明确承认已在具体案件中实际修改条约的效果。[42]

第八,如果嗣后解释的对象是国际组织组成文书,国际法院不仅会考虑缔约国的实践,还会考虑该组织自身的实践。在"西南非洲案"中,国际法院既考察了国际组织机关的实践也考虑到会员的"普遍接受",并将这两种因素的结合称为"该组织的一般惯例"。[43] 在"威胁或使用核武器的合法性的问题案"中,国际法院特别重视相关组织自身的惯例。[44] 在"关于联合国某

---

[38] "柏威夏寺案"(柬埔寨诉泰国)[Temple of Preah Vihear (Cambodia v. Thailand)],《1962 年国际法院案例汇编》,第 25 页。

[39] "卡西基里/塞杜杜岛案"(博茨瓦纳/纳米比亚)[Kasikili/Sedudu Island (Botswana/Namibia)],法官 Parra-Aranguren 的反对意见,《1999 年国际法院案例汇编》,第 1212 – 1213 页,第 16 段。

[40] "喀麦隆与尼日利亚间陆地和海洋边界案"(喀麦隆诉尼日利亚,赤道几内亚参加)[Land and Maritime Boundary between Cameroon and Nigeria (Cameroon v. Nigeria: Equatorial Guinea intervening)],《2002 年国际法院案例汇编》,第 353 页,第 68 段。

[41] "在巴勒斯坦被占领土修建隔离墙的法律后果"[Legal Consequences of the Construction of a Wall in the Occupied Palestinian Territory],《2004 年国际法院案例汇编》,第 149 页,第 27 段。

[42] Georg Nolte, Second Report on Subsequent Agreements and Subsequent Practice in Relation to the Interpretation of Treaties (A/CN. 4/671), para. 129.

[43] "南非不顾安全理事会第 276(1970)号决议继续留驻纳米比亚(西南非洲)对各国的法律后果"(咨询意见)[Legal Consequences for States of the Continued Presence of South Africa in Namibia (South West Africa) notwithstanding Security Council Resolution 276 (1970) (Advisory Opinion)],《1971 年国际法院案例汇编》,第 22 页。

[44] "威胁或使用核武器的合法性的问题案"(咨询意见)[Legality of the Threat or Use of Nuclear Weapons (Advisory Opinion)],《1999 年国际法院案例汇编》,第 75 页,第 19 段。

些经费案"的咨询意见中,法院重点考虑联合国大会将维持国际和平与安全的拨备费用纳入年度预算的一贯做法。[45] 但在"隔离墙案"中,法院提到国际组织不顾其某些成员的反对而采取的行动,虽然可能构成嗣后实践,但在效力上低于缔约方之间的实践。[46]

(三) 联合国国际法委员会专题研究阶段国际社会对嗣后解释的理解

虽然国际法院在实践中多次使用嗣后解释方法,但受制于国际法院的判决在规则发展和创制上的局限[47],完整而系统的嗣后解释规则并未形成。2008年,在国际法委员会第60届会议上,格奥尔格·诺尔特提交了名为《条约随时间演变:特别是嗣后协定和实践问题》(Treaties over time in particular: Subsequent Agreement and Practice) 的报告,建议国际法委员会启动"条约随时间演变"的专题研究。[48] 2012年,诺尔特先生认为近四年来的研究已经"找出、收集、安排和讨论本专题最重要的渊源",故此建议将后续的研究重点放在问题的结论上,专题名称也因此修改为"与条约解释相关的嗣后协定和嗣后实践"。

2016年第68届会议上,委员会一读通过了《与条约解释相关的嗣后协定和嗣后实践的结论草案》(Draft Conclusions on Subsequent Agreements and Subsequent Practice in Relation to the Interpretation of Treaties on Second Reading,以下简称《结论草案》)。2018年,《结论草案》二读通过。[49] 同年,诺尔特提交了《与条约解释相关的嗣后协定和嗣后实践各国政府的评论和意见》(Subsequent Agreements and Subsequent Practice in Relation to the Interpretation of Treaties Comments and Observations Received from

---

[45] "关于联合国某些经费案"(咨询意见)[Certain Expenses of the United Nations (Advisory Opinion)],《1962年国际法院案例汇编》,第175页。

[46] "在巴勒斯坦被占领土修建隔离墙的法律后果"(Legal Consequences of the Construction of a Wall in the Occupied Palestinian Territory),《2004年国际法院案例汇编》,第136页。

[47] 《国际法院规约》第59条规定,法院之裁判除对于当事国及本案外,无拘束力。

[48] 联合国大会:《大会正式记录,第六十三届会议,补编第10号》(A/63/10),附件A,第7段至9段。

[49] 联合国大会:《大会正式记录,第六十七届会议,补编第10号》(A67/10),第46段、227段、336段和239段。

Governments）。总体来看，《结论草案》的 13 项结论得到了各国政府的普遍支持。但也有一些结论引发了各国政府的广泛讨论，如各国政府对嗣后解释方法能否产生修改原条约的效果（结论 7 第 3 段）以及依条约创设的专家组织的声明构成对条约的嗣后解释（结论 13）这两点有较大争议。[50]

2018 年二读通过的《结论草案》讨论了嗣后协定与嗣后实践以下几个方面的内容：①与 VCLT 其他条约解释方法的关系和互动；②作为作准的解释资料的地位；③定义、识别以及构成要件；④可以视为缔约方嗣后解释的行为；⑤对条约解释产生的影响：解释功能与修改功能；⑥随时间演变的条约用语的解释；⑦作为解释资料的权重；⑧特别条约中的嗣后解释问题，如缔约国大会框架内通过的决定、国际组织的组成文书以及专家条约机构的声明等。

可以看出，《结论草案》是在兼顾其他国际性法庭（如 WTO 上诉机构、国际海洋法法庭、欧美人权法院）实践的基础上，对国际法院在实践中适用规则的整理和抽象。然而，即使是格奥尔格·诺尔特先生本人也承认国际法院实践虽具有代表性，但不意味着其他领域的国际法庭和国内法院对嗣后解释问题的看法是一致的。

换句话说，《结论草案》为了达到求同存异的效果，不得不尽可能寻求各个裁判机构间立场的共识，易忽视不同国际法领域的差异性。较为明显的例子是，在国际法的经济领域，WTO 上诉机构对嗣后解释方法的某些看法明显不同于国际法院。

（四）嗣后解释在 WTO 争端解决案件中的适用

1. WTO 的相关实践

作为国际法的自足体系，WTO 对嗣后解释方法的研究基本存在于司法判例中，由此发展出相对独立、严格而又灵活的嗣后解释规则。虽然 WTO 专

---

[50] 参见《与条约解释相关的嗣后协定和嗣后实践各国政府的评论和意见》（A/CN.4/712）。

家组或上诉机构也并不总是区分嗣后协定和嗣后实践[51]，但多数情况下将二者区别对待，并发展出了相对具体的规则体系。

第一，就嗣后协定的适用条件而言，WTO上诉机构在"美国—丁香香烟案"中强调了时间要素和目的要素。时间上，嗣后协定必须订立于原条约之后；目的上，嗣后协定与原条约之间应具备较强的相关性以及解释目的性。[52] 在"欧共体—香蕉案Ⅲ"中，上诉机构还强调充当解释功能的嗣后协定必须是无固定期限的。[53]

第二，WTO在判例中勾勒出嗣后协定的表现形式。在"美国—金枪鱼案Ⅱ"（墨西哥诉）中，上诉机构认为"嗣后协定"仅限于条约所有缔约方之间的协定，是一项单一或共同的行动，无论形式如何，反映所有缔约方的一致，即仅限于所有缔约方之间的单一共同行动或承诺。[54]

第三，WTO在"日本—含酒精饮料案Ⅱ"中给出了嗣后实践的经典定义。上诉机构在该案中认为，用于解释条约的嗣后实践，公认应当是"协调、共同和一致的"（concordant, common and consistent）一系列行为或声明，足以确立一种明确的模式，表明缔约方对条约解释的一致。上诉机构还认为，一个孤立的行为一般而言不足以确定嗣后实践，必须是缔约方的一系列行动，确定了彼此之间的一致，方为有效。[55] 这一定义的影响是深远的，在后续的"智利—价格限制体系案""美国—博彩案"以及"欧共体—分割鸡块案"中，上诉机构均沿用了此种定义。

---

[51] 参见墨西哥—电信案（Mexico-Telecoms），WT/DS204，专家组报告中的"具体承诺表指南"；美国—博彩案（US-Gambling），WT/DS285，上诉机构报告中的"具体承诺表指南"；美国—FSC案（US-FSC），WT/DS108，专家组报告中的"1981年谅解"的限定；巴西—椰子干案（Brazil-Desiccated Coconut），WT/DS22，专家组报告中的"东京会和补贴和反补贴协定"；欧共体—香蕉案Ⅲ（第21.5条，厄瓜多尔诉Ⅱ）[EC-Bananas Ⅲ（Article. 21.5-Ecuador Ⅱ）]，WT/DS27，上诉机构报告中的"放弃"。转引自《大会正式记录，第七十三届会议，补编第10号》（A/73/10），第33页脚注92。

[52] 美国—丁香香烟案（US-Clove Cigarettes），WT/DS406，上诉机构报告，第262段至第265段。

[53] 欧共体—香蕉案Ⅲ（EC-Bananas Ⅲ），WT/DS27，上诉机构报告，第391段。

[54] 美国—金枪鱼案Ⅱ（墨西哥诉）[US-Tuna Ⅱ（Mexico）]，WT/DS/381，上诉机构报告，第371段。

[55] 日本—含酒精饮料案Ⅱ（Japan-Alcoholic Beverages Ⅱ），WT/DS8，WT/DS10，WT/DS11，上诉机构报告，第12页至第13页。

第四，WTO明确表示不接受导致修改条约义务的嗣后解释。在"欧共体—香蕉案Ⅲ"中，上诉机构认为"适用"一词表明嗣后协定的总义务不是对原条约义务的创新，因此明确表示不接受导致嗣后解释对条约义务的修改。㊺实际上，《关于争端解决规则与程序的谅解》第3.2条早已规定，争端解决机构的建议和裁决不得增加或减少所涉协定规定的权利和义务。可以说，WTO"从一开始就控制了这个问题"。㊻

第五，WTO不把未参与实践的成员的沉默视为对他国实践的接受。在"欧共体—分割鸡块案"中，上诉机构认为，部长级会议以及总理事会有权对WTO协定进行专属解释，各国在会议上都有发言和表态的机会，因此不得轻易将不回应或沉默视为对实践的接受。㊼又如，在"智利—价格限制体系案"中，专家组认为"嗣后实践"需要公开的行动，不行动不能视为对实践的接受。㊽在"美国—归零案"（欧共体诉）中，上诉机构认为即使76个成员确立了与欧共体相同的行为，也只是表明相当数量的成员采纳了与美国不同的归类方式，不能证明未采纳归类方式的成员对欧共体模式表示接受。㊾

2. 与国际法院立场的主要区别及其形成原因

在嗣后解释问题上，WTO与国际法院最明显的区别在于WTO对嗣后解释的认定更为严格。例如，WTO明确否定嗣后解释修改条约的功能，但国际法院在很多案件中的态度较为模糊；又如，WTO从一开始就没有将未参与实践的缔约方沉默视为对实践的接受，而国际法院会根据案件的具体情况判断沉默所表达的含义；再如，在"日本—含酒精饮料案Ⅱ"中，上诉机构为嗣后实践的构成设定了一条相当高的门槛，只有当缔约国行为的频率和一致性足以体现各方就条约解释达成共识，才能视为嗣后实践。相反，国际法院没

㊺ 欧共体—香蕉案Ⅲ（EC-Bananas Ⅲ），WT/DS27，上诉机构报告，第391段至第393段。
㊻ 联合国大会：《大会正式记录，第六十九届会议，补编第10号》（A69/10），第191页。
㊼ 欧共体—分割鸡块案（EC-Chicken Cut），WT/DS269，WT/DS286，上诉机构报告，第273段。
㊽ 智利—价格限制体系案（Chile-Price Band System），WT/DS207，专家组报告，第7.79段和第7.100段。
㊾ 美国—归零案（欧共体诉）[US-Zeroing（EC）]，WT/DS294，上诉机构报告，第288段。

有对嗣后协定或嗣后实践进行任何抽象性定义,而是灵活掌握这一要求。[61]

格奥尔格·诺尔特认为,WTO 之所以采取更为严格的标准,并不是 WTO 的裁判机构认为 VCLT 第 31 条第 3 款本身包含这些要求,而是基于 WTO 协定的特殊性及其运作方式。[62] 首先,虽然 WTO 涵盖了全球 98% 的国家,各个成员间也都具有潜在的经贸利益,但具体的实践(如海关分类、征收关税等)只涉及个别国家间(如实际进出口国)。在这种特殊的运作模式下,轻易将少数成员的行为认定为约束所有国家的嗣后实践是不公平也不现实的。其次,WTO 的核心职能之一是为成员搭建磋商平台。WTO 成员可以在部长级会议和总理事会上亲自表达对某一条约的理解,与其他成员充分交流意见,最终达成"有权解释"。因此过分依赖嗣后解释既无必要,也不符合 WTO 建立的初衷。相反,国际法院没有这些顾虑。

二、欧美在 DS516 案中使用的嗣后解释方法

(一)《中国入世议定书》第 15 条

欧盟认为《中国入世议定书》第 15 条构成 VCLT 第 31 条第 3 款第(a)项意义上的嗣后协定。[63] 具体而言,欧盟认为,第一,《中国入世议定书》第 15 条并不违反《关于实施 1994 年关税与贸易总协定第 6 条的协定》(以下简称《反倾销协定》)、《补贴与反补贴措施协定》(以下简称《反补贴协定》)以及 GATT 1994 所确立的规则;第二,《中国入世议定书》是全体 WTO 成员根据《马拉喀什建立世界贸易组织协定》(以下简称《WTO 协定》)第 10.2 条以协商一致的方式决定通过的,因此"第 15 条是 WTO 反倾销的解释",是所有成员的共识。欧盟还认为,正是由于议定书来自全体成员的合

---

[61] Georg Nolte, Second Report on Subsequent Agreements and Subsequent Practice in Relation to the Interpretation of Treaties (A/CN. 4/671), para. 46.

[62] Georg Nolte, Second Report on Subsequent Agreements and Subsequent Practice in Relation to the Interpretation of Treaties (A/CN. 4/671), para. 48.

[63] 参见《欧盟第一次开庭陈述》,第 21 段。

意，因此第15条必须被视为有权解释（authoritative interpretation）。

欧盟注意到，中国似乎想主张第15条虽然是对GATT 1994、《反倾销协定》以及《反补贴协定》的适用，但不是对这些法律规则的解释。然而，欧盟认为不可能在不解释某一规则的情况下适用这一规则。即使一板一眼地适用规则，也得先进行文义解释[64]。欧盟据此认为，《中国入世议定书》第15条作为权威性解释，证实了WTO反倾销法就确定价格可比性而言，允许调查机构在某些情况下拒绝使用不可靠的价格和成本，并制定了特殊的举证责任归责：中国出口商在15年内需自证其所在行业具备市场经济条件。[65]

（二）WTO成员内部立法与实践

1957年，WTO秘书处制定了一份名为《反倾销与反补贴税：秘书处对立法的分析》的报告（Anti-Dumping and Countervailing Duties: Secretariat Analysis of Legislation，以下简称《秘书处报告》），梳理了当时GATT 1947缔约方国内立法对第6条的适用情况。欧盟和美国都认为，《秘书处报告》对各缔约方立法的梳理，揭示了缔约方对GATT 1947第6条的共同理解，即需要以市场决定的正常价格确定价格可比性。例如，比利时和加拿大的立法规定正常价值是在完全竞争条件下的公开市场价值；罗德西亚和尼亚萨兰联邦、美国以及南非的立法规定正常价值是"自由买卖"中的商品价格；挪威和比利时的国内立法重点强调私有企业在交易中起主导作用；英国立法规定正常价值应是"开放市场"中的价格；澳大利亚立法规定"公平市场价值"是国内消费中通常且正常贸易中的价格；南非和苏丹的立法规定正常价值应当足够覆盖生产成本。据此，欧盟和美国都认为，由于所有缔约方的国内立法都对市场经济问题表了态，因此这些国内立法构成对GATT 1947第6条解释和适用的嗣后实践。[66]

更进一步说，由于各缔约方都认为正常价值应当是市场决定的价格，因

---

[64] 参见《欧盟第二次书面陈述》，第373段。
[65] 参见《欧盟第一次专家组听证会上的开庭陈述》，第21段。
[66] 参见《欧盟在第二次专家组实质性会议上答专家组问》，第103段；《美国第三方书面陈述》，第114段。

此美国认为各缔约方对第 6 条的理解是非市场经济国家"缺乏可比数据"（价格和成本）意味着必须要有救济途径——比如使用替代国方法。美国认为这是各缔约方最核心的立场，即在非市场经济条件影响国家价格和成本以至于不可靠的情况下，各国为确保价格可比性，均有权使用替代国价格。[67] 欧盟也认为，缔约方的共同理解是在确定价格可比性时，市场决定的可比价格是确定正常价值的关键前提。如若这个前提不存在，进口成员当然有权用具有可比经济结构的第三国的价格计算正常价值。欧盟还认为，全部缔约国都同意《秘书处报告》的调查结果。[68]

（三）其他成员加入 WTO 时议定的条件

波兰、罗马尼亚以及匈牙利分别于 1967 年、1971 年和 1973 年加入 GATT，并各自制定了《加入工作组报告》（议定的条件）。值得注意的是，这三个国家在加入 GATT 时依然是非市场经济国家，但三者的《加入工作组报告》并不包含任何授权进口成员拒绝使用非市场经济国家的价格和成本的条款。欧盟认为，之所以没有制定非市场经济条款，是因为缔约各方都同意，无论是否存在 GATT 1947 第 6.1 条注释与补充规定第 2 段所列明的前提，第 6 条均可以被解释为已经授予进口成员使用替代国方法的权利，因此没有必要再在《加入工作组报告》中加入类似的规定。欧盟据此认为，上述三个国家《加入工作组报告》中没有对非市场经济国家制定特殊规则，已构成"协调、共同和一致"的实践，符合"日本—含酒精饮料案Ⅱ"中上诉机构对嗣后实践的理解[69]，构成 GATT 1947 第 6 条的嗣后实践。美国也表达了同样的看法。[70]

三、《中国入世议定书》第 15 条不构成嗣后协定

WTO 上诉机构明确表示嗣后协定和嗣后实践只有解释条约的作用，没有

---

[67] 参见《美国第三方书面陈述》，第 117 段。
[68] 参见《欧盟在第二次专家组实质性会议上答专家组问》，第 108 段。
[69] 参见《欧盟在第二次专家组实质性会议上答专家组问》，第 126 段。
[70] 参见《美国第三方书面陈述》，第 115 段。

修改作用。[71] 因此，一旦将《中国入世议定书》第 15 条认定为 GATT 1994、《反倾销协定》以及《反补贴协定》的嗣后协定，也就承认了第 15 条没有创制任何新的规则，而是确认了 WTO 反倾销法本身就允许"替代国"方法计算正常价值。这正是欧盟作为被告在"欧盟—价格比较方法案"中主张的观点。

（一）第 15 条不是对 WTO 反倾销法的解释

在 2018 年二读通过的《结论草案》中，国际法委员会将"嗣后协定"定义为缔约方在条约缔结后达成的关于解释条约或适用条约规定的协定[72]，并强调嗣后协定在内容上必须体现缔约方对条约"解释"的共识。因此，判断《中国入世议定书》第 15 条性质，首先要讨论第 15 条是否构成 WTO 反倾销法的嗣后协定，即第 15 条是否表达了 WTO 成员对于条约解释的共识。[73] 所谓条约解释，根据国际法委员会的表述，是对条约含义包括一项或多项条款的明确阐释的心理过程。[74] 纵观第 15 条全文，并不存在缔约方对于 WTO 规则进行明确阐释的意图和就如何阐释达成一致的内容的表述。

此外，判断第 15 条是不是对 WTO 反倾销法的解释，在根本上取决于对 WTO 反倾销法的理解。如果 WTO 反倾销法本身就允许使用非市场经济方法，那么第 15 条当然没有创制新的规则而仅仅是对原法的解释和适用。如果 WTO 法没有规定使用替代国方法的权利，那么第 15 条自然不构成对前者的解释，而是创立了特殊规则。

首先，《中国入世议定书》第 15 条规定的是在确定正常价值时对中国适用的特殊规则和"例外规定"，而不是"澄清条约含义包括其中一项或多项条款的含义"。欧美主张 WTO 的一般规则允许"替代国"做法，是对一般规

---

[71] 欧共体—香蕉案Ⅲ（第 21.5 条，厄瓜多尔诉Ⅱ）[EC-Bananas Ⅲ (Article. 21.5-Ecuador Ⅱ)]，WT/DS27，上诉机构报告，第 391 段至第 393 段。
[72] 《大会正式记录，第七十三届会议，补编第 10 号》（A/73/10），结论 4。
[73] 《大会正式记录，第七十三届会议，补编第 10 号》（A/73/10），结论 4 评注（10）。
[74] 《大会正式记录，第七十三届会议，补编第 10 号》（A/73/10），结论 6 评注（3）。

则的严重歪曲。[75] 其次，美国多数官员在中美签署双边市场准入协议后表示第 15 条构成对中国适用的特殊反倾销规则。但美国现在的主张与之前完全相反。[76] 出尔反尔，不足信也。最后，《中国入世议定书》确实是全体 WTO 成员以协商一致的方式决定通过的，但这仅仅意味着全体 WTO 成员对中国在一定时限内适用特殊规则的认同，而非将《中国入世议定书》（尤其是第 15 条）视为 WTO 法相关规则的解释。

此外，从谈判历史上看，中美双方均不认为进口成员仅依据 WTO 反倾销法就有权对中国产品使用"替代国"计算方法。中美双边谈判伊始[77]，美方坚持要对中国适用反倾销特殊规则。中方起初不接受特殊规则，但在后来几轮谈判中同意考虑接受，前提条件是特殊规则于加入五年后终止。美方提出用"审查条款"替代到期条款。双方僵持数轮后，美国接受"非市场经济条款"应有明确的终止时间，但主张有效期应当是 20 年。最终，双方折中同意有效期为 15 年。在谈判中，中方还努力争取到了特殊规则"提前终止"的空间。[78] 认为 WTO 反倾销法本身就允许使用"替代国"方法的观点，是对中美双方夜以继日的谈判经历以及共同付出的巨大努力的否定。[79] 换言之，如果拒绝使用本国价格是成员早已具备的权利，为何要费尽千辛万苦制定新的非市场经济规则呢？

---

[75] 左海聪，林思思："2016 年后反倾销领域中国（非）市场经济地位问题"，载《法学研究》2017 年第 1 期，第 157－174 页；RAO. Weijia, *China's Market Economy Status under WTO Antidumping Law after 2016*，5 Tsinghua China Law Review 151－168（2013）。

[76] 如美国贸易代表办公室前贸易代表查伦·巴尔舍夫斯基在新闻发布会发言中称，"美国同意中国观点，关于'特殊反倾销'方法适用的条款将存续 15 年"；再如美国国会议员在辩论是否授予中国"永久正常贸易关系"时，议员范斯坦认为"特殊反倾销方法将在 15 年内继续有效"，格雷厄姆认为"双边协定包含一个条款允许美国可以在中国加入 WTO 后的 15 年里对非市场经济国家使用特殊方法对抗倾销"。转引自张向晨大使在中国诉欧盟反倾销"替代国"做法世贸争端案（DS516）专家组第一次听证会上的口头陈述，载中国常驻世贸组织代表团网站，http://wto.mofcom.gov.cn/article/xwfb/201712/20171202685211.shtml，2019 年 4 月 18 日访问。

[77] 《中国入世议定书》第 15 条绝大部分是在中美双边入世谈判中达成的，而且双方当时争论最为激烈的议题之一。

[78] 在中国根据进口成员国内法证实其系市场经济体或证实特定产业或部门具备市场经济条件的情况下，该条规则最终体现在《中国入世议定书》第 15 条第（d）项的第一句话和第三句话。

[79] 参见张向晨大使在中国诉欧盟反倾销"替代国"做法世贸争端案（DS516）专家组第一次听证会上的口头陈述，载中国常驻世贸组织代表团网站，http://wto.mofcom.gov.cn/article/xwfb/201712/20171202685211.shtml，2019 年 4 月 18 日访问。

因此，无论是从国际法委员会对嗣后协定的含义阐释出发，还是根据谈判历史加以分析，《中国入世议定书》第 15 条不是 GATT 1994 第 6 条以及《反倾销协定》的解释，而仅仅是对中国适用的贸易救济特殊规制。

(二) 第 15 条不是 WTO 反倾销法的组成部分

WTO 框架下，有两个条款涉及《中国入世议定书》的地位问题，第一个是《WTO 协定》第 12 条，第二个是《中国入世议定书》第 1.2 条。《WTO 协定》第 12 条规定："任何国家或在处理其对外贸易关系及本协定和多边贸易协定规定的其他事项方面拥有完全自主权的单独关税区，可按它与 WTO 协定的条款加入本协定。此加入适用于本协定及所附多边贸易协定。"根据该条规定，从性质上说"入世议定书"都是成员在加入时与 WTO 其他成员议定的条件，但本条并没有明确"入世议定书"和《WTO 协定》及其多边适用协定的具体关系，上诉机构在"中国—稀土案"中认定仅根据《WTO 协定》无法判断二者的关系。[80]

真正明确规定《中国入世议定书》地位的条款是其本身的第 1.2 条。该条规定"本议定书，包括工作组报告书第 342 段所指的承诺，应成为'WTO 协定'的组成部分"。根据 2005 年 WTO 秘书处《加入谈判进程技术手册》(Technical Note on the Accession Process) 的研究，1995 年后 21 个新加入成员签订的"入世议定书"均包含这一条款。[81] 有学者称这一条为"标准条款"(standard protocol)。[82] 因此，毋庸置疑的是，《中国入世议定书》是《WTO 协定》的组成部分。但是，问题的关键仍然是要界定《中国入世议定书》和 WTO 适用协定（如 GATT 1994、《反倾销协定》和《反补贴协定》）的关系。

在早先的争端解决中，上诉机构大都回避判断《中国入世议定书》的地位问题，如在"中国—出版物和音像制品案"以及"中国—原材料案"中，

---

[80] 中国—稀土案（China-Rare Earths），WT/DS431，WT/DS432，WT/DS433，上诉机构报告，第 5.34 段。

[81] Technical Note on the Accession Process, WT/ACC/10/Rev. 3, 2005, p. 42.

[82] 刘敬东："论'加入议定书'在 WTO 法律体系的定位"，载《国际法研究》2014 年第 2 期，第 98 页。

上诉机构没有明确回答《中国入世议定书》与《WTO协定》及其适用协定之间的关系问题。⑱ 在随后的"中国—稀土案"中，专家组和上诉机构首次对《中国入世议定书》的地位给出了较为明确的答复。专家组认为"WTO协定"仅指《WTO协定》，也就意味着"入世议定书"的单个条款不是 WTO 适用协定的组成部分。⑭ 在该案的上诉审阶段，由于上诉机构认为判断"WTO协定"的外延不是解决问题的关键⑮，但肯定了专家组的论断，即议定书单个条款既不是《WTO协定》的一部分，也不是 WTO 多边协定的一部分。⑯

值得注意的是，国际法委员会在对 1964 年和 1966 年条约法草案中的嗣后解释方法的评注中认为，就条约解释而言，嗣后协定必须被视为原条约的一部分。换句话说，构成嗣后协定的必要条件是该协定构成被解释条约的一部分。而根据前文的分析，由于 WTO 专家组和上诉机构曾明确否定《中国入世议定书》及其条款是《WTO协定》及其多边适用协定的一部分，因此《中国入世议定书》第 15 条当然不能视为 GATT 1994 以及《反倾销协定》的嗣后解释。

四、各国国内反倾销立法不构成嗣后实践

如前所述，欧盟和美国根据《秘书处报告》的内容，主张各缔约方在立法中规定正常价值必须是市场价值已经构成对 GATT 1947 第 6 条解释和适用的嗣后实践，因此 WTO 反倾销法中的正常价值必须被理解为市场决定的价格，否则进口成员就有使用"替代国方法"确定正常价值的权利。然而，欧

---

⑱ 参见中国—出版物和音像制品案（China-Publications and Audiovisual Products），上诉机构报告，第 215 段至第 230 段；中国—原料案（China-Raw Materials），专家组报告，第 7.117 段，上诉机构报告，第 279 段至第 291 段。

⑭ 中国—稀土案（China-Rare Earths），WT/DS431，WT/DS432，WT/DS433，专家组报告，第 7.89 段。

⑮ 中国—稀土案（China-Rare Earths），WT/DS431，WT/DS432，WT/DS433，上诉机构报告，第 5.61 段。

⑯ 中国—稀土案（China-Rare Earths），WT/DS431，WT/DS432，WT/DS433，上诉机构报告，第 5.73 段。

盟和美国的观点并不正确，《秘书处报告》所体现的各国立法并不构成任何嗣后实践。

（一）《秘书处报告》不代表各成员普遍做法

国际法委员会在《结论草案》中强调，《维也纳条约法公约》第31条第3款第（b）项的嗣后实践必须体现所有缔约方的共同理解，因此"所有"和"共同"是构成嗣后实践的必要条件。然而，《秘书处报告》在开篇就列明了没有在立法中规定反倾销和反补贴措施的国家，包括奥地利、法国、芬兰、德国、印度、意大利、日本、巴基斯坦和土耳其。[87] 秘书处认为，如果报告将这些国家的立法也涵盖在内，那么比较分析的结果将大打折扣。可以看出，秘书处所有的分析和得出的结论是在忽略一些国家实践的基础之上作出的，换句话说，并不是所有国家都通过国内立法的方式表达了对GATT 1947第6条的理解。

（二）报告所排除国家的沉默不应当理解为同意或接受

如前所述，《秘书处报告》将国内没有反倾销立法的国家排除在外，换言之，这些国家并未参与反倾销立法实践，也没有对这些实践表示解释，处于"沉默状态"。《结论草案》结论10第2段详细规定了在嗣后实践中，将缔约方沉默视为同意的标准，即情况是否要求未参与实践的缔约方作出回应。值得注意的是，国际法委员会在《结论草案》中强调，国际性法庭和法院通过提供相关判例佐证，指出国内协议和判决不能基于沉默而被视为嗣后实践。事实上，WTO上诉机构从未将缔约方沉默视为同意。据此，1957年没有在立法中规定反倾销反补贴规则的国家对其他国家的立法表示沉默不能被视为对这些实践的接受。

（三）仅少数国家允许使用第三国价格

上述GATT 1947缔约方即使在立法中规定正常价值应基于市场价值，也

---

[87] 《秘书处报告》，第3页至第4页。

没有全部规定可以诉诸第三国的价格和成本确定正常价值。前者仅是缔约方在概念上的认知,后者才是对具体权利义务的规定。根据《秘书处报告》的统计,只有加拿大[88]、罗德西亚和尼亚萨兰联邦[89]、南非[90]、苏丹[91]、美国[92]的国内立法允许在极特殊情况下使用第三国的价格和成本确定正常价值。澳大利亚[93]、新西兰[94]明确表示其国内法不允许使用"第三国价格"确定"公平市场价格"。据此可以认为,即使这些缔约国通过国内立法的方式表达了正常价值须为市场价值的理解,也没有表达在不是"市场价值"的情况下使用第三国的价格和成本计算正常价值的"共同"理解。

综上所述,由于并非所有 GATT 1947 缔约方国内立法都规定正常价值须是市场价格,相反,历史上只有部分国家允许在极特定情况下使用替代国方法,因此各缔约方的国内立法无法构成解释和适用 WTO 反倾销法的嗣后实践。

五、其他非市场经济成员加入时的安排不构成嗣后实践

如前所述,欧盟和美国认为之所以波兰、罗马尼亚和匈牙利的《加入工作组报告》没有制定任何非市场经济特殊规则,是因为缔约方认为 GATT 1947 第 6 条已经赋予了它们使用第三国价格和成本的权利而没必要再在《加入工作组报告》中重新授权。然而,欧盟和美国所主张的论证既不符合事实,也不符合逻辑。

(一)非市场经济规则仅对特定成员适用

波兰、罗马尼亚和匈牙利的《加入工作组报告》中存在对非市场经济国

---

[88] 《秘书处报告》,第 48 页。
[89] 《秘书处报告》,第 73 页。
[90] 《秘书处报告》,第 89 页
[91] 《秘书处报告》,第 109 页。
[92] 《秘书处报告》,第 117 页。
[93] 《秘书处报告》,第 24 页。
[94] 《秘书处报告》,第 64 页。

家的特别规定。波兰《加入工作组报告》规定:"工作组的理解是,在进口产品来自贸易被完全或实质上完全垄断的国家,或者所有的国内价格由国家决定时,GATT 第 6.1 条注释和补充规定第 2 段将得到适用。就此而言,各方认识到只要在任何情况下确定正常价值所使用的方法是适当并且不会造成不合理的结果,缔约方可以使用从波兰进口产品的相同或者同类产品在国内通常价格,或以源自另一国家同类产品的价格为正常价值。"[95] 罗马尼亚《加入工作组报告》的表述与波兰的相同。[96] 匈牙利《加入工作组报告》中的措辞没有提及第 6.1 条注释和补充规定第 2 段,剩下的内容与罗马尼亚和波兰的相同。[97]

简言之,波兰和罗马尼亚的《加入工作组报告》规定只有满足 GATT 1947 第 6.1 条注释和补充规定第 2 段中所列明的两个前提时,其他 WTO 进口成员才可以对它使用第三国的价格确定正常价值。虽然匈牙利的《加入工作组报告》没有像波兰和罗马尼亚那样要求满足注释和补充规定的条件,但也规定了对匈牙利采取的特殊方法。这意味着,GATT 缔约方认为"非市场经济方法"应是对特别国家的特别适用,仅凭 WTO 反倾销法的一般规则不能获得此项权利。这与欧盟和美国的主张恰恰相反。

(二) 仅允许在绝对垄断和绝对控制时使用非市场经济方法

波兰和罗马尼亚的《加入工作组报告》规定只有在满足注释与补充规定的标准时,即在进口产品来自贸易被完全或实质上完全垄断的国家,或者所有的国内价格由国家决定时,缔约方才可以使用其他方法确定正常价值。很明显,缔约方在制定该工作组报告时,牢牢限制了使用"替代国方法"的权利,并不是欧盟和美国所说的无论是否满足注释和补充规定中的条件都可以使用"替代国方法"。

---

[95] Accession of Poland—Report of the Working Party on the Accession of Poland, L/2806, 1967, para. 13.

[96] Accession of Romania—Report of the Working Party on the Accession of Romania, L/3557, 1971, para. 13.

[97] Accession of Hungary—Report of the Working Party on the Accession of Hungary, L/3889, 1973, para. 18.

(三) 孤立的行为不得构成条约法中的嗣后实践

即使匈牙利《加入工作组报告》中没有规定使用第三国信息和数据的条件，也不构成对 GATT 1947 第 6 条解释和适用的嗣后实践。制定匈牙利的《加入工作组报告》仅仅是 WTO 缔约方的一次实践，不满足"日本—含酒精饮料案 Ⅱ"中上诉机构明确的"协调、共同和一致"的要件。欧盟在本案中论证上述标准时是将波兰、罗马尼亚和匈牙利三个国家的《加入工作组报告》一同分析，从而认为三次相同的实践构成"协调、共同和一致"的声明和行为。但是根据上文分析三个国家加入 WTO 与其他成员的议定条件在内容上并不相同，缔约方明显在匈牙利的《加入工作组报告》中使用了不同于前二者的表述，因此无论如何不是缔约方之间"协调、共同和一致"的实践。

综上所述，GATT 1947 缔约方在波兰、罗马尼亚和匈牙利的《加入工作组报告》中规定的表述不构成解释和适用 GATT 1947 第 6 条的嗣后实践，因此也不能认为缔约方通过嗣后实践表达了 WTO 反倾销法本身允许使用替代国方法的共识。

六、结语

嗣后解释方法是构成欧盟和美国诉讼策略的重要环节。考虑到 WTO 争端解决历史上的在先实践，欧盟和美国使用它的正当性似乎不言自明。然而从嗣后解释的理论发展以及国际实践出发，不难发现欧盟和美国的具体论证思路存在问题。首先，《中国入世议定书》第 15 条是在特定时间内对中国适用的特殊贸易救济规则，在性质上属于特别法，不应当被视为 WTO 反倾销一般规则的"确权条款"，因此不构成 WTO 协定组成部分的嗣后协定。其次，欧盟和美国在诉讼中列举的各国国内立法实践并未体现"所有成员的共识"，因此不能构成 WTO 反倾销法的嗣后实践。最后，欧盟和美国所讨论的其他 WTO 成员的《加入工作组报告》都设定了针对非市场经济问题的特殊规则，这说明 WTO 成员一直认为 WTO 反倾销法本身无法解决这个问题。匈牙利的《加入工作组报告》虽然与中国的情况高度类似，但是孤立的行为不构成条约法中的嗣后实践。总之，WTO成员从未对非市场经济问题达成任何共识，欧盟和美国基于条约嗣后解释方法进行的论述并不成立。

目前"欧盟—价格比较方法案"的专家组工作已经中止，本案最终很有可能也不会得到裁决。尽管如此，本案所涉及的嗣后解释问题本身及其对国际法理论的影响，会加强中国对条约解释理论的理解和运用。此外，本案还会对中国在"入世议定书"地位上的一贯立场有所警示。主张《中国入世议定书》是WTO适用协定的一部分并不总是利于国家利益的。[98]

---

[98] 中国在"中国—稀土案""中国—出版物和音像制品案"和"中国—原料案"中的一贯立场是，《中国入世议定书》应为《WTO协定》及其适用协定的一部分。

欧盟反倾销中的新替代国制度及其违法性分析
——兼评"中国诉欧盟反倾销价格比较方法案"

刘 勇 谢依依[*]

一、引言

2017年12月19日,欧洲议会和欧盟理事会通过了第2017/2321号条例。该条例是对欧盟《反倾销基础条例》(第2016/1036号条例)的修正,构成了欧盟新反倾销法的重要组成部分。2017年12月20日,欧盟委员会发布了有关中国经济存在"严重扭曲"的报告,并以此作为对中国产品直接适用新替代国制度的重要依据。欧盟新法取消了《反倾销基础条例》中的"非市场经济国家"这一名称以及相应的规则体系,而代之以"严重扭曲"(significant distortion)为核心的新替代国制度。也就是说,如果出口国市场存在严重扭曲,且导致涉案产品的国内价格或成本用于计算其正常价值时是不适当的,那么欧盟委员会应采用"未扭曲的价格"或"外部基准价格"来计算该产品的正常价值。所谓"未扭曲的价格"是指具有代表性的第三国同类产品的价格,或国际市场通行的价格。由此可见,虽然新替代国制

---

[*] 刘勇,浙江财经大学法学院副教授,博士;谢依依,浙江财经大学法学院硕士研究生。本文系国家社科基金项目"发达经济体'非市场经济规则'的新发展与中国因应研究"(项目编号:19BFX211)的阶段性成果。

度与旧法中的"非市场经济国家"条款存在诸多方面的不同，但在计算进口产品的正常价值时两者并无本质区别，有外国学者将之形象地称为"新瓶装旧酒"。①

2016 年 12 月 12 日，中国向世界贸易组织（World Trade Organization，WTO）指控欧盟《反倾销基础条例》及其任何后续的修改（包括第 2017/2321 号条例）违反了 WTO 反倾销规则。不过，应中国的申请，WTO 专家组已经于 2019 年 6 月 14 日通知争端解决机构（Dispute Settlement Body，DSB）中止该案的程序。② 与此同时，截至 2019 年 8 月底，欧盟委员会已经在针对中国产热轧钢、自行车、烫衣板、过硫酸盐等产品的反倾销初始调查与复审案中多次适用新替代国制度，主张中国的经济体制与市场存在"严重扭曲"，并据此认定应使用南非、土耳其等替代国的同类产品的价格或成本。③

从根本上讲，欧盟新替代国制度是《中华人民共和国加入世界贸易组织议定书》（以下简称《中国入世议定书》）第 15 条的部分内容于 2016 年 12 月 11 日（该日期为中国入世 15 周年）终止后，欧盟试图继续维持其对中国产品的歧视性待遇并确保对华反倾销措施的有效性的重要举措。该制度构成了欧盟对华贸易关系中的新壁垒。本文拟首先介绍欧盟新替代国制度的主要内容，其次论证该制度的基本特征，最后阐明其在 WTO 框架下的违法性。

二、欧盟新替代国制度的主要内容

欧盟新替代国制度体现在修订后的《反倾销基础条例》第 2 条（正常价值的认定），这表明欧盟反倾销法对进口产品正常价值的特殊认定方法从过去的以"非市场经济国家"（国家身份）为核心依据转为以"严重扭曲"为核心依据。

---

① Andrei Suse, *Old Wine in a New Bottle: The EU's Response to the Expiry of Section* 15 (a) (ⅱ) *of China's WTO Protocol of Accession*, 20 Journal of International Economic Law 961-962 (2017).
② European Union-Measures Related to Price Comparison Methodologies, WT/DS516/13, 17 June 2019.
③ Ongoing Investigations, European Commission (Aug. 30, 2019) http://trade.ec.europa.eu/tdi/.

(一) 删去"非市场经济国家"的措辞，淡化出口国的国家身份

欧盟传统的替代国制度仅可适用于阿塞拜疆、白俄罗斯等所谓的非市场经济国家以及中国、越南、哈萨克斯坦等转型经济国家出口至欧盟的产品。因此，该制度的适用与出口国的国家身份直接挂钩。没有被列入非市场经济国家以及转型经济国家清单的出口国并不受替代国制度的约束。事实上，在过去几十年里，欧盟采用的反倾销机制一直是以国家身份为基础的。具体来讲，欧盟对所谓市场经济国家、非市场经济国家以及转型经济国家（中国、哈萨克斯坦与越南）分别施加不同的待遇，对来自于这些国家的进口产品的正常价值采用不同的计算方法。在 2017 年欧盟修法前，尽管中国、哈萨克斯坦与越南没有被明确称为非市场经济国家，但其产品在欧盟反倾销调查程序中的待遇与非市场经济国家的同类产品实质上并没有本质上的区别。

欧盟反倾销法中的新替代国制度则尽量淡化进口国的国家身份，不再将进口国属于非市场经济国家作为实施替代国制度的必要条件。具体来讲，欧盟对《反倾销基础条例》中的第 2 条第 7 款进行了重大修改，修改后的第 2 条第 7 款十分简单，其主要规定为：如果出口国在欧盟启动反倾销调查程序时，属于欧盟第 2015/755 号条例所列举且为非 WTO 成员的第三国，则可对其产品直接采用某一适当的代表性国家（an appropriate representative country）的价格或推定价值来计算其进口产品的正常价值。代表性国家应以合理的方式来选择，并考虑到所有可获得的可靠信息。如果代表性国家有多个，则应优先选择采用了适当的社会与环境保护标准的国家。新法第 2 条第 7 款并未提及"非市场经济国家"，且其适用范围十分有限。第 2015/755 号条例所列举的第三国仅为阿塞拜疆、白俄罗斯、哈萨克斯坦、朝鲜、土库曼斯坦与乌兹别克斯坦。[④] 其中，哈萨克斯坦已经于 2015 年 12 月 30 日加入 WTO。所以，从表面上看，"非市场经济国家"的措辞已经从欧盟反倾销法中删去了，且只有来自于阿塞拜疆等五国的进口产品才应受到替代国制度的特殊制约。

---

④ Regulation (EU) 2015/755 of the European Parliament and of the Council of 29 April 2015 on common rules for imports from certain third countries, 29 April 2015.

但是，删去"非市场经济国家"的措辞以及淡化进口国的国家身份，并没有真正导致替代国制度的有限适用。事实上，欧盟在新法中引入了"严重扭曲"的概念及其判断标准，从而变相地扩展了传统替代国制度的适用范围。

（二）引入"严重扭曲"的概念与判断标准

欧盟新替代国制度建立了以"严重扭曲"为核心的反倾销机制。其中最重要的修改是在《反倾销基础条例》第 2 条第 6 款中新增（6a）款，该款又进一步包括（a）、（b）、（c）、（d）、（e）五项内容，这一部分规则成为欧盟以出口国市场存在"严重扭曲"为由而采用替代国方法的核心法律依据。[5]

依据《反倾销基础条例》第 2 条的结构，第 2 条第 7 款适用于来自于非 WTO 成员的进口产品，而第（6a）款则适用于所有来自其他 WTO 成员的进口产品。具体来说，欧盟在确定来自其他 WTO 成员的进口产品的正常价值时，依照反倾销一般规则，通常采用的方法是基于同类产品的出口国国内价格或者该产品出口至第三国的价格或者在该产品的出口国国内成本的基础上确定的。但是，依据新增的第（6a）款，在出口国市场"严重扭曲"情况下，出口国同类产品的国内价格和成本将不能为正常价值的确定提供合理的依据，而需要用替代方案下的价格法来代替，包括采用非扭曲的第三国同类产品的价格或所谓国际通行价格。依据第 2 条第（6a）款第（b）项的规定，"严重扭曲"是指"出口企业所记录的价格或成本，包括原材料和能源的成本，不是自由市场力量的结果，而是受到政府重大干预的影响"。

与此同时，新制度还提出了认定"严重扭曲"的考量因素：①该国的市场在很大程度上是由出口国政府拥有所有权或控制权或处于政策监管或指导下运营的企业而组成的；②允许国家对企业的价格或成本进行干预；③该国允许相关公共政策或措施对本国企业给予歧视性的有利条件，或允许存在其他影响自由市场价格的公共政策或措施存在；④该国存在破产法、公司法或物权法缺失、被歧视性地运用或不适用的情况；⑤工资成本存在扭曲；⑥企

---

[5] 张妤婕、陈立虎："欧盟替代国方法的替代方案初探"，载《东吴学术》2017 年第 5 期，第 96－113 页。

业从执行公共政策或非独立于国家的相关机构获取资金补贴。符合上述一个或数个条件的国家，即可被认为存在"严重扭曲"。

（三）规定了新制度下可采用的替代价格

修订后的《反倾销基础条例》第2条第（6a）款第（a）项规定，正常价值应通过非扭曲的生产与销售成本或基准价格来确定。具体而言，欧盟委员会可以使用以下价格或成本：①采用适当的代表性国家的生产和销售成本，该国家拥有与出口国相类似的经济发展水平。条件是，该国的相关数据容易被获得，并且至少有一个以上的出口商与欧盟进行合作；如果此类国家有数个，则应优先选择拥有适当社会和环境保护水平的国家。②如果适当的话，采用非扭曲的国际价格或基准价格。③出口国的国内成本，但仅包括有准确和适当的证据能够证明不被扭曲的部分。

欧盟委员会应在上述价格或成本的基础上，再加上非扭曲的适当的管理与营销费用以及利润，以此来计算进口产品的正常价值。

对于上述三种可采纳的成本或价格，第2条第（6a）款并没有规定强制性的先后次序。对此，欧盟委员会有充分的自由裁量权。

第2条第（6a）款第（c）项还规定，为了促进该条例的有效实施，对于那些有确凿证据能证明某一国家或该国的某一产业存在严重扭曲的情况，欧盟委员会应针对该国家或该产业并根据严重扭曲的判断标准来制作、公布相关的报告，并经常更新该报告。报告应在欧盟委员会对某一国家或该国的某一产业进行调查的基础上作出。任何利害关系方均有充分的机会来反驳、补充或评论该报告的内容以及相关的证据。

（四）规定了有关"严重扭曲"的举证责任

根据第2条第（6a）款第（d）项，欧盟企业（申诉方）在提出反倾销调查的申请或复审申请时，申诉方可举证证明应诉出口国或该国的某一产业存在扭曲。为避免出现欧盟申诉方举证困难，修正案生效后，欧盟委员会将不定期调查分析某一国或某一特定行业的状况，作出书面报告，并规定这些报告可以成为欧盟申诉方主张适用"严重扭曲"条款的依据。也就是说，申诉方在证明"严重扭曲"时的证据包括欧盟委员会的报告，这无疑十分便利于申诉方成功援引"严重扭曲"条款，同时也加大了出口商在对这一问题进行抗辩时的困难。2017年12月20日，欧盟委员会发布了有关中国经济存在"严重扭曲"的报告，并以此作为对中国产品直接适用新替代国制度的重要依据。

综上，欧盟通过修改《反倾销基础条例》第2条，将原来适用于"非市场经济国家"的替代国制度分解为两类新规则：一类规则适用于某些如阿塞拜疆等非WTO成员，对其出口产品的正常价值直接使用替代国方法；另一类规则有条件地适用于存在严重扭曲的WTO成员，再辅以宽松的认定严重扭曲的证据标准以及可采纳的替代价格范围。新制度还通过欧盟委员会出具的认定报告降低了申诉方的举证责任，同时对受影响的出口商的抗辩提出了比较严格的要求。

三、欧盟新替代国制度的基本特征

（一）变相延续原有的替代国价格方法

新旧替代国制度在本质上并没有重大的区别，都是规定欧盟委员会在特定的条件下应拒绝使用出口国同类产品的国内价格来计算进口产品的正常价值，并代之以某一个或数个替代国的价格。上述条件包括两个方面：第一，出口国的国家身份，即只要进口产品来自数个特定的国家，则欧盟委员会必须使用替代国价格；第二，如果出口国市场存在"严重扭曲"，或出口商的经营不具备"市场经济条件"，则欧盟委员会必须使用替代国价格。此外，新制度的"严重扭曲"与旧制度中的"市场经济条件"的认定标准很大程度上具有相关性和对应性，两者均涉及出口国的经济管理体制与市场状况，包括政府对经济活动的干预程度、国有企业在经济活动中的比例、市场经济法律体系的完备性及其实施的有效性等。

之所以我们将新制度称为"变相"延续原有的替代国价格方法，是因为新替代国制度的适用具有一定的隐蔽性和欺骗性。具体而言：

第一，新替代国制度不再是仅仅适用于中国、越南、哈萨克斯坦等曾经被视为"非市场经济体"或转型经济国家的部分 WTO 成员，而是平等地适用于所有的 WTO 成员。至少从表面上看，新替代国制度在 WTO 框架下不再具有歧视性。这是欧盟立法者在《中国入世议定书》第 15 条部分内容终止后，试图通过法律的修改来确保其符合 WTO 义务的重要举措。

第二，新替代国制度的核心内容是欧盟《反倾销基础条例》第 6 条第（6a）款。在结构上属于第 6 款的一部分。该条例第 6 条第 1 款至第 6 款是针对所有 WTO 成员出口产品的正常价值的一般计算方法，第 7 款则是专门针对阿塞拜疆等 5 个非 WTO 成员的特殊计算方法。因此，第 6 条第（6a）款属于一般计算方法中的"特殊规则"。欧盟立法者试图通过法律文本结构上的调整，再辅以 WTO 法没有明文规定的"严重扭曲"这一用词，以掩盖其继续适用替代国制度的真正目的。

第三，新替代国制度要求反倾销调查中的申诉方举证证明出口国存在"严重扭曲"，之后受调查的出口商可提出反驳和抗辩，然后欧盟委员会对这些证据进行评估并决定是否采纳。由此，欧盟委员会似乎在调查程序中始终居于"中立"的位置，并不会先入为主地认为某一出口国存在"严重扭曲"。但是，欧盟委员会可以对某一出口国的经济体制和市场状况出具国别报告，以认定该国存在"严重扭曲"，且这一报告可作为欧盟申诉方举证证明出口国"严重扭曲"的证据材料。因此，欧盟委员会在调查启动前就可以某一出口国存在"市场扭曲"并对该国产品统一地采用替代国方法。这就说明，只有当某一个国家一开始就被认定不存在"严重扭曲"，其出口商自身的成本与价格才会被使用。

第四，尽管新替代国制度并非专门针对中国产品而制定，但事实上它对中国产品的适用却具有自动性。这主要是因为欧盟委员会已经通过报告明确认定中国存在"严重扭曲"。例如，在 2018 年 5 月启动的中国产热轧钢反倾销调查中，申诉方直接援引欧盟委员会出具的报告以证明中国存在"严重扭曲"。这一证据"自动地"为欧盟委员会所采纳，同时南非也被初步选定为该调查案的替代国。[6]

（二）背离反倾销的本来目的，干涉出口国的经济管理体制

众所周知，倾销与补贴存在鲜明的区别：前者是一种私人（企业）行为，而后者是一种政府行为。相应地，反倾销与反补贴的目的也有不同之处：前者旨在打击出口企业在外国市场的低价销售行为，抵消该行为对进口国国内产业造成的损害，并迫使出口商提高价格，尊重正常的市场竞争机制；后者旨在打击出口国政府为其企业提供的财政资助，抵消因政府向某些企业提供财政资助而带来的市场竞争的扭曲，并迫使出口国政府取消补贴，使市场恢复到充分竞争以及有效配置资源的状态。从理论上讲，出口国市场的"严重扭曲"可能是由于企业的反竞争行为（如低价销售）所导致的，也有可能是政府对企业价格或成本的严重干预（如对某些企业提供补贴）所产生的。WTO框架下的反补贴措施仅涉及第二种情况下的市场扭曲。换句话说，政府行为所导致的市场扭曲是反补贴措施所打击的对象。

WTO法律体系内并无"严重扭曲"的概念或措辞。"严重扭曲"也是欧盟反倾销体系中不曾有过的一个用词。根据欧盟新替代国制度对于"严重扭曲"的概念解释和考量因素，我们可以看出其针对的主体是出口国政府，其市场扭曲行为属于政府行为。例如，第一项考量因素就是市场中的大多数企业受到出口国政府的控制、所有或监督，第二项考量因素则是政府对企业的价格或成本的干预。由此可见，立法者认为"严重扭曲"和"政府干预"之间存在着密切的联系。因此，新替代国制度将反倾销和反补贴混为一谈，将反补贴针对的政府干预市场行为作为反倾销的前提。WTO框架下反倾销的目的是规制企业在市场上的不正当竞争行为，处理的是企业和特定产业的价格行为，而不是政府行为。由此可见，新替代国制度已经背离了反倾销的根本目的。

---

[6] Notice of initiation of an anti-dumping proceeding concerning imports of hot-rolled steel sheet piles originating in the People's Republic of China（Aug. 24, 2019），https：//eur-lex. europa. eu/legal-content/EN/TXT/PDF/? uri = OJ：JOC_2018_177_R_0005&from = EN.

进一步来说,新替代国制度还开始于涉出口国的经济管理体制,试图通过反倾销来规制出口国政府的各种所谓的市场扭曲行为。在 2017 年 12 月 20 日发布的专门针对中国经济体制的报告中,欧盟委员会将中国的社会主义市场经济体制、国民经济与社会发展五年规划、产业发展规划、经济转型与升级计划、国有企业的大量存在、土地与能源政策、原材料的出口限制、对外国公司与中国公司的差别待遇、受到管制的劳动力市场等因素,视为中国经济存在"严重扭曲"的证据。[7] 这些政府行为使中国企业获得了不正当的竞争优势。例如,该报告认为,中国没有参加有关集体谈判的国际人权公约,中国劳动者也普遍缺乏集体谈判的权利,而集体谈判对于确立劳动力的成本与价格至为重要,且劳动者的自由流动还受制于户口制度,因此中国劳动者的工资被人为地压低了;中国对稀土等自然资源实施出口税等限制措施,从而在提高国际市场价格的同时,确保国内产业以低价获得充足的供应;中国政府强制要求外国投资者向中方合作者转让其技术,使后者以低廉的代价获得了技术优势等。上述行为很难归类于 WTO 反补贴制度中可抵消的"补贴"。例如,美国曾经在反补贴调查中将出口限制视为一种补贴行为,但其合法性已经被 DSB 否认。[8]

因此,受制于 WTO 多边规则有限的适用范围,欧盟很难通过传统的法律手段来抑制中国政府的"市场扭曲行为"以及中国企业的"不公平竞争优势"。这也是欧盟、美国、日本三大经济体的贸易官员多次发表联合声明,强烈要求 WTO 修改其多边规则,以应对所谓"非市场导向政策"(Non-Market-Oriented Policies)所导致的不公平竞争行为的重要原因。[9] 在 WTO 贸易协定修改前,欧盟新替代国制度所宽泛界定的"严重扭曲"足以涵盖出口国的各类经济管理体制和措施,这使欧盟有机会通过反倾销措

---

[7] Commission Staff Working Document on Significant Distortion in the Economy of the People's Republic of China for the Purposes of Trade Defence Investigation, 20 December 2017.

[8] 石伟、赵海乐:"美国对华出口限制补贴认定及其对策",载《环球法律评论》2011 年第 3 期,第 147 - 148 页。

[9] Joint Statement on Trilateral Meeting of the Trade Ministers of the United States, Japan, and the European Union, Office of the United States Trade Representative (Aug. 1, 2019), https://ustr.gov/about-us/policy-offices/press-office/press-releases/2019/may/joint-statement-trilateral-meeting.

施来间接地迫使中国这样拥有计划经济传统的国家来纠正其政府的市场扭曲行为。

四、欧盟新替代国制度的违法性分析——以"中国诉欧盟反倾销价格比较方法案"（WT/DS516）为视角

（一）WT/DS516 的主要争议

反倾销调查具有法定性。WTO 反倾销的一般纪律［包括 1944 年《关税与贸易总协定》（General Agreement on Tariffs and Trade，GATT）第 6 条以及《关于实施 1994 年关税与贸易总协定第 6 条的协定》（以下简称《反倾销协定》）］要求成员方在认定进口产品的正常价值时只能采用三种方法：一是该产品在出口国的国内销售价格；二是该产品出口至第三国的价格；三是结构价格（推定价格），即该产品在出口国内成本加上合理的费用与利润。上述规则并没有授权成员方使用所谓替代国（第三国）同类产品的价格或成本来计算进口产品的正常价值[⑩]，WTO 对反倾销争端案的裁决意见以及部分学者的观点也印证了这一点。[⑪] 与此相对应，《中国入世议定书》第 15 条中的授权性规定是欧盟、美国等成员对华产品采取替代国方法的 WTO 法依据。一旦该授权性规定被终止，那么欧盟的新替代国制度就失去了合法性。

《中国入世议定书》第 15 条第（a）项的内容为：在依据 GATT 1994 第 6 条以及《反倾销协定》确定价格的可比性时，WTO 进口成员可使用中国企业的成本或价格，或者不使用中国企业的成本或价格，并根据以下规则来实施：（i）如果受调查的中国生产商能够证明其所在行业的生产与销售具备市场经济条件，则进口成员应使用该生产商的国内价格或成本进行严格比较的方

---

⑩ GATT 1994 第 6 条第 1 款解释二提及，"对全部或大体上全部由国家垄断贸易并由国家规定全部国内价格的进口产品"，在确定其正常价值时存在特殊的困难，也就是说该产品的出口国国内价格难以作为正常价值的计算基础。毫无疑问，此规定的适用条件已经不复存在，因为不可能存在"全部或大体上全部由国家垄断贸易"的情况。

⑪ Kiliane Huyghebaert, *Changing the Rules Mid-Game*: *The Compliance of the Amended EU Basic Anti-Dumping Regulation with WTO Law*, Journal of World Trade 430 – 432（2019）；Sherzod Shadikhodjae v, *Non-Market Economies*, *Significant Market Distortions*, *and the 2017 EU Anti-Dumping Amendment*, 21 Journal of International Economic Law 889 – 905（2018）.

法；(ⅱ) 如果受调查的中国生产商不能够证明其所在行业的生产与销售具备市场经济条件，则进口成员可不使用该生产商的国内价格或成本进行严格比较的方法。

另外，《中国入世议定书》第 15 条第 (d) 项的规定为：一旦中国依据 WTO 进口成员的国内法证明其为一个市场经济体，那么第 (a) 项应停止适用。在任何情况下，第 (a) 项第 (ⅱ) 目应在中国入世 15 年后终止。另外，一旦中国依据 WTO 进口成员的国内法证明某一个产业具备市场经济条件，那么第 (a) 项规定不应再适用于该产业。

结合上述两项规定，2016 年 12 月 11 日后，第 (a) 项第 (ⅱ) 目的规定即终止，第 15 条第 (a) 项只剩下前言与第 (a) 项第 (ⅰ) 目。那么，当该条款的部分内容在中国入世 15 年后终止时，欧美能否继续维持对中国产品的特殊做法？或者说，在 2016 年 12 月 11 日之后，欧盟新替代国制度在《中国入世议定书》第 15 条项下是否具备合规性？

2016 年 12 月 12 日，中国要求与欧盟在 WTO 争端解决机制内进行磋商（WT/DS516），目标直指欧盟《反倾销基础条例》（第 2016/1036 号条例）有关正常价值认定方法的第 2 条以及对第 2 条所做的任何修订。中国的理由是，依据《中国入世议定书》第 15 条第 (d) 项规定，第 (a) 项第 (ⅱ) 目的内容应在 2016 年 12 月 11 日自动终止，这使得欧盟对华产品继续采用替代国方法失去了合法的依据。[12] 欧盟则辩称，2016 年 12 月 11 日后《中国入世议定书》第 15 条的部分内容继续有效，如第 15 条第 (d) 项规定，如果中国根据进口成员的国内法证明其为一个市场经济体或某一产业具备市场经济条件，则第 (a) 项不得适用于中国或中国的某一产业。这说明第 15 条的缔约者并不能确定中国入世 15 年后能否转变为一个市场经济体或其产业均具备市场经济条件。中国的观点相当于是主张《中国入世议定书》第 15 条第 (a) 项的全部内容在入世 15 年后就自动终止，而这一立场显然缺乏条约文本上的支持。在欧盟看来，第 15 条第 (a) 项继续有效的规定以及第 15 条第 (d)

---

[12] European Union-Measures Related to Price Comparison Methodologies, WT/DS516/1, 12 December 2016.

项为 2016 年 12 月 11 日后替代国制度的继续适用提供了重要依据。如果不作这样的解释，那么第 15 条第（d）项就是多余的或无效的，而这不符合条约解释中的"有效解释原则"。

此外，欧盟还主张，《中国入世议定书》第 15 条第（a）项第（ⅱ）目的存在表明缔约方在中国入世时达成了以下一项可反驳的推定：中国还不是一个市场经济国家，所以进口成员原则上可拒绝使用中国产品的国内价格或成本来计算其正常价值；只有当中国证明其作为一个整体具备市场经济条件，或者某一产业具备市场经济条件时，也就是说以上推定被推翻时，进口成员才应按照 WTO 反倾销一般纪律，使用中国产品的国内价格或成本来计算其正常价值。第 15 条第（a）项第（ⅱ）目终止后，以上推定就不复存在了，也就是说，进口成员原则上不可再拒绝使用中国产品的国内价格或成本来计算其正常价值，除非进口成员自己承担举证责任，证明中国作为一个整体不具备市场经济条件，或某一产业不具备市场经济条件。这是欧盟抗辩的核心观点所在，也就是所谓的"举证责任转移论"。[13]

如果"举证责任转移论"被 WTO 支持的话，那么欧盟新替代国制度就具有了合法性。具体而言，以"严重扭曲"为核心的新规则体系一适用于所有的 WTO 成员，不再专门针对中国等少数国家。可见，上述可反驳的推定已经不复存在；同时，欧盟已经发布了中国经济存在"严重扭曲"的报告，并以此为依据继续对华产品施加歧视性待遇。也就是说，欧盟自己证明了中国作为一个整体还不是一个市场经济体，并在自己承担举证责任的前提下，继续适用替代国制度。

（二）新替代国制度违反了《中国入世议定书》第 15 条的授权性规定

《中国入世议定书》是 WTO 法不可分割的组成部分，它与其他 WTO 贸易协定一并构成了成员方权利义务的平衡体。《中国入世议定书》第 15 条一方面授权其他成员可在特定条件下拒绝使用中国企业自身的成本和价格来计

---

[13] European Union-Measures Related to Price Comparison Methodologies（DS516），First Written Submission by the European Union（EU Submission），paras. 113 – 120.

算中国产品的正常价值,包括采用替代国价格,另一方面也要求其他成员在特定条件下必须使用中国企业自身的成本和价格。

从条约文本上看,中国入世 15 年后,《中国入世议定书》第 15 条第(a)项并不是全部终止,其剩余部分仍然有效。在欧盟看来,将第 15 条第(a)项与第(d)项的内容相结合来解读,这间接地表明,进口成员仍可对中国产品维持替代国制度等特殊做法,因为排除了已经终止的第 15 条第(a)项第(ⅱ)目后,第 15 条的其他部分内容作为一个整体仍然有效;如果不允许其他成员拒绝使用中国企业的成本或数据,那么上述继续有效的规定就是多余的或没有意义的,这就违背了条约解释中的"有效解释原则"。而这也是欧盟的主要抗辩理由之一。[14]

本文认为,自 2016 年 12 月 11 日后,其他 WTO 成员应依据《反倾销协定》的一般纪律来实施针对中国产品的反倾销调查,即采用中国企业的成本或价格来计算正常价值,针对中国产品的任何替代国规则都应立即终止适用。理由在于,从条约解释的角度来看,尽管《中国入世议定书》第 15 条第(a)项的前言授权进口成员方可以选择使用或不使用中国企业的成本或价格作为计算正常价值的基础,但是此授权有一个限制条件,即应依据第(a)项第(ⅰ)目或第(ⅱ)目的规则来实施。那么,现在第(a)项第(ⅱ)目已经终止,因此进口成员方只能实施第(ⅰ)目的规则,而第(ⅰ)目并没有规定在什么样的情况下进口成员方可拒绝使用中国企业的成本或价格。因此,2016 年 12 月 11 日后,上述授权所依赖的前提条件已经不复存在,其他成员对中国产品必须采用通常的正常价值计算方法。

这一观点还可通过《中国加入工作组报告书》第 151 段获得印证。[15]《中国加入工作组报告书》是中国加入 WTO 谈判过程的记录和背景说明,可作为解释《中国入世议定书》的辅助手段。《中国加入工作组报告书》第 151 段提及,中国谈判代表对部分 WTO 成员在反倾销调查中对中国产品的非市场

---

[14] European Union-Measures Related to Price Comparison Methodologies (DS516), First Written Submission by the European Union (EU Submission), paras. 102 - 105.

[15] Andrei Suse, *Old Wine in a New Bottle: The EU's Response to the Expiry of Section* 15 (*a*) (ⅱ) *of China's WTO Protocol of Accession*, 20 Journal of International Economic Law 959 - 960 (2017).

经济待遇表示关切。这些成员没有给中国企业提供充分的证据来反驳，也没有适当说明其反倾销决定的理由。为应对此关切，工作组成员确认，在实施议定书（草案）第 15 条第（a）项第（ⅱ）目时，成员方应遵守六项原则。[16]《中国加入工作组报告书》第 151 段并没有提及议定书（草案）的其他条款。基于此，在《中国入世议定书》中，其他 WTO 成员对华产品采用替代国方法的唯一法律依据就是第 15 条第（a）项第（ⅱ）目。第 15 条第（a）项第（ⅱ）目终止后，新替代国制度也就成为"无源之水"。

《中国入世议定书》第 15 条的授权性规定具有期限性，或者说必须"到期日落"。这也符合《中国入世议定书》的谈判历史以及谈判者的真实意图。根据《维也纳条约法公约》第 32 条，如果约文的解释结果是明显不合理或不清楚的或荒谬的，那么解释者就应寻求缔约过程材料的帮助，包括历次会议的记录、谈判各方的意见、谈判中曾经用到的草案等。《中国入世议定书》第 15 条最早来自于中美之间有关中国加入 WTO 的双边协议。[17] 早在 1999 年 9 月 12 日，美方发给中方的谈判文件就提及，针对特殊的反倾销调查方法，美国准备讨论其"毕业机制"（graduating），该机制既可以适用于中国作为一个整体，也可以适用于中国的某一产业。[18] 中方起初并不同意在入世后继续接受任何歧视性的反倾销方法，并强调"如果说我们要求日落条款，那么这个日落条款生效之日，就是中国加入 WTO 之时"。[19] 之后，同年 11 月 3 日，美国再次主张，针对非市场经济反倾销措施，美方准备就中国经济具体产业部门或整个经济从该款中毕业出来的方式展开讨论。[20] 美国在 11 月 12 日所提出的"对结束 WTO 双边一揽子协议的立场"文件中，重申了上述立场。[21] 同

---

[16] Report of the Working Party on the Accession of China, WT/ACC/CHN/49, 1 October 2001.

[17] Andrei Suse, *Old Wine in a New Bottle: The EU's Response to the Expiry of Section* 15 (a) (ⅱ) *of China's WTO Protocol of Accession*, 20 Journal of International Economic Law 961–962 (2017).

[18] 商务部世界贸易组织司编：《中国加入世界贸易组织谈判文件资料选编》第 17 册，中国商务出版社 2012 年版，第 1009 页。

[19] 商务部世界贸易组织司编：《中国加入世界贸易组织谈判文件资料选编》第 17 册，中国商务出版社 2012 年版，第 1013 页。

[20] 商务部世界贸易组织司编：《中国加入世界贸易组织谈判文件资料选编》第 17 册，中国商务出版社 2012 年版，第 1045 页。

[21] 商务部世界贸易组织司编：《中国加入世界贸易组织谈判文件资料选编》第 17 册，中国商务出版社 2012 年版，第 1073 页。

日，中方的立场有所转变，同意接受"日落条款"，但主张最长不超过3年。[22] 美方在11月13日的立场文件中首次提出了中国入世20年的"毕业条款"[23]，经过艰苦的谈判，11月15日双方达成的最终协议明确指出，双方一致同意可以在中国入世15年内继续保留现有的反倾销方法（将中国视为一个非市场经济体）。[24] 由此可见，"非市场经济待遇"在持续多长时间后"日落"，是中美双方在一揽子谈判中的争论焦点之一。而双方最终同意在中国入世15年后终止对华产品的特殊反倾销调查方法，则是谈判者的真实意图。国际条约的文本应首先推定为谈判者真实意图的表示，因此对条约文本的解释不能脱离谈判者的真实意图。基于谈判历史的追溯，我们可以非常确定地得出结论：《中国入世议定书》第15条是一个有期限性的授权性规定，而在中国入世15后，此授权就自动终止了。

美方部分官员的表态也可印证以上观点。当时美方主持谈判的官员是美国贸易代表巴尔舍夫斯基。她在2000年2月的众议院听证会上声称，中国加入WTO的条件能够保证我们在中国加入后15年内继续维持"非市场经济体"特殊方法。[25] 美国政府在公布中美双边协议时，也特别强调：中美一致同意，我们可以继续采用现有的反倾销方法（将中国视为非市场经济体），且不受法律挑战。这一规则将在中国入世后15年内持续有效。[26] 因此，美方谈判者所预期的结果就是在中国入世15年后替代国制度必须全部终止，而不是所谓的举证责任发生转移。

---

[22] 商务部世界贸易组织司编：《中国加入世界贸易组织谈判文件资料选编》第17册，中国商务出版社2012年版，第1082页。

[23] 商务部世界贸易组织司编：《中国加入世界贸易组织谈判文件资料选编》第17册，中国商务出版社2012年版，第1089页。

[24] 商务部世界贸易组织司编：《中国加入世界贸易组织谈判文件资料选编》第17册，中国商务出版社2012年版，第1107页。

[25] Charlene Barshefsky, USTR, testimony before the Committee on Ways and Means, US House of Representatives, US-China Bilateral Trade Agreement on the Accession of China to the WTO, 106th Congress, 2nd Session, Washington DC, U. S. Government Publishing Office（Aug. 20, 2019）, https://www.gpo.gov/fdsys/pkg/CHRG-106hhrg67129/html/CHRG-106hhrg67129.htm.

[26] White House, Summary of US-China Bilateral WTO Agreement, Natiolal Arohives（Aug. 20, 2019）, http://clinton3.nara.gov/WH/New/WTO-Conf-1999/factsheets/fs-006.html.

总之，2016 年 12 月 11 日后，尽管《中国入世议定书》第 15 条并没有表现为该条款全体内容的终止，但事实上却具有这样的法律后果，也就是完全终止了替代国制度的合法性。由此，依据《中国入世议定书》第 15 条的缔约历史记录，2016 年 12 月 11 日后，针对中国产品采取的反调查措施必须遵循 GATT 1994 以及《反倾销协定》项下的一般性纪律。[27] 背离 WTO 反倾销一般纪律的新替代国制度显然不具有合法性。

（三）"举证责任转移论"并非新替代国制度的合法抗辩

新替代国制度的特点之一就是由欧盟申诉方来证明出口国存在"严重扭曲"。而在旧替代国制度下，由非市场经济国家的出口商来证明其符合市场经济条件，否则欧盟委员会即对其产品适用替代国价格。因此，新法通过后，举证责任发生了转移。如前所述，"举证责任转移论"也是目前欧盟官方持有的立场，即欧盟主张《中国入世议定书》第 15 条第（a）项第（ⅱ）目的终止只是导致举证责任从出口商转移至申诉方，而不是导致欧盟不得对中国继续适用替代国制度。这一观点具有一定的迷惑性和欺骗性，其根本目的就是尽可能降低《中国入世议定书》第 15 条的法律价值，为 2016 年后继续维持对中国企业的非市场经济待遇寻找合法的借口。

本文以为，"举证责任转移论"缺乏条约文本的支持。第 15 条第（a）项第（ⅱ）目终止后，该条款剩余的内容只是规定当中国的生产商履行其举证责任后，调查机关须采用中国企业的成本或价格来计算正常价值。它并没有明确规定中国的生产商未履行其举证责任后调查机关应如何处理，也没有明确规定调查机关可以中国某一产业不具备市场经济条件为由而继续实施非市场经济待遇。第 15 条的剩余部分也不能作如此推论。无论如何，2016 年 12 月 11 日后，WTO 法不再明确授权欧盟继续对中国产品实施非市场经济待遇。反倾销调查中的非市场经济待遇应视为 WTO 一般纪律的例外，所以，如

---

[27] ZHOU Weihuan & PENG Delei, *EU-Price Comparison Methodologies (DS516): Challenging the Non-Market Economy Methodology in Light of the Negotiating History of Article 15 of China's WTO Accession Protocol*, 52 Journal of World Trade 523–530 (2018).

果没有 WTO 法的明文规定，欧盟就不可能仅仅根据"推论"就得出"举证责任转移"的结论。有中国学者明确指出，第 15 条第（a）项第（ⅱ）目终止后，不管中国企业是否成功地履行了举证责任，欧盟都不得继续使用替代国的价格或成本来计算中国产品的正常价值。[28]

另外，在欧盟看来，第 15 条第（d）项的内容表明，在中国不能证明其为一个市场经济体或某一产业具备市场经济条件的前提下，欧盟仍可以继续使用替代国的价格或成本。这是对第 15 条第（d）项文本的错误解释。"中国诉欧盟紧固件反倾销案"的上诉机构已经明确指出，第 15 条第（d）项规定了其他成员提前终止其对中国产品的特殊待遇的条件，即在中国入世 15 年内，当中国证明其作为国家是一个市场经济体或某一产业具备市场经济条件的前提下，其他成员必须提前终止第 15 条第（a）项的适用。[29] 根据上述意见，在中国入世 15 年后，第 15 条第（d）项的部分内容事实上已经终止生效了，也就不可能如欧盟所主张的那样在中国入世 15 年后仍然可以适用。也就是说，无论是中国作为一个国家是否一个市场经济体，还是中国的某一产业是否具有市场经济条件，均不可能支持欧盟继续适用其替代国规则。[30]

五、结语

欧盟反倾销法中以"严重扭曲"为核心的新替代国制度是《中国入世议定书》第 15 条的部分内容于 2016 年年底到期、中国持续成为欧盟最大的反倾销目标国等背景下的产物，也是欧盟试图在 2016 年后继续维持反倾销措施的有效性与便捷性、保护欧盟各国产业以及维护公平竞争等政策性考量的结

---

[28] ZHOU Weihuan & PENG Delei, *EU-Price Comparison Methodologies* (*DS*516): *Challenging the Non-Market Economy Methodology in Light of the Negotiating History of Article* 15 *of China's WTO Accession Protocol*, 52 Journal of World Trade 513 (2018).

[29] European Communities-Definitive Anti-Dumping Measures on Certain Iron or Steel Fasteners from China, WT/DS397/AB/R, adopted on 28 July 2011, para. 289.

[30] ZHOU Weihuan & PENG Delei, *EU-Price Comparison Methodologies* (*DS*516): *Challenging the Non-Market Economy Methodology in Light of the Negotiating History of Article* 15 *of China's WTO Accession Protocol*, 52 Journal of World Trade 514 (2018).

果。欧盟新替代国制度以及与之相关的正常价值认定标准，显然将成为影响未来中欧贸易关系的关键性因素之一。

依据新替代国制度，欧盟虽然取消了市场经济国家和非市场经济国家的划分，但并没有承认中国的市场经济地位，也没有自动授予中国企业正常待遇。实践中，欧盟委员会仍然使用南非、土耳其替代国的同类产品的成本或价格来计算中国出口产品的正常价值。新替代国制度引入"严重扭曲"这一概念，实质上是变相沿用旧法中的"非市场经济国家"条款。我国企业多年来受到的不公平待遇不仅没有得到根本的改变，而且还进一步恶化，因为中国作为一个整体已经被认定为存在"严重扭曲"，故欧盟对中国产品将自动地适用替代国方法。

依据WTO反倾销一般纪律，进口成员无权在认定外国产品的正常价值时使用所谓第三国（替代国）同类产品的成本或价格。欧盟、美国等WTO成员之所以能够在中国入世后一段时间内对华产品继续采用"替代国价格方法"，是因为《中国入世议定书》第15条给予了特殊的授权。而在中国入世15年后，此类授权就已经终止了。因此，背离WTO反倾销一般纪律的新替代国制度显然不具有合法性。

值得注意的是，尽管迄今美国尚未承认中国的市场经济地位，而且在对华反倾销调查中仍直接使用替代国价格方法，但也在其反倾销法中纳入了类似于欧盟新替代国制度的"特殊市场状况"规则。依据该规则，美国商务部可在出口国存在"特殊市场状况"时拒绝使用进口产品的国内价格。该修法行为被解读为美国为中国入世15年后WTO法的转变提前做好布局。[31] 此规则已经在2017年"韩国产油管反倾销复审案"中得到了首次适用，但其合法性正在遭受严格的审视。[32] 因此，"中国诉欧盟反倾销价格比较方法案"（WT/DS516）的裁决结果也将对中美贸易关系产生深远的影响。

---

[31] Matthew R. Nicely & Brian Gatta, *U. S. Trade Preferences Extension Act（TPEA）of 2015 Could Lead to Increased Use of "Particular Market Situation" in Calculating Normal Value in Anti-Dumping Cases*, Global Trade & Customs Journal 238 – 243（2016）.

[32] Mikyung Yun, *The Use of "Particular Market Situation" Provision and its Implications for Regulation of Antidumping*, East Asian Economic Review 231 – 257（2017）.

WTO改革视角下全球可再生能源政策与国际贸易法
——贸易争端的解决与应对策略

李 威[*]

一、引言

为抢占低碳经济发展的制高点,并履行减排温室气体的国际义务和承诺,世界各主要经济体都通过一系列国内扶持政策和激励措施来优先考虑可再生能源产业的发展,我国也不例外。然而,可再生能源开发利用的成本较高,包括风能和太阳能发电技术在内的大部分可再生能源技术都需要采用各种形式的政府财政支持才能实施和运行。在以世界贸易组织(World Trade Organization, WTO)为核心的国际贸易法的框架下,任何形式的直接政府财政支持必然构成禁止性补贴并可能会与国际贸易规则相冲突,但是是否有冲突就会实际阻碍各国对可再生能源进行补贴呢?事实上并非如此,基于争端解决机制的程序要求,各国并未受制于此而放缓以国内措施促进本国可再生能源产业发展的步伐。需要研究的是基于相关案例发展,预判可能的贸易冲突及其影响,并为我国的应对提出战略方向和应对策略。

---

[*] 李威,河南工程学院人文社会科学学院教授。本文系国家自然科学基金委员会管理科学部2017年第3期应急管理项目"美国退出《巴黎气候变化协定》对全球气候治理的影响及我国的应对策略"(项目编号:71741009)的相关成果。

二、货物贸易与服务贸易规则

从理论上看，一国国内可再生能源产业和贸易措施的扶持与 WTO 的基本原则和规则之间存在着直接的矛盾，这种矛盾也间接影响着一个国家向低碳经济转型的能力。一国政府要为可再生能源产业的发展颁布一系列支持政策和措施，就必须推动国内经济结构调整和国内技术进步，这两类决策方向都可能直接干预国际贸易流动，并可能导致与 WTO 多项涵盖协定的直接冲突。中国、美国、欧盟、日本、加拿大几个国家之间连续多年的关于太阳能电池板的贸易争端最具有代表性。耶鲁大学环境法律与政策教授丹尼尔·埃斯蒂指出，在环境限容背景下，全球范围内解决环境问题必须考虑各国发展需求下的竞争动力问题。[①] 因此，可再生能源贸易争端不仅仅要在 WTO 争端解决机制框架下寻求解决，更需要研究现行贸易规则与环境规则之间的协调并处理好国际关系。[②]

各国可再生能源的法律和政策的制定和实施通过贸易流动势必会产生贸易争端；同时，不同国家建立可再生能源技术产业的政策实施也会不断重塑全球可再生能源的产业部署和新贸易形态的增加。[③]这些现象都可以归结为气候变化框架下国际贸易法面临的创新问题。需要研究一国国内可持续发展政策与国际贸易之间冲突的表现，进而在气候国际法的框架下超越 WTO 规则本身去考虑国际贸易法的新问题。随着可再生能源市场产业竞争的加剧，WTO 的争端解决机制和国内贸易救济措施的使用可能会增加，包括我国在内的各国政府也都试图尝试充分利用 WTO 争端解决机构（Dispute Settlement Body，DSB）的既有解决机制来解决贸易与环境的交叉议题。

与此同时，WTO 正面临危机而必须正视改革的必然性。"保留 WTO 多边协商一致机制的前提下，从效率务实出发，逐步扩大采纳开放式诸边谈判模式，形成 WTO 体制内多边模式与诸边模式共存兼容的形态，最终通过临界数量的开放式诸边模式迂回推动 WTO 回归多边谈判模式"[④] 成为 WTO 改

[①] D. C. Esty, *Greening the GATT*, *Trade*, *environment*, *and the future*, Peterson Institute, 1994; D. C. Esty, *The World Trade Organization's Legitimacy Crisis*, 1 World Trade Review 7–22（2002）.
[②] K. O'Neill, *The Environment and International Relations*, Cambridge University Press, 2016.
[③] 例如，碳贸易机制下对碳排放交易单位的法律概念的界定产生了新的贸易对象。参见李威："碳贸易机制与 WTO 规则的议题交叉与体系协调"，载《北方法学》2012 年第 4 期，第 131–139 页。
[④] 龚柏华："论 WTO 规则现代化改革中的诸边模式"，载《中国国际法年会 2019 年论文集》。

革的可能方向。但是，目前来看，相关可再生能源争端因为涉及国际贸易法和国际环境法的交叉规范，通过争端解决机制的专家小组层面继续延续WTO争端解决机制还是有现实意义的。随着多边协商一致原则无法再成为WTO争端解决的基本原则，以大国双边的模式结合经贸、环境乃至政治、文化在内的多议题的综合谈判机制将成为未来WTO多边存在所依托的常态基础。

二、全球集体行动之外的单边可再生能源产业措施

正如197个签署《巴黎协定》的国家一致认同的一样，从化石燃料转向太阳能和风能等可再生能源，是社会经济和环境协调发展的关键。联合国环境规划署发布的《2017年全球可再生能源投资趋势报告》显示可再生能源的投资不仅能减排温室气体，更能创造新的工作和商业机会。[5]虽然近年来全球投资总额略有起伏，2013年突破2400亿美元，2015年达到2860亿美元，2016年全球可再生能源投资达到2461亿美元，表面上看比2015年减少了14%，原因不是投资意愿的降低而是清洁技术成本的下降。例如，太阳能光伏和风力发电的每兆瓦平均美元成本支出下降了10%以上。[6] 从总量上看，全球可再生能源投资仍保持了总量的巨大增长。在全球集体应对气候变化的多边行动框架之外，可再生能源已经被许多国家确定为促进全球经济发展的战略性产业。随着《巴黎协定》自主贡献机制的落实和发展，此类单边行动将越来越频繁已经是不争的事实。

（一）因果联系：多边减排与单边政策的关系

从环境经济学的角度来看，由于全球减排集体行动框架下降低温室气体排放的社会效益尚未在成本结构中得到普遍反映，因此在国内大范围支持和

---

[5] *Global Trends in Renewable Energy Investment 2017*，UNEP Website（Nov. 1, 2017），http://fs-unep-centre.org/publications/global-trends-renewable-energy-investment-2017.

[6] UNEP. *Global Trends in Renewable Energy Investment 2016*，UNEP Website（Nov.1, 2017），http://fs-unep-centre.org/publications/global-trends-renewable-energy-investment-2016.

二、货物贸易与服务贸易规则

确立可再生能源技术的应用通常不会立即在经济上获利。[7]因为新技术的开发成本巨大，改造和推广成本高昂，一国需要通过政策工具在初期扶持可再生能源产业的初创，最直接的方式就是调整相对价格，鼓励通过补贴采用替代能源技术或其他形式的公共财政支持。[8]

可再生能源产业在得到财政支持的同时，会协助国家履行全球安排的承诺，同时创造就业机会和长期经济竞争力。因此，各国正在越来越多地采取保护主义政策来鼓励国内可再生能源产业的发展壮大，同时加大对外国相关技术和产品进入国内市场的关税和非关税壁垒。当前，并不是所有国家都有能力成为具有相同绿色技术的竞争性出口国，但如果产业政策能够帮助创造有竞争力的国内制造商，则会产生直接的国内经济效益。这就是国内补贴的直接原因。然而，WTO 作为全球多边贸易纪律，其基本原则与国家可再生能源政策直接相冲突。例如，"最惠国待遇原则"禁止对具体贸易伙伴的歧视。"国民待遇原则"则要求进口和本地生产的商品一旦进入市场就应该平等对待。在规则层面，除了《补贴与反补贴措施协定》（以下简称《反补贴协定》）之外，还有其他 WTO 规则与可再生能源的产业政策支持有关。例如，《政府采购协议》（Agreement on Government Procurement，AGP）、《与贸易有关的投资措施协议》（Agreement on Trade-Related Investment Measures，TRIMs）、《与贸易有关的知识产权协定》（Agreement on Trade-Related Aspects of Intellectual Property Rights，TRIPs）等。另外，支持可再生能源产业措施的环境理由可能不足以引用贸易规则的例外。例如，关于1994年《关税与贸易总协定》（General Agreement on Tariffs and Trade，GATT）第20条，为了证明使用某些补贴或支持可再生能源技术制造或部署的工业政策，可能要求成员展示可再生能源技术与卫生之间复杂而相当间接的联系，而这些措施是必须取代化石燃料和防止气候变化的。[9] 此外，上述措施多有违反《反补

---

[7] H. Chao & S. Peck, *Greenhouse Gas Abatement: How Much? and Who Pays?*, 22 Resource and Energy Economics 1 – 20 (2000).

[8] J. A. Alic, D. C. Mowery & E. S. Rubin, *US Technology and Innovation Policies: Lessons for Climate Change*, A Climate Policy Framework: Balancing Policy and Politics, Report of An ASPEN Institute Climate Change Policy Dialogue, 2003.

[9] Howse Robert, *The Appellate Body Rulings in the Shrimp/Turtle Case: A New Legal Baseline for the Trade and Environment Debate*, Columbia Journal of Environmental Law 491 – 516 (2002).

贴协定》的内容并且援引 GATT 1994 第 20 条例外的辩护并未得到 WTO 上诉机构的认可。[10]

（二）实质目标：低碳经济发展促动下的大国政策转型

可再生能源的发展是各国缓解气候变化战略的关键优先事项，更是大国在低碳经济发展促动下经济发展模式转型的实质性目标。尽管政府正在越来越多地利用清洁能源技术发展的支持政策作为减缓工作的一部分，但也有意无意地构成贸易壁垒，从而对社会和经济发展产生不利影响。

在全球低碳转型的大背景下，各主要国家普遍采用各种政策手段促进本国可再生能源产业的发展（参见表1）。例如，德国建立了以固定电价（上网电价）政策为核心的政策体系，且电价补贴额度较高，对过去几年德国光伏发电和风力发电等产业的快速发展发挥了显著作用。德国还设计了随发展规模灵活变化的固定电价浮动机制，逐渐降低对光伏发电等已经快速发展的可再生能源行业降低补贴幅度，在市场竞争能力逐渐形成后降低财政开支。[11] 丹麦政府通过《丹麦能源协议 2012—2020》等一系列可再生能源政策和措施确立了可再生能源补贴和税收优惠两个类型扶持政策。可再生能源补贴政策以直接投资补贴和基于固定电价政策的电价补贴形式实施，而税收减免集中在可再生能源热电联产（特别是生物质能热电联产）、电动汽车和生物质燃料领域。[12] 加拿大魁北克省以"本地成分要求"（Local Content Requirement, LCR）的政策措施鼓励当地风力发电行业的发展。[13] 西班牙的几个自治区政府也一直实施在当地组装和制造风电涡轮机和零部件的政策。[14] 巴西的"替

---

[10] Definitive Anti-Dumping and Countervailing Duties on Certain Products from China, WT/DS379/R; Measures Related to the Exportation of Various Raw Materials, WT/DS394/R.

[11] Jeffrey Ball, *Germany's High-Priced Energy Revolution*, Fortune Website (March 14, 2017), http://fortune.com/2017/03/14/germany-renewable-clean-energy-solar/.

[12] *Danish Energy Agreement for 2012 - 2020*, IEA Website (May 15, 2017), http://www.ens.dk/sites/ens.dk/files/dokumenter/publikationer/downloads/accelerating_green_energy_towards_2020.pdf.

[13] 李威："日本诉加拿大可再生能源产业措施案预判"，载《世界贸易组织动态与研究》2013年第5期，第46-54页。

[14] De Miguel Ichaso, Alberto, Energía Hidroélectrica de Navarra, S. A. (EHN), *Wind Power Development in Spain, the Model of Navarra*, DEWI Magazin 49-54 (2000).

代电力能源激励计划"旨在通过向巴西的风电技术提供项目贷款来实现风电技术60%的本地成分要求。[15] 印度国家太阳能光伏计划还要求强制使用国产太阳能光伏技术,并实施30%的本地成分要求的政策。[16]

表1 采取可再生能源产业扶持措施的国家

扶持政策	有关国家
以固定电价回购政策（Feed-in Tariff, FIT）为代表的产品补贴	中国、英国、意大利、日本、澳大利亚、法国、德国、加拿大、奥地利、丹麦、芬兰、荷兰、葡萄牙、爱尔兰、希腊、匈牙利、以色列、卢森堡、印度、印度尼西亚、马来西亚、克罗地亚、塞浦路斯、捷克、爱沙尼亚、马耳他、斯洛伐克、斯洛文尼亚、阿尔及利亚、阿根廷、波黑、保加利亚、多米尼加、厄瓜多尔、伊朗、约旦、哈萨克斯坦、拉脱维亚、立陶宛、马其顿、毛里求斯、黑山、巴拿马、秘鲁、塞尔维亚、泰国、土耳其、乌拉圭、亚美尼亚、加纳、洪都拉斯、莱索托、摩尔多瓦、蒙古国、尼加拉瓜、巴基斯坦、巴勒斯坦、菲律宾、塞内加尔、斯里兰卡、叙利亚、乌克兰、肯尼亚、卢旺达、塔吉克斯坦
直接财政资助	英国、美国、中国、法国、德国、日本、澳大利亚、奥地利、加拿大、意大利、丹麦、芬兰、瑞典、荷兰、挪威、瑞士、印度、印度尼西亚、波兰、葡萄牙、西班牙、阿根廷、克罗地亚、塞浦路斯、捷克、希腊、匈牙利、卢森堡、马耳他、阿曼、斯洛伐克、斯洛文尼亚、波黑、博茨瓦纳、保加利亚、智利、多米尼加、俄罗斯、土耳其、乌拉圭、埃及、加纳、莱索托、尼日利亚、斯里兰卡、越南、孟加拉国、吉尔吉斯斯坦、尼泊尔、坦桑尼亚、乌干达、赞比亚
本地成分要求	美国、中国、巴西、印度、加拿大、西班牙、意大利、法国、乌克兰、克罗地亚、南非、阿根廷、马来西亚
本地制造业的财政或税收优惠	美国、英国、巴西
关税优惠	中国、巴西、俄罗斯、白俄罗斯、哈萨克斯坦、委内瑞拉

---

[15] IRENA, *30 Years of Policies for Wind Energy: Lessons from Brazil*, 2013.
[16] Ministry of New & Renewable Energy of India, Jawaharlal Nehru National Solar Mission, Phase II-Policy Document, 2010.

续表

扶持政策	有关国家
出口信贷优惠	丹麦、美国、经济合作与发展组织成员
以研发支持为代表的投资补贴	中国、美国、丹麦、德国

资料来源：Joanna I. Lewis & R. H. Wiser, *Fostering a Renewable Energy Technology Industry: An International Comparison of Wind Industry Policy Support Mechanisms*, 35 Energy policy 1844-1857; REN21 Secretariat, Renewables Global Status Report. 2013.

我国同样鼓励可再生能源的产业发展，并把研发支持、技术认证和质量控制计划与各种财税支持或其他税收优惠政策结合实施。通过科技发展计划和五年发展规划，系统性地支持可再生能源产业成为战略性国家重点发展方向。中国的能源政策在世界上举足轻重，因为中国是世界上最大的能源消费国，占全球能源消费总量的1/5。到2030年，预计中国的能源消费量将在目前的水平上再提高40%，中国能源利用方式的选择将对世界遏制气候变化的能力产生不可忽视的影响。国际可再生能源机构（International Renewable Energy Agency，RENA）利用中国国家可再生能源中心（China National Renewable Energy Center，CNREC）的各项预测计算出，按照常规发展速度，现代可再生能源（不包括生物质能的传统用途）在中国的能源结构中的比重将从目前的约7%提高到2030年的16%。按照Remap 2030年路线图，在合理政策的扶持下，利用已有的技术，这一比重将会达到26%。这将使中国成为世界上最大的可再生能源利用国，占全球可再生能源使用量的20%。水电、风电、太阳能光伏发电、太阳能热利用和现代生物质能将成为中国最主要的可再生能源。[17]

《中华人民共和国可再生能源法》自2006年正式生效以来，政府相关部门颁布了一系列有关可再生能源的经济激励政策。中国可再生能源补贴机制已经基本形成，补贴政策已成为中国可再生能源产业发展最重要的推动力。目前，发电是可再生能源最主要的利用形式，因此固定电价政策是

---

[17] "可再生能源法2030路线图——中国的发展前景"，载国际可再生能源机构网，https://www.irena.org/remap/IRENA_REmap_2030_China_Summary_CH_2014.pdf.

可再生能源产品补贴的代表，国内外经验表明固定电价对近年来全球各类可再生能源发电技术规模化发展起到关键促进作用。投资补贴可以有针对性地对可再生能源产业发展所必需的关键技术和薄弱环节进行重点支持，但并不能有效地激励企业在生产过程中自主降低成本，因此，针对成熟的技术和进入商业化竞争的市场，应慎重应用投资补贴，从直接投资补贴向基于市场激励的产品补贴方向的过渡应该是可再生能源补贴政策体系不断完善的趋势。所得税和增值税减免等税收优惠政策在相当程度上减轻了可再生能源发电项目的经营成本，改善了项目的经济性。公益事业投资是解决贫困地区能源服务问题的重要手段，主要做法是由政府财政资金的持续投入，解决无电地区人口用电。在我国现行可再生能源补贴政策框架下，以风电、太阳能发电、生物质能发电固定电价为主线，以设备补贴、金太阳工程、非粮能源作物补贴等投资补贴形式对产业发展之初给予支持，财税优惠辅助企业经营，以及农村公用事业财政补贴的补贴政策体系已经基本形成。[18]

（三）形式和内容：各国可再生能源政策的表现

在维护自由贸易的以 WTO 为核心的国际贸易法的视角下，国内可再生能源产业的扶持措施难免会被认为是贸易保护主义的产业政策和某些政府补贴，对国际贸易法的原则规则构成最直接的冲突。世界各国采取的支持可再生能源产业发展的政策最常见的是以补贴电价或通过财政资金补贴的形式表现出来的直接补贴、包含本地成分要求的间接补贴等。被各国频繁使用的本地成分要求旨在鼓励使用本国的可再生能源技术的产品和服务。鼓励国内制造和技术转让的政策可能会对国际贸易法产生特别的影响。[19]

---

[18] 国家发改委能源研究所可再生能源发展中心："新形势下可再生能源补贴政策研究"，载能源基金会网站 2012 年 7 月 7 日。

[19] ICTSD International Centre for Trade and Sustainable Development, Feed-in Tariffs for Renewable Energy and WTO Subsidy Rules: An Initial Legal Review, 2011.

三、可再生能源产业政策与贸易的相互影响

从气候变化全球治理的角度来看,上述可再生能源的扶持政策都可以称为"绿色气候补贴"。依据《联合国气候变化框架公约》规则体系和《巴黎协定》的自主贡献承诺,各主要温室气体排放国政府都会为了落实义务或者承诺而采取一系列针对减缓气候变化的补贴政策。同时,这些政策必须借助贸易才能在全球化的世界下实施。然而,气候与贸易专题自主的制度规则冲突为这一本该相互促进的政策带来了巨大的影响。

(一) 扭曲、侵害与合理适用:可再生能源产业政策与贸易的关系

这些政策实施前可以促使各国首先减少化石燃料电力生产部门的现有补贴。例如,经济合作与发展组织国家取消煤炭生产补贴以及消除发展中国家煤炭市场的扭曲,可将全球温室气体排放量减少8%。[20] 各国政府可以选择提供补贴和其他扶持措施来减少排放并推进开发和采用新的"气候友好型货物和服务"或"清洁能源技术"。可再生能源支持政策大体可以分为两类:一类是需求拉动型政策工具,如碳排放交易机制、可再生能源投资组合标准和上网电价;另外一类是技术推动型政策工具,其中包括研发、投资和特殊融资激励。[21] 需求拉动型政策工具可以促进可再生能源的电力生产,而技术推动型政策工具则旨在支持相应技术(如光伏电池板、风力涡轮机)的推广应用。

贸易则是上述两类政策工具的关键联系要素。一般来说,需求拉动型政策工具通过扶持可再生能源电力生产必然扭曲国际贸易;而技术推动型政策工具虽然不会危害自由贸易体系,但对直接减缓温室气体排放效率不高。因此,这两种方法的均衡组合是有效地实施国内可再生能源政策的必要条件,

---

[20] David Coady, Ian W. H. Parry, Louis Sears, et al, *How Large are Global Energy Subsidies?* International Monetary Fund Working Paper, No. 15/105, May 18, 2015.

[21] Terry Barker & Douglas Crawford-Brown eds., *Decarburizing the World's Economy: Assessing the Feasibility of Policies to Reduce Greenhouse Gas Emissions*, World Scientific Publishing, 2014.

以避免在国际贸易中产生重大扭曲。可再生能源支持政策对国际贸易的影响存在三个不同意见。第一种观点是从可再生能源补贴的角度来看,任何可再生能源补贴都将"反扭曲"(anti-distortion)观点赋予全球正面外部效应,补贴对生产成本产生的资源配置层面的改变会降低国际福利。第二种观点,可能也是更令人信服的观点是"反侵害"(anti-injury),这一观点为 WTO《反补贴协定》所遵循。第三种观点则认为,基于补贴的有效性,国内政府可以在一定范围内合理适用。㉒ 然而,如果有国家认为在国际贸易中受到这种补贴的损害则可以采取反制措施。理论上讲,如果国家可再生能源支持政策的积极影响不超过这些政策的外部负面影响,基于补贴的可再生能源政策则是可以实施的。㉓

(二) 创新开启:可再生能源争端之于国际贸易法

当前,气候变化框架下国际贸易法的创新议题已经不仅仅是规则之间的交叉与协调的问题了,相关实体法规则的相容性和相符性问题已经直接以争端解决程序的方式体现了出来。近年来,在 WTO 框架下提起的涉及中国的有关可再生能源贸易的争端案件越来越多。在应对气候变化的国际法和 WTO 法的综合视角下研究中国的应对策略,针对以"各国可再生能源产业措施争端"为代表的贸易争端案件研究,可以梳理气候与贸易国际法在争端解决层面上的深层次问题,为大量涉及我国的已发生和可能发生的案例设计应对策略。

WTO 涉及环境问题的案件自 2000 年以来沉寂了近十年后又开始不断爆发。从 WTO 体制外的国际政治经济关系以及以应对气候变化为核心的国际环境法的发展变化来看,各方在多边环境机制下遵约机制和争端解决机制的缺失,导致各方只能重新回归多边贸易机制解决因环保责任而涉及的贸易问题。目前,WTO 已经开始密集受理有关可再生能源贸易的争端案件。各大国纷纷在 WTO 框架下提起有关贸易争端解决程序:2011 年,中美相互展开可

㉒ Thomas Cottier & Ilaria Espa eds., *International Trade in Sustainable Electricity: Regulatory Challenges in International Economic Law*, Cambridge University Press, 2017.

㉓ ICTSD, *Subsidies, Clean Energy, and Climate Change*, International Centre for Trade and Sustainable Development and World Economic Forum, 2015.

再生能源产业措施的贸易壁垒调查;2012年至今,中欧围绕光伏产品的双反调查案达成和解。在上述案例中,我国的相关政府部门和企业都需要及时研究相关案件进展,提出分层次、有步骤的应对策略。充分利用 WTO 规则和应对气候变化的国际法规则,在维护国家、行业和企业的贸易利益的同时,调整国家可持续发展战略,协调低碳发展与促进经贸利益的关系。

当前,减排温室气体仍然是《联合国气候变化框架公约》规则体系下的国际法义务,即便是 2016 年 11 月 4 日生效的《巴黎协定》确认了自主贡献而非强制减排的义务也不例外。因为自主贡献也有监督机制和遵约机制。同时,在国际关系影响下的国际事务越发呈现出"全球化"的特性,国际集体行动应对重大事件不但是国际关系理论研究的重点问题[24],也成为国际法研究前瞻性问题的关键。"法律全球化"[25] 不但促使规范不同领域的国际法规则的数量急剧壮大,进而推动了国际法与国内法规范界限的模糊化。[26] 国际集体行动应对气候变化的本质没有变,只是义务履行方式发生了变化而已。同时,各缔约方(特别是发达国家)普遍通过国内气候立法促进本国低碳经济的发展。以应对气候变化为名实施的贸易限制政策虽符合气候变化国际法下的履约义务,但与 WTO 法存在某些直接或者间接的冲突,使得各国气候立法下的包括"可再生能源产业措施"在内的国内措施成为不同国际法规则共同调整的对象。在国际法缺乏完整体系的现状下,不同的部门国际法对同一议题的国际法适用问题,成为 WTO 裁决进程中需要首要解决的关键理论问题。

四、可再生能源产业措施在 WTO 下的争端与应对

2007 年以来,WTO 密集出现了涉及可再生能源产业措施的争端,特别

---

[24] 20 世纪 90 年代中期以来,全球化成为西方国际关系研究中的重点问题,如詹姆斯·罗斯诺的"全球化动力说"、塞约姆·布朗的"世界政体论"、托马斯·弗里德曼的"全球化体系论"、肯尼思·华尔兹的"全化政治理论"、罗伯特·基欧汉和约瑟夫·奈的"全球化比较观"、詹姆斯·密特曼的"全球化综合观"等。参见倪世雄等:《当代西方国际关系理论》,复旦大学出版社 2001 年版。

[25] 车丕照:"法律全球化——是现实?还是幻想?",载陈安主编:《国际经济法论丛》第 4 卷,法律出版社 2001 年版,第 30-41 页。

[26] Nandasiri Jasentuliyana ed. *Perspectives on International Law*, Martinus Nijhoff Publishers, 1995.

是 2010 年日本针对加拿大在可再生能源产业措施提起争端解决程序以来，WTO/DSB 通过裁决的方式进行着规则解释性的司法造法。这一过程为全面掌握有关司法造法的规律，也为后巴黎时代谋划气候与贸易争端的解决机制奠定研究框架。相关争端各案基本上都是先通过国内双反调查措施的实施进而引发在 DSB 磋商、组成专家小组和上诉机构过程中的各方博弈策略的研究总结相关案件的异同和规律，可以为涉及我国的争端（特别是中美和中欧争端）梳理符合国际法规则以及 WTO 程序的应对方案。通过国际法不成体系现状的研究，针对以应对气候变化为核心的国际环境法和以促进自由贸易为核心的 WTO 法的议题交叉现象，研究气候与贸易国际法的法律适用问题，为 WTO 针对可再生能源产业措施的贸易争端明确可予遵循的国际法规则。

（一）调查与争端：间或涌现的气候与贸易纠纷

2007 年至今，WTO 出现大量可再生能源产业争端涉及气候与贸易问题，密集程度令人窒息。这些争端大都以国内双反调查和提起争端解决机制的形式间或存在，共涉及 17 项争端案件和引发争端的国内调查措施，其中几个争端的裁决完成了重大的司法造法程序（见表 2）。

表 2　2007—2017 年有关可再生能源的国内措施与 DSB 争端

调查或争端	简　介	时　间
争端 DS357	加拿大对美国用于生产乙醇的玉米的特定农业补贴和国内支持计划提起争端解决程序	2007 年 1 月
争端 DS365	巴西针对美国生物汽油和柴油提供的税收减免提起争端解决程序	2007 年 7 月
调查	欧盟根据 WTO《反补贴协定》第 5 部分所规定的反补贴措施，向美国公司进口的生物质柴油征收为期 5 年的最终反补贴税	2009 年 7 月
争端 DS412	日本针对加拿大可再生能源产业措施提起争端解决程序	2010 年 9 月
争端 DS419	美国针对中国风能设备的措施提起争端解决程序	2010 年 12 月

续表

调查或争端	简　　介	时　　间
争端 DS426	欧盟继日本之后向加拿大单独提起有关 FIT 措施的争端解决程序	2011 年 8 月
调查	美国商务部正式发起针对中国输美太阳能电池产品的反倾销、反补贴调查	2011 年 11 月
调查	中国对美国可再生能源扶持政策及补贴措施启动贸易壁垒调查㉗	2011 年 11 月
调查	欧盟正式启动对中国光伏产品反补贴调查并于 2013 年 6 月开始征收临时反倾销税㉘	2012 年
争端 DS437	中国针对美国关于特定产品的反补贴措施提起争端解决程序㉙	2012 年 5 月
调查	欧盟于 2012 年对原产于阿根廷的生物质柴油发起反倾销调查并征收反倾销税	2012 年
争端 DS452	中国针对欧盟提起影响可再生能源部门的某些措施的争端解决程序㉚	2012 年 11 月

㉗ 调查机关认为，美国华盛顿州"可再生能源生产鼓励专案"、俄亥俄州"风力生产和制造鼓励专案"、新泽西州"可再生能源鼓励专案"和"可再生能源制造鼓励专案"、马萨诸塞州"州立太阳能返款项目Ⅱ"、加利福尼亚州"自发电鼓励专案"等被调查措施构成 WTO《反补贴协定》第 3 条的禁止性补贴，违反了 WTO《反补贴协定》第 3 条和 GATT 1994 第 3 条的有关规定，对正常国际贸易造成扭曲。具体内容可参见商务部网站。

㉘ 欧盟委员会于 2012 年 9 月发起了对中国太阳能电池板的反倾销调查。2013 年 7 月 27 日，中国光伏产业代表与欧盟委员会就中国输欧光伏产品贸易争端达成价格承诺。2017 年 2 月 28 日，欧盟法院裁定支持欧盟成员国可以对进入欧盟的中国光伏产品实施"全体"反倾销和反补贴措施。

㉙ 中美关于特定产品的反补贴措施案（DS437: United States-Countervailing Duty Measures on Certain Products from China-Request for Consultations by China）。本案是涉及美国针对中国太阳能板、风力发电机塔等 17 项产品进行反补贴税措施调查涉嫌违反 WTO《反补贴协定》的 WTO/DSB 争端案件。

㉚ European Union and Certain Member States-Certain Measures Affecting the Renewable Energy Generation Sector-Request for consultations by China, WT/DS452/1, G/SCM/D95/1, G/TRIMS/D/34, G/L/1008, 2012/11/7. 该案于 2012 年 11 月 5 日，我国要求就欧盟成员国的上网电价计划影响可再生能源发电部门的某些措施与欧盟、希腊和意大利磋商。我国声称这些措施与以下协定内容不符：GATT 1994 第 1、3.1、3.4、3.5 条；《反补贴协定》第 3.1 条第（b）项和第 3.2 条与 TRIMs 第 2.1 条和第 2.2 条。2012 年 11 月 16 日，日本要求加入磋商。2012 年 11 月 19 日，澳大利亚和阿根廷要求加入协商。随后，欧盟通知了 DSB，它已经接受了日本加入磋商的要求。该案停留在磋商阶段未果。

二、货物贸易与服务贸易规则

续表

调查或争端	简　　介	时　　间
争端 DS443	阿根廷针对欧盟及一成员有关进口生物质柴油措施提起争端解决程序[31]	2012 年 8 月
争端 DS456	美国针对印度可再生能源措施提起争端解决程序[32]	2013 年 2 月
争端 DS459	阿根廷诉欧盟生物质柴油进口和销售措施及支持生物质柴油工业的措施[33]	2013 年 5 月
争端 DS471	中国针对美国涉及中国的反倾销诉讼的某些方法及其应用提起争端解决程序[34]	2013 年 12 月
争端 DS473	阿根廷针对欧盟生物质柴油的反倾销措施提起争端解决程序[35]	2013 年 12 月
调查	美国发起对中国可再生能源产品的双反调查并裁决征税[36]	2014 年 1 月

---

[31] 2012 年 8 月 17 日，阿根廷请求与欧盟和西班牙就影响生物质柴油进口的特定措施进行磋商。2012 年 12 月 6 日，阿根廷请求设立专家小组。该案至今尚无进展。阿根廷进而于 2013 年改变诉称内容再向 DSB 提起争端解决程序。

[32] 2013 年 2 月 6 日，美国针对印度尼赫鲁国家太阳能计划（Jawaharlal Nehru National Solar Mission, JNNSM）中涉及"国内成分要求"（domestic content requirements）的某些措施，要求与印度政府进行磋商。2016 年专家小组和上诉机构裁决，2017 年年底完成履行裁决义务。

[33] 该案基于欧盟于 2012 年发起的针对阿根廷的生物质柴油的反倾销调查，该案停止在磋商程序，因为阿根廷 2013 年年底向 WTO 提起另一起诉讼——DS473。

[34] 中美关于反倾销过程中某些特定方法及其应用案（DS471: United States-Certain Methodologies and Their Application to Anti-Dumping Proceedings Involving China）中打包诉请的 13 项反倾销措施中美国针对太阳能电池产品征收从 31.14% 至 249.96% 的反倾销税。2016 年在该案上诉机构裁决中中方胜诉。2013 年 12 月 3 日，中国就美国在对中国反倾销调查程序中适用的部分做法向 DSB 提起诉讼（DS471），该案涉及美国商务部对自中国进口的包括晶体硅光伏电池在内的反倾销调查。2017 年 5 月 DSB 通过了上诉机构的报告修改的上诉机构报告和小组报告。

[35] 该案 2016 年发布专家小组和上诉机构裁决报告。2017 年 8 月达成履行裁决的最后文件。DS443 和 DS459 案均无进展，而 DS473 案历经五年，经专家小组和上诉机构裁定欧盟基本败诉，是否引发阿根廷贸易报复措施，取决于欧盟是否在规定时间内修改有关措施。

[36] 2014 年 1 月 22 日，美国国际贸易委员会和美国国际贸易署开始调查诉称中国政府通过 33 个项目向中国晶体硅光伏制造商提供的非公平补贴，以及中国大陆和台湾地区晶体硅光伏制造商以低于市场价格进行的非公平倾销。美国时间 2014 年 12 月 16 日，美国国际贸易署公布了对中国大陆地区晶体硅光伏产品反倾销、反补贴和对中国台湾地区光伏产品反倾销的肯定性终裁。

续表

调查或争端	简　介	时　间
调查	印度商业部对中国（含中国台湾地区）、美国、马来西亚提起太阳能电池反倾销调查[37]	2014年5月
调查	澳大利亚反倾销委员会公告决定对中国进口的光伏组件和面板发起反倾销调查	2014年5月
争端 DS480	印度尼西亚针对欧盟生物质柴油反倾销税提起争端解决程序[38]	2014年6月
争端 DS510	印度针对美国可再生能源部门的某些措施提起争端解决程序[39]	2016年9月
调查	美国商务部决定对进口自中国的光伏产品启动反补贴第四次行政复审调查[40]	2017年2月
调查	美国国际贸易委员会发布公告，称应国内光伏企业 Suniva 申请，对全球光伏电池及组件发起保障措施调查（"201调查"）[41]	2017年5月
争端 DS397	中国针对欧盟的钢铁紧固件反倾销措施案[42]	2009年8月

---

[37] 截至2014年8月22日，反倾销调查执行期三个月期限已满，印度政府却决定不对上述成员征收反倾销税。

[38] 2014年6月12日，印度尼西亚已经步阿根廷后尘，就欧盟2013年5月以来对印度尼西亚生物质柴油征收反倾销关税的做法提出申诉，称欧盟的做法违反了国际贸易规则。2017年7月11日，专家小组主席告知DSB，由于原告方要求在等待"欧盟-生物质柴油（阿根廷）案"（DS473）发布"上诉机构报告"时暂停程序，该小组的工作随后被推迟。

[39] 2016年9月9日，印度在WTO争端解决机制下，就美国8个州在可再生能源领域实施的国内含量要求和补贴措施提出磋商请求，正式启动WTO争端解决程序。Certain Measures Relating to the Renewable Energy Sector-Request for Consultations by India, WT/DS510/1.

[40] 2017年7月12日，美国商务部就对中国光伏产品第三次反补贴行政复审作出终裁。中国企业被裁定17.14%~18.3%的反补贴税率。这是美国商务部在2011年对中国光伏产品发起双反调查后，第四次对同类产品发起相关调查并作出裁决。

[41] 公告称由于案情复杂，将延期30天至9月22日作出损害认定，并在11月22日前向总统特朗普提交调查报告。

[42] 我国也积极利用WTO争端解决机制对欧美滥用替代国价格的行为提起争诉。其中一个重要的案例取得了巨大的胜利。这个案例就是2009年提起的历经7年案号为DS397的中国诉欧盟钢铁紧固件反倾销措施案（European Communities-Definitive Anti-Dumping Measures on Certain Iron or Steel Fasteners from China）。

续表

调查或争端	简　介	时　间
争端 DS515	中国针对美国的与价格比较方法有关的措施案[43]	2016年12月
争端 DS516	中国针对欧盟的与价格比较方法有关的措施案[44]	2016年12月

案件来源：WTO 争端解决机制 DSB 网站。以上 DS397、DS515、DS516 涉及市场经济地位和替代价格，与我国可再生能源产品受到欧盟和美国不公平待遇的问题密切相关，因此列入有关争端范围内。

（二）对内与对外：我国应对战略的积极调整

我国是可再生能源产业大国，在风能和太阳能领域的上述争端又多涉及我国的相关产业以及政府政策和法律，为维护我国可再生能源产业的健康发展和促进以"节能减排"为核心的国家低碳发展战略的落实，需要全面研究应对气候变化的国际法和维护自由贸易的国际法规则的体系协调问题，进而提出我国的应对策略。我国的应对策略包括调整国内政策和积极运用国际规则两个层面。

首先，在国内政策调整层面，我国尚缺乏统筹兼顾的政策安排，多因政治动向的随意性而改变产业政策，使相关产业面临被动。例如，中美风能案中中方随即废止了相关的行政法规，虽然避免了将争端带入进一步的解决程序，但没有给我国在规则范围内深入研究这一问题留下时间和空间，使得美国针对我国相关太阳能产业的双反调查接踵而来。为避免争端，2012年我国《政府工作报告》甚至提出要主动限制我国已经占有很大优势的太阳能、风电产业，不但损害了本国产业，也未必能减少外国针对我国产业提起的贸易争端。

其次，在运用国际规则层面，我国正逐步摆脱被动挨打的局面，积极利

---

[43] 美国—与价格比较方法有关的措施案（United States-Measures Related to Price Comparison Methodologies）中，中国要求美国就其法律中规定的涉及中国的所谓"非市场经济"国家有关产品的反倾销程序中的正常价值相关的规定进行磋商。

[44] 欧盟—与价格比较方法有关的措施案（European Union-Measures Related to Price Comparison Methodologies）中，中国提出同样的理由要求与欧盟磋商。

用 WTO 规则维护自身权益，例如，我国商务部对美国可再生能源产业政策启动贸易壁垒调查，以抵消美国利用国内法损害我国产业利益的影响。又如，中方在相关争端伊始，即提出保留在 WTO 规则框架内采取相应措施的权利，同时呼吁世界各国通过更紧密的合作理性地处理绿色经济领域贸易摩擦，从长远角度促进全球绿色经济增长。以美国和印度之间相互提起的可再生能源产业措施的争端对气候与能源争端为例，DS456 案从 2013 年到 2017 年年底历时五年走完 WTO/DSB 全部程序。在该案中，我国积极以第三方身份介入争端。2016 年印度诉美国的 DS510 案针对美国 8 个州可再生能源扶持政策又恰恰是我国曾展开双反调查的对象。我国同样建立了庞大的可再生能源扶持法律和政策，积极参与 DSB 可再生能源争端对我国相关国内政策以及国际贸易政策的调整和应对都有重大意义。

（三）应对策略：我国应对策略的分层选择

中国壮大的经济增长产生了消极的外部性，即极大的环境破坏问题。[45] 2006 年，中国成为世界上最大的温室气体排放国。[46] 中国政府为履行国际减排承诺，加大可再生能源的开发利用，可再生能源产生的能源在 2020 年达到约 15%。[47] 当前，中国的可再生能源投资已经全面处于世界领先地位。[48] 例如，中国制造的廉价太阳能电池板大大降低了全球价格，并引发了太阳能行业的繁荣，甚至影响了美国的光伏生产商的利益。[49] 在美国的许多观察家看来，华盛顿与北京已经展开"绿色能源竞赛"。使用冷战时苏联和美国之间"太空竞赛"说法来形容中美可再生能源领域的竞争，显然是担忧中国将主

---

[45] Gwynne Wiatrowski Guzzeau, *Indoor Air Pollution: Energy Problems in China's Residential Sector*, Georgetown Environmental Law Review 439 (1998).

[46] Knickerbocker Brad, *China Now World's Biggest Greenhouse Gas Emitter*, Christian Science Monitor, 2007.

[47] Joel B. Eisen, *China's Greentech Programs and the USTR Investigation*, McGill International Journal of Sustainable Development Law and Policy 3 (2010).

[48] 2017 全球可再生能源现状报告. REN21 Website (March 6, 2012), http://www.ren21.net/wp-content/uploads/2017/06/GSR2017_Highlights_Chinese.pdf.

[49] Zachary Scott Simmons, *Subsidizing Solar: The Case for an Environmental Goods and Services Carve-out from the Global Subsidies Regime*, UCLA Journal of Environmental Law and Policy 422 (2014).

宰全球可再生能源和绿色科技市场进而可能会伤害美国企业的竞争力。甚至有人担忧这会对美国国家经济安全造成严重后果。[50] 因此，美国以利己的保护主义政策在可持续发展领域展开与中国的竞争就不足为奇了。在可持续发展与低碳转型乃至履行《巴黎协定》自主贡献承诺的基础上，我国的应对策略应当分层设计。

第一，各国国内为"内化"温室气体减排成本，设置了相应的价格机制等国内措施。这种内化机制包括对温室气体排放征税和排放交易制度。一般来说，上述国内政策会改变用于贸易的货物相对价格，并可能影响到国际贸易条件。然而，因为不同国家是否实施上述内化机制和实施的程度不同，所以它们之间的碳价格水平必然存在差距，"碳泄漏"随之产生。在此背景下，决策者可以通过诸如"碳税和能源税的边境税调整""排放贸易的边境调整措施"，甚至"进口限制和惩罚性关税措施""反补贴税和反倾销税措施"来制衡因一国采取碳税或排放贸易而增加的成本所带来的与别国产品的价格差异的可能性，即通过"边境措施"解决"碳泄漏问题"。对我国来讲，一味地补贴绝不是长久之计，综合碳税和碳交易的政策交叉，拓展市场化减排手段是间接鼓励可再生能源产业发展且不违反 WTO 多边贸易纪律的政策选择。

第二，以政府财政支持的经济激励手段促进推广并利用新的气候友好型技术和可再生能源，已成为常见的减缓气候变化的政策措施。从国际贸易角度来看，这些政策降低了生产成本，从而降低产品价格。反过来，较低的价格可能会减弱出口国进入实施补贴国家的市场的能力，或可能导致实施补贴国家出口的增加。此外，一些国家可能为国内高能耗产业提供补贴，以抵销应用减排技术而增加的成本从而保持其国际竞争力，这便又产生了国内减排政策与 WTO 规则的相符性问题了。从理论上讲，开发利用更便宜和更广泛使用的环境产品，诸如风力涡轮机等有助于过渡到温室气体排放较少的能源产品，是一个积极的政策选择。国际社会正在面临气候危机，普遍认为清洁能源的广泛采用是解决这一危机的基本要素。政府对环保产品的补贴在全球

---

[50] Joel B. Eisen, *The New Energy Geopolitics?: China, Renewable Energy, and the Greentech Race*, 86 Chicago-Kent Law Review 9–58 (2011).

应对气候变化的框架下的确是合适的政策选择。这解决了高碳能源的社会成本高于私人成本的问题。通过推动碳排放的转变，清洁能源补贴促进了污染减排的目标。(51) 然而，各国国际贸易层面对补贴的回应是直接否定的，因为这直接违反了 WTO 规则，会引发贸易争端。(52) 美国、欧盟和中国通过国内调查程序甚至 DSB 争端解决机制对包括太阳能电池板、风力涡轮机和生物燃料在内的环境产品的补贴问题产生了交错性的博弈。(53) 特别是欧盟对中国环境商品和美国生物质柴油征收特别高的反倾销税和反补贴税。美国也正在对中国的环保产品施加高的反倾销税和反补贴税。此外，中国也对美国、欧盟和韩国的环境商品进行反补贴调查。国内贸易救济措施在环境产品方面的应用提高了主要市场消费者的国内价格，使这些商品的未来市场不确定，可能导致可再生能源投资趋缓。各国正在通过 WTO 的相关措施为环境产品贸易自由化做出一些多边努力，但这些努力并没有得到大国的推动。直到 2017 年，各大国甚至还不能就环境产品的定义达成共识，环境友好型产品的清单谈判更是举步维艰。此外，目前的 WTO 涵盖协定没有一项豁免环境产品免受国内贸易救济（反倾销税、反补贴税、保障措施）影响的规定。虽然《反补贴协定》曾经试图就环保产品作出例外规定，但也无法达到多边共识。

当前，WTO 面临不可回避的改革需求，然而，大国在 WTO 框架下通过新协议的可能性几乎为零，虽然有专家指出通过 WTO 专家小组和上诉机构进行司法造法的捷径将有利于环境产品贸易自由化的发展(54)，这包括要求专家小组和上诉机构通过案件裁决为各成员提供广泛的灵活性，在 GATT 1994

---

(51) 鉴于主要经济体对化石能源产品征收碳税在政治上不可行性的考虑，更多的政策倾向于选择对可再生能源产品实施补贴。

(52) *Trade Remedies on Clean Energy*: *a New Trend in Need of Multilateral Initiatives*, ICTSD Website (March 6, 2017), https: //www. ictsd. org/sites/default/files/research/E15 _ CleanEnergy _ Kasteng _ FINAL. pdf.

(53) Joanna I. Lewis, *The Rise of Renewable Energy Protectionism*: *Emerging Trade Conflicts and Implications for Low Carbon Development*, 14 Global Environmental Politics 10 – 35 (2014).

(54) Aaron Cosbey & Petros C. Mavroidis, *A Turquoise Mess*: *Green Subsidies*, *Blue Industrial Policy and Renewable Energy*: *The Case for Redrafting the Subsidies Agreement of the WTO*, 17 Journal of International Economic Law 11 – 47 (2014).

第 20 条和《反补贴协定》下采用亲环境的政策等。[55] 专家小组和上诉机构通过案件裁决将能够起到限制 WTO 成员将国内贸易救济措施应用于可再生能源争端的作用。[56] 从而得出利用 WTO 进行逐案的司法造法将是一种解决可再生能源产业争端的常态的结论。然而，由于美国的单边主义执意对 WTO 的破坏，争端解决机制于 2019 年 12 月实质上丧失存在的功能，未来诸边主义的逐案谈判将成为解决方案。这恰恰给依据国际环境法在可持续发展原则下，以《巴黎协定》倡导的"各缔约方自愿承诺"的模式改造 WTO "协商一致"原则提供了机遇。

第三，经由 WTO 裁决的可再生能源贸易纠纷案件未来将逐渐失去 WTO 争端解决机制这个平台，需要我国政府积极研究应对。例如，中美关于特定产品的反补贴措施案（DS437）是涉及美国针对中国太阳能板、风力发电机塔等 17 项产品进行反补贴税措施调查涉嫌违反 WTO《反补贴协定》的 WTO 争端案件。美国学者曾撰文分析利用美国反补贴税措施适用于"非市场经济国家"的问题，甚至明确指向中国。言称即便美国承认中国的市场经济地位，也应当加强利用反补贴税应对中国进口的产品的所谓补贴。[57] 美国政府实际上就是将反补贴措施的政策施加于"非市场经济国家"，改变了以往只重视利用反倾销措施的先例。此案的重要性在于，美国将不断利用反补贴税措施以确保在《中华人民共和国加入世界贸易组织议定书》（以下简称《中国入世议定书》）第 15 条规定的"非市场经济地位"到期后，也就是 2016 年 12 月 11 日后，对我国产品实施实质性歧视措施的延续性。欧盟在被我国诉请的争端案件中于内部开始鼓励今后更多地适用反补贴税的方法。2016 年 10 月 6 日，WTO 上诉机构就阿根廷诉欧盟生物质柴油反倾销措施案做出裁

---

[55] Securing Policy Space for Clean Energy under the SCM Agreement: Alternative Approaches, ICTSD Website（March 5, 2017）, https://www.ictsd.org/sites/default/files/research/E15_CleanEnergy_Howse_FINAL.pdf 2014.

[56] CHEN Zhe, Research on Application of General Agreement on Trade in Services in Climate Change Mitigation Policies, International Journal of Science 300 – 307（2017）.

[57] Lynam Garrett, Using WTO Countervailing Duty Law to Combat Illegally Subsidized Chinese Enterprises Operating in a Nonmarket-Economy: Deciphering the Writing on the Wall, 42 Case Western Reserve Journal of International Law 739（2009）.

决，裁定欧盟未以生产者保存的记录为基础计算被调查产品的成本、未使用原产国（阿根廷）的生产成本构造正常价值，违反了WTO《关于实施1994年关税与贸易总协定第6条的协定》（以下简称《反倾销协定》）的相关规定。WTO的裁决进一步澄清了《反倾销协定》关于构造正常价值、确定倾销的相关规则，也与中方作为第三方在该案中的主张完全一致。中方对该裁决表示欢迎。该案是WTO成员首次对欧盟反倾销法中有关"成本调整"政策取得的关键性的胜利。剖析该案的核心即是欧盟在特殊市场情况下，不使用出口国生产商提供的实际原材料采购成本，而使用第三国价格来替代从而进行"成本调整"后进而征收反倾销税。欧盟的败诉对中国有实际意义。因为中国被欧盟和美国长期视为"非市场经济国家"，其反倾销调查机构滥用所谓"替代国价格"方法，随意确定中国出口企业产品的正常价值，从而实现征收高额反倾销税的目的。中国作为第三方积极参与了该案，并提出自己的意见。2016年12月12日，中国政府为了解决替代价格问题，在欧盟和美国拒绝遵照《中国入世议定书》承认中国市场经济地位的情况下，向WTO争端解决机制分别针对美国和欧盟提起争诉。

然而，借以维护多边自由贸易的平台WTO正面临不可避免的改革，中国虽然提出了中国方案，希望尽量维护多边协商一致的规则导向的纪律安排，但美国长期采取单边主义的政治决断已经实质上造成解决争端的法律途径面临解体的现状。我国未来为了最大限度地维护自身的贸易权益，也就不能仅仅关注WTO争端解决这一种机制安排，而应争取通过逐案谈判来解决欧美国家对我国实质上的贸易歧视，并积极推动在全球可持续发展乃至人类命运共同体视角下寻求大国间持续冲突下的贸易争端解决方式。

三、WTO 争端解决机制

晚近 WTO 争端解决专家组的条约解释　张乃根 / *197*

国际组织与主权国家权力的再平衡
　　——以争端解决机制为视角　屠新泉　石晓婧 / *234*

司法节制原则的默示标准及其在"232 措施案"中的可能应用　梁　意 / *253*

晚近 WTO 争端解决专家组的条约解释

张乃根[*]

一、WTO 争端解决上诉机构"停摆"后专家组报告及其作用

（一）上诉机构的"停摆"

世界贸易组织（World Trade Organization，WTO）争端解决机构（Dispute Settlement Body，DSB）的上诉机构因美国阻碍该机构成员的遴选，2018年10月之后仅剩三位成员，即赵宏（中国籍，现任主席）女士、格雷厄姆（Thomas Graham，美国籍）先生和巴提亚（Ujal Singh Bhatia，印度籍）先生。2018年上半年以来，因上诉机构严重缺员而不能安排新上诉的案件听证，如"美国反补贴措施案"（中国，21.5）[①]，美国和中国先后针对该案专家组（21.5）报告有关法律解释，于2018年4月和5月提起上诉。在依据《关于争端解决规则与程序的谅解》（Understanding on Rules and Procedures Governing the Settlement of Disputes，DSU）第17.5条审理，但无法按时完成的情况下，上诉机构于2018年6月26日通知DSB："因目前上诉机构待审上诉案件积压，且因上诉机构成员减少而导致所有分庭组成重合。目前分庭成员几乎没有时间准备审理本上诉案，也难以考虑安排该上诉的内部会议，相

---

[*] 张乃根，复旦大学特聘教授，中国法学会世界贸易组织法研究会副会长。
[①] US-Countervailing Measures（China, 21.5），DS437/RW, 21 March 2018. 在本文写作中，上诉机构于2019年7月16日公布了复审报告，参见 US-Countervailing Measures（China, 21.5），DS437/AB/RW, 16 July 2019。本文在第三部分将结合专家组的有关条约解释问题，一并加以评析。

应的助理及听证。上诉机构特此通知,如一旦安排听证,将尽快以适当方式通知 DSB 成员和本案参与方。"②迄今其他 12 起上诉待审案件在无法按时审理的情况下,也都是如此。③上诉机构实际已"停摆",即对于这些上诉案件而言,依据 DSU 第 17.1 条,应由上诉机构的三成员组成分庭审理,举行听证。因美国阻碍上诉机构成员遴选,且 WTO 成员无法就解决这一问题达成一致,2019 年 12 月 10 日美国籍和印度籍法官任期届满,2020 年 11 月底赵宏任期也届满,上诉机构的运行全部"停摆"。

所谓"停摆"(suspended operation of WTO Appellate Body and Realist solution),就如同一台依靠摆锤摇摆而运行的钟,因缺少电力或其他机械故障,停摆而暂停运行,但整台钟的机械运行系统完好无缺,如今严重缺员的上诉机构,整个运行机制,包括 DSU 规定的上诉程序以及相关规则,仍继续存在并可适用于实际运行,只是暂时无法运行。

(二)"停摆"下的专家组报告及其作用

1. "停摆"下的两类专家组报告

显而易见,根据 DSU 第 16.4 条,在上诉完成之前,DSB 将不审议通过已被提起上诉的专家组报告,因此,上诉机构"停摆"将导致已提起上诉而无法审理的案件处于无限期待审的"悬案"状态,不可能得到最终的裁决,并付诸执行或明确无须执行。这是 WTO 成立 20 多年来从未碰到的新问题。对于晚近由专家组审理裁决,未上诉而由 DSB 通过的案件(需要执行的

---

② 参见 WTO 网站,https://www.wto.org/english/tratop_e/dispu_e/cases_e/ds437_e.htm,2019 年 6 月 21 日访问。

③ Korea-Pneumatic Values, DS504, 12 April 2018; Australia-Tobacco Plain Packaging (Honduras, Dominican), DS435, 441/R, 28 June 2018; Ukraine-Ammonium Nitrate (Russia), DS493/R, 20 July 2018; US-Supercalendered Paper, DS505/R, 5 July 2018; Russia-Railway Equipment, DS499/R, 30 July 2018; Colombia-Textiles, DS461/R (21.5), 5 October 2018; Morocco-Hot-Rolled Steel (Turkey), DS513/R, 31 October 2018; India-Iron and Steel Products, DS518/R, 6 November 2018; Thailand-Cigarettes (Philippines), DS371/R (21.5), 12 November 2018; US-Pipe and Tube Products (Turkey), DS523/R, 18 December 2018; US-Differential Pricing Methodology, DS534/R, 9 April 2019; US-Renewable Energy, DS510/R, 27 June 2019.

三、WTO 争端解决机制

"中国农产品案"和"中国关税税率配额案",无须执行的"俄罗斯过境案")④ 而言,这些"悬案"不具有这样的法律效果。

在 WTO 成员无法就上诉机构成员遴选问题的解决达成任何一致,上诉机构"停摆"情况下,将出现两类专家组报告:未上诉而通过的专家组报告和上诉待复审的专家组报告。前者具有法律效果,在是否付诸执行的意义上,后者类似于 WTO 成立前,《关税与贸易总协定》(General Agreement on Tariffs and Trade,GATT)时期未经缔约方全体通过的专家组报告。

2. 上诉待复审专家组报告的指导作用

然而,对于嗣后争端解决而言,上诉待复审的 WTO 专家组报告是否如同 GATT 时期未通过的专家组报告,属于 WTO 的"惯例",具有指导作用?这值得探讨。

《马拉喀什建立世界贸易组织协定》(以下简称《WTO 协定》)第 16.1 条规定:"除本协定或多边贸易协定项下另有规定外,WTO 应以 GATT 1947 的缔约方全体和在 GATT 1947 范围内设立的机构所遵循的决定、程序和惯例为指导。"GATT 时期未通过的专家组报告是否属于该条款下的"惯例"(customary practices)?

上诉机构在复审"美国汽油案"专家组报告时,涉及该报告适用 GATT 1947 第 20 条第(g)款与 GATT 1947 第 3.4 条的关系,指出:"该专家组在此遵循了以前专家组适用第 20 条论证与第 3.4 条抵触的'措施'的做法,第 20 条下分析的'措施'与违反第 3.4 条规定的相同。以前专家组没有对第 20 条下'措施'作比较宽泛的解释以包括与第 3.4 条抵触的措施本身。"⑤ 专家组在讨论第 20 条第(g)款与第 3.4 条时,援引了 GATT 未通过的"美国汽车税案"报告(DS31/R,1994)。上诉机构自己在解释该第 20 条第(g)款时,也援引了两起未通过的专家组报告,其中包括"美国汽车税案"⑥,并指

---

④ China-Agricultural Products, DS511/R, adopted on 26 April 2019;China-TRQs, DS517/R, adopted on 28 May 2019;Russia-Traffic in Transit, DS512/R, adopted on 26 April 2019.

⑤ US-Gasoline, DS2/AB/R, 29 April 1996, pp. 13 – 14.

⑥ 这两起未通过的 GATT 专家组报告是 US-Restrictions on Imports of Tuna, DS29/R (1994) 和 US-Taxes on Automobiles, DS31/R (1994)。See US-Gasoline, DS2/AB/R, 29 April 1996, p. 18, footnote 37。

出：根据这些报告的解释，"某措施必须'首先旨在'保护可用尽的自由资源，以便落入第20条第（g）款的范围。为此，我们认为没有必要再进一步审查这一点，也许应提请注意'首先旨在'的用语本身不是条约语言，并且也不是为了用于排除或纳入第20条第（g）款的简单测试标准"。⑦

上诉机构似乎从一开始就将GATT时期未通过的专家组报告作为"惯例"，至少在条约解释方面作为指导，即对先前专家组关于第20条第（g）款的解释所得出的"首先旨在"（primarily aimed at）这样的结论性用语予以肯定，再将之用于指导进一步的解释。

上诉机构在复审"日本酒税案"专家组报告时，认为GATT时期已通过的专家组报告不具有《维也纳条约法公约》（Vienna Convention on the Law of Treaties，VCLT）第31条第（3）款第（b）项下"嗣后惯例"（subsequent practice）的性质，"公认的观点是根据GATT 1947，一项通过的专家组报告中结论与建议对该特定案件的争端当事方具有约束，但是，嗣后专家组不受先前专家组报告的具体分析与理由的法律约束"。⑧上诉机构在明确这一观点时还援引了GATT时期1989年"欧共体点心苹果案"⑨，表明这在GATT时期已成为具有指导作用的"惯例"。即便是通过的专家组报告，包括其条约解释，也不是"嗣后惯例"，只是起到指导作用的"惯例"，未通过的报告更是如此。从"美国汽油案"上诉报告看，似乎从条约解释的指导作用看，上诉机构并未严格区分已通过与未通过的报告。"日本酒税案"上诉报告进一步明确："我们同意专家组的结论，即未通过的专家组报告'在GATT和WTO体系中没有任何法律地位，因为它们未经GATT的缔约方全体或WTO成员们决定而认可'。同样地，我们也同意'然而某专家组认为某一未通过的专家组报告的说理与其考虑有关，也可从中发现有用的指南'。"⑩

在"欧盟鸡肉案"（中国）中，专家组指出：《WTO协定》第16.1条"所指WTO包括DSB，因而该条款没有理由不延伸到争端解决专家组。为

---

⑦ US-Gasoline, DS2/AB/R, 29 April 1996, pp. 18 – 19.
⑧ Japan-Alcoholic Beverage II, DS8, 10, 11/AB/R, 4 October 1996, p. 13.
⑨ EEC-Dessert Apples, BISD 36S/93, para. 12.1.
⑩ Japan-Alcoholic Beverage II, DS8, 10, 11/AB/R, 4 October 1996, pp. 14 – 15.

此，我们认为有义务（应以……为指南）在解释 GATT 1994 相关条款时考虑这些程序"。[11]不过，在复审"阿根廷纺织品案"时，上诉机构也曾认为专家组对未通过的专家组报告的利用逾越了"有用的指南"这一界限，"实际上是依赖于"此类报告。[12]换言之，将包括未通过的报告作为"指南"，不等于完全依赖，使之变为先例。

可见，无论是 GATT 时期，还是 WTO 时期，未通过的专家组报告依然对于嗣后专家组审理尤其是条约解释具有指导作用，尽管上诉机构未曾明确先前争端解决的报告构成《WTO 协定》第 16.1 条下的"惯例"，而实际上至少在条约解释方面将此类报告视作为具有指导作用的"惯例"，但这样做，不得过分以致将之变为先例。

二、晚近 WTO 争端解决专家组条约解释及其评析

以上分析表明，在上诉机构"停摆"的情况下，未上诉而经 DSB 通过或已上诉待复审的专家组报告，对嗣后专家组争端解决尤其是条约解释均具有指导作用。因此，对于晚近因上诉机构部分"停摆"下 WTO 争端解决专家组报告的条约解释的研究，具有特殊的意义。

（一）未上诉而通过的专家组报告所涉条约解释

1. 俄罗斯过境案

这是 WTO 建立以来首起涉及解释 GATT 第 21 条第（b）款第（ⅲ）项"国际关系中的其他紧急情况"下安全例外的案件，意义重大，并且此案专家组由上诉机构前主席阿比－萨博（Georges Michel Abi-Saab）任组长，具有相当大的权威性。该案争端起因于俄罗斯以国家安全为由禁止乌克兰货物经由俄罗斯公路和铁路过境至哈萨克斯坦等国。

专家组首先对俄罗斯主张安全例外的"自裁性"（self-judging）进行分

---

[11] EU-Poultry Meat（China），DS492/R，19 April 2017，para. 7.26
[12] Argentina-Textiles and Apparel，DS56/AB/R，27 March 1998，para. 43.

析，认为包括WTO争端解决专家组在内的国际裁判庭都拥有履行其职能所需的"内在管辖权"（inherent jurisdiction），包括对其行使"实体管辖权"（substantive jurisdiction）有关所有事项的裁定权。[13] 根据DSU第1.2条，WTO争端解决的规则与程序适用于包括GATT第21条在内的"一揽子协定"条款，DSU附录2所规定适用特殊或附加规则与程序也不包括GATT第21条，因此，俄罗斯援引该第21条作为其违反GATT第5条过境自由规定的"安全例外"，属于适用DSU一般规则与程序的专家组管辖权范围。

然后，专家组侧重于第21条第（b）款第（iii）项的解释，并明确依照DSU第3.2条，应适用作为"国际公法的解释惯例"之VCLT第31条、第32条。该第21条引言句规定"本协定的任何规定不得解释为"，接着三款（a）、（b）、（c）均以"或者"（or）分开规定WTO成员履行GATT义务的安全例外。第21条第（b）款也有引言句：（不得解释为）"阻止任何缔约方采取其认为对保护其基本国家安全利益所必需的任何行为。"该引言句可以不同方式解读，得出多种解释。尤其是"其认为"可解释为：其一，仅对"必需"这一用语而言；其二，也包括对"其基本国家安全利益"而言；其三，对第21条第（b）款的三种情况而言。专家组认为对于同一条约用语可有不同解释，但没有明确根据VCLT解释规则，是否允许多种解释的并存。在WTO的规则体系中，只有《关于实施1994年关税与贸易总协定第6条的协定》（以下简称《反倾销协定》）第17.6条第（ii）款明确规定专家组依据国际公法的解释惯例，"认为本协定的有关规定可以作出一种以上允许的解释"，并可选择其一。根据DSU附录2，这属于特殊规则，仅适用于《反倾销协定》。换言之，第21条第（b）款可有多种解释，但并没有协定依据允许并存的情况下选择其一。更何况对于《反倾销协定》第17.6条第（ii）款，上诉机构始终否认多种解释的并存。[14]

---

[13] Russia-Traffic in Transit, DS512/R, adpted on 26 April 2019, para. 7.53.

[14] 在2016年"美国洗衣机案"中，一位上诉机构成员对上诉机构有关《反倾销协定》第2.4.2条下W-T比较方法不允许归零法的多数意见表示异议，并认为这也是《反倾销协定》第17.6条第（ii）款所允许的解释。US-Washing Machines, DS464/AB/R, 7 September, paras. 5.191 - 5.203.

三、WTO 争端解决机制

专家组对这三种可能的解释，逐一展开，但重点在于第三种。第 21 条第（b）款项下（ⅰ）项、（ⅱ）项、（ⅲ）项分列的情况实质不同，且不是累加的，而是"替换的"（alternative）。但是，专家组认为，其中任何行动必须满足其中之一的要求，"以便落入第 21 条第（b）款的范围内"。[15] 这是该解释的关键，即尽管三种可替换的情况不同，但都属于第 21 条第（b）款，因而具有一定的共性。这是将第（ⅲ）项的"国际关系中的其他紧急情况"放在整个第（b）款的上下文中加以解释。

就第（ⅲ）项的"国际关系中的其他紧急情况"之词义而言，专家组解释："在战时或国际关系中的其他紧急情况"这一规定提示战争是"国际关系中的紧急情况"这一大范畴下的一种情况。战争通常指的是武装冲突；紧急情况包括"危险或冲突的情况，系未曾遇见的起因并要求采取紧急行动"；国际关系一般指"世界政治"或"全球政治，主要是主权国家的关系"。

就第（ⅲ）项的"国际关系中的其他紧急情况"之上下文而言，专家组认为第（ⅰ）项和第（ⅱ）项的事项，即"裂变物质"和"武器运输"，与第（ⅲ）项的战争均与国防、军事的利益有关。因此，"'在国际关系中的紧急情况'必须理解为是从第 21 条第（b）款所规定的其他事项引起的同样利益中引申而出的"[16]。亦即第 21 条第（b）款引言的"基本国家安全利益"具有相同性。"因此，国际关系中的紧急情况看来一般是指武装冲突或潜在的武装冲突，或高度紧张或危机，或一个国家内或周边普遍的不稳定状态。这种情况引起有关国家的特定利益，即国防或军事利益，或维持法律或公共秩序的利益。"[17] 这类利益存在与否，属于可经专家组"客观认定的客观事实"，而不是主张安全例外的 WTO 成员自己主观"认为"即可。这与专家组认为安全例外不是主张者"自裁"事项是相吻合的。也就是说，第 21 条安全例外的成立与否，既不是主张安全例外的成员自己决定的，也不是其主观认定的，而是在专家组的管辖范围，并应该经由专家组客观认定的。

就第（ⅲ）项的"国际关系中的其他紧急情况"之目的及宗旨而言，

---

[15] Russia-Traffic in Transit, DS512/R, adopted on 26 April 2019, para. 7.67.
[16] Russia-Traffic in Transit, DS512/R, adopted on 26 April 2019, para. 7.74.
[17] Russia-Traffic in Transit, DS512/R, adopted on 26 April 2019, para. 7.76.

《WTO 协定》及 GATT 之总目的及宗旨在于促进互惠互利安排的安全性、可预见性以及实质减少关税与非关税壁垒，同时在特定情况下，成员可偏离其 GATT 和 WTO 项下义务，以便在最大限度地接受此类义务时保持一定灵活性，但是将这些偏离仅作为某成员单边意愿的表示，则有悖于这些目的及宗旨。专家组在解释第 21 条第（b）款之目的及宗旨时，似乎并未紧扣"国际关系中的其他紧急情况"，而是指该条款项下的客观认定问题。进言之，如果第 21 条第（b）款第（ⅲ）项下"国际关系中的其他情况"也是"武装冲突或潜在的武装冲突"，与作为武装冲突的"战争"又有什么区别呢？如果这样几乎同义反复，第 21 条第（b）款第（ⅲ）项只需规定"战时"即可。

专家组的上述解释更多依赖于该条款的起草史。这包括美国于 1946 年提交的初始文本包含如今 GATT 第 20 条、第 21 条的例外条款，1947 年 5 月的起草本将一般例外与安全例外分开。美国代表团对"或国际关系中的其他紧急情况"作了如此解释："我们特别记得上次战争结束前的情况，在 1941 年年底我们参战前，战争在欧洲已进行了两年，我们即将参战时，为保护自己，要求可采取许多如今宪章已禁止的措施。我们的进出口在严格管控下，原因在于战争在进行着。"[18] 也就是说，在美国参战前夕，所采取的进出口管制措施属于"国际关系中的其他紧急情况"，但与战争直接相关。正是在该起草史的印证下，专家组认为"国际关系中的其他紧急情况"包括潜在的武装冲突。这一解释符合第 21 条第（b）款第（ⅲ）项的初衷。但是，按照如今在条约解释的国际法实践中得到普遍认可的"演进"（evolutionary）解释规则，即对缔约的时代较久远且依然有效的条约所具有的一般性用语，"作为一项基本规则，必须假定缔约方有意使这些术语具有演变的含义"[19]。"国际关系"和"紧急情况"都属于一般性用语。在当代，除了战争这一国际关系中的紧急情况，难道就没有其他不属于武装冲突范畴的紧急情况吗？

综上专家组关于 GATT 第 20 条第（b）款第（ⅲ）项的解释，一方面将

---

[18] Russia-Traffic in Transit, DS512/R, adopted on 26 April 2019, para. 7.92.
[19] Dispute Regarding Navigational and Related Rights, ICJ Reports 2009, p. 243, para. 66.

该款项放在第（b）款的整体中解释，认为"基本国家安全利益"涵盖第（b）款三项的共性，都具有"国防或军事利益，或维持法律或公共秩序的利益"。另一方面强调第（b）款引言"其认为"针对每一项而言，必须满足每一项的要求方可成立，而第（ⅲ）项须与武装冲突或潜在武装冲突有关。这一解释对嗣后类似案件的指导意义，尚待观察。专家组对俄罗斯援引安全例外的情况符合第（ⅲ）项要求之客观认定，在此不作赘述。乌克兰未对该案专家组报告提起上诉，而且，因为专家组裁定俄罗斯的安全例外成立，所以该案不存在任何执行问题。

2. 中国涉农产品案

这包括中国农产品案和中国关税税率配额案。前案涉及 2012—2015 年中国国内对农产品市场销售价格的补贴，是否符合《农业协定》有关国内支持要求，是否超出中国加入 WTO 时承诺的最低水平；后案涉及中国对农产品进口的关税税率配额（Tariff Rate Quota，TRQ）管理制度，是否符合中国加入 WTO 时的承诺要求以及 GATT 1994 关于贸易法规的公布和实施、普遍取消数量限制和数量限制的非歧视性管理要求。

（1）中国农产品案。专家组指出争端双方对《农业协定》有关国内支持的条款解释，并无实质分歧，主要争议在于如何计算中国有关措施所提供的国内支持。不过，专家组还是对有关条约规定作了一定的解释：根据《农业协定》第 1 条的定义，"我们注意到'综合支持量'（Aggregate Measure of Support，AMS）和总的 AMS 均与给予基本农产品生产者的支持货币价值有关。AMS 一般可以是产品特定或不特定，在本案中，是指小麦和稻米的支持量。总的 AMS 是所有各特定产品以及非特定产品的 AMS 和等同支持措施的总和，采用《农业协定》第 6.4 条有关低于最低线 AMS 水平的排他性规则和第 6.5 条关于依据生产限额项目的直接支付方式。对于特定年份的计算，这成为现行总的 AMS"。[20]

但是，在计算相关规定方面，《农业协定》第 1 条第（a）款第（ⅱ）项和第 1 条第（h）款第（ⅱ）项所列"构成数据和方法"（Constituent

---

[20] China-Agricultural Products, DS511/R, adopted on 26 April 2019, para. 7.127.

Data and Methodology，CDM）却无定义，因而需要专家组解释。专家组的解释是："我们来看'构成'的通常意义。作为一个形容词，这是指'构成或制作某一物；形成的，实质的；具有特点的'。'数据'可定义为'相关（主要是数字）信息的术语，被认为集合地用于参考、分析或计算'。最后，'方法'可一般界定为'用于某一研究或活动的特定领域之方法或其组合'或'特殊的程序形式或在研究领域的智力方面所采取的一整套程序以作为研究模式'。我们理解该用语的语法结构表明'构成'修饰'数据'和'方法'，因而该用语可以说是'构成数据'和'构成方法'。"[21]专家组认为："作为一个整体，在《农业协定》第1条第（a）款和第（h）款的上下文中，CDM是指那些（主要为数字）信息和程序模式。对于理解和计算在成员支持材料表格中可发现的AMS之计算是独特和实质性的。"[22]专家组虽未明确援引VCLT解释规则，但明显适用了VCLT第31.1条的解释通则。

关于《农业协定》第1条第（a）款第（ii）项和第1条第（h）款第（ii）项下的计算所采用的不同词语"考虑"（taking into account）CDM 和"依照"CDM计算，专家组大致遵循了上诉机构在"韩国牛肉案"的解释判理，同时提醒应谨慎，因为上诉机构没有直接说明两者区别的结果。专家组指出："如果可行，在根据第1条第（a）款第（ii）项计算时，我们应'考虑'CDM，并给《农业协定》附件3（《国内支持：综合支持量的计算》）的用语以优先的考虑。同样的是，我们认为在计算现行总的AMS时，如第1条第（h）款第（ii）项所要求，同等地考虑该附件3和CDM。"[23]

专家组将上述解释的结果适用于本案的具体计算，认定中国有关特定农产品的国内支持量不符合《农业协定》有关规定和中国加入WTO时的承诺。由于涉案措施实际上已失效，因此中国对专家组报告未提起上诉。

（2）中国关税税率配额案。该案涉及小麦、稻米和玉米的年度进口税率配额制是否符合《中华人民共和国加入世界贸易组织议定书》（以下简称

---

[21] China-Agricultural Products，DS511/R，adopted on 26 April 2019，para. 7.143.
[22] China-Agricultural Products，DS511/R，adopted on 26 April 2019，para. 7.144.
[23] China-Agricultural Products，DS511/R，adopted on 26 April 2019，para. 7.164.

《中国入世协定书》)第 116 段的承诺以及 GATT 1994 第 13.3 条第(b)款、第 10 条第(a)款的要求。其中,第 116 段从未被解释过。专家组明确"依照 VCLT 有关条款反映的国际公法解释惯例"解释第 116 段。㉔首先,第 116 段下所有义务仅适用于中国对 TRQ 的管理,而不是 TRQ 本身。其次,这些义务都是分开的,违反任何一项,都会导致违反第 116 段。"第 116 段包含多重义务,可归纳三类范畴。第一类范畴有关中国 TRQ 管理的基础,并要求该基础是透明、可预见、统一、公平和非歧视的。第二类范畴是关于中国适用其 TRQ 管理的时间表、程序及要求,并加以清楚的规定。第三类范畴是上述时间表、管理及程序的效果,并要求提供有效的进口机会、反映消费者的偏好和最终用户的要求,而不影响每一 TRQ 的完成"。㉕这一重述(而非解释)使得第 116 段的承诺看上去更有逻辑。接着,专家组又根据美国的诉求,将这三类义务分解为六项重点的义务:透明性、可预见性、公平性、具体规定管理程序、具体规定要求、管理 TRQ 的时间性、程序及不影响每一 TRQ 完成的要求。

专家组的具体解释为:"前三项义务是关于中国 TRQ 管理的'基础',换言之,相应有一整套中国管理其 TRQ 的规则或原则。我们理解这些义务要求中国通过这一整套规则或原则来管理其 TRQ,并使得申请者和其他利益方容易理解或分辨(以透明度为基础的 TRQ 管理);这允许申请者和其他利益方容易参与有关 TRQ 管理的决策(以可预见为基础的 TRQ 管理);这是公平公正的,要求管理 TRQ 的相关部门依据可适用的规则和标准(以公平为基础的 TRQ 管理);关于第四项、第五项义务,我们认为这些要求中国采用明白无误的管理程序及其规定(具体清晰的管理程序及要求);第六项义务关于中国 TRQ 管理制度的效果,要求中国采用不妨碍或阻止每一项 TRQ 完成的时间、管理程序及其要求(以不使得每项 TRQ 难以完成的方式管理)。"㉖这些解释算不上是严格意义的条约解释,更多的是具体阐明这些义务的内容。

根据这些阐明,专家组逐一评估了美国所质疑的中国相关措施与该第

㉔ China-TRQs, DS517/R, adopted on 28 May 2019, p. 7.5.
㉕ China-TRQs, DS517/R, adopted on 28 May 2019, p. 7.6.
㉖ China-TRQs, DS517/R, adopted on 28 May 2019, p. 7.9.

116 段各项义务的合规性。除了"公开通知"(public notice)等个别措施,专家组认定中国有关 TRQ 管理的措施均有悖于第 116 段的义务要求。中国对专家组报告未提起上诉,该报告经 DSB 通过,已进入执行阶段。

上述两起中国农产品案专家组或实际或明确适用 VCLT 解释规则,且对涉案裁定具有关键作用。但是,中国关税税率配额案的解释并不是严格的条约解释,利用该第 116 段的原则性规定作了偏向于严格的说明,由此裁定中国涉案措施均违反这些规定。

(二)上诉待复审的专家组报告所涉条约解释

1. 贸易救济案件

(1)美国反补贴措施案(中国,21.5)。这是待复审案件中最早上诉的案件之一。[⑳] 专家组首先依据 DSU 第 3.2 条,表示应根据公认的 VCLT 第 31 条、第 32 条编纂的习惯国际法解释惯例,澄清本案争端有关协定。有关条约解释仍围绕《补贴与反补贴措施协定》(以下简称《反补贴协定》)第 1.1 条第(a)款第(1)项的"公共机构"(public body)。专家组援引了上诉机构在美国双反案等案的相关判理。其一,缺少法定授予政府性权力并不预先排除对某一特定实体是否公共机构的认定,因为政府可采取不同方式赋予某实体"政府权力",在这方面不同的证据也许有关。虽然仅仅是政府对某实体的所有权或控制,尚不足以确定该实体为公共机构,但是,国家所有权也可以作为一种证据,与其他因素相联系,提示政府权力的赋予。此外,某实体事实上行使政府职能也可作为证据表明其拥有或已被赋予政府权力,尤其是该证据表明持续性和系统性。其二,政府对某实体及其行动具有明显的控制之证据也可在一定情况下证明相关实体拥有政府权力,并行使政府性职能的权力。其三,在认定某特定实体是否公共机构,也可考虑该实体的职能或行为是否属于在该成员的法律制度中通常为政府性的。其四,调查当局和专家组应避免仅仅完全或过多关注某一特点而对其他可能与公共机构认定相关的

[⑳] US-Countervailing Measures (China, 21.5), DS437/RW, 21 March 2018. 2018 年 4 月 27 日、5 月 2 日,美国、中国先后上诉。

因素不加考虑。这些判理不是条约解释，而是酌定公共机构的考虑因素。换言之，"公共机构"不是一个抽象概念，而是应以具体证据为基础，个案酌定的问题。"我们认为可适用的法律标准要求调查当局对有关证据作整体评估。"㉘专家组认为中国所理解的认定公共机构的法律标准是要求认定所有案件中被确定的政府职能与系争的特定财政资助之间特定程度或联系的性质，并表示不予认同。这一结论显得十分牵强，似乎中国没有考虑整体评估，就不符合专家组所理解的法律标准。正是从这一认定出发，专家组不仅裁定美国通过所谓"公共机构备忘录"以及对中国政府的相关问卷得到的证据"整体"酌定受调查的中国企业是否公共机构，并未违反《反补贴协定》第1.1条第（a）款第（1）项所要求的认定公共机构的法律标准，而且驳回中国主张该具有一般适用性的"公共机构备忘录"基于"明显控制"（meaningful control）范畴，脱离《反补贴协定》第1.1条第（a）款第（1）项明文要求认定"政府或公共机构提供的财政资助"这一关系，裁定该备忘录"本身"没有抵触该条款。这显然偏离了该条款的文本。这也是中国对此提起上诉的主要理由。㉙

关于《反补贴协定》第1.1条第（b）款规定构成补贴的"利益"（benefits）及其第14条第（d）款的"基线"（benchmark）认定之"内国"（in-country）或"外国"（out-of-country），专家组主要依据上诉机构的判理，认为对该第14条第（d）款的合适解释不应预先排除外国（或外部）基线，而应根据内国（或内部）市场价格是否因政府干预而"扭曲"（distortion），个案酌定，并依此认定涉案产品的基线。中国对专家组的这一解释也提起了上诉。

中国对本案专家组以上诉机构的判理为依据作出的条约解释表示异议。问题在于如何正确解读上诉机构的判理。上诉机构在"停摆"时无法对自己

㉘ US-Countervailing Measures (China, 2.15), DS437/RW, 21 March 2018, para. 7.30.
㉙ 中国的上诉请求："复审专家组对《反补贴协定》第1.1条第（a）款第（1）项的解释与适用，尤其是认定第1.1条第（a）款第（1）项下认定'公共机构'的法律标准不'要求在所有情况下既定政府职能与系争特定财政资助之间关系的特定程度或联系性质'。" DS437/25, 4 May 2018, para. 4.

的判理作出进一步澄清,究竟如何解读这些判理,对于今后同类案件的指导作用,有待观察。此外,对包括上诉机构的判理在内具有指导作用的"惯例"的依赖是否过分,如何判断?这是 WTO 争端解决实践有待进一步解决的问题。鉴于上诉机构已作出复审报告[30],下文第三部分将结合专家组报告,一并分析。

(2)美国超级压光纸案和美国管道产品案。这两起均为反补贴案。美国超级压光纸案涉及《反补贴协定》第1.1条第(a)款第(1)项第(iv)点和第1.1条第(b)款、第14条第(d)款的条约解释。专家组也是依赖上诉机构的判理,包括"委托"(entrust)和"指示"(direct)的解释:"上诉机构认为'委托或指示'等同于就是否存在财政资助的认定目的而言,看来私人机构行为可归因于政府的情况。更具体而言,'委托'发生在政府将责任赋予私人机构,'指示'即为政府对私人机构行使权力的情况。在两种情况下,政府均利用私人机构为代理使得第1.1条第(1)款第(i)项至第(iii)项的财政资助成为可能。相反,完全属于私人机构的情况,即其行为不以某种方式可归因于政府或公共机构,因而不构成'就认定《反补贴协定》下补贴而言的财政资助'。"[31]至于个案认定,则取决于调查当局是否以客观、无偏见的方式评估所有相关证据,以及说明的充分性。关于第1.1条第(b)款"利益"的解释,专家组明确:"《反补贴协定》没有任何界定,也没有规定是否存在此类利益的计算方法。利益的概念是通过专家组和上诉机构的'判例法'(case law)阐明的。"[32]在碰到类似问题时,专家组是独立地再作一番解释,还是根据已有"判例法"?显然,几乎所有专家组都走后一捷径。专家组指出:"上诉机构已经说明'利益'的通常意义明显包含了某些好处,并且与接受者的利益有关,而与政府成本无关。'利益'不是抽象的存在,而必须是受益者或婆受者获得和享有的,因而利益只有在某自然人或法人,或团体事实上收到一定东西时存在。"[33]计算方法可以是比较受益

---

[30] US-Countervailing Measures (China, 21.5), DS437/AB/RW, 16 July 2019.
[31] US-Supercalendered Paper, DS505/R, 5 July 2018, para. 7.37.
[32] US-Supercalendered Paper, DS505/R, 5 July 2018, para. 7.102.
[33] US-Supercalendered Paper, DS505/R, 5 July 2018, para. 7.103.

者已收到的财政资助是否比市场上可得到的条件更优惠。

在没有"判例法"可循时,专家组也会依据 VCLT 解释规则,进行一定解释。例如,有关《反补贴协定》第 19.3 条的"加速审查"(expedite review)的含义,专家组解释:"'加速'这一用语的通常意义是'快速实施',而'快速'的含义是'迅速行动'和'毫无推迟'。"㉞ 比较法文、西班牙文的意义,专家组便确认了该词用意,然后裁定:"基于第 19.3 条的用语通常意义,美国没有任何理由主张该加速审查是'允许该产品的制造商、生产者和出口商没有被选为强制回应,应在管理程序(即先于发布反补贴税命令之后的第一次管理审查结束)的较早时就得到单独的反补贴税率。'相反,根据《反补贴协定》第 19.3 条最后一句的用语,以及该规定第一句的上下文,该第 19.3 条相关规定之目的在于尽可能地使得非经调查和合作的出口商处于如在原始程序中被调查的同样地位,并'根据每一案件的情况'施以反补贴税。"㉟美国对此解释及裁定未提起上诉。㊱

美国管道产品案也涉及《反补贴协定》第 1.1 条第(a)款第(1)项"公共机构"的条约解释。专家组根据上诉机构在"美国双反案"(中国)对第 1.1 条第(a)款第(1)项下"公共机构"的解释判理:该条款下"公共机构"必须是拥有、行使或被授予政府权力的机构。评定某机构是否公共机构,应考察其是否具有行使政府职能的权力。某机构的行为是否属于公共机构必须个案认定,对于其核心特征和职能及其与政府的关系,在被调查的国家的法律与经济环境,给予正当的考虑。在认定"公共机构"时,相关证据包括:明文授权的法律规定、事实上行使政府职能且具有持续性和系统性的做法、"政府对某实体行使明显控制的证据在某些情况下也许可作为相关实体拥有政府权力并在履行政府性职能时行使此类权力"。㊲

比较美国反补贴措施案(中国,21.5)专家组归纳的上诉机构关于"公

㉞ US-Supercalendered Paper, DS505/R, 5 July 2018, para. 7.287. 采用《肖特牛津英语词典》。这是 WTO 争端解决专家组和上诉机构惯用的词典。

㉟ US-Supercalendered Paper, DS505/R, 5 July 2018, para. 7.289.

㊱ DS505/6, 29 August 2018.

㊲ US-Pipe and Tube Products (Turkey), DS523/R, 18 December 2018, para. 7.13.

共机构"的解释判理，显然，其中关于"明显控制"的作用存在差异：美国管道产品案将之作为认定"公共机构"的证据之一，且用了"也许"（may）[38]；前案专家组却将"明显控制"作为关键的认定标准之一。这不无倾向性。

美国双反案上诉报告曾用大量篇幅对"公共机构"作了详细的解释。该报告在区别第1.1条第（a）款第（1）项下"公共机构"与"私人机构"时，采用了"控制"一词："我们注意到'公共'和'私人'的定义都包含了权力及控制的概念。最明显的定义不同是行使权力或控制的主体。"[39]这里的"控制"是权力的同义词，不涉及政府与机构之间的关系。然后，该报告在解释"指示"一词时，认为："动词'指示'可界定为给予权威的指示，命令做某事，命令、控制或调整某行为。"[40]这是对政府与"私人机构"关系而言，与"公共机构"没有直接关系。该报告在推翻专家组关于"公共机构"的解释时，明确指出："我们认为，考虑《反补贴协定》之目的及宗旨并不支持有关'公共机构'的宽泛或狭窄的解释。"

美国管道产品案遵循了上诉机构的解释，只是将"明显控制"作为可能认定"公共机构"的证据之一[41]，而美国反补贴措施案（中国，21.5）专家组则支持美国将"明显控制"作为认定"公共机构"的法律标准，实质上是将被否定的"所有制"说（只要是国有制就是公共机构）变成了"控制"说（只要政府明显控制，就是公共机构），歪曲了上诉机构的解释，也超出了第1.1条第（a）款第（1）项下"公共机构"的界定范围（政府或任何公共机构提供财政资助）。也就是说，国有或明显控制与《反补贴协定》规则没有直接关系，只有政府或公共机构提供财政资助，才是《反补贴协定》调

---

[38] 参见 US-Anti-Dumping and Countervailing Duties（China），DS379/AB/R，11 March 2011，para. 318；US-Carbon Steel（India），DS436/AB/R，8 December 2014，para. 4.10. 二者均用"也许"。

[39] US-Anti-Dumping and Countervailing Duties（China），DS379/AB/R，11 March 2011，para. 292.

[40] US-Anti-Dumping and Countervailing Duties（China），DS379/AB/R，11 March 2011，para. 294.

[41] 专家组认定美国"未正确适用法律标准，也未给予其认定涉案土耳其实体为公共机构以充分有理的说明"。US-Pipe and Tube Products（Turkey），DS523/R，18 December 2018，para. 8.2.a.

整的对象。因此，不应脱离财政资助的问题，孤立地认定所谓"公共机构"，将问题引向对国有企业本身的认定。正如 WTO 规制不涉及非市场经济本身的认定，《反补贴协定》也不涉及对国有企业是否属于公共机构的认定。

（3）韩国空气阀案、乌克兰硝酸铵案、摩洛哥热轧钢案（土耳其）和美国不同价格方法案。这四起都是反倾销案。第一起案件主要涉及《反倾销协定》第 3 条有关款项的解释与适用。比如，关于第 3.1 条下"肯定性证据"（positive evidence），专家组依据上诉机构的解释判理：这是指"有力支持和论证损害认定的事实"，并且"该证据的质量使得调查当局可以赖以做出认定"[42]；"肯定性"提示该证据应该是"确定的、客观的、可复查和可信的"。也就是说，这是确凿无疑的证据。该案重点在于对此类证据的客观审查。第二起案件主要涉及《反倾销协定》第 2 条有关倾销的确定条款。比如，专家组解释第 2.2.1.1 条：该条款的"成本应以调查下的出口商或生产者保存的记录为基础'正常'计算，只要该记录属于（a）依据出口国的一般可公认会计原则（Generally Accepted Accaunting Principles，GAAP）（第一项条件）；（b）合理反映与在考虑中的产品之生产、销售有关成本（第二项条件）"[43]。有关进一步解释均以上诉机构"欧盟生物质柴油案"等判理为主要依据。第三起案件涉及《反倾销协定》第 5 条调查期限等款项的解释及适用。专家组解释：根据第 5.10 条，反倾销调查"在任何情况均不得"（in no case）超过 18 个月，上诉机构也解释该期限规定是强制性的，并针对摩洛哥的辩称，做了进一步解释。

第四起案件是"归零案"（zeroing）的继续。自 2001 年上诉机构审理第一起归零案——欧共体床单案[44]到接着审理六起因美国归零做法引起的上诉案[45]，加上其中四起又经过"21.5 案"上诉机构复审，直至 2016 年美国洗衣

---

[42] Korea-Pneumatic Values, DS504, 12 April 2018, para. 7.32.
[43] Ukraine-Ammonium Nitrate (Russia), DS493/R, 20 July 2018, para. 7.67.
[44] EC-Bed linen, DS141/AB/R, 1 March 2001.
[45] US-Softwood Lumber V, DS264/AB/R, 11 August 2004；US-Zeroing (EC), DS294/AB/R, 18 April 2006；US-Zeroing (Japan), DS322/AB/R, 9 January 2007；US-Stainless Steel (Mexico), DS344/AB/R, 30 April 2008；US-Continued Zeroing, DS350/AB/R, 4 February 2009；US-Washing Machines, DS464/AB/R, 7 September 2017.

机案，上诉机构一再认定美国反倾销调查的归零法违反《反倾销协定》第2.4.2条。美国不同价格方法案与美国洗衣机案相同，加拿大请求同样认定，美国则主张专家组不应遵循上诉机构的判理。专家组明确表示：在解释第2.4.2条的某些问题上，"我们不同意上诉机构和专家组在美国洗衣机案中的解释"㊻。虽然专家组同意"美国洗衣机案"上诉机构关于第2.4.2条第二句下出口价格"方式"（pattern）的解释，但是认为该"方式"条款未明确不同出口价格"明显区别"（differ significantly）究竟是指价格高还是价格低，并且不同意上诉机构将该"方式"解释为不包括明显高价的出口价格。专家组认为：该条款"对于出口价格是否必须因明显高或低价而导致'明显区别'的文本'沉默'（silence）可以由第2.4.2条第二句的功能来说明"㊼。上诉机构在一系列归零案中已明确美国反倾销调查采用的第2.4.2条第一句下"加权平均正常价值与全部可比出口的加权平均价格"（W-W）或"逐步交易的基础上对正常价值与出口价格"（T-T）比较，均在综合阶段不可采取归零法，并在美国归零案（日本）和美国洗衣机案认定第2.4.2条第二句作为例外采用"加权平均基础上确定的正常价值与单笔出口交易的价格"（W-T）比较，但最终认定倾销及其幅度仍在综合阶段，也不允许采取归零法，并且在这一例外中，就目标倾销而言"明显区别"的价格，仅限于低于正常价值的价格，这符合倾销的一般定义。本案专家组则以该第二句的"功能"（function）说明为由认为该价格应包括明显较高和较低两类。

美国在采取W-T比较时，首先将"明显区别"的两类价格纳入，这样实际上减低了采取此类方式的门槛；然后，在初步比较时得出两类结果，即T价格高于或低于W正常价格，并最终将高于部分（负的比较结果）归零。如前所述，上诉机构已明确不允许归零法。但是，专家组提及在美国洗衣机案中有一位上诉机构成员表示异议，认为在W-T比较时允许归零法，不同于W-W和T-T，W-T作为例外的比较方法，应允许归零法。原因在于第2.4.2条第二句对于可否采用归零法，文本又是"沉默"。"为了决定是否允许调查

㊻ US-Differential Pricing Methodology, DS534/R, 9 April 2019, para. 7.35.

㊼ US-Differential Pricing Methodology, DS534/R, 9 April 2019, para. 7.58.

当局对较高的出口交易归零，我们必须兼顾第 2.4.2 条第二句的功能来解释。”(48)专家组以美国洗衣机案中异议的上诉机构成员对“单笔”（individual）的解释为依据，认为这有别于“所有”（all），表明该例外的比较方法之“功能在于锁定目标倾销”(49)。如果不允许归零，该功能就失效。“我们忆及解释者不可随意解读以致某条约的整个条款或款项变得多此一举或无用。因此，上下文的考虑也支持我们认定第 2.4.2 条不禁止 W-T 方法下的归零法。”(50)

问题在于第 2.4.2 条第二句未明确规定出口价格“明显区别”的方式下是否包括较高一类价格以及可否归零，亦即，文本出现“沉默”情况，究竟是按照美国洗衣机案上诉报告的解释还是本案专家组的解释？在本案未得到上诉复审的情况下，难以判断。

（4）印度钢铁产品案。这是因印度对日本进口的钢铁产品采取保障措施而引起的争端案。印度从 2016 年 3 月 29 日起实施的涉案保障措施，2018 年 3 月 13 日到期。DSB 应日本请求于 2018 年 3 月 3 日决定设立专家组。针对印度依据 DSU 第 3.7 条主张没有必要对已失效的保障措施做出裁决，专家组认为对此案争端仍有管辖权。除非依据 DSU 第 12.7 条，双方达成各自满意的解决，专家组将对此案做出裁决。该案涉及 GATT 第 19.1 条第（a）款下“不能预见”（unforeseen development）等用语的解释与适用以及与本国产业遭受严重损害之间“逻辑联系”（logical connection）的认定。专家组援引上诉机构的判理，认为：“‘不能预见’的用语指的是在进口成员承担 GATT 义务时‘不能预见’。”(51) “印度主管当局认定全球钢铁产量增长与印度国内较高需求、数个主要市场的需求减少，以及俄罗斯和乌克兰的货币贬值，都是不能预见的。我们认为谈判者不能合理地期待此类事件的影响。根据上述理由，我们得出结论，即印度主管当局提供了有关识别的发展为不能预见的合理且充分的说明。”(52) 鉴于第 19.1 条第（a）款未对不能预见的发展和国内与进

---

(48) US-Differential Pricing Methodology, DS534/R, 9 April 2019, para. 7.102.

(49) US-Differential Pricing Methodology, DS534/R, 9 April 2019, para. 7.104.

(50) US-Differential Pricing Methodology, DS534/R, 9 April 2019, para. 7.106.

(51) India-Iron and Steel, DS518/R, 6 November 2018, para. 7.88.

(52) India-Iron and Steel, DS518/R, 6 November 2018, para. 7.97.

口产品之间竞争条件改变的"逻辑关系"认定提供任何指南,进口国主管当局可以酌定这一关系,但应在公开报告中提供合理且充分的说明,专家组认定印度未能提供合理且充分的说明。专家组还对涉案《保障协定》第2.1条和第4.2条第(a)款等做了解释,基本遵循了上诉机构或先前专家组的判理。

2. 其他案件

(1)俄罗斯铁路设备案、哥伦比亚纺织品案、泰国香烟案(菲律宾,21.5)和美国可再生能源案。这四起都是货物贸易争端案件。第一起案件是因俄罗斯对乌克兰的铁路设备未按GATT有关规定和《技术性贸易壁垒协定》(Agreement on Technical Barriers to Trade,TBT)发给产品合格评定证书而引起的争端,其中涉及TBT第5.11条(合格评定程序的制定、采用和实施的国民待遇、最惠国待遇)的解释。这是未经上诉机构或以前专家组解释的条款。本案专家组围绕"同类产品""不低于"和"在可比情况"展开解释,其中,关键在于"情况"(situation)的解释。专家组解释:"为认定情况是否可比,因而必须授予不低于[国民待遇和最惠国待遇]的条件,取决于确定某情况是否可比的相关因素识别……在所有的事件中,某情况是否可比,必须基于个案酌定,并兼顾合格评定程序的规则以及其他书面证据。"[53]在该解释的基础上,专家组对涉案俄罗斯拒发铁路产品合格评定证书的情况,逐一进行审查,认定:"根据对书面证据的全面评估,我们认为2014年4月至2016年12月间,在与俄罗斯评估机构的生命健康风险有关的情况下,乌克兰铁路产品供应商未得到不低于待遇而被拒发评估证书的情况不可比拟于俄罗斯授予其国民或其他国家的铁路产品评估证书的情况。"[54]专家组还对TBT第5.1.2条、第5.2.2条的解释及适用作了详细的分析。第二起案件是因哥伦比亚执行裁决而引起争端的21.5案。巴拿马认为哥伦比亚为执行裁决,请求授权贸易报复,而哥伦比亚则请求原审专家组审查该执行情况。该案涉及执行措施的认定以及是否符合GATT第2.1条第(a)款和第

---

[53] Russia-Railway Equipment, DS499/R, 30 July 2018, para. 7.283.
[54] Russia-Railway Equipment, DS499/R, 30 July 2018, para. 7.387.

(b) 款、第 11.1 条等，专家组遵循上诉机构或专家组的先前解释判理，对有关条款做了一定解释。第三起案件也是因泰国执行裁决而引起争端的 21.5 案，主要涉及《海关估价协定》（Customs Valuation Agreement，CVA）有关规定的解释及适用。在谈到如何对待正常争端解决程序中专家组和上诉机构的条约解释时，本案专家组指出："我们同意当事方及第三方主张，即严格地说，我们并不'受约于'原先专家组的法律解释。但是，我们也赞同这一看法，即为了保证争端解决的可靠性和可预见性以及 DSB 建议和裁决的最终性，如无充分理由，应遵循原专家组解释，这将使裁定与之一致。"[55] 同时，本案又碰到了许多原先专家组未涉及的解释 CVA 的问题。比如，CVA 第 11.3 条是本案之前未曾被解释过的，其中，有关进口国海关估价的上诉机构决定之"理由"究竟包括什么内涵？当事方存有分歧。专家组解释道："就术语的文本意义而言，'理由'的词典意义是'论证或驳斥某行为的主张，证明或反对某判断、观点所使用的表述'。我们忆及'词典意义在揭示某术语通常意义的有限性'，并可能'留下许多需进一步解释的问题'。……我们认为第 11.3 条规定的'理由'之要求可直接比较 CVA 第 1.2 条第（a）款下'理由'，即海关有理由认为买卖双方的特殊关系影响成交价格，'应将其理由告知进口商'。"[56] 这种"有理由"（has grounds）可作为判断第 11.3 条下"理由"的参考，亦即这是充分的理由。CVA 的其他条款乃至《反倾销协定》等其他协定下"理由"均可作为解释第 11.3 条"理由"的上下文，从而可澄清第 11.3 条下"理由""必须清晰、详尽"。[57] 第四起案件的专家组裁定涉案美国 7 个州的 10 项有关可再生能源措施均违反 GATT 第 3 条第 4 款国民待遇。[58]

（2）澳大利亚烟草平装案。这是继 2009 年 DSB 通过中国知识产权案专家组报告[59]以来，近十年《与贸易有关的知识产权协定》（Agreement on

---

[55] Thailand-Cigarettes (Philippines), DS371/R (21.5), 12 November 2018, para. 7.80.
[56] Thailand-Cigarettes (Philippines), DS371/R (21.5), 12 November 2018, para. 7.380.
[57] Thailand-Cigarettes (Philippines), DS371/R (21.5), 12 November 2018, para. 7.388.
[58] US-Renewable Energy, DS510/R, 27 June 2019, para. 8.4. 美国于 2019 年 8 月 16 日对该专家组报告提起上诉的诉求限于复审其中两项措施是否属于专家组职权范围的程序问题。见 DS510/5。
[59] China-Intellectual Property Rights, DS362/R, 26 January 2009.

Trade-Related Aspects of Intellectual Property Rights，TRIPs）项下第一份专家组报告。2014 年 3 月设立的专家组历经 4 年多才完成审理。尽管本案主要涉及 TRIPs 有关商标保护与公共健康的关系，而且以与之相关的诉求为主，但是，专家组认为涉案 TBT 与 TRIPs 之间没有等级关系，先用一半以上篇幅讨论 TBT 问题，然后再分析有关 TRIPs 的争端。本案关于 TRIPs 的条约解释集中于 TRIPs 第 15 条"可保护的主题"、第 16 条"授予的权利"和第 20 条"其他要求"。

关于第 15 条的解释。专家组认为："就违反第 15.4 条而言，以下因素必须确定：甲，存在'对商标注册的障碍'；与，乙，该障碍是'商标所适用的货物或服务的性质'所形成的。"[60] 为此，首先应确定"商标"的含义："我们得出结论，第 15.4 条的'商标'用语指的是满足第 15.1 条第一句规定的显著要求之标记或标记组合，因而各成员有义务考虑可以构成商标的标志。"[61] 然后，应考虑第 15.4 条关于商标的"注册"：该用语的词典意义包括"注册或记录某事的行为，注册的过程"；在第 15.4 条的特点上下文中，商标的注册是指"注册或记录"某些"作为商标"的标志或组合之行为。专家组进一步根据第 15.1 条的用语解释：须区别该条款的第一句"可构成商标性"（capable of constituting a trademark）与第二句"注册适格性"（eligible for registration）。专家组认为在第 15.2 条至第 15.5 条的上下文中，"第 15.4 条规定商标注册'也许'（may）不能以商标所适用的货物或服务之性质而予以拒绝"[62]。实际上，第 15.4 条用"应当"（shall），以任择性用词代替义务性用词，这并不符合文本解释的原则。专家组强调《保护工业产权巴黎公约》第 6 条之五（B）款规定"按原样"（as is）注册商标的例外，其中包括"商标违反道德或公共秩序"。就本案而言，专家组认定澳大利亚烟草平装法

---

[60] Australia-Tobacco Plain Packaging（Honduras, Dominican），DS435, 441/R, 28 June 2018, para. 7.1823.

[61] Australia-Tobacco Plain Packaging（Honduras, Dominican），DS435, 441/R, 28 June 2018, para. 7.1830.

[62] Australia-Tobacco Plain Packaging（Honduras, Dominican），DS435, 441/R, 28 June 2018, para. 7.1847. 专家组在解释第 15.4 条"障碍"时再次特地用"也许"（may）代替文本的"应当"（shall），其结论也是如此。paras. 7.1855, 7.1857. 这一做法是违背文本解释原则的。

对烟草产品上某些标记的使用限制并不构成对第 15.4 条的违反，“因为该条款仅与注册有关”(63)。

关于第 16 条的解释。专家组通过对第 16.1 条的文本解释，认为：“该规定的成员义务是为注册商标持有人提供‘停止或阻止’所有第三方未经其同意而使用一定货物或服务上的标记，如此类使用将引起混淆的可能性。”(64) 换言之，这不是注册商标持有人使用其商标的“积极权利”（positive rights），而是阻止他人未经其许可而使用其商标的“消极权利”（negative rights）。“我们认为给 TRIPs 第二部分第 2 节所有条款以法律上可操作的意义，而没有使得任何规定无用，如条约解释的有效原则所要求的，这并不支持将第 16 条解释为要求成员们为注册商标提供最起码的机会。”(65)澳大利亚烟草平装法并未阻碍注册商标持有人的消极权利，而限制烟草产品上某些标记的使用是否引起实际上的商标侵权，也与第 16 条的义务无关。

关于第 20 条的解释。专家组认为违反该条款的义务包含三个要素：“特殊要求的存在”；该特殊要求是对“使用商标的贸易过程”而言的；这是“无理妨碍”。“我们认为，从‘特别’的通常意义出发，第 20 条的相关‘要求’限于其运用。‘要求’所指必须与其特殊目的，即在第 20 条的上下文中，是‘在贸易过程中使用商标’而‘密切或唯一的关联’。”(66)进一步的解释表明，如果“特殊要求”没有妨碍“商标的使用”，那么也不存在对第 20 条的违反，而这种妨碍的范围可从有限的妨碍到一定情况下的禁止使用商标。澳大利亚烟草平装法对在当地销售（贸易过程）的烟草包装上使用商标有不同的限制，包括卷烟产品上禁止使用所有商标。问题在于此类限制（妨碍）是否“无理”（unjustifiably）？在对“无理”的条约用语做出解释，即“缺

(63) Australia-Tobacco Plain Packaging (Honduras, Dominican), DS435, 441/R, 28 June 2018, para. 7. 1912.

(64) Australia-Tobacco Plain Packaging (Honduras, Dominican), DS435, 441/R, 28 June 2018, para. 7. 1974.

(65) Australia-Tobacco Plain Packaging (Honduras, Dominican), DS435, 441/R, 28 June 2018, para. 7. 2030.

(66) Australia-Tobacco Plain Packaging (Honduras, Dominican), DS435, 441/R, 28 June 2018, para. 7. 2224.

少充分支持所致妨碍的论证或理由",专家组认为此类理由的解释可考虑 TRIPs 序言、第 7 条、第 8 条作为"宽泛的"(broader)上下文,忆及关于公共健康的多哈宣言(可能构成"嗣后协定"[67])。"因此总体上,我们理解第 20 条反映了 TIRPs 起草者旨在平衡商标持有人在市场上使用其商标的合法利益与 WTO 成员采取措施以保护一定社会利益并可能对此类利用产生副作用的权利。"[68]专家组认定澳大利亚烟草平装法旨在减少烟草产品的商标图案等"广告"效应,进而减少烟草产品的消费以改善公共健康,而不是影响其商标文字显示产品质量的区别作用。"澳大利亚通过减少烟草产品的使用以及(对公众)宣传以改进公共健康之目的说明采取这些特殊要求的理由足以支持对商标使用的妨碍。"[69]

从专家组的上述条约解释来看,除了对 TRIPs 第 15.4 条的用语"应当"解释有悖文本,其解释认为第 15.4 条仅限于注册,与涉案措施限制注册商标的使用无关,第 16.1 条等授予的注册商标权是针对侵权的"消极权利",与涉案措施也无关系,而关键的第 20 条要求 WTO 成员有义务"在贸易过程中使用商标不得受特殊要求的无理妨碍",但是,专家组解释涉案措施作为澳大利亚控制烟草产品的全面制度的一部分,其理由得到"充分支持"(sufficient support),因而不违反该义务。但是,该第 20 条的解释首先没有紧扣第一句本身的上下文,不无可推敲之处。诚然,这还有待上诉结果,当然前提是上诉机构在完全"停摆"前能够完成本案复审。

三、晚近 WTO 争端解决专家组条约解释的特点及其问题

(一)沿袭 WTO 争端解决的条约解释传统

自 WTO 争端解决第一案——美国汽油案的专家组报告援引 DSU 第 3.2

---

[67] Australia-Tobacco Plain Packaging (Honduras, Dominican), DS435, 441/R, 28 June 2018, para. 7.2409.

[68] Australia-Tobacco Plain Packaging (Honduras, Dominican), DS435, 441/R, 28 June 2018, para. 7.2429.

[69] Australia-Tobacco Plain Packaging (Honduras, Dominican), DS435, 441/R, 28 June 2018, para. 7.2604.

条，并以 VCLT 第 31 条作为国际公法解释惯例，解释涉案 WTO 有关协定[70]，尤其是紧接着第二案——日本酒税案的专家组报告在对涉案条约进行解释之前依据 DSU 第 3.2 条以及 VCLT，先专门说明"解释的基本原则"（general principles of interpretation）[71]，开创了 WTO 争端解决专家组报告的传统，即在"裁定"（finding）部分首先说明涉案条约解释的基本原则或规则。本文所分析的大多数专家组报告都沿袭这一传统。比如，俄罗斯过境案专家组报告在对涉案的 GATT 第 21 条第（b）款第（ⅲ）项进行解释之前，说明："本专家组首先忆及 DSU 第 3.2 条承认 WTO 争端解决所引起的解释问题应通过适用国际公法解释惯例来处理。这已公认——包括先前的 WTO 争端解决——这些规则为 VCLT 第 31 条和第 32 条编纂的规则。"[72]大多数专家组报告像"例行公事"那样在裁定部分第一段说明条约解释以 VCLT 解释通则为准。比如，美国反补贴措施案（中国，21.5）将条约解释、审查标准和举证责任这三个争端解决专家组普遍碰到的问题，首先在"基本原则"下加以扼要说明，并公式化地将 DSU 第 3.2 条以及 VCLT 解释通则作为解释准则。[73]

即便本文所分析的少数专家组审理的争端焦点不在于涉案条约解释，因而未在裁定部分首先说明条约解释原则，但是，一旦涉及条约解释，实际上都依照 DSU 第 3.2 条适用 VCLT 解释规则。比如，中国农产品案的争议焦点在于如何计算中国有关措施所提供的国内支持，但在涉及《农业协定》第 1 条第（a）款第（ⅱ）项和第 1 条第（h）款第（ⅱ）项所列"构成数据和方法"这一用语解释时，专家组实际上适用了 VCLT 第 31 条的解释通则。

当然，同样都是适用基于 VCLT 解释规则的国际公法解释惯例，不同的专家组对涉案条约的解释结果往往与先前专家组和上诉机构的解释判理有所不同，甚至大相径庭。

---

[70] US-Gasoline, DS2/AB/R, 29 April 1996, para. 6.7. WTO 成立后受理的第一起案件，因新加坡撤诉而终止，因此美国汽油案成为争端解决专家组审理的第一起案件。

[71] Japan-Alcoholic Beverages Ⅱ, DS8, 10, 11/R, 4 October 1996, para. 6.7.

[72] Russia-Traffic in Transit, DS512/R, adopted on 26 April 2019, para. 7.59.

[73] US-Countervailing Measures（China）, DS437/RW, 21 March 2018, para. 7.1.

(二) 突破上诉机构的条约解释判理

对于嗣后专家组作出不同条约解释的问题，下文着重比较美国不同价格方法案和美国反补贴措施案（中国，21.5）。在上诉机构"停摆"的情况下，此类案件得不到上诉机构的复审和进一步的澄清，今后同类案件如何处理同样的条约解释问题，如何解决不同解释之间的冲突，对于缺乏上诉复审的WTO争端解决专家组的机制运行，至关重要。

1. 美国不同价格方法案关于归零条款的解释

该案专家组与上诉机构有关归零条款的解释冲突与第2.4.2条第二句未明确规定出口价格"区别很大"的方式下是否包括较高一类价格以及可否归零，亦即文本出现"沉默"情况有关。由于各种原因导致条约文本出现适用时某些规定缺少的情况，因此条约解释者不得不予以填补。这被认为是"条约解释方面最困难之一"。[74]尤其是上诉机构应在上诉程序中处理上诉方提起复审的专家组报告涉及条约解释的每一个问题，包括此类最困难的问题。

《反倾销协定》第2.1条规定"倾销"是指"一产品自一国出口至另一国的出口价格低于正常贸易过程中出口国供消费的同类产品的可比价格，即以低于正常价值的价格进入另一国的商业，则该产品被视为倾销"。鉴于倾销及其幅度认定的复杂性，第2.4条规定"对出口价格和正常价值应进行公平比较"。第2.4.2条进一步规定"在遵守适用于第4款中公平比较规定的前提下"，对于调查阶段认定倾销幅度的存在，原则上采取W-W或T-T的方法；在出口价格"区别很大"的方式下，也可作为例外，采取W-T的比较方法。在2016年美国洗衣机案之前，上诉机构已在所有归零案，包括2001年欧共体床单案（W-W）、2004年美国软木案之五（W-W）、2006年美国归零案（欧共体，归零法本身抵触《反倾销协定》）、2007年美国归零案（日本，归零法本身的全面抵触《反倾销协定》）、2008年美国不锈钢案（墨西哥，定期复审的归零法）和2009年美国持续归零法（定期复审继续归零），认定归零法违反《反倾销协定》。

---

[74] Richard Gardiner, *Treaty Interpretation*, second edition, Oxford University Press, 2015, p. 165.

值得关注的是，美国不锈钢案专家组第一次不同意上诉机构有关归零法的解释判理，认定美国商务部对涉案 5 次定期复审采取归零法，没有违反《反倾销协定》有关规定。尤其对于《反倾销协定》第 2.4.2 条第二句，该案专家组认为如将之解释为禁止归零，不符合条约的有效解释，因为这将使得 W-T 的比较总是得出相同于该条款的第一句下 W-W 的比较结果，第二句的规定变得“毫无用处”（inutile）。(75) 但是，上诉机构以该案不涉及该第二句下是否允许归零为由，回避了这一问题。如前所述，美国洗衣机案专家组再次就涉案措施是否违反该第 2.4.2 条第二句作出否定结论，并与美国不锈钢案专家组有关条约的有效解释的观点相同。上诉机构第一次明确对该第二句进行解释：根据该第二句要求，“调查当局‘应认定出口价格方式明显区别于不同购买者、地区或阶段’。假定调查当局提供第 2.4.2 条第二句所需说明，方式确定是 W-T 比较方法的适用方式…… 第 2.4.2 条第二句的文本没有明确规定该价格需要明显区别，因为它们低于其他价格，或者也许因高于其他价格而不同。该第二句文本也没有具体规定这些价格被认定为不同是否需要低于正常价值。然而，《反倾销协定》作为整体所关注的是引起损害的‘倾销’，并且，第 2.4.2 条规定了调查当局可以用于认定倾销幅度的方法。GATT 第 6.1 条和《反倾销协定》第 2.1 条都是指作为‘倾销’价格的低于正常价值之出口价格。”(76) 显然，上诉机构通过援引一般意义上倾销的定义，试图填补第 2.4.2 条第二句有关“明显区别”价格的文本“沉默”，将这种价格限定为仅指低于正常价值的价格。这样，在进行 W-T 的比较时就不存在可归零的那部分高于正常价值的单边出口交易。美国洗衣机案的上诉机构三位成员（包括美国籍成员格雷厄姆先生）中的一位（未公开）表示异议：“第 2.4.2 条第二句是一个例外，并且具有‘锁定目标倾销’的功能…… 我会允许调查当局也对那些‘方式交易’中高于正常价值的价格归零，并且仅基于低于正常价值的‘方式交易’计算倾销。”(77)

---

(75) US-Stainless Steel (Mexico), DS344/AB/R, 30 April 2008, para. 123，援引该案专家组报告，para. 7.136.

(76) US-Washing Machines, DS464/AB/R, 7 September, paras. 5.24 – 5.29.

(77) US-Washing Machines, DS464/AB/R, 7 September, paras. 5.193 – 5.196.

可见，美国洗衣机案的多数成员以 GATT 和《反倾销协定》的倾销定义作为上下文来解释 W-T 中明显区别的价格仅限于低于正常价值的部分，以杜绝反倾销调查中的归零法。这也是归零案上诉机构的一贯判理。少数意见则以第 2.4.2 条第二句的功能为依据，包括所有明显区别的价格，然后计算倾销幅度时仍采取归零法。这与 W-W、T-T 的比较时归零没有实质区别。美国不同价格方法案专家组与美国洗衣机案的少数意见一致，有悖于上诉机构的一般判理。这显然是"翻案"。在上诉机构"停摆"情况下，美国在采用 W-T 的比较方法时将继续其归零法，从而导致 WTO 的相关规则失去其应有的约束性，对 WTO 规则体系的权威性构成极大挑战。

2. 美国反补贴措施案关于公共机构条款的解释

（1）公共机构认定的"职能说"抑或"控制说"。中国与美国围绕《反补贴协定》第 1.1 条第（a）款第（1）项关于公共机构规定的解释争议可追溯至 2011 年。

上诉机构复审了美国双反案。上诉报告首先指出该案专家组错误解释该条款中作为"集合名词"（collective term）的"政府"所包括的"政府或任何公共机构"是两个"具有不同意义的单独概念"，因而该"集合名词"并无解释意义，"这与条约有效解释原则相悖"。[78]

然后，上诉机构认为所涉解释问题是："某实体必须具有哪些与狭义的政府共有的本质特点，以致作为一个公共机构，并成为集体意义上政府的一部分。"[79] 上诉机构以"加拿大乳制品案"判理为依据，认为："政府的实质在于通过其合法权力的行使，拥有管理、控制或监管个人或限制其行为的集体权力。上诉机构进一步认定该意义部分地源自政府行使的职能，部分来自政府所拥有行使其职能的权力与权威。如我们所理解的，'政府'的用语所具有的这些界定意义蕴含着'公共机构'用语的意义。这说明政府性职能的履行，或事实上被授权和行使这些职能的权力是政府与公共机构之间的核心共

---

[78] US-Anti-Dumping and Countervailing Duties (China), DS379/AB/R, 11 March 2011, para. 289.

[79] US-Anti-Dumping and Countervailing Duties (China), DS379/AB/R, 11 March 2011, para. 290.

同点。"⑧显然，上诉机构是在解释何谓政府的同时，明确与政府的实质特征相吻合或具有"政府与公共机构之间的核心共同点"的机构才是"公共机构"。换言之，这里只有在基于《反补贴协定》认定政府补贴的意义上，对一般意义上的政府（包括具有政府实质特征的公共机构）认定，而没有脱离这一上下文，对一般意义上公共机构的单独认定，更没有对一般意义上国有企业的单独认定。诚然，上诉机构针对专家组以政府对某实体为主要股东为证据认定其为公共机构，对类似个案认定中的证据提出了若干一般性指导，包括"政府对某实体及其行动行使明显控制在一定情况下也许作为有关实体拥有政府权力以及行使政府职能的权力之证据。但是，我们强调缺乏法律文件明确授予该权力的情况下，仅仅存在某实体与狭义政府的形式关联，尚不足以认定其拥有政府权力"。⑧

比较而言，"职能说"是在认定政府行使其职能向市场主体提供财政资助的意义上认定与政府具有该"核心共同点"的公共机构，而"控制说"脱离了这一上下文，一般地以政府对某实体拥有多数所有权，从而构成"明显控制"作为认定公共机构的法律标准。

（2）公共机构认定的法律标准与"利益"计算的基线认定。2014年上诉机构对美国反补贴措施案（中国）的复审报告所针对的解释问题是根据《反补贴协定》第14条第（d）款，如何计算构成补贴的"利益"。但是，该问题与美国在对涉案中国输美国产品征收反补贴税时基于政府多数所有及控制的理由将中国国有企业认定为公共机构有关。上诉机构一方面支持中国的解释，亦即，认定《反补贴协定》下的政府只有一个法律标准（美国双反案上诉报告的解释），另一方面又认为这并不意味计着算构成"利益"的基线选择取决于对涉案国有企业是否为公共机构的认定。上诉机构强调计算此类"利益"的关键在于特定市场上"政府是否影响任何政府相关实体或私人实体的价格行为……在任何事件和任何情况下，调查当局认定适当基线都必须

---

⑧ US-Anti-Dumping and Countervailing Duties（China）, DS379/AB/R, 11 March 2011, para. 290.

⑧ US-Anti-Dumping and Countervailing Duties（China）, DS379/AB/R, 11 March 2011, para. 318.

提供其认定根据的合理及充分的说明"。[82] 可见，美国双反案有关公共机构的解释判理没有变，只是"利益"计算的基线认定不以公共机构的认定为前提。上诉机构的本意是区分《反补贴协定》第1.1条第（a）款第（1）项提供财政资助的公共机构认定与第14条第（d）款计算利益的基线认定，后者不以认定公共机构为前提。但是，恰恰美国在对中国输美国产品反补贴调查时以国有商业银行等同于公共机构为前提，从而采用替代基线。这直接引起了对美国反补贴措施案（21.5）。

（3）脱离《反补贴协定》约文对一般意义上公共机构的认定。如前所述，美国反补贴措施案（中国，21.5）专家组不仅裁定美国通过所谓"公共机构备忘录"以及对中国政府的相关问卷得到的证据"整体"酌定受调查的中国企业是否公共机构，并未违反《反补贴协定》第1.1条第（a）款第（1）项所要求的认定公共机构的法律标准，而且驳回中国主张该具有一般适用性的"公共机构备忘录"基于"明显控制"范畴，脱离《反补贴协定》第1.1条第（a）款第（1）项明文要求认定"政府或公共机构提供的财政资助"这一关系，裁定该备忘录"本身"没有抵触该条款。这显然偏离了该条款的文本。

上诉机构对美国反补贴措施案（中国，21.5）的复审支持专家组的裁定。上诉机构首先复审中国主张推翻专家组有关认定"公共机构"的法律标准，亦即，该标准未规定所确定的政府职能与财政资助之间一定程度或性质的必然联系，指出："我们所要解决的问题是在公共机构认定的上下文中，《反补贴协定》第1.1条第（a）款第（1）项是否要求调查当局在所有情况下应确立所确定的'政府职能'与被指控提供财政资助的具体行为之间的清晰逻辑联系。"[83]

上诉机构解释：该条款涉及的"财政资助"可能采取多种形式。"在先前争端中，上诉机构已经阐释了第1.1条第（a）款第（1）项'公共机构'的含义。其中认为该条款文本所指'政府或任何公共机构'为'政府'，因

---

[82] US-Countervailing Measures（China），DS437/AB/R，18 December 2014，para. 4.62.

[83] US-Countervailing Measures（China，21.5），DS437/AB/R，para. 5.91.

而提示一定'程度上两者间本质特点的共同点或重叠之处'。上诉机构认定公共机构是'拥有、行使或被授予政府权力'的实体，并且说明公共机构的认定关键在于是否'在具体案件中存在一个或多个此类特点'。上诉机构还阐明了构成公共机构的问题与'在有关成员的法律制度中通常归为政府的'职能或行为有关，并且涉及'在WTO成员中普遍的归类及实体职能'。"[84]上诉机构进一步归纳其相关解释判理：个案认定公共机构可能包括相关证据："（1）'某实体实际上行使政府职能'的证据，尤其是此类证据'说明了持续和系统的做法'；（2）有关'与被调查实体运行的部门有关政府政策范围及内容'的证据"；（3）政府行使'对某实体及其行为明显控制'的证据。"[85]

根据上述解释"判理"（jurisprudence），上诉机构认为："某实体行为或做法的性质也许会构成认定公共机构的证据。但是，对此类证据的评估旨在回答关键的问题，亦即，该实体本身是否具有符合公共机构的核心特征及职能。换言之，我们不认为公共机构的认定必须聚焦于相关实体可能做的每一行动，或此类行为是否与'政府职能'有关。相反，某实体的行为，尤其是'持续和系统的做法'作为各种证据之一，取决于每一调查的情况，也许可以启示某实体的核心特征及其与狭义的政府之间的关系。"[86]由此可见，上诉机构强调基于个案证据，酌定是否存在上述核心特征，尤其是体现政府职能的"持续和系统的做法"，弱化了"财政资助"在认定《反补贴协定》下公共机构的作用，似乎偏向于一般意义上的公共机构认定。在当前欧美一再对中国国有企业体制发难之际，上诉机构也倾向于对中国特有体制下的公共机构认定。比如，上诉机构针对中国援引"美国双反案"上诉报告有关中国国有商业银行在中国政府"明显控制"其"贷款"的意义上，才属于公共机构［在第1.1条第（a）款第（1）项下的具体行为］，指出："这不是上诉机构

---

[84] US-Countervailing Measures（China, 21.5），DS437/AB/R, para. 5.95. 上诉机构援引了"美国双反案"（中国）和"美国碳钢案"（印度）上诉报告。

[85] US-Countervailing Measures（China, 21.5），DS437/AB/R, para. 5.96. 上诉机构也援引了"美国双反案"（中国）和"美国碳钢案"（印度）上诉报告。

[86] US-Countervailing Measures（China, 21.5），DS437/AB/R, para. 5.101.

结论的唯一依据。相反，如前所述，上诉机构还提到其他美国商务部所依赖的'广泛证据'，包括信息表明：（1）国有商业银行行长是政府任命的，中国共产党对此类选任具有明显影响；（2）国有商业银行'还缺少足够的风险管理机制及分析能力'。该证据不限于国有商业银行贷款活动本身，而是就其组织结构、决策权力链以及与中国政府的总体关系而言，这是在其认定这些实体与中国政府关系的核心特点框架内。"[87] 显然，上诉机构认为《反补贴协定》第1.1条第（a）款第（1）项下对公共机构的认定不一定在"财政资助"上下文中，而可以是在特定WTO成员体制下一般意义上的认定。这种脱离《反补贴协定》文本的解释有悖于VCLT解释规则。

（4）异议：旨在彻底推翻美国双反案的公共机构认定判理。特别值得关注的是，该案三位上诉机构成员（包括美国籍成员格雷厄姆先生）中的一位（未公开）[88] 表示异议："我认为多数意见重复了认定某实体是否公共机构的不清楚、不准确的标准表述，并且，我不同意多数意见隐含的观点，亦即，更加清晰的标准表述没有把握和必要性。"[89] 这说明，相比较美国双反案上诉报告明确在政府行使其职能向市场主体提供财政资助的意义上认定与政府具有该"核心共同点"的公共机构，美国反补贴措施案（中国）旨在区分《反补贴协定》第1.1条第（a）款第（1）项提供财政资助的公共机构认定与第14条第（d）款计算利益的基线认定，后者不以认定公共机构为前提，从而为美国反补贴措施案（21.5）的争议埋下伏笔。可以说，上诉机构对于公共机构的解释，将认定的证据（包括明显控制）引入认定范畴，显然不无含糊之处。如果从《反补贴协定》约文出发，应进一步在澄清政府行使其职能向市场主体提供财政资助的意义上认定公共机构的含义。然而，美国反补贴措施案（21.5）上诉报告（多数意见）偏离《反补贴协定》约文的解释倾向，使得一般认定公共机构所存在的"不清晰、不准确"（unclear and inaccurate）

---

[87] US-Countervailing Measures（China, 21.5），DS437/AB/R，para. 5.104.

[88] 尽管根据DSU第17.11条，"上诉机构报告中由任职于上诉机构的个人发表的意见应匿名"，但是，根据2016年美国洗衣机案和本案的异议（上诉机构三成员包括美国籍成员格雷厄姆先生）所体现的明显支持美国有关归零法、公共机构等解释问题的诉求看，该异议者很有可能就是格雷厄姆先生。如果确实是，那么这位成员是否秉持上诉机构及其成员的第三方中立性，就很成问题。

[89] US-Countervailing Measures（China, 21.5），DS437/AB/R，para. 5.243.

的问题更加突出。该异议者则从美国诉求出发,试图彻底推翻美国双反案上诉报告关于公共机构的解释:"始初错误来自美国双反案将'公共机构'界定为'拥有、行使政府权力或被其授权的某实体'。这肯定是认定公共机构的一种方法。但是,这并非给予该概念含义的唯一方法,而这必须是灵活的,因为这取决于特定情况中的含义。"⑨这反映了上诉机构对于《反补贴协定》下公共机构的解释,一方面坚持基于约文只有"职能说"的认定标准,另一方面又将诸如"明显控制"之类个案酌定的证据引入认定所产生的问题。这使得美国反补贴措施案(中国,21.5)专家组将此类证据曲解为一般意义上认定公共机构的法律标准,实质上是刻意将此类标准裁剪为涉案中国国有企业"量身定制"的一套认定标准(与美国认定国有企业的标准相似)。该异议者强调"特定情况中的含义",实际上就是针对中国国有企业的公共机构认定方法。

该异议者在解释《反补贴协定》第1.1条第(a)款第(1)项"公共机构"时首先就将"任何公共机构"(any public body)改成"某公共机构"(a... public body)⑨,使得集合名词"政府"(government)所包括的"某政府或任何公共机构",变成了与政府分开的"某公共机构"。如此条约解释,哪谈得上依据"国际公法解释惯例"?该异议者由此推论:该条款要求"审查某公共机构是否转移财政价值,并可归因于某政府。正如我所理解,该审查包含对相关实体与政府关系的评估。当该关系足以接近,系争实体就可认定为公共机构,并且其所有行为可归因为对于第1.1条第(a)款第(1)项而言的有关成员"⑨。在将集合名词中的政府与公共机构人为分开后,作所谓两者关系的评估。这种解释完全背离了条约的文本。该异议者进一步推论:"某实体与政府的关系可采取不同形式,取决于相关成员的法律与经济环境。当然,如上所说,某实体'拥有、行使或被授予政府权力'时可认定为公共机构。但是,这不是,也不应被当作每个案件中的必要标准。"⑨ 显然,这是

---

⑨ US-Countervailing Measures (China, 21.5), DS437/AB/R, para. 5.245.
⑨ US-Countervailing Measures (China, 21.5), DS437/AB/R, para. 5.247.
⑨ US-Countervailing Measures (China, 21.5), DS437/AB/R, para. 5.247.
⑨ US-Countervailing Measures (China, 21.5), DS437/AB/R, para. 5.247.

要彻底推翻美国双反案上诉报告的"职能说",亦即,只有在与政府性职能的履行,或事实上被授权和行使这些职能的权力,这一政府与公共机构之间的核心共同点上,某公共机构才是集合名词"政府"的一部分。该异议者接着主张以"控制说"(被美国双反案否定)代替"职能说":"我认为,如果某政府有能力控制系争的实体以及/或其行为,那么该实体就可以被认定为第1.1条第(a)款第(1)项意义下的公共机构。"[94]翻案之意,再清楚不过了。

在上诉机构"停摆"的情况下,美国不同价格方法案专家组就归零法问题,以美国洗衣机案上诉机构一成员的异议为依据,直接翻案,而本案上诉机构一成员的异议是在多数意见已偏向于脱离文本的情况下,主张干脆彻底翻案。可见上诉机构在"停摆"的同时,其权威性和解释判理的一致性也受到极大挑战。即便今后上诉机构有幸恢复运行,如何重振其权威性和解决其解释判理的一致性,也是必须解决的难题。

(三) 对WTO适用协定的诸多首次条约解释

俄罗斯过境案对GATT第21条、中国农产品案对《农业协定》第1条第(a)款第(ⅱ)项、中国关税税率配额案对《中国入世议定书》第116段、美国超级压光纸案对《反补贴协定》第19.3条、俄罗斯铁路设备案对TBT第5.11条、CVA第11.3条和澳大利亚烟草平装案对TRIPs第15.4条、第16.1条、第20条的解释,均为WTO争端解决实践中的首次条约解释。下文仅对俄罗斯过境案和澳大利亚烟草平装案的有关首次条约解释,在前述评析的基础上,就其解释判理的意义,做进一步的分析。

1. 全球贸易战背景下的安全例外条款解释

俄罗斯过境案专家组在当前全球贸易战的背景下对安全例外条款作出的解释,具有特殊意义。该案本身与贸易战没有任何关系,是由于乌克兰与俄罗斯关系恶化,尤其是克里米亚公投并入俄罗斯和乌克兰东部地区武装冲突,导致美国、欧盟等对俄罗斯的经济制裁与俄罗斯的反制裁,包括俄罗斯以国

---

[94] US-Countervailing Measures (China, 21.5), DS437/AB/R, para. 5.247.

家安全为由禁止乌克兰货物经由俄罗斯公路和铁路过境至哈萨克斯坦等国而引起的贸易争端。然而，2018年3月，美国以安全例外为由对进口至美国的钢铝制品采取加征关税措施，中国率先向WTO起诉美国实质上是采取违反WTO规则的保障措施。[95]美国辩称："国家安全是政治问题，不属于WTO争端解决的事项。每一个WTO成员均有权自己决定对于其重大安全利益的保护必要性，这体现于GATT 1994第21条规定。"[96]在专家组审理俄罗斯过境案时，美国作为第三方强调安全例外的自裁权是"GATT缔约方和WTO成员反复承认的'固有权利'"[97]。如前所述，专家组认定安全例外属于适用DSU一般规则与程序的专家组管辖权范围。这对DSB处理此类贸易争端的正当性和权威性，具有重大意义。

前文已比较详细地评述了该案专家组对涉案的关键条款——GATT第21条第（b）款第（ⅲ）项的解释，不必重复。但其中可能涉及的"演进"解释，也就是说，该条款的"国际关系"和"紧急情况"属于一般性用语，在当代，除了战争这一国际关系中的紧急情况，有没有其他不属于类似该案所涉武装冲突范畴的紧急情况？比如，2018年7月美国以所谓不公平贸易的301调查结果为由对340亿美元中国输美国产品实施加征关税的单边贸易措施。对于美国挑起的"迄今为止经济史上规模最大的贸易战"，中国"不得不被迫作出必要反击"[98]。这样的贸易战是否属于该第21条第（b）款第（ⅲ）项下"国际关系中的其他紧急情况"，以致中国可以采取反制措施以维护自己的重大安全利益？从该案专家组提供的案例或决定等来看，GATT或WTO先前没有针对非武装冲突的紧急情况作出任何对该条款用语的解释[99]，因而也无法从中得出任何参考。但是，在投资争端解决国际中心仲裁的一些

---

[95] US-Steel and Aluminium Products（China），DS544/1, 9 April 2018. 随后，欧盟等8个成员相继以同样理由诉美国。

[96] US-Steel and Aluminium Products（China），DS544/2, 17 April 2018.

[97] Russia-Traffic in Transit，DS512/R，Adopted on 26 April 2019，para. 7.51.

[98] "商务部新闻发言人就美国对340亿美元中国产品加征关税发表谈话"，载中华人民共和国商务部网站，http://www.mofcom.gov.cn/article/ae/ag/201807/20180702763232.shtml，2019年7月20日访问。

[99] Russia-Traffic in Transit，DS512/R，Adopted on 26 April 2019，Appendix-Subsequent Conduct Concerning Article 21 of the GATT 1947.

案件涉及对类似安全例外的解释。比如，在 2010 年安然公司诉阿根廷案中，阿根廷以国内严重经济危机构成《美国与阿根廷投资协定》（BIT）第 4 条第（3）款的"国家紧急状态"（state of national emergency），并援引该 BIT 第 11 条"重大安全利益"（essential security interests）例外规定而主张豁免其该 BIT 义务，被该案仲裁庭驳回。但是该案撤销委员会裁定该仲裁裁决的理由不充分，因为未说明阿根廷相关措施不是"唯一"的方法。因而"构成了撤销该裁决的依据"。[⑩]尽管 BIT 的安全例外所包括的此类可构成"国家紧急状态"的严重经济危机与 GATT 第 21 条的"国际关系中的其他紧急情况"，不可相提并论，但是，不属于战争或武装冲突的此类经济性质的紧急情况确实也与国家安全利益密切相关。中国在遇到史无前例的贸易战时，以"国际关系中的其他紧急情况"为由（未明确说明）对美采取反制措施，也不是没有理由的。这可能也是美国至今没有就此向 WTO 起诉中国的缘故。

2. 私权与公共健康权益的冲突与平衡

包括注册商标权在内的知识产权是 TRIPs 确认的"私权"（private rights）。在澳大利亚烟草平装案中，洪都拉斯等 WTO 成员主张所涉烟草公司的注册商标权的使用不应受到烟草平装法的限制，而澳大利亚则主张为了公共健康的利益有必要通过这种方法尽量减少人们对烟草的需求。该案关键在于 TRIPs 第 20 条（"在贸易过程中使用商标不得受特殊要求的无理妨碍"），尤其是何谓"无理"的解释。其实，该条款本身与诸如公共健康的社会利益并无直接关联，因为要求 WTO 成员负有"在贸易过程中使用商标不得受特殊要求的无理妨碍"的义务，特地举例旨在说明此类特殊要求包括与其他商标混用、以特殊形式使用、以商业混淆方式使用。但是，该案当事方都将解释重点与利益平衡相联系。该案专家组在解释该用语"无理"的意义时认为第 20 条本身没有明确规定可能构成某妨碍"无理"的类型，因而需在 TRIPs 其他条款的上下文中得到"有用的一般指南"[⑩]，然后就转向对该协定序言和

[⑩] Enron Creditors Recovery Corp. v. Argentina, ICSID Case No. ARB/01/3, Annulment. Decision, 30 July 2010, para. 378.

[⑩] Australia-Tobacco Plain Packaging (Honduras, Dominican), DS435, 441/R, 28 June 2018, para. 7.2397.

总则及基本原则部分的第 7 条、第 8 条。

令人疑惑的是，根据 VCLT 第 31.1 条解释通则以及条约解释的国际法实践，该用语的上下文，首先是该用语本身的句子，亦即，第 20 条第一句："在贸易过程中使用商标不得受特殊要求的无理妨碍，如要求与另一商标一起使用，以特殊形式使用，或以不利于将一企业的货物或服务与其他企业的货物或服务相区别的方式使用。"构成无理妨碍的特殊要求与商标的正常使用相悖，尤其是可能导致商业混淆的特殊要求。WTO 成员有义务在立法、执法等方面保护注册商标在贸易过程中的使用不受此类特殊要求的无理妨碍。这既是注册商标制度本身的宗旨——区别不同企业的商品或服务的商标，也是保护消费者的选择其需要商品或服务的公共利益。换言之，第 20 条第一句本身并不涉及或解决注册商标的使用权与公共健康方面社会利益的权衡关系。澳大利亚烟草平装案的实质是减少公众抽烟以利于公共健康的社会利益与注册商标权应有的使用权之间的矛盾。但是，就条约解释而言，第 20 条本身的上下文已经清楚说明该条款的"无理"范畴。假定按照这样的条约解释，澳大利亚确实违反其第 20 条的义务，然后，才是解决豁免该义务的条约依据问题。就如同中国稀土案，专家组和上诉机构都坚决认为《中国入世议定书》第 11.3 条已经明确出口税的例外，因而不可适用 GATT 第 20 条一般例外。而该案专家组异议则认为应采取"整体方式"解释，先以该议定书总则第 1.2 条作为上下文解释。[102] 澳大利亚烟草平装案专家组如同中国稀土案专家组异议采取的解释方式，先将协定的序言和总则作为上下文解释第 20 条第一句的前半句。但是，并没有对这样的解释路径给出任何说明。

可见，上述两案专家组的条约解释仍有值得推敲之处。

总括全文，在 WTO 争端解决上诉机构部分乃至可能全部"停摆"的情况下，无论是少数未上诉而通过的，还是多数上诉待审的专家组报告包含的条约解释判理都是对今后审理同类案件具有指导作用的"惯例"。在该上诉机构"停摆"的情况下，深入、全面地研究这些专家组报告，不失为应对今后可能的争端解决之现实方式。

---

[102] 参见张乃根："试析条约解释的'整体性'方式——以'中国稀土案'为例"，载孙琬钟、孔庆江主编：《WTO 法与中国论坛年刊》(2015)，知识产权出版社 2015 年版，第 117-137 页。

国际组织与主权国家权力的再平衡
——以争端解决机制为视角

屠新泉 石晓婧[*]

一、引言

世界贸易组织（World Trade Organization, WTO）自建立之初的基本职能就是管理监督各成员政策法规、组织实施协议、协调各组织职能、调解成员冲突和提供谈判场所，其本身并不具备规则执行能力，权力主要仍掌握在各成员手中。争端解决机制是可对成员实施约束以确保多边贸易体制有效运行的一个关键力量，它克服了一般国际法"软法"的特性，以"硬法"的形式规范和约束成员。这一机制曾受到高度的评价，被誉为 WTO 皇冠上的珍珠[①]，其中上诉机构的成立被认为是"WTO 争端解决机制最重要的创新之一"[②]。而这一

---

[*] 屠新泉，对外经济贸易大学中国世界贸易组织研究院院长、教授、博士生导师；石晓婧，对外经济贸易大学中国世界贸易组织研究院博士研究生。本文系教育部基地重大项目"多边贸易体制70年发展历程回顾与思考"（项目批准号：16JJD790008）的阶段性研究成果。

Daniel B. & J. S. Watson, *State Consert and the Sources of International Obligation*, 86 Proceedings of the Asil Annual Meeting 108 – 113（1992）.

① Ostry Sylvia, *Looking Back to Look Forward: The Multilateral Trading System after 50 Years*, In WTO Secretariat eds., From GATT to the WTO: The Multilateral Trading System in the New Millennium, Kluwer Law International, 2000, p. 106.

② V. Hughes, *The WTO Dispute Settlement System: A Success Story*, in Julio Lacarte & Jaime Granados eds., Inter-Governmental Trade Dispute Settlement: Multilateral and Regional Approaches, Cameron, 2004, p. 121.

机制并非没有争议,随着国际经济格局的变化,对 WTO 尤其是争端解决机制的质疑声频繁出现,当前上诉机构法官遴选受阻是迄今为止最为严重的一个问题。美国对争端解决机制的一些制度和程序性问题提出质疑,阻挠上诉机构法官遴选程序,导致争端解决机制的运转陷入了困境,如果无法得到有效解决,将面临全面瘫痪的危机,这是主权国家对国际组织权力发起的一次挑战。

美国这一举动之后,大多数讨论集中于美国是否有权利阻止上诉机构法官的任命或者上诉机构成员是否会因为他们在上诉机构报告中的陈述而受惩罚[③]。本文从一个新的角度探讨这一问题,我们认为要解决这一危机,首先需要搞清楚在争端解决机制建立之时是如何谈判达到权力平衡的,为什么当前美国会对争端解决机制提出质疑,为了回答这些问题,我们追本溯源,试图从历史的进程中寻找答案。本文考察争端解决机制的建立过程和制度设计,试图在历史和现实对比分析的基础上,分析美国的态度和立场,并进一步探讨其原因。

二、从历史到现实

(一) 争端解决机制的建立

WTO 争端解决机制成立于 1995 年,但其并非突然成立,而是在《关税与贸易总协定》(General Agreement on Tariffs and Trade,GATT) 的基础上演变而来的,后经过乌拉圭回合谈判,达成了《关于争端解决规则与程序的谅解》,系统地对 WTO 争端解决机制作出了规定,并且在此后的运行中产生了良好的效果。

1. 前身——GATT 争端解决机制

GATT 成立之后,突破了原来国际社会上主要采用传统国际法或者双边协商的争端解决方式,在多边基础上建立了一个协商谈判解决的平台。解决争端的依据主要是第 22 条和第 23 条的规定,其中,第 22 条规定了以协商的方式解决争端,第 23 条规定当协商无法解决争端时,则应该由全体缔约方调

[③] Henry Gao, *Dictum on Dicta: Obiter Dicta in WTO Disputes*, 17 World Trade Review 1-25 (2018).

查、提出建议并且在适宜的时候作出裁决④。在GATT成立之初主要是靠大会主席对争端作出裁决,从1950年开始由工作小组替代大会主席对争端作出裁决⑤。到1952年处理挪威和联邦德国间关于纺织品进口的争端时又由专家组代替工作小组作出裁决,之后达成了《关于通知、磋商、争端解决和监督的谅解协议》,对第22条和第23条作出了详细规定,并且规定专家组成员不包括争端双方的成员,成为完全的第三方裁决,形成了一套较为独特和统一的争端解决模式⑥。

具体来讲,第22条内容比较简单,主要是赋予了成员在遇到任何问题时可以提起磋商的权利。第23条则被认为在整个GATT的争端处理中发挥着核心作用,其规定分为两项:第一项规定了当某个缔约国在GATT中的利益由于其他缔约国采取的措施丧失或者受到损害,或者导致其在GATT中预期达到的目的受阻时,该缔约国可以通过书面文件要求对方妥善地解决问题;第二项规定在当事方协商不顺利时,可以委托缔约方处理问题,主要程序包括:设立专家小组、由专家小组审查并且得出结论、理事会作出总协定劝告,全体缔约国对这一劝告投票表决、若被诉方不接受总协定劝告则理事会认可上诉方的报复措施。其中,主要有三个问题值得注意:一是在专家小组的设置上,为保持中立性,主要是选择和案件没有利害关系并且不抱积极关心态度的第三国驻日内瓦的外交官员;二是在表决方式上,采取协商一致的方式,即只要不是全体赞成则无法通过小组报告,这意味着任意一方都可以阻挠案件的裁决;三是在裁决的执行上,总协定劝告是否具有约束力,这一点是不明确的。

由于GATT时期针对争端解决只有两个条文作出了规定,所以在日益复杂的国际贸易背景下,弊端逐渐突显,出现了在许多情况下无法可依的情况。1960年到1977年中期,GATT下的争端解决机制近乎瘫痪,其后虽然GATT对争端解决机制做出了一些改革,但是仅仅局限在小程度的修订,仍存在许多无法治愈的沉疴阻碍争端解决机制作用的发挥。例如,仍存在着缺乏对时间的明确限制规定导致争端解决往往拖而不决,协商一致的原则导致在争端

---

④ 参见邓国宏:《WTO争端解决机制研究》,上海人民出版社2007年版。
⑤ 参见朱榄叶编著:《关税与贸易总协定国际贸易纠纷案例汇编》,法律出版社1995年版。
⑥ 参见杨荣珍主编:《世界贸易组织规则精解》,人民出版社2001年版。

中的任何一方都可能阻碍争端的裁决等问题。根据对世界贸易法研究数据的分析,在 GATT 时期,争端解决机制经历了一个由盛转衰的过程,在 1948—1988 年、1988—1994 年这两个时间段内,启动程序的争端从 310 件减少至 122 件,提起专家组的争端从 133 件减少至 55 件,专家组裁决的案件从 105 件减少至 45 件⑦,这表明在 GATT 后期,争端解决机制的弊端已经逐渐突显,亟须建立一个新的争端解决机制。

2. 正式建立——乌拉圭回合

基于 GATT 争端解决机制越来越无法适应国际贸易发展的现实,GATT 历史上规模最大的乌拉圭回合将这一议题列入谈判议程,试图在 GATT 争端解决机制的基础上建立一个完善而有效的争端解决机制。经过长达 7 年多的谈判,1993 年 12 月,各方达成了一致,并于 1994 年 4 月 15 日在马拉喀什签署生效了《马拉喀什建立世界贸易组织协定》,WTO 就此诞生,其中,附件 2《关于争端解决规则与程序的谅解》对 WTO 争端解决机制做出了系统的规定⑧。事实上,在乌拉圭回合中,争端解决机制是各方最为重视、交锋也最为激烈的议题之一,作为当时"一超"的美国在其中发挥了重要的主导作用。

根据 WTO 公布的官方文件⑨,在乌拉圭回合中,关于争端解决机制的谈判主要集中在四个问题上:专家小组成员的选择、专家小组报告的通过方式、专家小组报告的上诉审查以及裁决结果的执行。

(1)专家小组成员的选择。关于专家小组成员选择的问题,欧洲共同体认为小组成员应从一个名册中选出,强调名册与国家行政当局无关,应由具有法律、经济和商业经验的个人组成。正如前文所述,GATT 时期也有设立

---

⑦ 参见毛燕琼:《WTO 争端解决机制问题与改革》,法律出版社 2010 年版。

⑧ 参见石广生主编:《乌拉圭回合多边贸易谈判结果》,人民出版社 2002 年版。

⑨ See Multilateral Trade Negotiations-the Uruguay Round, Communication From the United States, MTN, GNG/NG13/W/3; Multilateral Trade Negotiations-the Uruguay Round, Communication From the United States, MTN, GNG/NG13/W/40; Multilateral Trade Negotiations-the Uruguay Round, Meeting of 5 April 1990 Note by the Secretariat, MTN, GNG/NG13/19; Multilateral Trade Negotiations-the Uruguay Round, Summary and Comparative Analysis of Proposals for Negotiations Note by the Secretariat, MTN, GNG/NG13/W/14; United States: Statement by Ambassador Clayton Yeutter, Trade Representative, at the Meeting of the GATT Contracting Parties at Ministerial Level, 15 – 19 September 1986, Punta del Este, Uruguay, MIN (86)/ST/5.

专家小组的程序，并且主要是任命一些驻日内瓦的外交官员，包括部分政府成员和非政府成员。对此，美国提出，专家组成员最好来自非政府领域从而确保专家小组的公信力，同时，GATT时期选择专家小组的过程在很大程度上是临时性的，因此需要设立一个固定的专家组备选小组（15~20人），专家小组的人员从中选出，任期两年或两年以上。大多数成员赞成设立固定的小组成员的想法。

（2）专家小组报告的通过方式。在专家小组报告的通过方式上，美国和欧洲共同体存在较大的分歧。美国认为即使在没有其他缔约方支持的情况下，败诉方仍然有能力永久性地阻止小组报告的通过，这是这一制度的一个严重障碍，妨碍了争端解决机制的司法性。因此，美国提出两种可能方式，一个是自动通过原则，即如果在一段特定期间后没有成员提出具体的反对意见，理事会应自动通过小组报告；另一个是选择排除败诉方在内的协商一致原则。但对此，欧洲共同体则偏向于协商一致的方式，认为在此之前，协商一致这一原则阻碍专家小组报告的案例并不多（事实上，专家小组报告通过率达到93%[10]），完全无视当事方的意见对专家小组报告进行表决不一定有助于问题得到实质性的解决，因此对美国的提案提出了对抗案。

尽管讨论激烈，但是在最终协定中却全盘接收了美国的主张，对专家小组报告的通过采取了反向协商一致的方式，即只要不是全体缔约方一致反对，则报告即会通过，这表明专家小组报告几乎可以不受阻碍地全部通过。

（3）专家小组报告的上诉审查。在上诉审查问题上，欧洲共同体提出可以由一个独立于GATT秘书处的小组组成一个上诉机构，上诉机构的成员应是在贸易政策方面具有专业经验的杰出人士，并且上诉机构的权威必须是毋庸置疑的，可以驳回上诉毫无根据的案件。对此，美国也指出，根据目前的程序，如果一方认为有法律错误，该方唯一的申诉办法是在GATT全体理事会上提出该报告有致命的缺陷，不应予以通过，但是理事会的大多数成员并不会仔细研究其所涉的法律问题。因此，需要建立一个审查制度：其一是专家小组在提交报告之前或者之后，印发一份供当事各方评论的临时报告并允许成员提出上诉；

---

[10] 参见郑海东：“乌拉圭回合争端处理机制改革的真相"，载《外国经济与管理》1996年第1期。

其二是建立一个单独的系统来审查小组报告中的法律问题,并且为完成这一进程设立一个最后期限,可以考虑按照欧洲共同体的建议,设立一个常设上诉机构和一个上诉小组成员名册。

(4)裁决结果的执行。在执行问题上,欧洲共同体认为理事会应确定适当的最后期限。同时建议,禁止任何一个缔约方针对贸易争端采取单方面的制裁措施(主要针对《美国贸易法》第 301 条款的单向使用实施约束),各缔约方应该保证国内法与争端解决机制相互协调。另外还指出,如果败诉方未能在期限内执行裁决,则胜诉方有权利提出补偿的要求,若败诉方无法做出补偿,则胜诉方可以采取报复措施。对此,美国也表示需要对裁决的执行进行合理的监督,一种方法是要求败诉方在规定的期限内,与胜诉方协商,如果没有达成协议,可以采取赔偿或报复的程序。如果达成了协议,但是在规定的时间后被申请人既没有遵守专家组的建议,也没有达成一个约定的时间,则给予胜诉方自动撤销让步的权利,报复措施仅作为最后手段使用。需要注意的是,美国提出这个报复程序可以是跨领域的。

最终,在各方谈判协商一致的结果下,各方达成了对争端解决机制的方案裁定,全面改进争端解决机制:建立了一套系统的争端解决机制,可以解决大多数 WTO 下的争端、对专家小组人员的遴选制定了系统的程序、采取反向协商一致原则使得专家组报告几乎可以自动通过、建立了全新的上诉机构、为保证裁决的执行增加了如交叉报复等规则,成为最终的协定。

可以发现,在乌拉圭回合中,出现了两种对立的基本立场。美国主张要加强争端解决机制处理问题的法律约束力,使其具有司法职能,澳大利亚、新西兰等国家也对此表示支持,因此,在 GATT 理事会角色问题上,美国强调应该限制否决权的行使,争端各方应受到理事会的约束,在专家组报告的通过方式上也采取反向协商一致这种近乎自动通过的方式以确保其权威性。而与之相对地,欧洲共同体、日本和巴西等国家对争端解决程序带有法律约束力表示反对,主张主权国家需要保留一部分政治解决的权力,应强调争端解决机制的调解作用。

实际上,在谈判一开始,大部分国家认为虽然争端解决机制存在问题,但其改革不宜操之过急。然而,当时各国面临一个重要的现实问题——美国频繁使用301条款迫使其他经济体在出口、知识产权保护以及市场准入等问题上妥协，损害了其他经济体国内利益。因此，为对美国301条款进行约束，许多缔约方诉之于国际组织，期望通过争端解决机制的改革，明确禁止单边报复对其进行控制。最终，在协定中也明确对此做出了规定，在一定程度上对美国肆无忌惮地发起301调查施加了一定约束。但其实最终达成的协定具有明显的301条款特征[11]：一方面，反向协商一致这种通过方式，意味着各种报复措施几乎可以自动通过，那么这就近乎相当于美国301条款这一国内法得到了国际组织的认可——美国对其认为不公平的贸易可以进行报复；另一方面，遵循美国国内法的形式，承认了交叉报复的合理性，使不同领域、部门和行业的报复成为可能。日本指出美国之所以提出这种报复方式，其实是考虑其可能会成为迫使其他国家在新的领域上做出让步的一个有效的手段，如逼迫发展程度较低的国家开放对其有利的市场，美国方面也表示乌拉圭回合协议的达成并不会对301条款产生任何实质性的障碍。事实上，在争端解决机制运行后，美国也仍在使用其301调查达到自己的目的。

（二）争端解决机制的制度设计

WTO首任总干事鲁杰罗曾对争端解决机制做出高度评价，认为争端解决机制是多边贸易体制的重要支柱，是WTO对全球经济稳定做出的最独特贡献。争端解决机制的重要贡献主要来源于它的制度设计，既表现出司法性，正如成立之时美国强调的，对缔约方施加较强的约束力，又表现出政治性，保留了一定的政治余地。

1. 司法性

首先，从争端解决机制的独立性来看。其一，根据规定，专家组和上诉机构的成员必须是"完全合格的政府和/或非政府个人"，并且是以个人身份接受任命，不代表任何一方政府也不属于争端案件中的任何一国[12]。这样的选取原

---

[11] 参见郑海东："乌拉圭回合争端处理机制改革的真相"，载《外国经济与管理》1996年第1期。
[12] D. P. Steger, *The Appellate Body and Its Contribution to WTO Dispute Settlement*, Social Science Electronic Publishing, 2013.

则决定了成员组成不受争端相关国家影响,独立于争端之外,这也是争端解决机制成立之初各成员为了保证其独立性而专门设定的规则。其二,根据《关于争端解决规则与程序的谅解》第2条第1款,争端解决机构可以设立自己的主席并且根据情况确定履行职责所必需的规则,其有权利设立专家组、通过专家组报告、上诉机构报告、监督裁决执行,这在某种程度上给予其很大的自主权。[13]

其次,从争端解决机制的程序规定和裁决的约束力来看。WTO对争端解决机制的程序有明文规定,并且其执行通过原则是反向协商一致原则,这一原则进一步确保了其权威性,即各成员无法影响和改变裁决的结果,也无法阻挠其执行,这实际上赋予了争端解决机制超主权国家的权力。另外,如果败诉方未能履行裁决,《关于争端解决规则与程序的谅解》规定胜诉方可以申请采取平行报复、跨领域报复或者跨协议报复等方式实施不同程度的报复措施[14],这对裁决的执行施加了压力。

最后,从争端解决机制的管辖权来看。《关于争端解决规则与程序的谅解》第6条第1款规定了如果有成员发起请求,那么除非经过协商一致决定不成立专家组,否则必须成立专家组对此进行审查,并且被诉方必须配合应诉(即便是国际法院等类似国际机构也需要征得被诉方的意愿进行审理)[15]。第17条第6款也规定上诉机构限于对专家小组报告中存在的法律问题和解释进行审理,并未赋予其拒绝审理的权力。这意味着,争端解决机构法官不得因为政治原因或者其他任何原因拒绝成员的申请,同时必须按照规定对各方进行调查审核,这种强制性充分体现了其司法性[16]。

2. 政治性

尽管在成立之时接受了美国的提法,强化了争端解决机制的司法性,但其还是受到政治因素的影响,尤其在国际法的层面上,不可避免地需要政治

---

[13] 参见杨国华:"WTO上诉机构的产生与运作研究",载《现代法学》2018年第2期。

[14] 参见《乌拉圭回合多边贸易谈判结果法律文本》,对外贸易经济合作部国际经贸关系司译,法律出版社2000年版。

[15] 参见[美]帕尔米特、[希腊]马弗鲁第斯:《WTO中的争端解决:实践与程序》,罗诺新、李春林译,北京大学出版社2005年版。

[16] Ehlermann Claus-Dieter, Six Years on the Bench of the "World Trade Court", 3 Journal of World Trade 1–28 (2003).

权力的支持和配合[17]。

首先,从争端解决机制的磋商程序看,规则规定在发起案件后必须先进行磋商,这是一个强制的必须性过程,旨在为各方提供一个沟通的平台,争取在协商的基础上避免进一步的纠纷,如果能够达成一个解决方案,则不会进入专家小组审核的程序[18]。根据WTO网站数据,1995—2018年,发起争端请求的案件共573件,有284件进入设立专家小组的程序,那么有约一半的案件未进入专家小组程序。在磋商的过程中,各方根据自己的利益判断协调,并不能排除政治力量在其中发挥的作用。

其次,从争端解决裁决的执行来看,虽然WTO对执行程序作出了明确的规定,也采取了反向协商一致原则使其在通过过程中不受到各方的影响,但在执行的选择上,并未施加强约束。政府对裁决的服从在很大程度上是其利益衡量的结果,即在这个法律体系中,其长期获得的收益要大于不执行裁决时的收益[19]。这表明各方对争端解决机制裁决结果的执行建立在可以接受的范围内,如果裁决结果的执行严重损害了成员自身利益,导致不执行的收益更高,那么政府这个时候可能就会选择不执行裁决。

最后,从裁决的约束力来看,正如前文所说,《关于争端解决规则与程序的谅解》规定了存在不执行裁决的情况下可以采取报复措施,这虽然在一定程度上施加了压力,但值得注意的是,它并非强制要求败诉方给予胜诉方补偿,而是胜诉方可以歧视性地对败诉方暂停协议下的减让或其他义务,而这一措施实际上并不一定会对胜诉方产生有利作用,极有可能造成一损俱损的结果。这意味着,政府不执行裁决的成本并没有那么高,可以根据自身利益的得失衡量决定是否服从裁决。并且,由于现实中存在着各个成员实力不均的问题,所以这可能会伴随着恃强凌弱等现象的出现[20]。

---

[17] 参见孙培哲:"势与术的龃龉——WTO上诉机构司法性探寻",载《清华法治论衡》2014年第1期。

[18] 参见杨国华、李咏、姜丽勇等:"WTO争端解决机制中的磋商程序研究",载《法学评论》2003年第2期。

[19] 参见屠新泉:"WTO争端解决机制:规则与权力并重",载《世界经济与政治》2005年第4期。

[20] 参见吴淑娟:"WTO交叉报复的缺陷与完善",载《北方经贸》2010年第11期。

从以上的分析中，我们发现在争端解决机制内存在国际组织权力和成员自身权力的微妙平衡：争端解决机制首先给予成员协商谈判的余地，若谈判不成则以第三方的形式介入，通过强制参与调查以及调查结果的近乎自动通过保持其权威性，最后在案件裁决上，各方根据自身利益平衡选择是否执行，即使不执行，也不会面对强制性执行的要求。在这一过程中存在国际组织和成员自身权力的互相补充和配合[21]。

如果国际组织的司法性过度，那么可能挫伤参与方对国际组织的信心，转而寻找另外的解决方式[22]；如果成员权力过大，可以任意地对国际组织发起质疑，那么国际组织就会出现屡屡受阻的情况，无法保证正常程序的执行。无论是哪一种情况，都会导致失去建立这一制度的初衷和诉求。当前美国对争端解决机制发起的挑战，实际是意图打破这一旧有平衡，建立新的平衡。

（三）争端解决机制面临的质疑

早于 2016 年 5 月 11 日，美国就以未能履行上诉机构法官职责为由反对上诉机构成员张胜和连任，并将连任和案件的裁决挂钩，指出在四个案件中该法官的做法不当，导致缔约方的权利和义务增加或者减少。由于美国反对连任和该法官任期届满时间极短，导致争端解决机构措手不及，陷入被动，这一做法引起轩然大波，其余缔约方纷纷提出强烈质疑，认为将连任和裁决挂钩这一行为影响了公正独立性。虽然冲突激烈，但最终张胜和还是无法连任，与另一位法官空缺一起进行了新的遴选。然而这只是美国发难的开始，在 2016 年 12 月 16 日的争端解决机构例会上宣布两名上诉机构法官将分别于 2016 年 12 月 11 日和 2017 年 6 月 30 日任期届满，拟进行新的遴选。但之后，由于美国以国内领导层交接为由坚持要求分开遴选，和欧盟主张一起遴选存在分歧，遴选程序迟迟未能启动，甚至直到第二个法官任期届满，仍未开始

---

[21] 参见余敏友：《世界贸易组织争端解决机制法律与实践》，武汉大学出版社 1998 年版。

[22] B. Klein, *Why Hold-Ups Occur: The Self-Enforcing Range of Contractual Relationships*, 34 Economic Inquiry 444–463 (1996).

遴选。正当遴选陷入僵局时，另一位韩国法官的突然辞职引起了更为激烈的争论。美国正式发难，借此提出了上诉机构的体制性问题，指责上诉机构越权审判、无视不能超过 90 天的规定、已卸任的上诉机构成员仍参与争端案件审理、争端解决机制裁决执行的必须性侵犯美国主权、裁决不公正等一些问题，认为 WTO 对美国不公，需要进行大幅度的改革，并且坚持如果不讨论体制性问题，就不考虑启动遴选。在此期间，所有缔约方都表示不能将体制问题与遴选程序挂钩，但美国的坚持阻挠，还是导致争端解决机制陷入了困境，到 2019 年年底，上诉机构仅剩 1 人，无法继续正常运作。

美国提出最大的问题是上诉机构案件审理中对条款和规则存在过度解释和解释不当的问题，导致了裁决的不公正，同时裁决的必须执行损害了其成员内部利益。我们发现，在上诉机构成立时，各方并未对条款解释这一问题进行过多的讨论，上诉机构成立之初仅是为了弥补审查制度的空缺，对专家小组报告中的法律问题进行解释和审查，其余并未做过多规定。但是上诉机构这一功能的设定就导致上诉机构在审理案件时不可避免地对规则进行澄清和解释以厘清成员的权利和义务；更在有些情况下，由于部分 WTO 争端案例涉及国内法的审查，这同样也需要对其进行澄清和解释，其难度更大[23]。在上诉机构条款解释的作用上，也有一些文献[24]就其是否能构成类似欧洲法院的作用，即裁决实践是否有先例作用发表了不同的意见。事实上，WTO 体系中许多条文都缺乏明确的表述，并且对条款的解读各国也有不同的理解。那么，对条款的解释怎样才是得当的、客观的？这似乎并没有一个衡量的统一标准[25]。

另外，《关于争端解决规则与程序的谅解》第 17 条第 6 款仅规定上诉机构的职权局限于专家小组涉及的法律问题及专家组作出法律解释，第 13 款又规定其可以维持、修改或者撤回专家组法律调查的结果和结论[26]。但其并没

---

[23] Isabelle Van Damme, *Treaty Interpretation by the WTO Appellate Body*, Oxford University Press, 2009.

[24] 参见徐崇利："从规则到判例：世贸组织法律体制的定位"，载《厦门大学学报（哲学社会科学版）》2002 年第 2 期。

[25] 参见朱榄叶、贺小勇：《WTO 争端解决机制研究》，上海人民出版社 2007 年版。

[26] 参见《乌拉圭回合多边贸易谈判结果法律文本》，对外贸易经济合作部国际经贸关系司译，法律出版社 2000 年版。

有赋予上诉机构发回重审这一权力,这导致如果上诉机构认定专家小组报告存在法律问题,则必须自己对案件作出重新审理,但其又只能对法律方面作出审查,无法查明事实,这在一定程度上也将影响裁决的公正性。随着条款解释对案件最终结果判定的重要性逐渐被认识到,对上诉机构条款解释的质疑也伴随而来。然而,还存在的一个问题是,在上诉机构成立之时,为了树立其权威性,采取了反向协商一致的通过方式,这也意味着上诉机构对条款的解释几乎可以自动通过。这两个问题同时存在意味着,在上诉机构对法律条款作出解读时不可避免地会与部分成员看法相悖,而这种解读又是近乎可以自动通过的,那么即使这些成员存在不满,也无法阻止其通过。

三、从建设者到破坏者

我们发现恰恰是成立之时主张建立争端解决机制权威性的美国现在又对其提出了质疑并百般阻挠。美国作为争端解决机制建设者的同时也担任着破坏者的角色。事实上,美国这种矛盾的立场做法与其一直坚持国内法大于国际法的原则及其实用主义的思想是一致的。美国虽然主导了争端解决机制的建立,但其权力无法保证制定的文件都满足美国的实际需求。在争端解决机制建立时,这种规则可以促使国际建立以美国市场为中心的全球性贸易制度,削弱其他国家对美国企业的消极影响。[27]

但是当争端解决机制真正触及其国内法时,美国不再强调争端解决机制的权威性。我们从以下几个方面分析美国产生立场转变的原因。

(一)意识形态:美国对主权信念的坚持

在争端解决机制建立时,美国虽然主张强调国际组织的权威性,但这一立场背后实际也存在对国内主权利益的考量。事实上,美国在当时就争端解决机制是否会威胁到其国内主权产生过激烈的讨论。当时美国参议院的多数领导人还提出设立专门的委员会来对争端解决机制专家组报告进行审查的想

---

[27] M. Finger, *The Genesis of the GATT*, Journal of World Trade (2009).

法，即由 5 名联邦法官构成一个委员会，对已经通过的对美国不利的专家组报告进行审议，并将结果告知国会，如果专家组报告有和审议标准违背之处，国会将考虑退出 WTO[28]。

最终这一想法并未实践，但是正如约翰·H. 杰克逊所说，美国认为在参加 WTO 之后，仍有不受约束的权利，争端解决机制专家小组的结论不能自动成为美国法律中的一部分，而通常需要经过美国国会正式立法才会履行各种国际任务或者执行专家组报告。如果美国认为即使某行为可能不符合承担的国际义务，但是仍有理由违背规则，那么根据美国国内的宪法体系，其享有如此行事的权利。在实践中也可以发现确是如此，争端解决机构在做出裁决后，当败诉方不自觉履行时要通过授权报复予以强制执行，1995—2017 年，WTO 根据《关于争端解决规则与程序的谅解》第 22 条第 6 款对拒不执行裁决的被诉方授权报复的情况共发生了 21 次，其中针对美国的共 15 起，占比高达 71.43%[29]。这种主权信念其实是美国在当下单边主义行事的一个主要的思想渊源，也是其一贯的坚持。

（二）现实实践：美国从争端解决机制的主要使用者变成被约束者

美国是争端解决机制的最大使用者，在 GATT 的近 50 年中，美国发起 81 起案件，占到总案件的 34%[30]，而自争端解决机制正式运作之后至 2018 年共发起 123 起案件，占总案件的 20% 以上（总共 574 件），尤其前五年，发起 60 起，比重超过 30%（总共 185 件）。从争端解决机制良好的实践记录来看，其所扮演的不再是对其他国家施加约束，而是维护多边贸易体制的良好运行的角色。争端解决机制建立后，美国被告案件 152 件，超过作为原告的案件数。图 1 绘制了 1995—2018 年美国分别作为原告和被告的案件占每年总案件数的比例，可以发现，在争端解决机制建立前几年美国作为原告，即争端解决机制的使用者较多，但其后除仅有的四年外，美国作为被告的比例都

---

[28] 参见 [美] 约翰·H. 杰克逊：《GATT/WTO 法理与实践》，张玉卿等译，新华出版社 2002 年版。

[29] 由 WTO 数据整理，https://www.wto.org/english/tratop_e/dispu_e/dispustats_e.htm。

[30] P. Holmes, J. Rollo & A. Young, *Emerging Trends in WTO Dispute Settlement: Back to the GATT*, Policy Research Working Paper, 2003.

三、WTO 争端解决机制

高于原告比例。接着，图 2 绘制了 1995—2014 年[31]美国作为原告和被告的所有案件中涉及专家组和上诉机构的案件占比，从数据统计来说，涉及专家组和上诉机构的案件年均占比分别达到 60.41% 和 55.78%，从趋势来说，可以发现无论涉及专家组还是上诉机构的案件占比，基本处于上升趋势[32]，即越来越多的案件不在磋商解决阶段解决，而是动用了争端解决机制的司法职能。其中，在涉及上诉机构的案件中，美国作为被告的年均占比达 54.08%，趋势如图 3 所示，在 1997 年占比达到最高，除 2000 年、2002 年外其余年份占比均在 30% 以上，并且近年来呈现上升趋势。最后，美国上诉的案件中，败诉案件年均占比高达 72.77%，除 2014 年（1 件上诉）外，其余年份均有败诉案件，更有些年份败诉比率达 100%（见图 4）。逐渐升高的被告和被诉比例以及高频率的败诉都对美国产生了约束，这并不是美国当时主导建立争端解决机制的初衷，自然引发美国的不满。除此之外，贸易救济措施在维护国际贸易公平和正常竞争上起着越来越重要的作用，但在美国被诉的案件中，涉及贸易救济措施的案件占 71.43%，这也是美国不满的主要原因之一。

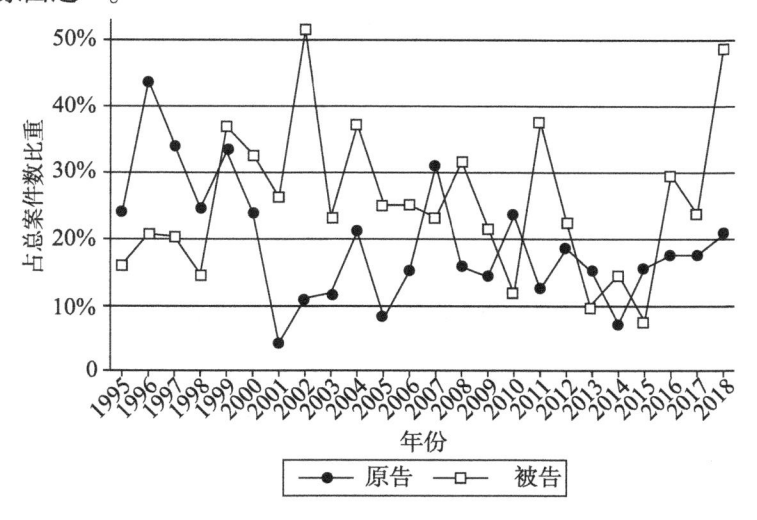

图 1 美国作为原告和被告的案件占每年总案例的比重及趋势

---

[31] 由于 2014 年后存在未完结案件，因此仅考察 1995—2014 年的已完结案件。
[32] 2011 年 4 起案件，2 起进入专家小组程序，均未进入上诉程序。

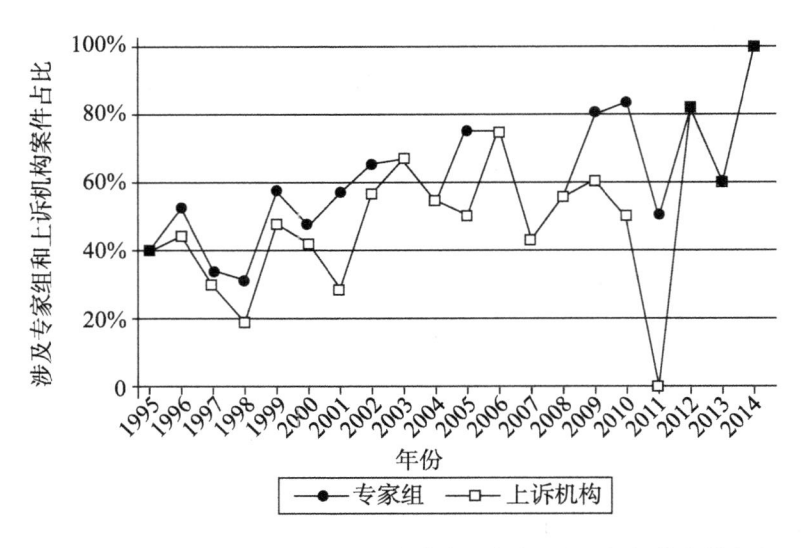

图2 美国作为原告和被告的所有案件涉及专家组和上诉机构案件占比

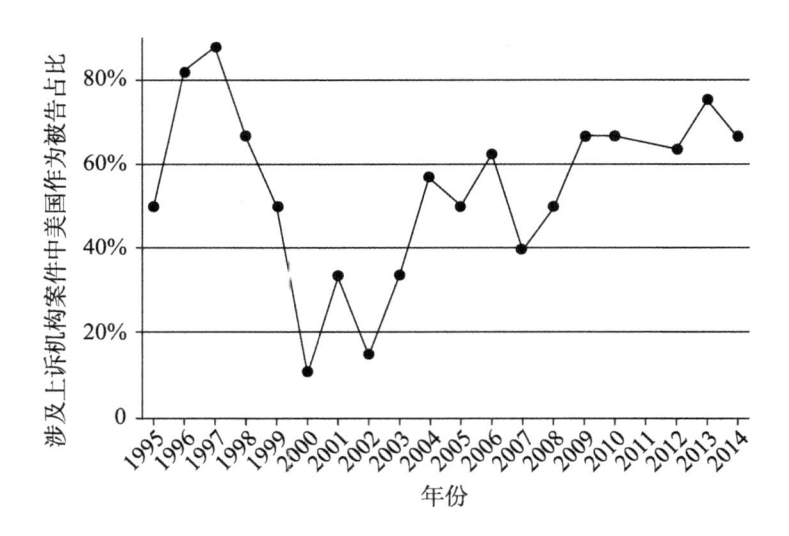

图3 涉及上诉机构案件中美国作为被告占比

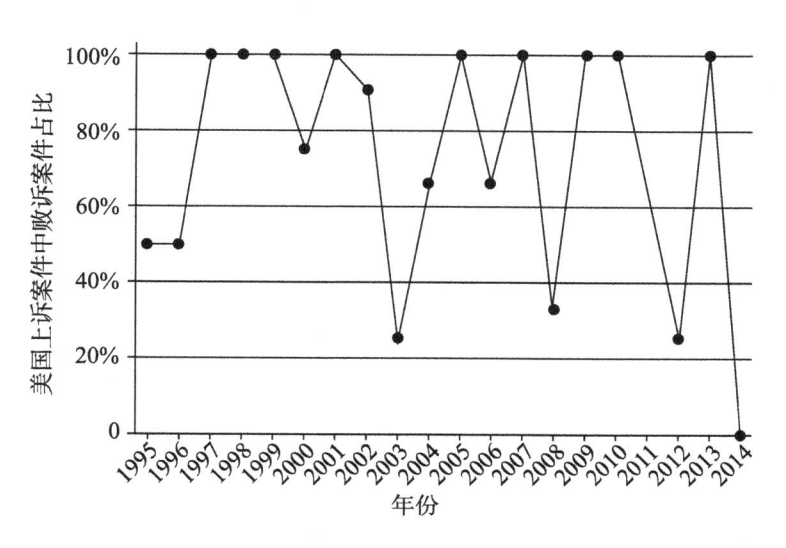

图 4 美国上诉案件中败诉案件占比

资料来源：根据 WTO 网站数据整理，https://www.wto.org/。

（三）国内外形势：国际和国内形势的变化

争端解决机制建立时，一方面，从美国的国内环境来看，在 20 世纪 80 年代初，美国的进口总额大但是出口总额处于相对停滞的状态，到中期贸易逆差逐渐加大，要削减逆差就需要限制进口并扩大出口，打开别国市场。在这种情况下，对其他贸易国施加压力，一是采取措施限制其出口到美国，二是打开对自己有利的市场，如美国采取的 301 调查，实际上是迫使这些国家放宽美国出口的一个手段。如果能在国际组织中使争端解决小组报告更快通过，并且可以获得报复其他不尊重美国利益国家的合法性[33]，同时可对对方施行跨领域报复，却可借助自身地位拒不执行对自己不利的裁决，则可选择性地打开其他国家市场，扩大出口。这时国家的发展程度表现出优势。当时美国已经在服务贸易和知识产权等领域形成了新的竞争优势，那么可以借此规则促使其他国家打开新领域的市场，获得优先权。另一方面，从国际环境来

---

[33] 参见［美］约翰·H. 杰克逊：《世界贸易体制——国际经济关系的法律与政策》，张乃根译，复旦大学出版社 2001 年版。

看，日本的迅速发展带来了危机，它依靠美国国内市场和技术逐渐发展强大，引发了美国对日本的不满，其他如"东盟"国家、"亚洲四小龙"也呈现迅速发展趋势，通过国际贸易组织对其进行有效的约束不失为一个好的选择。

从当前形势来看，一方面，当前美国出口对经济的拉动力量有限[34]，因此对通过国际组织打开其他国家的市场这一诉求显得不再迫切。特朗普上任后，坚持美国优先原则，不断指责其他国家尤其是中国对其国内贸易、就业等造成了负面影响，利用其国内法采取各种如 301 调查、232 调查等贸易保护措施，这时争端解决机制对其来讲弊大于利。而条款解释这一项影响其国内法，如欧盟诉美国国外销售法案（WT/DS160），要求美国修改其国外销售公司法以纠正对《补贴与反补贴措施协定》的背离，最终还引发了对美国的报复性制裁。这表明争端解决机制其实阻碍了美国利用其国内法肆意报复其他国家的行为，与其诉求相悖。另一方面，当前国际形势已经发生转变，发展中国家尤其是中国，在 WTO 发挥越来越重要的作用。加入 WTO 后，中国用短短几年快速适应 WTO 的规则，开始主张自己的地位，不仅作为被告，也积极运用 WTO 规则进行自我辩护，面对反倾销、反补贴调查、"非市场经济地位"等问题也积极应对，这为两国的关系带来了挑战。[35] 至今，许多美国人仍认为中国加入 WTO 是一笔糟糕的交易，因此，美国也开始不那么致力于维护 WTO 下的法律秩序。在这样的新形势下，质疑是必然的选择。

总之，只要 WTO 违背了美国的国内利益或者不符合其利益诉求，美国就会不惜损害其主导建立的多边贸易体制，推翻之前的立场。上诉机构在实践中所暴露的问题使部分国家丧失了对国际组织的信心，美国采取了极端的方式，直接利用其国内法所采取的一系列大规模制裁行为，威胁 WTO 的权威性。那么，做出了诸多指责的情况下，其对 WTO 的诉求是什么？或者说其真实的意图是什么？正如前文所说，美国在争端解决机制成立之初主张建

---

[34] 参见梅冠群："美国经济形势分析与展望"，载中国国际经济交流中心编著：《国际经济分析与展望（2017—2018）》，社会科学文献出版社 2018 年版。

[35] G. Shaffer & H. S. Gao, *China's Rise: How It Took on the U.S. at the WTO*, Social Science Electronic Publishing, 2018.

立新规则的原因是在当时的国际环境下，美国可以发挥大国优势，对其他国家施加约束，并且预估争端解决机制不会对其造成实质性约束，而现在随着形势的变化，争端解决机制对其自身反而产生了约束，阻碍大国优势的发挥。那么美国的最优选择就是破坏上诉机构，回到没有强有力争端解决机制的 GATT 时期，被诉的任何一方均可以阻止法官的判决，这样美国就可以继续发挥优势，利用国家实力胁迫其他国家（地区）执行裁决，而不需要上诉机构的存在，一方面自身约束降低，另一方面又可以约束别的 WTO 成员。美国对 WTO 改革这种颠覆性诉求已经引起了各方重视，未来 WTO 如何改革以建立与成员权力的新平衡将是重要任务。

四、结语及政策建议

本文从 WTO 争端解决机制的视角出发，通过对比历史和现实的方式，考察争端解决机制的建立过程和制度设计，并对比美国在争端解决机制建立时和现在的立场差别。在此基础上，从意识形态、现实实践和国内外形势变化等方面进一步考察美国立场转变原因及其真实诉求。我们发现：美国对国际组织的态度从当初极力主张树立其权威性、约束成员转变为对其权威性的不满，指责其严重损害国内法和国内利益。其原因主要有：第一，美国一贯坚持国内法高于国际法，现在争端解决机制不能按其预想发展反而威胁到了国内法；第二，争端解决机制对美国来说，从一个有利的约束别国的工具转变为约束自己的阻碍，被告、被诉和败诉的案件逐渐增多威胁到美国的国内利益；第三，国际和国内形势的变化，使美国对 WTO 的诉求发生了转变，因此急于建立新的平衡以维护自身利益。

那么，如何能够重新建立国际组织和主权国家（地区）权力的新平衡呢？针对美国对上诉机构条款解释这一问题提出的质疑，我们认为主要在于两点，一个是上诉机构条款解释的合理性，另一个是裁决的通过机制。对第一点，在对法律条款的解释上，不同的主体有不同的看法，这很难有一个客观的标准。但对第二点，上诉机构的裁决采取反向协商一致原则，这几乎相当于自动通过。那么如果主权国家对其条款的解释存在不同的看法，其实可以通过灵活变化这一原则来调和，即考虑如果争议方认为上诉机构在条款的解释中存在过度解释和不当解释的问题时，则可以提请投票，即申请以绝对多数投票的方式通过上诉机构的报告，适用3/4多数原则。这样在不过度削弱国际组织权力的情况下，为主权国家（地区）提供一个可选择的路径，实现新的权力分配和平衡。

司法节制原则的默示标准及其在"232措施案"中的可能应用

梁 意[*]

一、引言

自2017年以来,中美贸易摩擦引起了广泛关注。[①] 在这次贸易摩擦中,美国对由中国进口的若干产品大幅提高关税。例如,美国商务部根据《1962年贸易扩展法》启动"232调查",认为包括从中国进口的钢铝产品威胁美国的国家安全,进而提高钢铝产品的进口关税。[②] 这一单边行动受到了诸多世界贸易组织(World Trade Organization,WTO)成员的谴责,因为其违反了WTO规则(如违反最惠国待遇原则)。然而,美国辩称其采取的关税措施是出于国家安全的考虑,可以根据1994年《关税与贸易总协定》(General

---

[*] 梁意,法学博士,中国人民大学法学院博士后。本文系中国法学会世贸组织法研究会课题"世界贸易组织中的司法节制原则"的阶段性成果。

[①] 2017年8月18日,美国发起对中国"301调查"。由此,美国挑起了中美贸易摩擦。See Office of the United States Trade Representative:Initiation of Section 301 Investigation;Hearing;and Request for Public Comments:China's Acts, Policies, and Practices Related to Technology Transfer, Intellectual Property, and Innovation, Office of the United States Trade Representative(May 12, 2019), https://ustr.gov/sites/default/files/enforcement/301Investigations/FRN% 20China301.pdf.

[②] See Presidential Memorandum Prioritizes Commerce Steel Investigation, U.S. Department of Commerce(May 28, 2019), https://www.commerce.gov/news/press-releases/2017/04/presidential-memorandum-prioritizes-commerce-steel-investigation.

Agreement on Tariffs and Trade，GATT）第 21 条（关于"安全例外"）获得豁免。随后于 2018 年 4 月 5 日，中国请求与美国就其对从中国进口的钢铝产品采取的关税措施进行磋商。③ 在中国提起磋商请求之后，其他几个 WTO 成员也就美国采取的钢铝措施对美国提起磋商请求。④ 这一系列案件就是"232 措施案"。目前，争端解决机构已经成立专家组来审理这一系列案件。⑤ 对于这一系列案件，大家比较关注的一个问题是：美国能否根据 GATT 1994 第 21 条规定的安全例外为其针对钢铝产品采取的关税措施抗辩成功。⑥

也许有学者会质疑探讨这一问题的必要性，因为有段时间随着中美多轮经

---

③ See DS544：United States-Certain Measures on Steel and Aluminium Products，WTO（May 28，2019），https：//www.wto.org/english/tratop_e/dispu_e/cases_e/ds544_e.htm.

④ 美国对从其他 WTO 成员进口到美国的钢铝产品也提高了关税，但对加拿大、墨西哥、欧盟、澳大利亚、韩国、阿根廷和巴西等 WTO 成员豁免采取措施。See United States-Certain Measures on Steel and Aluminium Products, Request for Consultations by China, WT/DS544/1, p. 1（2018）；参见"美国一夜豁免多个国家，却唯独'漏掉'中国？中国冷笑：奉陪到底！"，载搜狐网，http：//www.sohu.com/a/226231331_334198，2019 年 7 月 27 日访问。土耳其（DS564）、瑞士（DS556）、俄罗斯（DS554）、挪威（DS552）、墨西哥（DS551）、加拿大（DS550）、欧盟（DS548）和印度（DS547）也在 WTO 中对美国提起了磋商请求。后美国分别于 2019 年 5 月 23 日和 28 日与加拿大、墨西哥达成解决方案，美国承诺不再对来自两国的钢铝产品加征关税。See DS550：United States-Certain Measures on Steel and Aluminium Products，WTO（Aug. 13，2019），https：//www.wto.org/english/tratop_e/dispu_e/cases_e/ds550_e.htm；DS551：United States-Certain Measures on Steel and Aluminium Products，WTO（Aug. 13，2019），https：//www.wto.org/english/tratop_e/dispu_e/cases_e/ds551_e.htm.

⑤ See DS544：United States-Certain Measures on Steel and Aluminium Products，WTO（May 28，2019），https：//www.wto.org/english/tratop_e/dispu_e/cases_e/ds544_e.htm；DS548：United States-Certain Measures on Steel and Aluminium Products，WTO（May 28，2019），https：//www.wto.org/english/tratop_e/dispu_e/cases_e/ds548_e.htm；DS552：United States-Certain Measures on Steel and Aluminium Products，WTO（May 28，2019），https：//www.wto.org/english/tratop_e/dispu_e/cases_e/ds552_e.htm；DS554：United States-Certain Measures on Steel and Aluminium Products，WTO（May 28，2019），https：//www.wto.org/english/tratop_e/dispu_e/cases_e/ds554_e.htm；DS556：United States-Certain Measures on Steel and Aluminium Products，WTO（May 28，2019），https：//www.wto.org/english/tratop_e/dispu_e/cases_e/ds556_e.htm；DS564：United States-Certain Measures on Steel and Aluminium Products，WTO（May 28，2019），https：//www.wto.org/english/tratop_e/dispu_e/cases_e/ds564_e.htm.

⑥ 参见彭岳："中美贸易战中的安全例外问题"，载《武汉大学学报（哲学社会科学版）》2019 年第 1 期，第 154－167 页。

三、WTO 争端解决机制

贸磋商的展开,中美贸易摩擦似乎结束了。⑦ 然而就在不久之后,美国贸易代表办公室宣布于 2019 年 5 月 10 日开始对价值 2000 亿美元的中国输美商品的关税从 10% 上调至 25%。⑧ 由此可见,这次中美贸易摩擦是休而不止。即便这次中美贸易摩擦暂时中止,两国之间的贸易摩擦还是长期存在。这意味着本次中美贸易摩擦中出现的问题(包括安全例外问题)很有可能在下次贸易摩擦中再次出现。因此,我们有必要对中美贸易摩擦中出现的法律问题展开深入研究。其中,"232 措施案"中涉及的安全例外问题值得探讨。⑨

那么,这些涉及国家安全/安全例外的争端在 WTO 中应如何解决?本文主张,司法节制原则(principle of judicial economy)可被运用到"232 措施案"中来处理安全例外问题。为了证明这一观点,除第一部分的引言外,本文分三部分进行论述。第二部分在 WTO 法理的基础上阐述何谓适用司法节

---

⑦ 例如,2018 年 5 月 19 日,中美两国发布了《美国和中国关于贸易磋商的联合声明》,该声明的发布曾一度被误以为中美贸易摩擦自此停止。参见《中美就经贸磋商发表联合声明》,新华社:The White House Office of the Press Secretary, Joint Statement of the United States and China Regarding Trade Consultations, May 19, 2018, White House (July 27, 2019), https://www.whitehouse.gov/briefings-statements/joint-statement-united-states-china-regarding-trade-consultations/。2019 年 6 月 29 日在大阪落下帷幕的 G20 峰会上达成了"大阪共识",该共识表明,与会各方将"致力于实现自由、公平、非歧视性、透明、可预见、稳定的贸易和投资环境"。随后,中美双方也讨论落实大阪共识问题。参见"G20 大阪峰会达成多项共识",载经济参考报官网,http://www.jjckb.cn/2019-07/01/c_138187271.htm,2019 年 7 月 27 日访问;"中美双方牵头人通话讨论落实大阪会晤共识问题",载搜狐网,https://www.sohu.com/a/328155801_100253941,2019 年 7 月 27 日访问。

⑧ See Statement by U.S. Trade Representative Robert Lighthizer on Section 301 Action, Office of the United States Trade Representative (May 12, 2019), https://ustr.gov/about-us/policy-offices/press-office/press-releases/2019/may/statement-us-trade-representative. 这次加征关税与"301 调查"有关,虽然与"232 调查"无关,但也是中美贸易摩擦中的重要事件,这反映了贸易摩擦中的战况反复。

⑨ 实际上,在这次中美贸易摩擦中,国家安全问题或者说安全例外问题尤为突出,其多次成为美国采取贸易限制措施的借口。除了"232 措施案",美国多次以国家安全为由采取贸易限制措施。例如,美国商务部于 2019 年 5 月 15 日决定把华为公司加入其实体清单(entity list),这意味着把美国技术出售或转让给实体清单中的公司(包括华为公司)将受到限制甚至被禁止,而美国商务部正是基于"国家安全"作出这一决定的。又如,"华为事件"一周内,美国商务部于 2019 年 5 月 23 日再次根据《1962 年贸易扩展法》启动"232 调查",这次调查针对的是进口小客车、卡车及汽车零部件。See Department of Commerce Announces the Addition of Huawei Technologies Co. Ltd. to the Entity List, U.S. Department of Commerce (May 28, 2019), https://www.commerce.gov/news/press-releases/2019/05/department-commerce-announces-addition-huawei-technologies-co-ltd; U.S. Department of Commerce Initiates Section 232 Investigation into Auto Imports, U.S. Department of Commerce (May 28, 2019), https://www.commerce.gov/news/press-releases/2018/05/us-department-commerce-initiates-section-232-investigation-auto-imports.

制原则的默示标准。第三部分论述这一默示标准在"232 措施案"中的可能应用。第四部分将从司法节制原则的角度,对作为"232 措施案"申诉方的 WTO 成员提出具有针对性的建议。

二、司法节制原则的默示标准

WTO 中的司法节制原则⑩是专家组和上诉机构⑪在争端解决实践中逐渐发展出来的一项原则/学说⑫,其主要是指为了节省司法资源和提高争端解决的效率⑬,专家组和上诉机构不必对争端方提出的每个问题和诉讼请求都进行审理或作出裁决,而只需对解决特定争端所必需的问题和诉讼请求进行审理和裁决⑭,对于争端方提出的其余诉讼请求和问题不必审理和裁决的原则。⑮

例如,专家组在"墨西哥—大米反倾销措施案"中适用了司法节制原则。在该案中,墨西哥经济部在采取反倾销调查时所使用的资料截至反倾销调查开始前 15 个月。申诉方美国认为这一做法违反了《关于实施 1994 年关税与贸易总协定第 6 条的协定》(以下简称《反倾销协定》)第 3 条项下有关损害确定中"明确证据"的若干规定;同时,美国还主张,墨西哥违反了 GATT 1994 第 6 条第 2 款有关反倾销的总则性规定。在该案中,GATT 1994 第 6 条第

---

⑩ "judicial economy"有两种中文译法,大部分中国学者将之译为"司法经济",少数学者将之译为"司法节制"(参见杨国华:"WTO 争端解决中的司法节制原则",载《法学杂志》2002 年第 1 期)。笔者采用"司法节制"这一译法,主要是考虑到"司法节制"这一译法更符合"judicial economy"的内涵。关于"司法节制"这一概念的含义详见下文的阐述。另外,除了直接引用论文原文的表述,笔者在本文中把"judicial economy"统称为"司法节制"。

⑪ 近几年 WTO 的上诉机构在审理案件时也有适用司法节制原则。学界对于上诉机构能否适用司法节制原则素有争议,详见下文的阐述。

⑫ 关于"司法节制",WTO 的专家组报告和上诉机构报告有的称其为一项原则(principle),有的则称其为一种学说(doctrine)。总体而言,专家组和上诉机构更多地使用"司法节制原则"(principle of judicial economy)这一说法,除直接引用原文之外,本文统一使用"司法节制原则"这一说法。

⑬ 参见吕晓杰:"对 WTO 争端解决机制中司法经济原则功能的再思考",载《环球法律评论》2008 年第 6 期,第 81 页。

⑭ See Alberto Alvarez-Jimenez, *The WTO Appellate Body's Exercise of Judicial Economy*, 12 J. INT'L ECON. L. 393 (2009).

⑮ 梁意:"世贸组织上诉机构对司法节制原则的适用",载《武大国际法评论》2018 年第 2 期。

2款是反倾销领域的一项"一般法",与之相对,《反倾销协定》第3条项下有关损害确定的规则则属于"特别法"。专家组在确定墨西哥违反《反倾销协定》第3条项下的相关条款之后,决定适用司法节制原则而不对美国在 GATT 1994 第6条第2款项下的诉讼请求进行审理。⑯

又如,上诉机构在"欧共体—紧固件执行之诉(中国)案"中适用了司法节制原则。在该案中,中国主张专家组违反了《关于争端解决规则与程序的谅解》(Understanding on Rules and Procedures Governing the Settlement of Disputes,DSU)第11条,因为在处理中国关于欧共体应对原材料获取、自产电力的使用、原料消耗效率用电效率和员工生产力的差异性进行调整的主张时,专家组只关注了用电效率方面的差异。此外,中国认为专家组违反了 DSU 第11条,因为其把证据与声称的这些差异隔离开来考量。在推翻了专家组关于《反倾销协定》第2条第4款的解释和适用方面的裁决之后,上诉机构认为其无须对专家组是否如中国所说的那样在作出其裁决的时候没有对事实作出客观的评估进行单独的调查,即对中国关于 DSU 第11条的上诉请求适用了司法节制原则。⑰

---

⑯ See Mexico-Definitive Anti-Dumping Measures on Beef and Rice, WT/DS295, Panel Report, para. 8.1 (2005).

⑰ See European Communities-Definitive Anti-Dumping Measures on Certain Iron or Steel Fasteners from China, Recourse to Article 21.5 of the DSU by China, WT/DS397, Appellate Body Report, para. 5.243 (2016). 关于上诉机构在程序问题上适用司法节制原则的更多案件,参见 United States-Certain Methodologies and Their Application to Anti-Dumping Proceedings Involving China, WT/DS471, Appellate Body Report, footnote 197 (2017); United States-Anti-Dumping and Countervailing Measures on Large Residential Washers from Korea, WT/DS464, Appellate Body Report, paras. 5.286 – 6.15 (2016); Colombia-Measures Relating to the Importation of Textiles, Apparel and Footwear, WT/DS461, Appellate Body Report, para. 5.94 (2016); United States-Countervailing Measures on Certain Hot-Rolled Carbon Steel Flat Products from India [hereinafter "US-Carbon Steel (India)"], WT/DS436, Appellate Body Report, para. 4.47 (2014); Japan-Countervailing Duties on Dynamic Random Access Memories from Korea [Japan-DRAMs (Korea)], WT/DS336, Appellate Body Report, para. 201 (2007); United States-Sunset Reviews of Anti-Dumping Measures on Oil Country Tubular Goods from Argentina, Recourse to Article 21.5 of the DSU by Argentina [hereinafter "US-Oil Country Tubular Goods Sunset Reviews (Article 21.5-Argentina)"], WT/DS268, Appellate Body Report, para. 185 (a) (2007); European Communities-Selected Customs Matters (hereinafter "EC-Selected Customs Matters"), WT/DS315, Appellate Body Report, paras. 243-270 (2006); US-Upland Cotton, WT/DS267, Appellate Body Report, para. 695 (2005).

由于该原则是在争端解决实践中发展而来的，WTO 涵盖协定并未对其适用标准作出规定。但在实践中，专家组和上诉机构发展出了司法节制原则的适用标准[18]，以是否明示适用为准，可大致把司法节制原则的适用标准分为明示标准和默示标准。换言之，默示标准是与明示标准相对的一个概念。因此，对默示标准的理解离不开对明示标准的理解。

所谓适用司法节制原则的明示标准，主要指专家组和上诉机构在适用司法节制原则时会明确采用或明说的标准。例如，目的标准是其中一项明示标准，这一标准要求，适用司法节制原则时不得违背 DSU 第 3 条第 7 款[19]所规定的争端解决之目的，专家组和上诉机构在适用司法节制原则时，其常常会说明是出于解决争端的目的。[20] 又如，"必要性"标准也是一项明示标准，即只解决为解决争端所必须解决的诉讼请求或问题[21]；无论是 GATT 专家组，还是 WTO 专家组和上诉机构，也无论它们是否采用"司法节制"这一措辞，它们在适用司法节制原则时，往往说明它们认为不必或无须审理某问题/某请求。简言之，明示标准在具体案件中的应用往往有迹可循，专家组和上诉机构在应用这些标准的时候也往往会在报告中"明说"，即明确表达其适用司法节制原则所采用的标准。

与明示标准相对，本文所说的"默示标准"是指专家组或上诉机构在适用司法节制原则时所采用的但没有明说的标准，其在实际案件中的应用通常以某项/某些明示标准（通常是目的标准和"必要性"标准）为外衣。默示标准显示，专家组或上诉机构倾向于对敏感问题或棘手问题（包括但不限于政治问题）适用司法节制原则，而这些敏感问题或棘手问题的识别则有赖于争端第三方发表的"纠结意见"。因此，在默示标准下，司法节制原则成了

---

[18] 这套司法节制原则的适用标准，是笔者基于专家组报告和上诉机构报告构建而成的。

[19] DSU 第 3 条第 7 款规定："……争端解决机制的目的在于保证争端得到积极解决（positive solution）……"

[20] 目的标准是 WTO 专家组和上诉机构采用的标准，GATT 专家组并未确立适用司法节制原则的目的标准，其在适用该原则时常常不予说明理由，而只是指向其之前发现的审理结果，即涉案措施违反了 GATT 的其他规定。See United States-Imports of Sugar from Nicaragua, L/5607-31S/67, GATT Panel Report, para. 4.5 (1984).

[21] 这也是本文所说的司法节制原则的核心要义。

三、WTO 争端解决机制

专家组和上诉机构规避敏感问题或棘手问题[22]的工具,这也反映了专家组和上诉机构的政治悟性。但正如其名,专家组和上诉机构在适用默示标准时,并不会明说其是为了规避棘手问题,而常常是说为了解决争端没有必要审查某一问题。

作为司法节制原则的其中一项适用标准,默示标准将帮助专家组和上诉机构决定何时适用司法节制原则。在默示标准下,棘手问题的识别至关重要,因为只有识别出了棘手问题,才能发现专家组或上诉机构是否适用以及如何适用默示标准。关于如何识别这些棘手问题,其中一个方法是参考争端第三方的意见。若争端第三方明确指出某个问题的敏感性,那么专家组有可能不会对该问题作出裁决,在该问题上适用司法节制原则或进行司法克制(judicial restraint)。[23] 但这一方法用得较少,因为争端第三方很少直接指出一个问题的敏感性。[24] 识别棘手问题的更常用的方法是参考"纠结第三方"(mixed third party)[25] 的意见。在 WTO 争端中,多数情况下,有较多第三方支持申诉方,有一部分第三方支持被申诉方,还有一部分第三方则对申诉方和被申诉方"各打五十大板",或者仅仅表达其对专家组或上诉机构对某个问题的裁决的好奇心,发表了比较纠结的第三方意见。本文把这些发表纠结意见(mixed submission)的第三方(即第三类第三方)称为"纠结第三方"。

对于 WTO 争端中某个法律问题,如果有第三方发表了既支持申诉方又声援被申诉方的纠结意见,那么在确保争端能够得到积极解决的前提下,专家组倾向于不审理这一法律问题,即在这个问题上专家组适用了司法节制原则。专家组之所以这么做,是因为这些第三方所发表的纠结意见在某种程度

---

[22] 为了方便表述,下文把"敏感问题"和"棘手问题"统称为"棘手问题"。之所以做出此种安排,是因为从语义上说,棘手问题的涵盖面更广,棘手问题包括敏感问题。具体而言,政治问题通常比较敏感,处理起来比较棘手;涉及科技发展的问题不一定很敏感,但为了在保护自由贸易和鼓励科技发展之间达到平衡,这一问题的处理往往比较棘手。

[23] 在 WTO 争端解决中,司法节制原则有时候被专家组和上诉机构当作司法克制的工具。参见梁意:"世贸组织上诉机构对司法节制原则的适用",载《武大国际法评论》2018 年第 2 期,第 150–156 页。

[24] 关于这一识别敏感问题的方法,详见本文第三部分的论述。

[25] See Marc L. Busch & Krzyztof J. Pelc, *Ruling Not to Rule: WTO Panels and the Use of Judicial Economy*, in Tomer Broude et al. eds., The Politics of International Economic Law 263, 263–264 (2011).

上反映了更多 WTO 成员对该问题的矛盾心理。[26] 有学者统计,随着发表纠结意见第三方数目的增多,专家组适用司法节制原则的概率将提高 67%。[27] 这一数据也在某种程度上证明了 WTO 争端解决中的确存在适用司法节制原则的默示标准。

在争端解决实践中,专家组在"加拿大—乳制品案"和"欧共体—糖类案"中面对同类问题的不同做法更加证实了适用司法节制原则的默示标准。在"加拿大—乳制品案"中,申诉方认为涉案措施违反了《农业协定》(Agreement on Agriculture)的第 9 条第 1 款和第 10 条第 1 款。这两个条款关注了补贴的不同要素,专家组在此没有适用司法节制原则,而是审理了这两个条款项下的诉求,这主要是考虑到如果这个案件被上诉,专家组的这种做法会有助于上诉机构进行审理。[28] 随后的"欧共体—糖类案"也涉及同样的条款。与前案不同,专家组仅审理了《农业协定》第 9 条第 1 款项下的诉求,而对《农业协定》第 10 条第 1 款项下的诉求适用了司法节制原则。[29] 对比这两个案件,不同之处在于前者的所有争端第三方都支持申诉方,后者有 3 名争端第三方发表了纠结意见。[30] 由此可见,专家组是否适用司法节制原则跟争端第三方是否发表纠结意见存在联系。

体现这一默示标准的案例在 WTO 争端解决中并不鲜见。又如,在"巴西—翻新轮胎案"中,欧共体认为巴西对翻新轮胎采取的几项进口限制措施违反了 WTO 的相关规则,于是其把巴西诉至 WTO。该案有 9 名争端第三方,其中有 2 名第三方是"纠结第三方"。澳大利亚在该案中扮演了"纠结

---

[26] See Marc L. Busch & Krzyztof J. Pelc, *Ruling Not to Rule: WTO Panels and the Use of Judicial Economy*, in Tomer Broude et al. eds., The Politics of International Economic Law 263, 263 – 264 (2011).

[27] See Marc L. Busch & Krzyztof J. Pelc, *Ruling Not to Rule: WTO Panels and the Use of Judicial Economy*, in Tomer Broude et al. eds., The Politics of International Economic Law 263, 263 – 264 (2011).

[28] *Ibid.*, para. 7.119.

[29] See European Communities-Export Subsidies on Sugar, WT/DS265, WT/DS266, WT/DS283, Panel Report, para. 7.17 (2004).

[30] See Marc L. Busch & Krzyztof J. Pelc, *Ruling Not to Rule: WTO Panels and the Use of Judicial Economy*, in Tomer Broude et al. eds., The Politics of International Economic Law 263, 263 (2011).

第三方",它告诉专家组,它不会对巴西的抗辩作出评价,但它想要关注一个更广泛的问题——如何解释 GATT 第 20 条。就澳大利亚而言,GATT 第 20 条所规定的每一项例外都要求专家组谨慎权衡 WTO 成员的权利。因此,澳大利亚敦促专家组仔细评估提呈给它的事实证据,包括酌情考虑专家意见。[31] 与此类似,墨西哥也没有为申诉方或被申诉方站队,其只是提醒专家组这些问题的复杂性和重要性。[32] 在该案中,专家组对申诉方提出的很多诉讼请求适用了司法节制原则。

上述案例证明了适用司法节制原则的默示标准的存在,适用该标准的一个条件是出现第三方"纠结意见"所标识的棘手问题,或是出现承载了棘手问题的第三方"纠结意见"。然而,这些棘手问题或"纠结意见"的出现仅是适用司法节制原则默示标准的必要条件,而非充分条件,因为这一标准仅在不妨碍实现"积极解决争端"的范围内适用。换言之,如果司法节制原则默示标准的适用会有损 DSU 所规定的争端解决机制的目的,那么专家组和上诉机构不得适用这一标准。[33]

三、司法节制原则的默示标准在"232 措施案"中的应用前提

如上所述,司法节制原则的默示标准表明,专家组或上诉机构倾向于对棘手问题适用司法节制原则。这意味着,若要在"232 措施案"中适用司法节制原则的默示标准,前提在于明确该案所涉的安全例外是否棘手问题,尤其要确定该问题是否默示标准所指向的棘手问题。

(一) 安全例外问题是本身棘手的问题

在 WTO 中,标题为"安全例外"(security exception)的 GATT 1994 第 21 条对国家安全与国际安全问题作出了规定,具体如下。

---

[31] See Brazil-Tyres, WT/DS332, Panel Report, paras. 5.17 – 5.18 (2007).
[32] Brazil-Tyres, WT/DS332, Panel Report, paras. 5.117 – 5.118 (2007).
[33] See, e.g., Australia-Measures Affecting Importation of Salmon (hereinafter "Australia-Salmon"), WT/DS/18, Appellate Body Report, para. 223 (1998).

任何规定不得解释为：

1. 要求任何成员方提供其认为如披露则会违背其基本安全利益（essential security interests）的任何信息。或

2. 阻止任何成员方采取其认为对保护其基本安全利益（essential security interests）所必需的任何行动：

（1）与裂变和聚变物质或衍生这些物质的材料有关的行动；

（2）与武器、弹药和作战物资的贸易有关的行动，以及与此类贸易所运输的直接或间接供应军事机关的其他货物或物资有关的行动；

（3）在战时或国际关系中的其他紧急情况下采取的行动。或

3. 为履行其在《联合国宪章》项下的维护国际和平与安全的义务而采取的任何行动。㉞

笔者认为，安全例外所涉问题颇为棘手。实际上，GATT 1994 第 21 条的可司法性长期以来遭到质疑。有一种观点主张，该条款的措辞表明，特别是第 21 条第 2 款中的"其认为……的任何行动"（any action which it considers）这一措辞表明，WTO 成员采取的措施是否符合第 21 条应由该成员（即采取争议措施的成员）作出判断。换言之，这种观点认为专家组和上诉机构不得对安全例外事项进行审查。美国就是这一观点的坚决拥护者。㉟ 然而，一个更加广为接受且权威的观点是需要对第 21 条维持一定程度的"司法审查"，否则该条款很有可能会被滥用而使受损方无法得到救济。㊱

实际上，在 WTO 的前身——GATT 时期，第 21 条在若干争端中被援引，其相关问题也在若干其他场合为 GATT 缔约方所讨论。然而，没有任何一个 GATT 专家组审查争议措施是否符合 GATT 第 21 条。在"美国—影响尼加拉瓜的贸易措施案"中，美国于 1985 年对尼加拉瓜实施贸易禁运。尼加拉瓜向 GATT 起诉美国采取的这些措施，认为这些措施违反了 GATT 的第 1 条、第

㉞ 该条款的中文译文参考"中华人民共和国商务部世界贸易组织司"编译的《世界贸易组织乌拉圭回合多边贸易谈判结果法律文本》（2010 年 2 月印制）。WTO 涵盖协定的文本没有官方中文文本，如无特别说明，本文所引的 WTO 涵盖协定条款的中文译文均基于中国商务部世界贸易组织司印制的这一文本。

㉟ See, e.g., Russia-Measures Concerning Traffic in Transit, WT/DS512, Panel Report, para. 7.51 (2019).

㊱ See the panel's statement in *US-Nicaraguan Trade* (1986), in GATT Activities 1986, pp. 58–59.

2条、第5条、第11条和第13条以及GATT的第5部分。㉗然而，美国援引GATT第21条来为其贸易禁运措施进行抗辩，声称其措施是出于国家安全的考虑。㉘随后，GATT缔约方成立一个专家组来审理该案。但是该案的专家组审理范围书说明："专家组不能审查美国援引第21条第2款第3项的有效性和动机，也不能对该问题作出裁决。"㉙在美国看来，无论是从第21条本身的措辞来看还是从专家组在该案中的职权范围来看，专家组均无资格审查美国援引第21条的有效性。然而，专家组规避了回答第21条的措辞本身是否排除了专家组审查美国援引第21条的有效性的权利，因为专家组不被授权审查这一问题。㉚从某种程度上说，专家组对美国的其中一个论据㉛适用了司法节制原则。这也反映了专家组并不愿意审查安全例外这一棘手问题。

在WTO成立之前，也有不少关于GATT第21条的讨论。这些讨论也涉及应当由谁判断第21条第1款和第2款中的"基本安全利益"这一问题。在1949年，捷克斯洛伐克在GATT挑战美国颁发出口许可的管理制度，这一问题被拿到缔约方第3届大会第22次会议上讨论。会议声明："在与自身安全有关的问题上，每个国家都必须是最后的'法官'。另一方面，每个缔约方都应谨慎行事，不采取可能有损GATT的任何行动。"㉜随后在1961年，在葡萄牙加入GATT之时，加纳说其对葡萄牙商品的抵制可以根据第21条第2款第3项获得豁免，并说道："根据这一条款（第21条第2款第3项）㉝，每一缔约方是界定何谓保护其基本安全利益所必需的措施的唯一法官。"㉞

在WTO成立之后，鲜有涉及第21条安全例外的争端被提交给专家组和上诉机构审理。但有两个案件值得关注，一个是"印度—进口限制案"，另一个是"中国—稀土案"。在"印度—进口限制案"中，印度援引GATT

㉗ United States-Trade Measures Affecting Nicaragua, L/6053, Report by the Panel, para. 4. 3 (1986).

㉘ United States-Trade Measures Affecting Nicaragua, L/6053, Report by the Panel, para. 1. 2 (1986).

㉙ C/M/196 at p. 7.

㉚ L/6053, dated 13 October 1986 (unadopted), paras. 5. 2 – 5. 3.

㉛ 美国的这一论据是：第21条的措辞本身并不允许专家组审查美国援引第21条的有效性。

㉜ GATT/CP. 3/SR. 22, Corr. 1.

㉝ 括号中的内容为笔者的补译。

㉞ Summary Record of the Twelfth Session, SR. 19/12, p. 196 (1961).

1994 第 20 条（一般例外）和第 21 条（安全例外）来为其采取的进口限制措施进行抗辩。但这一案件并没有进入专家组程序。[45] 在"中国—稀土案"中，被申诉方中国主张，其对稀土、钨和钼实施出口限制措施的其中一个政策基础是"国家安全"[46]，这意味着中国可以援引 GATT 1994 第 21 条为这些措施进行抗辩。然而，专家组认为中国没有提供有力的证据来解释清楚第 21 条中的"基本安全利益"，因而没有成功证明其这一主张。[47] 除此之外，在 2017 年 7 月 31 日，卡塔尔向阿联酋、巴林和沙特阿拉伯提出磋商请求，认为这些国家对卡塔尔采取的货物贸易措施、服务贸易措施和与贸易有关的知识产权措施违反了 WTO 规则。阿联酋认为这些措施并不违反 WTO 的涵盖协定，并进而指控卡塔尔资助恐怖主义活动和干预他国内政。[48] 这三个由卡塔尔申诉的案件都涉及国家安全问题。截至 2019 年 7 月 1 日，争端解决机构只成立了一个专家组来审理卡塔尔和阿联酋之间的争端。[49] 这些案件的专家组都没有审查或尚未审查涉案措施是否根据 GATT 1994 第 21 条获得正当性。

以上论述表明，从纵向维度（时间维度）来看，安全例外是一个棘手问题，因为在 2019 年发布专家组报告的"俄罗斯—过境运输措施案"之前，从 GATT 到 WTO 将近 72 年的历史中，并没有一个专家组真正审查过国家安全例外问题。有学者指出："由于其内涵模糊以及在适用中的不确定性，在一个颇为成功的贸易法多边框架中，GATT 第 21 条到现在依然是最有争议的条款之一。"[50]

---

[45] See DS149: India-Import Restrictions, WTO (March 26, 2019), https://www.wto.org/english/tratop_e/dispu_e/cases_e/ds149_e.htm.

[46] China-Measures Related to the Exportation of Rare Earths, Tungsten and Molybdenum, WT/DS431/R, WT/DS432/R, WT/DS433/R, Panel Report, para. 7.404 (2014).

[47] See China-Measures Related to the Exportation of Rare Earths, Tungsten and Molybdenum, WT/DS431/R, 26 March 2014, para. 7.712.

[48] See UAE says economic sanctions on Qatar violate no WTO deal, Xinhua Net (March 26, 2019), http://www.xinhuanet.com/english/2017-08/02/c_136494365.htm.

[49] 2019 年 5 月 28 日，WTO 争端解决机构成立专家组来审理该案。See DS576: Qatar-Certain measures concerning goods from the United Arab Emirates, WTO (July 27, 2019), https://www.wto.org/english/tratop_e/dispu_e/cases_e/ds576_e.htm.

[50] Sandeep Ravikumar, *The GATT Security Exception: Systemic Safeguards against Its Misuse*, 9 NUJS L. REV. 321, 340 (2016).

三、WTO 争端解决机制

　　从横向维度来看，与 GATT 和 WTO 争端所涉的其他问题相比，安全例外问题显得更为棘手。例如，跟 GATT 1994 第 20 条的"一般例外"问题相比，专家组对国家安全例外问题的审查次数低得多。截至 2019 年 7 月 31 日，在 WTO 已审结的案件中，共有 32 个案件涉及 GATT 1994 第 20 条的"一般例外"问题[51]；其中，专家组在 1 个案件中对 GATT 1994 年第 20 条项下的问题适用了司法节制原则。[52] 在 WTO 的历史中，仅有一个专家组审查了 GATT 1994 第 21 条项下的安全例外问题。

　　由此可见，安全例外本身就是一个颇为棘手的问题，专家组和上诉机构都不太愿意审查这一如此敏感的问题。WTO 上诉机构前主席詹姆斯·巴克斯（James Bacchus）曾说："令我感到幸运的是，我在还无须回答上述（关于安全例外）[53] 难题的岁月，就已经顺利地完成了我作为一名 WTO 法官所肩负的使命。"[54]

----

[51] 在此，案件数量以 WTO 官网上公布的案件编号来统计。对于合并审理的案件，以申诉方的数量来计算案件数。例如，在"中国—汽车零部件案"中，有美、欧盟和墨西哥 3 个申诉方，在此算作 3 个案件而非 1 个案件。截至 2019 年 7 月 31 日，涉及 GATT1994 第 20 条的案件有："美国—标准石油案"（DS2）、"加拿大—期刊案"（DS31）、"美国—海虾案"（DS58）、"美国—海虾执行之诉案"（DS58）、"欧共体—石棉案"（DS135）、"阿根廷—牛皮和皮革制品案"（DS155）、"韩国—牛肉案"（DS161，169）、"欧共体—商标与地理标志案"（DS174，290）、"多米尼加—香烟案"（DS302）、"墨西哥—软饮料案"（DS308）、"巴西—翻新轮胎案"（DS332）、"中国—汽车零部件案"（DS339，340，342）、"美国—虾（泰国）案"与"美国—海关担保案"（DS343，345）、"中国—出版物和音像制品案"（DS363）、"美国—金枪鱼 2 号执行之诉案"（DS381）、"美国—原产地标签执行之诉案"（DS384，386）、"中国—原材料案"（DS394，395，398）、"欧共体—海豹产品案"（DS400，401）、"中国—稀土案"（DS431，432，433）、"美国—动物产品案"（DS447）、"印度—太阳能电池案"（DS456）、"印度尼西亚—进口许可体制案"（DS477，478）和"印度尼西亚—鸡肉案"（DS484）。See WTO DISPUTE SETTLEMENT: ONE-PAGE CASE SUMMARIES 1995 – 2018 9, 19, 29, 30, 56, 64, 67, 72, 127, 128, 138, 143, 145, 151, 158, 162, 164, 169, 185, 191, 195, 203 & 208（World Trade Organization Legal Affairs Division ed., 2017）.

[52] 在"美国—动物产品案"中，专家组对美国根据 GATT 1994 第 20 条第 2 款提出的抗辩适用了司法节制原则。See WTO DISPUTE SETTLEMENT: ONE-PAGE CASE SUMMARIES 1995 – 2018 191, n. 3（World Trade Organization Legal Affairs Division ed., 2017）.

[53] 此处为笔者的补译。

[54] James Bacchus, Why is the World Trade Organization on the Sidelines during the Ukrainian Crisis?, International Business Times（Aug. 14, 2019）, https：//www.ibtimes.com/why-world-trade-organization-sidelines-during-ukrainian-crisis-1562156. 译文参见詹姆斯·巴克斯："为何世贸组织在乌克兰发生危机时置身局外？"，梁意译，盛建明审校，载王军、盛建明主编：《WTO 争端解决年度报告 2011—2012 年》，法律出版社 2014 年版，第 127 页。

(二) 安全例外是否默示标准所指向的棘手问题

尽管安全例外问题本身就很棘手,但这也许还不足以让专家组动用司法节制原则的默示标准来处理这一问题。但在具体案件中,若有第三方就安全例外问题发表了"纠结意见",或者直接指出安全例外问题的敏感性,就意味着安全例外问题是默示标准所指向的棘手问题,那么专家组很有可能会对安全例外问题适用司法节制原则。"俄罗斯—过境运输措施案"的专家组首次对 GATT 1994 第 21 条的相关问题作出正面回应,这一裁决被认为是关于国家安全问题的历史性裁决。[55] 在回答安全例外问题是默示标准所指向的棘手问题之前,不妨对该案进行分析。

这一裁决涵盖了 GATT 1994 第 21 条项下的许多问题,其中两个主要问题是:第一,第 21 条的可司法性问题(justiability),即专家组对于俄罗斯援引第 21 条进行抗辩是否有权进行审查?第二,如果第 21 条具有可司法性,那么专家组对第 21 条项下的事项可以进行何种程度的审查以及作出何种程度的裁决?

对于第一个问题,即第 21 条的可司法性问题,共有 10 个 WTO 成员发表了第三方意见。其中,美国认为该条不具备可司法性,因为从该条的用语表明是否援用第 21 条第 2 款第 3 项是 WTO 成员的自决(self-judging)事项[56];包括澳大利亚、加拿大、中国和欧盟在内的其余 9 个成员则认为,根据 DSU 的有关条款(尤其是第 7 条关于"专家组的职权范围"的规定)[57] 第 21 条是可诉的。[58] 需要注意的是,在这一问题上没有任何一个第三方发表

---

[55] 该案专家组报告引起了广泛注意。参见徐程锦:"WTO 安全例外法律解释、影响与规则改革评析——对'乌克兰诉俄罗斯与转运有关的措施'(DS512)案专家组报告的解读",载《信息安全与通信保密》2019 年第 7 期,第 38–51 页。

[56] See Russia-Measures Concerning Traffic in Transit, WT/DS512, Panel Report, para. 7.52 (2019).

[57] DSU 第 7 条第 1 款规定:"专家组应具有下列职权范围,除非争端各方在专家组设立后 20 天内另有议定:'按照(争端各方引用的适用协定名称)的有关规定,审查(争端方名称)在……文件中提交争端解决机构的事项,并提出调查结果以协助争端解决机构提出建议或作出该协定规定的裁决。'"第 7 条第 2 款规定:"专家组应处理争端各方引用的任何适用协定的有关规定。"

[58] 澳大利亚、巴西、加拿大、中国、欧盟、日本、摩尔多瓦、新加坡和土耳其均认为 GATT 1994 第 21 条是可诉的。See Russia-Measures Concerning Traffic in Transit, WT/DS512, Panel Report, paras. 7.35–7.50 (2019).

"纠结意见"。因此，默示标准在此不发挥作用，专家组没有在第 21 条的可司法性问题上适用司法节制原则，而认定第 21 条具备可司法性。[59]

至于第二个问题，即专家组对第 21 条项下的事项可以进行何种程度的审查以及作出何种程度的裁决，则涵盖了很多小问题，如何谓第 21 条第 2 款第 3 项中的"国际关系中的其他紧急情况"，何谓"基本安全利益"。[60] 在"国际关系中的其他紧急情况"这一问题上，有 4 位 WTO 成员发表了第三方意见。巴西认为，援引第 21 条的当事方要提出证据证明存在国际关系中的其他紧急情况[61]；加拿大认为，相关多边论坛［尤其是联合国安全理事会（以下简称安理会）］所确认的情形是国际关系中的紧急情况的强烈迹象[62]；欧盟认为，"战时或国际关系中的其他紧急情况"（war or other emergency in international relations）是可完全由专家组进行审查的客观事实情形，而且"国际关系中的紧急情况"是比战争更宽泛的概念[63]；新加坡认为，关于是否存在"国际关系的紧急情况"的判断本质上是主观的（inherently subjective），它尤其需要考虑援引第 21 条的 WTO 成员与其他成员以及更广的国际社会的关系，该成员当下的迫切需求以及产生这一需求的背景。[64] 上述第三方意见看似观点鲜明，但这些第三方在"国际关系的紧急情况"的构成要件或判断标准上并未发表意见。而专家组似乎收到了第三方的这些信号，其在没有进行细致分析的情况下，用两句话概括安理会的决议和其他国家对俄罗斯的制裁，认定俄罗斯和乌克兰之间存在"国际关系中的

---

[59] See Russia-Measures Concerning Traffic in Transit, WT/DS512, Panel Report, paras. 7.102 - 7.104 (2019). 有专家认为，从务实的角度出发，专家组应拥有对安全例外问题的审查权，参见安佰生："WTO 安全例外条款分析"，载《国际贸易问题》2013 年第 3 期，第 130 页。

[60] See Russia-Measures Concerning Traffic in Transit, WT/DS512, Panel Report, paras. 7.111 - 7.126 (2019).

[61] See Russia-Measures Concerning Traffic in Transit, WT/DS512, Panel Report, Addendum, p. 74 (2019).

[62] See Russia-Measures Concerning Traffic in Transit, WT/DS512, Panel Report, Addendum, p. 77 (2019).

[63] See Russia-Measures Concerning Traffic in Transit, WT/DS512, Panel Report, Addendum, p. 86 (2019).

[64] See Russia-Measures Concerning Traffic in Transit, WT/DS512, Panel Report, Addendum, p. 101 (2019).

紧急情况"。⑥

专家组的这一做法是颇为反常的。当专家组有意澄清一个条约中的概念时，其会根据《维也纳条约法公约》第 31 条进行细致的分析，包括查阅权威词典来分析一个措辞的通常含义、根据上下文来确认一个措辞的含义等。但"俄罗斯—过境运输措施案"的专家组并未如此行事，这很有可能是因为该案第三方的意见表明，"国际关系中的紧急情况"是一个不宜由专家组判断的棘手问题。虽然专家组最后确认争端双方之间存在国际关系中的紧急情况，但其作此判断时十分节制，并未澄清"国际关系中的紧急情况"内涵、构成要件和判断标准等问题。

关于第 21 条的另一个重要问题的何谓"基本安全利益"，然而，该案专家组没有界定何谓"基本安全利益"，其说道："一般而言，由每一成员界定什么构成其认为的基本安全利益。"⑥ 也许有人会认为，专家组没有界定第 21 条中的"基本安全利益"，是因为该条的措辞"其认为"表明这一基本安全利益应由采取措施的 WTO 成员自己来判断。笔者认为，这一观点并未反映问题的全貌。仅以第 21 条第 2 款为例，这一条款中的"其认为"赋予了 WTO 成员一定的自由裁量权，对于这一自由裁量权存在三种理解：第一，成员只能自由决定何种措施是为保护其基本安全利益所"必需的"，即成员仅在界定"必要性"上存在自由裁量权⑥；第二，成员不仅在界定"必要性"上拥有自由裁量权，而且在界定"基本安全利益"上存在自由裁量权⑧；第三，成员在界定"必要性""基本安全利益"以及第 21 条第 2 款项下的 3 种情况都拥有自由裁量权⑥。⑦ 最后，专家组采纳了第二种解释，没有亲自裁决何谓"基本安

---

⑥ See Russia-Measures Concerning Traffic in Transit, WT/DS512, Panel Report, paras. 7.121 – 7.122（2019）.

⑥ See Russia-Measures Concerning Traffic in Transit, WT/DS512, Panel Report, para. 7.131（2019）.

⑥ 例如，欧盟持这一观点。See Russia-Measures Concerning Traffic in Transit, WT/DS512, Panel Report, para. 7.43.

⑧ 例如，澳大利亚和新加坡持这种观点。See Russia-Measures Concerning Traffic in Transit, WT/DS512, Panel Report, paras. 7.36 – 7.49（2019）.

⑥ 例如，加拿大持这一观点。See Russia-Measures Concerning Traffic in Transit, WT/DS512, Panel Report, para. 7.40.

⑦ See Russia-Measures Concerning Traffic in Transit, WT/DS512, Panel Report, para. 7.63.

全利益",这很有可能是因为"基本安全利益"这一问题过于敏感和棘手。

在"俄罗斯—过境运输措施案"中,巴西、加拿大和欧盟都在其第三方意见中直接指出"基本安全利益"的相关问题是敏感问题:巴西认为,一个成员不必详细描绘它的"基本安全利益"是什么,因为这可能是第21条第1款意义上的敏感信息(sensitive information)[71];加拿大认为,第21条所涉事项特别敏感[72];欧盟认为,跟基本安全利益有关的信息是高度敏感的。[73] 同时,在该案中,另一争端第三方日本还发表了一番"纠结意见"。日本肯定了专家组有权审查 GATT 1994 第21条项下的抗辩,同时认为让专家组审查这一问题将会对 WTO 争端解决机制施加"不当的负担";日本没有对专家组应当作出何种裁决发表意见,而是出于维护 WTO 有效运作的目的,敦促争端方努力寻求相互均可接受的解决方案。[74] 这些第三方意见表明,GATT 1994 第21条所涉"基本安全利益"问题是司法节制原则默示标准所指向的棘手问题。

从上述分析可以看出,GATT 1994 第21条所规定的安全例外可进一步被分为若干个小问题。例如,这一条款是否具备可司法性、何谓"国际关系中的紧急情况"、何谓"基本安全利益"等。由于争端第三方发表了不同的意见,专家组对这三个问题的审查和处理情况各不相同。在"俄罗斯—过境运输措施案"中,"基本安全利益"问题是适用司法节制原则的默示标准所指向的棘手问题,而 GATT 1994 第21条的可司法性问题并非这一标准所指向的棘手问题。

四、司法节制原则的默示标准在"232 措施案"中的可能应用

在"232 措施案"中,美国援引了 GATT 1994 第21条进行抗辩。假设

---

[71] See Russia-Measures Concerning Traffic in Transit, WT/DS512, Panel Report, Addendum, p. 74 (2019).

[72] See Russia-Measures Concerning Traffic in Transit, WT/DS512, Panel Report, Addendum, p. 76 (2019).

[73] See Russia-Measures Concerning Traffic in Transit, WT/DS512, Panel Report, Addendum, p. 85 (2019).

[74] See Russia-Measures Concerning Traffic in Transit, WT/DS512, Panel Report, paras. 7. 44 (2019).

269

专家组认定美国根据"232 条款"采取的关税措施是保障措施,那么专家组必须对美国的这一抗辩进行审查,因为对这一抗辩的审查将会决定涉案措施是否合法;若专家组对美国的这一抗辩适用司法节制原则,则有可能构成"错误的司法节制"(false judicial economy),因为其没有真正实现"积极解决争端"的目标。又假设专家组认定美国根据"232 条款"采取的关税措施并非保障措施,那么其是否还要审查 GATT 1994 第 21 条项下的问题?也许有人认为,申诉方在专家组阶段就败诉了,专家组是否审查美国根据第 21 条提出的抗辩并不会改变案件结果,因而可以对美国的这一抗辩适用司法节制原则。然而,这一做法是颇为冒险的,因为如果申诉方提起上诉,且上诉机构推翻了专家组关于保障措施的裁决进而认定美国采取的关税措施构成保障措施,那么上诉机构就要审查美国根据第 21 条提出的抗辩;但专家组没有对美国的抗辩作出审查,而且上诉机构不具有事实审查权[75],也不具有发回重审权[76],这导致上诉机构囿于权限而无法对美国第 21 条项下的抗辩进行审查,进而导致争端无法得到积极解决。[77] 因此,为了避免上述困境,即便专家组认为涉案措施不构成保障措施,其也有可能审查美国根据第 21 条提出的抗辩,至少对这一抗辩项下的事实问题作出调查。

由此可见,无论专家组是否把美国根据"232 条款"采取的关税措施认定为保障措施,它都不可避免地对美国根据 GATT 1994 第 21 条提出的抗辩进行审查。那么专家组要对美国的抗辩作出何种程度的审查?具体而言,专家组是否需要审查以下两个问题:GATT 1994 第 21 条项下的问题是否具有可司法性?若答案是肯定的,那么涉案措施能否根据第 21 条获得正当性?在"俄罗斯—过境运输措施案"中,专家组已经认定第 21 条的可司法性。如无

---

[75] DSU 第 17 条第 6 款规定:"上诉应限于专家组报告涉及的法律问题和专家组所作的法律解释。"这一条款表明,上诉机构只有权审查法律问题,而无权审查事实问题。

[76] DSU 第 17 条第 13 款规定:"上诉机构可维持、修改或撤销专家组的法律调查结果和结论。"这一条款并未赋予上诉机构把案件发回给专家组重审的权利。

[77] 由于美国的阻挠,在 2019 年年末随着巴提亚(Ujal Singh Bhatia)和格雷厄姆(Thomas R. Graham)两位上诉机构成员的任期届满,上诉机构陷入瘫痪。有学者提出,根据 DSU 第 25 条构建上诉仲裁制度来替代上诉机构。参见石静霞、白芳妮:"应对 WTO 上诉机构危机:基于仲裁解决贸易争端的角度",载《国际贸易问题》2019 年第 4 期,第 22-33 页。但这一机制目前仅限于学理探讨,其能否实施以及实施效果尚有待观察。

三、WTO 争端解决机制

意外，这一认定会被"232 措施案"的专家组沿用。[78] 那么在"232 措施案"中，专家组面临的关键问题就是上述第二个问题——涉案措施能否根据第 21 条获得正当性。毋庸置疑，这个问题颇为棘手，WTO 成员并不一定希望专家组和上诉机构在争端中回答这些问题。事实上，即便专家组不审查这一问题，或者不全面审查这一问题，其依然能够解决争端。

GATT 1994 第 21 条项下的问题可再细分为实体问题和程序问题。何谓"国际关系中的其他紧急情况"、何谓"基本安全利益"等问题属于第 21 条项下的实体问题。"俄罗斯—过境运输措施案"的争端第三方已经明确指出，与基本安全利益有关的问题是十分敏感的，该案专家组也裁定应由 WTO 成员自己来判断基本安全利益，这一认定很有可能被"232 措施案"的专家组沿用。那么"232 措施案"专家组面临的关键实体问题就是何谓"国际关系中的其他紧急情况"，或者申诉方和被申诉方之间是否存在"国际关系中的其他紧急情况"。

这一问题也许过于敏感，因而不宜由专家组来解答。笔者注意到，"俄罗斯—过境运输措施案"的专家组对第 21 条第 2 款第 3 项下的"国际关系中的其他紧急情况"作出裁决，认定被申诉方俄罗斯和申诉方乌克兰之间存在"国际关系中的其他紧急情况"。[79] 但需要注意的是，"232 措施案"和"俄罗斯—过境运输措施案"有一个重要的不同之处：后者有安理会的决议来确认国际关系中的紧急情况的存在[80]，而前者并没有安理会决议或者其他可靠证据来证明"国际关系中的其他紧急情况"的存在。这意味着，在"俄罗斯—过境运输措施案"中，判断是否存在"国际关系中的其他紧急情况"相对没那么困难，而在"232 措施案"中这一问题就显得更加棘手。在"俄罗斯—过境运输措施案"中，专家组根据现有证据可以认定国际关系紧急情况的存在，而在"232 措施案"中，不宜由专家组对是否存在"国际关系中的其他紧急情况"作出认定。

---

[78] 在 WTO 争端解决中，专家组并无遵循先例的义务，但其一般不轻易背离"先例"，有学者将之称为事实上的遵循先例。See Raj Bhala, *The Precedent Setters: De Facto Stare Decisis in WTO Adjudication (Part Two of a Trilogy)*, 9 J. TRANSNAT' L L. & POL' Y 1, 48 (1999－2000).

[79] Ibid., para. 7.126.

[80] UN General Assembly Resolution No. 71/205, 19 December 2016, (Exhibit UKR－91).

尽管如此，专家组还是可以审查第21条项下的程序问题。换言之，当被申诉方援引第21条进行抗辩时，专家组可以审查其是否满足了援引该条款的程序要求。这是因为与第21条项下实体问题相比，该条款项下的程序问题还不算棘手。一个WTO成员只有同时满足了第21条项下的程序要求和实体要求，才能根据该条成功抗辩。

援引第21条的其中一项程序要求是"通知义务"/"通报义务"（duty to inform）。根据GATT缔约方于1982年通过的《关于〈总协定〉第21条的决定》（Decision Concerning Article XXI of the General Agreement，以下简称《1982年决定》），"受制于第21条第1款所规定的（安全）[81]例外，（采取措施的缔约方）[82]应尽可能向缔约方通报根据第21条采取的贸易措施"。[83] 根据《1982年决定》起草者的目的，在援引第21条项下的其他条款采取有关措施时，采取措施的一方也要履行"通知义务"/"通报义务"。[84] 然而，在"232措施案"中，美国在采取涉案措施的时候并未履行这一通报义务。

此外，援引第21条要满足的另一项程序要求是"抗辩义务"（duty to justify）。根据这一义务，采取涉案措施的WTO成员还应"提供充分的事实来排除不当动机（即经济原因），并表明其已满足了第21条第2款第1项至第3项的客观标准"。[85] 在"232措施案"中，美国除了坚持主张专家组无权审查安全例外问题，其似乎并未提供任何事实证据来排除其不当动机，也没有表明其满足了第21条第2款项下任何一项的客观标准。

上述两项程序义务不仅是援引第21条要履行的义务，也是善意原则（principle of good faith）的要求。[86] 善意原则是一项一般法律原则，也是一项

---

[81] 此处为笔者的补译。

[82] 此处为笔者的补译。

[83] See Decision Concerning Article XXI of the General Agreement, L/5426, p. 1 (1982). 全文参见WTO网站，https://docs.wto.org/gattdocs/q/GG/L5599/5426.PDF, 2019年3月30日访问。

[84] See Michael J. Hahn, *Vital Interests and the Law of GATT: An Analysis of GATT's Security Exception*, 12 MICH. J. INT'L L. 558, 604–605 (1991).

[85] See Michael J. Hahn, *Vital Interests and the Law of GATT: An Analysis of GATT's Security Exception*, 12 MICH. J. INT'L L. 605 (1991).

[86] See Michael J. Hahn, *Vital Interests and the Law of GATT: An Analysis of GATT's Security Exception*, 12 MICH. J. INT'L L. 604–605 (1991).

一般国际法原则。这一原则被写入《维也纳条约法公约》。根据《维尔纳条约法公约》，条约缔约方应当善意解释条约，而且必须善意履行条约。[87] 这一观点得到 WTO 多个专家组报告的确认。[88] 特别是在"俄罗斯—过境运输措施案"中，专家组强调应善意解释和适用 GATT 1994 第 21 条第 2 款第 3 项。[89] 而且专家组和上诉机构有权审查 WTO 成员是否善意行使其权利。[90]

在"232 措施案"中，专家组可以将其对第 21 条的审查范围限于程序问题。如果专家组发现美国并未满足 GATT 1994 第 21 条的程序要求，那么即可证明美国并不能根据第 21 条抗辩成功，进而裁定涉案措施是违反 WTO 规则的。此时，考虑到对第 21 条的程序问题作出裁决已经足以解决争端，专家组可以决定对该条的实体问题适用司法节制原则而不予审查。通过这一方式，专家组既能确保争端的积极解决，又能巧妙地避开敏感的国家安全问题。在通过审查第 21 条的程序问题就足以解决争端的情况下，专家组最好在第 21 条的实体问题上适用司法节制原则。

五、结语与建议

司法节制原则是在 WTO 争端解决中很常用的一项原则。[91] WTO 专家组经常通过适用司法节制原则来节省"司法资源"。同时，该原则也常常被 WTO 专家组和上诉机构作为处理棘手问题的工具。当专家组在棘手问题上适

---

[87] 详见《维也纳条约法公约》第 26 条、第 31 条。

[88] 这一观点也得到不少学者的认可。参见李巍："新的安全形势下 WTO 安全例外条款的适用问题"，载《山西大学学报（哲学社会科学版）》2015 年第 6 期，第 112 页；孙南翔："国家安全例外在互联网贸易中的适用及展开"，载《河北法学》2017 年第 6 期，第 69－70 页；谭观福："WTO 国家安全例外视角下的网络安全"，载《中国高校社会科学》2018 年第 2 期，第 71 页。

[89] See Russia-Measures Concerning Traffic in Transit, WT/DS512, Panel Report, para. 7. 132 (2019).

[90] 参见韩立余："善意原则在 WTO 争端解决中的适用"，载《法学家》2005 年第 6 期，第 156－157 页；United States-Continued Dumping and Subsidy Offset Act of 2000, WT/DS217, Appellate Body Report, paras. 296－298 (2002).

[91] 曾有学者统计，截至 2009 年，有 41% 案件的专家组运用了司法节制原则。See Marc L. Busch & Krzyztof J. Pelc, *The Politics of Judicial Economy at the World Trade Organization*, Georgetown University, Oct. 15, 2017, http://faculty.georgetown.edu/mlb66/judicial economy.pdf, p. 1.

用司法节制原则时,其通常给出的理由是:对这些问题的审查并非解决争端所必需的,因为关于其他问题的决定已经足以解决争端。[92] 在此情况下,适用司法节制原则似乎是为了节省"司法资源"和提高争端解决效率,但默示的理由很有可能是政治方面的考虑。因此,WTO 争端解决中存在适用司法节制原则的默示标准,其表明专家组或上诉机构倾向于对棘手问题适用司法节制原则。至于如何识别这些棘手问题,其中一个方法是参考争端第三方的意见。如果争端第三方对某个问题发表了"纠结意见"或者直接指出了某个问题的敏感性,那么这个问题很有可能是一个司法节制原则默示标准所指向的棘手问题。

GATT 1994 第 21 条关于安全例外的规定,涵盖了司法节制原则默示标准所指向的棘手问题,譬如何谓"国际关系中的紧急情况"、何谓"基本安全利益"。当 WTO 成员援引该条作出抗辩,在确保争端得到积极解决的前提下,专家组最好对该问题适用司法节制原则。在由中美贸易摩擦触发的案件中,特别是在"232 措施案"中,专家组面临着 GATT 1994 第 21 条规定的安全例外问题。实际上,即便专家组不对该条款项下的实体问题(如是否存在"国际关系中的其他紧急情况")进行审查,该争端也能得到积极解决。在该案中,专家组可以仅仅审查第 21 条项下的程序问题,并对该条项下的实体问题适用司法节制原则。作为"232 措施案"的申诉方,中国可以通过外交方式说服或暗示该案的第三方就第 21 条的实体问题(尤其是关于"国际关系中的其他紧急情况"的问题)提交"纠结意见",或者直接指出这一问题的敏感性。通过这一方式,专家组适用司法节制原则来规避这些敏感问题的概率将得以提高。

---

[92] See, e. g. , Turkey-Restrictions on Imports of Textile and Clothing Products, WT/DS34, Panel Report, paras. 9. 55 – 10. 1 (1999).

四、区域贸易协定、中国自由贸易港

论国有企业的国际规范　黄志瑾 / *277*

"一带一路"跨境电子商务规则的构建
　　——以 CPTPP、USMCA 为鉴　郑玲丽 / *307*

中国自由贸易试验区立法问题探析　徐忆斌 / *330*

中国特色自由贸易港的法制体系建设：指导思想、功能内涵与制度架构　郑　蕴 / *348*

论国有企业的国际规范

黄志瑾[*]

传统国际法理论认为"国有企业是国际法主体中的个人主体"。[①] 个人主体是国际法中的次要主体，国家主体是国际法的首要主体，这已为国际法院所确认。[②] 与国家是天然的国际法主体相比，个人的国际法主体地位是通过国际法与国际人权法间此消彼长而形成的，是国家通过创设或承认国际人权法后让渡一部分国家权力而获得的。虽然传统理论将国有企业看成个人主体，但是事实上国有企业取得国际法主体地位的方式与个人主体完全不同，个人主体是因国家自限权力而获得权利，从而构成国际法主体，国有企业与跨国公司类同，是因国家权力溢出而获得权利，从而构成国际法主体。近年来，围绕着国有企业为主体出现了一系列规范，其试图将国际法传统的"协调国家行为"的功能延伸至"协调国家体制"[③]，这些规范的出现突显了上述传统理论的局限性和滞后性。

目前对国有企业国际规范的讨论已经从政治辩论议题延伸到学术争论话题。国内学术研究基本集中将研究标的囿于《全面与进步跨太平洋伙伴关系

---

[*] 黄志瑾，上海对外经贸大学学术期刊社副研究员。本文系作者主持的教育部人文社会科学研究一般项目"《跨太平洋伙伴关系协定》国有企业规则研究"（项目批准号：16YJC820012）和国家社科基金青年项目"中国引领投资便利化国际合作的法律研究"（项目批准号：18CFX086）的阶段性成果。

[①] Malcolm D. Evans eds., *International Law*, 3rd edition, Oxford University Press, 2010, p.285.
[②] ICJ, Advisory Opinion, Reparation for Injuries Suffered in the Service of the UN, 1949.
[③] 《联合国宪章》第1条规定："联合国之宗旨为……四、构成一协调各国行动之中心，以达成上述共同目的。"

协定》(Comprehensive and Progressive Agreement for Trans-Pacific Partnership, CPTPP)及其前身《跨太平洋伙伴关系协定》(Trans-Pacific Partnership, TPP)第17章[4],近来开始有意识地揭示国企条款全貌,试图系统探讨国际贸易协定中国企条款的发展脉络和特征。[5] 学术界判断国有企业已逐渐形成国际经贸新规范[6],总体来说,国有企业国际规范是否已经形成并构成体系尚未有定论。

20世纪末,国际关系学中的建构主义学派提出了"生命周期理论"以解释国际规范的形成,认为国际规范的形成包含规范兴起(emergence)、规范扩散(cascade)和规范内化(internalization)三个阶段。[7] 建构主义学派中的安全理论又进一步将生命周期的起点前移至规范兴起前,提出国际规范生命周期的原点起源于规范兴起者确定存在一种安全威胁。首先,规范兴起者确定安全威胁之后通过提出规范成功启动了消除威胁的安全化过程,即规范兴起,规范兴起者可以是国家,也可能是国际组织。其次,规范兴起者通过政治影响、经济压力和国际关系推动等举措将规范在区域和全球范围予以普及,使得其所提出的安全威胁观念获得一些重要的关键国家支持和跟随,其表现形式可以是形成了国际协定,即规范扩散。最后,规范兴起者和跟随者通过法律程序将规范具体化为各国的国内法与各种制度而获得合法性,而且还进一步在国际社会内部形成一种更广为接受的规范,内化为一种国际社会的文化或价值观,即规范内化。[8] 国际规范生命周期理论有效地解释了国际

---

[4] 参见马其家、樊富强:"TPP对中国国有企业监管制度的挑战及中国法律调整——以国际竞争中立立法借鉴为视角",载《国际贸易问题》2016年第5期;刘瑛:"《跨太平洋伙伴关系协定》国有企业章节的中国应对",载《东方法学》2016年第5期;沈铭辉:"'竞争中立'视角下的TPP国有企业条款分析",载《国际经济合作》2015年第7期。

[5] 参见杨秋波:"国企条款透视:特征、挑战与中国应对",载《国际商务(对外经济贸易大学学报)》2018年第2期;屠新泉、徐林鹏、杨幸幸:"国有企业相关国际规则的新发展及中国对策",载《亚太经济》2015年第2期;刘雪红:"国有企业的商业化塑造——由欧美新区域贸易协定竞争中立规则引发的思考",载《法商研究》2019年第2期。

[6] 参见屠新泉、徐林鹏、杨幸幸:"国有企业相关国际规则的新发展及中国对策",载《亚太经济》2015年第2期。

[7] See Martha Finnemore & Kathryn Sikkink, *International Norm Dynamics and Political Change*, 52 International Organization 4 (1998).

[8] 参见潘亚玲:"国际规范的生命周期与安全化理论——以艾滋病被安全化为国际威胁为例",载《欧洲研究》2007年第4期。

法立法中的一个根本性前置问题，即何时出现了国际规范。当学者们热烈地讨论国有企业国际规范并积极地提出对策建议的时候，大家讨论的标的是否真实存在？如果认为国有企业国际规范并不清晰或明确，那么何时能够明确判断是否出现了相应的国际规范将具有十分深远的意义。国际规范生命周期理论有助于我国国际法学界更加理性和科学地看待当前国有企业的国际规范，并扩大与之相对应的理论研究边界。

本文以国际规范生命周期理论为基本研究理论基点，首先从多边贸易体制 WTO 规则和案例入手，总结国有企业多边国际规范的现状。然后通过识别现有自由贸易协定（Free Trade Agreement，FTA）中与国有企业相关的规范，并以"WTO ="、"WTO +"和"WTO-X"为评估标准，挖掘 FTA 中国有企业国际规范的深度和广度问题，并通过"临界质量"标准判断国有企业国际规范是否通过 FTA 在区域和全球范围内被普及。最后依据上述测算结果，适用生命周期理论分析国有企业国际规范的客观整体现状与发展趋势。

一、WTO 中的国有企业规范

"二战"后作为布雷登森林体系中协调国际经济关系的重要支柱——世界贸易组织（World Trade Organization，WTO）没有特别的国有企业规范。从字面上看所有文本中只有《关税与贸易总协定》（General Agreement on Tariffs and Trade，GATT）第 17 条国营贸易企业条款与国有企业直接相关，但若仅集中于第 17 条的研究，那将是肤浅与脱节的。WTO 中的国有企业规范受国际关系形势所限，具有妥协性；国际司法实践围绕国有企业问题上面临诸多挑战，表明现有规范具有滞后性；国际关系中就国有企业议题已形成多维度碰撞，说明以 WTO 为主的国际规范缺乏适应性。

(一) GATT 时代：所有制中性的共识

1946 年，GATT《伦敦草案》⑨ 首次通过三个条款对国营贸易进行约束，明确了三个基本方向：①国营贸易应当与政府采购相区分，因为国营贸易是用于再销售，而政府采购仅限于政府自用，后者只需遵守公平与公正原则；②判断是否国营贸易企业的标准是控制标准，即国家能够有效控制的企业即为国营贸易企业；③国营贸易企业在购买商品时应遵循最惠国待遇，即应当依照商业因素进行购买，如价格、质量等。⑩ 此外，《伦敦草案》还提到了私人产品的国家垄断问题，但该条在《纽约草案》中予以删除。⑪

在 GATT 谈判时期，成员间对国营贸易企业所带来的所有制差异有着迥异的看法。斯洛伐克对国营贸易企业投以重点关注，它提到 GATT 应当允许"各种不同类型的政治、经济或社会结构的国家在宪章所致力实现的目标下和平地合作"。法国对斯洛伐克的这一建议持反对态度，认为"GATT 应当确保国营贸易企业像私营企业一般行事"。⑫ 以经济自由主义为理论前提的世界贸易法认为，"WTO 所设立的经济和社会目标都可以通过让市场正常运行而达到，所以 WTO 规则建立在一个假设之上，即 WTO 成员都是市场经济国家，仅有少量的国营贸易活动"。⑬ GATT 第 17 条仅是为了规范其少量的国营贸易活动。

GATT 第 17 条国营贸易企业共有 4 款，最终接受了《伦敦草案》与《纽约草案》中的三个基本方向。详言之，首先，第 17 条第 1 款第 1 项表明，

---

⑨ 1946 年 10—11 月，"联合国贸易和就业国际会议预备委员会"的首次会议在伦敦召开，其是第一次除美国和英国外有其他国家正式参加的会议，形成了《伦敦草案》（E/PC/T/33）。《伦敦草案》反映了 GATT 起草委员会讨论的结果。其中，美国、巴西、印度、英国都提交了提案或详细的评论。

⑩ 参见《伦敦草案》第 31 条和第 33 条。

⑪ 《伦敦草案》第 32 条规定了国家垄断问题，但 1947 年在纽约召开的联合国起草委员会会议中形成的《纽约草案》删除了国家垄断的规定。

⑫ Douglas A. Irwin, Petros C. Mavroidis & Alan O. Sykes, *The Genesis of the GATT*, Cambridge University Press, 2008, p. 159.

⑬ Thomas Cottie & Petros C. Mavroidis eds., *State Trading in the Twenty-First Century*, The University of Michigan Press, 1998, p. 396.

WTO 不干涉其成员内部对国营贸易企业的建立或维持,这反映了 GATT 的最终文本吸收了经济体制相异的缔约方的不同意见,并没有将其自身打造成市场经济的俱乐部,不同所有制共存的所有制中性共识不仅是 GATT 的建制基础,也反映了谈判各方希望不同所有制的成员可以和谐共进的缔约意愿。该条款也不否认缔约方在形式上或事实上给予任何企业专有权或特权,主要原因在于市场经济语境下国营贸易企业的贸易扭曲影响主要是由政府补贴所导致的,所以 GATT 第 17 条并没有试图规制国营贸易企业的专有权或特权,而将其留待由《补贴与反补贴措施协定》(以下简称《反补贴协定》)予以规定。其次,第 17 条第 1 款第 2~3 项确立了涉及国营贸易企业的两个核心义务,即国营贸易企业在涉及进口或购买和销售需遵守非歧视待遇和仅依照商业因素进行。最后,第 17 条第 2 款明确国营贸易企业不是政府采购,政府采购仅需给予公平和公正待遇,而国营贸易企业则需要遵守非歧视待遇原则。

(二) WTO 时代:公共机构认定的碰撞

WTO 之父约翰·H. 杰克逊在 2003 年曾经说过:"中国的政府所有,或国家运营或所有的企业对 WTO 体系是一个巨大的挑战。很难不让人想到补贴……可以预测的是在若干年后,补贴的某些定义将会重构。"[⑭] 在市场经济的语境下,国有企业缺乏垄断地位,政府可以控制贸易的唯一方法就是通过补贴。WTO 司法实践中聚焦国有企业的冲突主要在于国有企业是否属于《反补贴协定》第 1.1 条中的公共机构。

《反补贴协定》第 1.1 条规定"在一成员领土内,存在由政府或任何公共机构提供的财政资助",即可能被认定存在补贴,据此,公共机构的定义就成为补贴是否存在的关键性问题。虽然 WTO 法律文本未涉足这一问题,但 WTO 司法实践中已有四个主要案件就某一实体是否构成"公共机构"进行多番辩论,它们分别是:韩国商船案(DS273)、中美"双反"措施案(DS379)、美国热轧钢板案(DS436)和美国进口管线案(DS523)。

[⑭] D. Cass, B. Williams & G. Barker eds., *China and the World Trading System*, Cambridge University Press, 2003, p.26.

上述四个案件的矛盾焦点在于判断一个国有企业是否属于《反补贴协定》项下的公共机构的认定标准问题，主要包括以下标准：①政府控制标准。韩国商船案中，欧盟认为由于韩国政府控制着韩国进出口银行的决策权，所以认定其为公共机构，专家组赞同欧盟的观点，认为由于政府控制着韩国进出口银行，故裁定其为公共机构。中美"双反"措施案的专家组认为将公共机构理解为包括政府所有或控制的实体是最符合《反补贴协定》目标和宗旨的。②行使政府职权标准。中美"双反"措施案中，上诉机构推翻了专家组对公共机构的"政府控制"认定标准，改为"享有、行使或授权政府权力"标准，即否认了原专家组所提出的任何由政府控制的实体即可以被认定为公共机构，明确只有享有、行使或被授予政府权力的实体才属于公共机构。在美国热轧钢板案中，上诉机构又重申了上述观点，反对印度提出的"一个实体享有规范、控制或管理个人的权力，或限制其他实体行为的权力时即构成公共机构"的观点，明确提出上述权力不能说明该实体享有政府权力，也不能说明其行使了政府职权，无法证明该实体是公共机构。[15] 但是在如何认定一个实体是否享有政府权力或行使政府职权时，上诉机构又陷入了循环论证和自我矛盾的怪圈中。

中美"双反"措施案的上诉机构又将"行使政府职权标准"绕回到政府控制上，提出了"有意义的控制"（meaningful control）证据，即政府对一实体进行了有意义的控制可以在某种情况下作为该实体享有和行使政府职权的证据。事实上是将专家组所提出的政府控制标准改头换面成行使政府职权标准中的政府控制因素，并据此将中国的国有商业银行认定为国有企业。但是，上诉机构为了掩饰其论证的逻辑混乱和反复无常，又多次强调，政府与一实体间仅仅存在一些正式的联系并不足以证明该实体享有政府权力，如政府是一实体的多数股东并不能证明政府对该实体进行了有意义的控制[16]，一个实体是否公共机构必须根据个案进行确定，须考虑相关实体的核心特征和功能，其与政府的关系，以及所涉国家的法律和经济环境。政府对某个实体行使有

---

[15] Appellate Body Report, US-Carbon Steel (India), para. 4.10.
[16] Appellate Body Report, US-Anti-Dumping and Countervailing Duties (China), paras. 317 – 318.

意义控制可能在某种情况下作为该实体在履行政府职能时享有和行使政府权力的证据，但这并不足以证明该实体即是公共机构。[17]

行使政府职权标准与政府控制标准通过"有意义的控制"这一证据因素又相互裹挟在一起，这就给了美国国内的反补贴认定机构充分的空间对公共机构进行实质上为政府控制标准的认定。美国进口管线案中，美国商务部在认定公共机构时，认为土耳其军队养老基金 OYAK 是 Erdemir 公司的多数股东，而 Erdemir 公司拥有 Isdemir 92% 的股份，据此美国商务部认为土耳其政府对这三个实体均行使了"有意义的控制"，从而认定 Erdemir 和 Isdemir 两个公司为《反补贴协定》项下的公共机构。[18] 土耳其将这一涉及公共机构界定的案件又一次地摆在了 WTO 争端解决机构桌面上，暴露了公共机构问题的复杂性和聚焦性。

为了确定《反补贴协定》项下的"公共机构"，WTO 专家组与上诉机构之间也在不同案件中摇摆与反复，在"行使政府职能""政府实施有意义的控制"等标准间循环论证。即使是由固定、常设成员构成的上诉机构也在核心论点前戛然而止，论证颠倒重复，这也更加证明了"公共机构之争虽然表面上只是两种不同解释主张的冲突，但其实质却是不同 WTO 成员内部经济体制理念在 WTO 中的激烈碰撞，也是市场经济地位问题之争的一个反映"。[19]

(三) 后 WTO 时代：公平竞争的困境

WTO 起草者在 20 世纪无法想象 21 世纪的国有企业将会在全球市场上占据如此大的体量，WTO 没有为其成员描述任何特别的经济体制，其所设定的义务也与贸易的所有制无关。在 21 世纪，国际经贸规则的一贯引领者美国推

---

[17] Appellate Body Report, US-Anti-Dumping and Countervailing Duties (China), para. 318; Appellate Body Report, US-Carbon Steel (India), para. 4.10.

[18] 该案专家组认为，美国提出 OYAK 是由军队和政府官员组成的控制机构，这一控制机构遴选了公司董事会的事实、OYAK 必须为养老金目的强制性捐款的事实以及 OYAK 可以从其某些财产或税收中受益的事实，都不足以证明其行使政府权力，也不能说明土耳其政府能够对其行使有意义的控制。

[19] 廖诗评："'中美双反措施案'中的'公共机构'认定问题研究"，载《法商研究》2011 年第 6 期。

出了国际性的"竞争中立"（competitive neutrality）的概念和规制。竞争中立最初是澳大利亚国内竞争法中的概念，2011年时任美国国务院负责经济、能源和农业事务的副国务卿罗伯特·霍马茨将其拓展至外交关系领域，继而被CPTPP、《美国－墨西哥－加拿大协定》（United States-Mexico-Canada Agreement，USMCA）等超大型FTA吸纳，成为国际经贸规则重构中的重要议题。

1. 所有制中性共识被撼动

"所有制中性"（ownership neutrality）是WTO的立制哲学，也是GATT时代延续下来的成员共识。[20] WTO以所有制中性为立制哲学有几个原因：第一，现代国际法所设立的"不干涉内政原则"给予"每一国有选择其政治、经济、社会及文化制度之不可移让之权利，不受他国任何形式之干涉"，WTO法作为国际法显然应遵守该原则，不应要求成员设立或改变其经济体制。第二，WTO规则大厦所构建的基石是市场经济，私有企业是市场经济的标志。WTO的最终功能是减少由政府设置的扭曲壁垒和障碍。[21] 受限于历史背景，所有制不同所引起的竞争是WTO起草者并没有想到也无暇顾及的，而且可以想象，经过八轮艰苦谈判的谈判者不愿意也不可能去触及协调不同国家相差悬殊的国内经济体制这个将会彻底破坏谈判成果的问题。在WTO成立初期，学者普遍认为WTO不应该对成员的经济体制"选边站"。[22]

然而，自2012年起，西方国家意识到国有企业并不是新兴经济体经济发展中的过客，而已成为实力超群的主力军。2012年《经济学人》杂志刊登的《日益崛起的国家资本主义》一文，揭示了发达国家主流观点对国有企业的警惕和觉醒。文章指出，在20世纪90年代，人们的普遍观点是随着经济的

---

[20] 虽然英文同为neutrality，但是竞争中立与所有制中性的含义有所不同，竞争中立的核心是要求政府在企业竞争中保持中立，不因所有权不同给予企业不同的竞争条件，故本文将其翻译为"中立"；而所有制更适合采用"中性"的中文翻译，因为所有制本身是中性的，并没有好坏、善恶之分，其核心是要求规则对不同所有制的实体一视同仁对待。

[21] See Julia Ya Qin, *WTO Regulation of Subsidies to State-Owned Enterprises (SOES) —A Critical Appraisal of the China Accession Protocol*, 7 Journal of International Economic Law 4 (2004).

[22] Thomas Cottie & Petros C. Mavroidis eds., *State Trading in the Twenty-First Century*, The University of Michigan Press, 1998, p. 397.

发展和成熟，政府终将关闭处于附属地位的国有企业或使其私营化。但之后不久，发达国家突然意识到无论是在重点行业领域还是在重要市场中，均没有迹象表明国有企业将被私有化，并且它们始终保持着"进攻"的准备，纵观任何一个行业都有一个国有巨头在日益崛起。中国、巴西、南非都已将或逐渐认同将国有企业作为一种可持续发展的模式。[23] 这种意识上的觉醒与基本经济体制上的根本性差异势必会在国际经济规则层面形成国有企业纪律的各方诉求冲突。

所有制中性的共识不仅在主权国家间消散，也逐渐为往往担任国际规范兴起者的国际组织所抛弃。2016年后，全球各主要经济体和重要经济组织都对政府主导经济的问题表达了深切的关注，发生了认知维度上的转变。2016年国际商会（International Chamber of Commerce，ICC）发布的《关于国际投资的指引》（ICC Guidelines for International Investment）指出"禁止投资东道国将国有企业作为实现地缘政治的工具"。2017年世界经济论坛指出"受补贴的竞争有损于创新与投资"。2017年G7达成的《陶尔米纳宣言》（G7 Taormina Leader's Communique）"强烈同意对政府支持贸易扭曲的行为的全盘抵制"。2018年APEC峰会，阿根廷试图将"国家干预经济"作为B20议案的三大议题之一。

除了以上认知维度上发生的转变外，认知程度上也有巨大的转折，主要国家均开始将国有企业问题作为战略性问题予以对待。美国在2018年首次将国有企业问题上升到国家安全战略的高度。2018年美国发布的《美国国家安全战略报告》（National Security Strategy of the United States of America）中将国有企业认定为"挑战美国经济安全"的战略性高度，是危及"美国优先"国家安全战略的重要行为者，国有企业所带来的竞争"要求美国重新思考过去20年的政策"，经过反思，当下的美国认识到中国的国家主导经济模式导致它不会成为美国"良性的全球贸易参与者和可信赖的合作伙伴"。

---

[23] *The Rise of State Capitalism*, The Economics, Jan 21st 2012.

认知维度和程度上的双重转变反映了以所有制中性为共识基础的多边规则正面临着共识消散的困境，甚至部分主要国家感受到了对经济体制相异所带来的竞争环境变化的安全威胁，并以国家顶层政策的形式对外宣布，在一定程度上引起了全世界的关注。

2. 制度供给不足

从本质上说，WTO 体系的核心是货物贸易中的关税减让。1947—1995年进行了 WTO 的八轮谈判，前五轮谈判内容全部集中于货物贸易中的关税减让问题，第六轮肯尼迪回合虽然有所扩展，但仍然限定在货物贸易中的反倾销措施，第七轮东京回合开始讨论技术性壁垒、政府采购、补贴与反补贴等议题，第八轮乌拉圭回合才开始涉及知识产权、投资与争端解决等议题。GATT 第 17 条国营贸易企业条款也未脱离 WTO 的这一底色，其制度安排仅为确保货物贸易中的非歧视待遇提供基础，并没有对国营贸易保护国内产业施加任何契约性限制。

（1）货物贸易国际规范与全球价值链的经济需求不适配。

全球价值链与 WTO 时代的供应链有质的不同。国际贸易的主要模式已从"这里制造，那里销售"转变为"许多地方制造，全球销售"。[24] 在 WTO 时代，投资问题并不如货物贸易中的关税和非关税壁垒问题对自由化的影响大，导致 WTO 在投资领域的规范远不能解决当下问题。今天，全球价值链模式的转变依托跨国公司，跨国公司会综合分析全球的成本状态，开创生产地转移和离岸生产等新型生产模式。这些变化了的贸易和生产方式使全球贸易商对贸易规则有了新的需求，即其更关注的不再是传统意义上的贸易自由化，而是如何降低在全球市场运营的综合成本，降低货物和服务传输的不确定性，扩大其全球范围内的合作能力等。在这种情况下，如果不将投资等议题纳入多边贸易谈判，那么，现有的框架对一些国家就难有吸引力。

---

[24] Gary Clyde Hufbauer & Cathleen Cimino-Isaccs, *How will CPTPP and TTIP change the WTO System?*, 18 Journal of International Economic Law 3 (2015).

（2）国际投资规范存在系统性问题。

目前，全球性的国际贸易投资规则主要是以 WTO 为核心的国际贸易规则和以双边投资协定为核心的国际投资规则为主。现代国际投资规则存在结构性不适应。现代国际投资规则产生于 20 世纪初期，非殖民运动带来了新独立国家对原宗主国国民财富的国有化浪潮，这一背景下产生的国际投资法主要是为了保护投资者的利益，其条款通常聚焦在公平公正待遇、非歧视待遇（国民待遇和最惠国待遇）以及征收补偿三个方面。[25]

在制定之初，国际投资法将投资行为去政治化作为主要目标，并没有将国有企业的活动以及国家资本流动考虑进去，故而国际投资协定中的投资者定义用于解释国有企业时就显得相当模糊和不确定。[26] 发展至今，投资者的地位已由弱变强，以国有企业和主权财富基金为首的国家投资者成为新一代国际投资的生力军，传统国际投资法保护投资者利益的价值取向也不再完全符合当今的投资现状。

此外，现有国际投资规则存在缺乏对国有企业的关注等系统性问题，虽然在仲裁实践中有不少涉及国有企业的问题，但就投资协定本身的措辞来看，谈判者似乎并没有考虑到国有企业的特殊性，经济合作与发展组织（Organization for Economic Co-operation and Development，OECD）曾经研究了现有的 1800 多个投资条约，其中"仅有 16% 特别提到国家投资者，其余条约对该问题完全没有提及"。[27] 这导致了在国际投资争端实践中，对这一问题留有很大的解释空间。[28]

3. 竞争中立兴起

竞争中立最早是由澳大利亚 1996 年竞争法所确立的，是澳大利亚全国性

---

[25] See Frank J. Garcia, Lindita Ciko, Apurv Gaurav, et al, *Reforming the International Trade Law: Lessons from International Trade Law*, 18 Journal of International Economic Law 4 (2015).

[26] See Paul Blyschak, *State-Owned Enterprises and International Treaties, When are State-Owned Entities and their Investments Protected?*, 6 Journal of International Law and International Relations 2 (2011).

[27] Yuri Shima, *The Policy Landscape for International Investment by Government-controlled Investor: A Fact Finding Survey*, OECD Working Papers on International Investment, OECD Publishing, 2015.

[28] 参见刘雪红："论国有企业私人投资者身份认定及启示——以 ICSID 仲裁申请人资格为视角"，载《上海对外经贸大学学报》2017 年第 3 期。

"国家竞争政策"的系列规则之一。竞争中立的实质是公平竞争,即政府在企业的经营活动中确保自身的中立性,不因企业所有制不同而给予不同对待,尤其是不因国有企业的国家所有制而给予其特别的优势地位。OECD通过一系列国际标准将竞争中立规范引入国际视野。

国有企业在国际经贸活动中有一定特殊性。首先,国有企业需要贯彻公共政策的功能,其溢出效应会带来对国际市场的某些影响。例如,对某些濒临破产的国有企业给予"生命力救济",在国际市场上就会被认为是不受欢迎的竞争者。其次,国有企业大量参与国际经济活动,对私营企业构成竞争,成为强有力的重量级竞争者,并在一定程度上造成对国际市场的扭曲。对国有企业竞争行为的规范不仅是为了贸易自由化,更重要的是平衡政府目标和WTO宗旨中的社会目标。在20世纪末就已有学者指出"21世纪将重构国营贸易企业和垄断企业的规则"。[29] 美国、澳大利亚等主要国家通过竞争中立规范的国际化将国有企业问题纳入国际经贸规则重构进程之中。

二、FTA中的国有企业规范——基于数量和质量的考察

区域贸易协定(Regional Trade Agreement,RTA)是为了明天的多边贸易议程做的一项准备。当一项区域性的规范被广泛接受达到临界质量时,这项规范即可以被认为是全球性规范,临界质量的检测通常由实证的方法来完成。[30] 国有企业国际规范已经由CPTPP等超大型FTA引起广泛关注,本文试图以一个更为动态的视角检查所有FTA中的国有企业规范,换言之,即从区域层面检视国有企业国际规范的存在模式,并以此为研究基点,对比CPTPP等超大型FTA中表面上已成体系的国有企业条款,结合WTO深度测算,判断区域国有企业国际规范是否达到临界质量。

---

[29] Thomas Cottie & Petros C. Mavroidis eds., *State Trading in the Twenty-First Century*, The University of Michigan Press, 1998, p. 396.

[30] See Martha Finnemore & Kathryn Sikkink, *International Norm Dynamics and Political Change*, 52 International Organization 4 (1998).

四、区域贸易协定、中国自由贸易港

（一）统计方法

为了确保本文的全面性，本文通过 WTO RTA 数据库（RTA-IS）和 PTA（Preferential Trade Agreement，即特惠贸易协定）数据库（PTA-IS）涵盖了 2019 年之前向 WTO 通报的 293 个 RTA[31]和 34 个 PTA（本文统一计为 FTA），形成了本文所需要的 FTA 数据库，并采取了如下的检索方式进行文本的数据检索。

首先，确定统计对象。在 WTO 数据库中，利用搜索功能，将涵盖的议题确定为"授权垄断或国有企业"，得出 156 个符合条件的结果。

其次，确定关键词。由于国企在 FTA 中的表述存在国有企业（state-owned enterprise）、国家企业（state enterprise）、政府企业（government enterprise）、国营贸易企业（state trading enterprise）、公共企业（public enterprises）、公共机构（public body）多种形式，所以本文确定了"state""government""public""enterprise""designated"和"monopoly"这 6 个词作为关键词进行查找。考虑到"state""government"在有些文本中的出现频次过高，在二次检索时，将"state + owned""state + enterprise""government + enterprise"作为关键词组合进行输入和查找。[32]

最后，我们将检索出的文本进行翻译、分类和归纳，将所有规定了国有企业（包括国营贸易企业）的条款挑出，并予以识别。

经以上方法统计后，共有 55 个 FTA 载有国有企业条款，最早签署的为 1994 年签署的亚美尼亚—乌拉圭 FTA；最近签署的为 2018 年 CPTPP 和欧盟—日本 FTA。主要国家（成员）包括欧盟、澳大利亚、加拿大、日本、韩国、智利等（参见表 1）。

---

[31] RTA 数据库中有 467 个 RTA，但如果一个 RTA 中既有货物贸易又有服务贸易的部分，根据 WTO 规定，需要通报两次，这就造成数据 RTA 与实际 RTA 存在偏差，在 WTO RTA 数据库中有 471 个被通报的数据 RTA。本文采取实际 RTA 数据为 293 个。

[32] 在各数据库中，有些文本是可以直接全文打开，有些则是按照章节排列，无法一次性获取全文。对于前者，我们直接输入上述关键词进行检索和排查；对于后者，我们则选取相关度较高的章节，如"定义（definition）""竞争（competition）""投资（investment）"，再输入上述关键词进行检索和排查。

表 1　签署载有国有企业规范的 FTA 个数及成员

签署 FTA 个数	签署国家/成员	签署 FTA 个数	签署国家/成员
13	欧盟	4	美国
11	日本	3	新加坡、墨西哥、哥伦比亚
8	加拿大	2	亚美尼亚、马来西亚、文莱、秘鲁
7	智利	1	中国、以色列、突尼斯、埃及、黑山、黎巴嫩、摩尔多瓦、摩洛哥、塞尔维亚、土耳其、巴拿马、洪都拉斯、约旦、菲律宾、蒙古国、泰国、印度尼西亚、土库曼斯坦、乌拉圭、阿富汗
6	澳大利亚		

资料来源：作者统计整理得出。

（二）深度识别和分析

WTO 深度的研究方法首创于瑞士伯尔尼大学世界贸易研究所的几位法经济学学者（称为 Horn 方法）。他们将 FTA 条款分类为"超 WTO（WTO＋）"条款与"WTO 额外（WTO-X）"条款，并通过测算每个 FTA 中所含的"WTO＋"条款与"WTO-X"条款来判断该 FTA 与 WTO 相比较的自由化深度。"WTO＋"是指 FTA 和 WTO 中都涉及但是 FTA 中自由化程度更高的条款，包括制造业关税减让、农业关税减让、贸易便利化、出口税、SPS、TBT、国营贸易企业、反倾销、反补贴、国家援助、政府采购、TRIMS、GATS、TRIPs 共 14 项基础条款；"WTO-X"是指 WTO 中不包含而仅在 FTA 中涉及的新条款，包括反腐败、竞争政策、环境、知识产权、投资、劳动市场监管、资本流动等 38 个更为广泛的市场议题。[33]

Horn 方法测算的是各个 FTA 的深度，本文将研究目标集中在国有企业条款上，测算的是各个 FTA 中国有企业条款的深度。所以从方法论上虽然借

---

[33] See Henrik Horn, Petros C. Mavroidis & Andre Sapir, *Beyond the WTO? Anatomy of EU and US Preferential Trade Agreements*, 33 The World Economy 11 (2010).

用 Horn 方法的分类，但是本文考虑到单个条款本身的复杂性㉞，为便于进一步准确匹配，将 Horn 方法的标准进一步扩充和细化，将 FTA 条款分为"WTO ="" WTO +"和"WTO-X"三类。

"WTO ="是指与 WTO 完全或基本一致的条款，即与 GATT 第 17 条国营贸易企业两个核心规范中任何一条相同，即被认定为"WTO ="，具体包括：①所有制中性，WTO 条款表述为"每一缔约方均有权建立或维持一个国有企业，并授予该企业正式或事实上、排他或特殊的特权"；②非歧视待遇，WTO 条款表述为"国有企业在购买或销售中无论是进口或出口，其行为方式均符合非歧视待遇原则"，仅限于"购买或销售"货物的行为被认定为"WTO +"，如果涉及投资或政府采购行为，则被认定为"WTO-X"。

"WTO +"与"WTO-X"沿用 Horn 方法的分类方式。"WTO +"是指 WTO 中已有规定，但是 FTA 中的承诺水平高于 WTO 的。在 Horn 方法对条款进行"质上的新"的分类的基础上，本文试图进一步识别"WTO +"中所超出的部分，并将其与 FTA 中的条款相比对，主要包括两个部分：①对 WTO 补贴规则中公共机构的扩大，在结构上位于补贴与反补贴章节之下；②对 WTO 国营贸易企业规则的承诺内容的增加，即将 WTO 中所要求的国营贸易企业在销售或购买货物时提供非歧视待遇扩大到服务贸易和投资上。

"WTO-X"是指 WTO 中没有规定，仅在 FTA 中有所涉及的条款，与国有企业相关的主要包括以下几个部分：①竞争，包括通过竞争法和竞争中立规制国有企业，结构上位于竞争章节㉟，WTO 上诉机构在加拿大小麦案中明确 GATT 第 17 条没有为国营贸易企业设置"全面的竞争法义务"㊱；②定义，

㉞ 条款的复杂性体现在一个条款可能既包含 WTO + 的规范，也包含 WTO-X 的规范，甚至也有直接沿用 WTO 中规定的 WTO = 的规范，如加拿大—智利 FTA 第 J-03 条同时规定了属于 WTO = 的规范"本协定不应被解释为阻碍缔约方设立或维持国家企业"，以及属于 WTO-X 的规范"国家企业是由一缔约方所有或通过所有权利益控制的企业"。

㉟ WTO 对国营贸易企业没有法律性质上的定义，仅在 concept note 上有所解释。各 FTA 都试图界定国有企业（state-owned enterprise）的定义，定义标准有股权、控制权等。国有企业与国营贸易企业是完全不同性质的企业，国营贸易企业是在货物贸易项下的概念，而国有企业则是一个维度更高的概念，不仅是货物贸易，还可以是服务贸易、投资、竞争等所有项下的主体概念，故本文将对国有企业的定义认定为 WTO-X。

㊱ Appellate Body Report, Canada-Wheat, para. 145.

即对国有企业进行定义;③通报义务,即国有企业名单的披露和相关信息披露;④国企规制,规范的条款表述为:"各缔约方应通过监管控制,行政监督或其他措施的应用,确保其所维持或建立的国有企业在该企业行使监管,行政时以不违反本协定义务的方式行事。或该缔约方授予其的其他政府机构,如征用权,授予许可,批准商业交易或征收配额,费用或其他费用。"

本文将上述 FTA 深度条款的变量与分类指标一一对应,且分别将"WTO ="赋值为 0,"WTO +"赋值为 1,"WTO-X"赋值为 2(见表2)。㉝ 例如,如果一个 FTA 中存在国有企业竞争中立的规制,即对应为"WTO-X",赋值2;如果其同时也规定了"WTO +"的规范,则再赋值1。

表 2 指标设计与赋值

指标类型	指标设计	指标定义(条款表述)	赋值
WTO =	非歧视待遇(货物贸易)	明确购买或销售货物符合非歧视待遇	0
	所有制中性	明确缔约方有权建立或维持一个国有企业	0
WTO +	非歧视待遇(服务贸易/投资)	明确购买或销售服务或投资符合非歧视待遇	1
	补贴规则中公共机构扩大	扩大公共机构的定义	1
WTO-X	竞争法	未明确竞争中立,但在结构上位于竞争章节,或在条款里表明缔约方应确保国有企业受竞争法管辖	1.5
	竞争中立	明确缔约方应采取合理措施确保不因政府所有权向政府所有的商业提供竞争优势 明确竞争中立的若干方面	2
	国有企业定义	明确了国有企业的概念	2

㉝ 其中竞争与竞争中立间,竞争中立规定得更进一步,且更为具体,本文将竞争赋值为1.5,竞争中立赋值为2。

续表

指标类型	指标设计	指标定义（条款表述）	赋值
WTO-X	通报义务	明确缔约方应公布有关国有企业的信息	2
	国企规制	明确缔约方应确保其国有企业以不违反缔约方义务的方式行事	2

根据赋值结果可得出以下结论[38]：①随着年代的趋近，FTA 中国有企业条款的深度日益增强，从 1994 年的 1.5 分发展到 2019 年的 11.5 分，其中所有 FTA 中，质量最高、深度最深的为 CPTPP；②独立成章、成体系的国有企业规则自 2018 年形成，已经落地的 FTA 有 CPTPP 和欧盟—日本 FTA；③虽然美国签署的 FTA 数量居中等，为 4 个，但是质量从 3 分到 11.5 分都有，表明其深度高；④日本签署的 FTA 数量高，为 11 个，质量趋同，除了 2018 年最新签署的欧盟—日本 FTA 和 CPTPP 外，其余的均为 2 分，表明其具有很强的模式化，也说明日本的主导性强；⑤欧盟签署的 FTA 年份跨越大，从 1995 年至 2012 年一直都在签署载有国有企业规范的 FTA，其质量在 2010 年后有所增加；⑥中国对国有企业问题几乎没有涉及，唯一的中国—韩国 FTA 签署于 2015 年，其内容也仅限于 GATT 国营贸易企业条款，只是在此范围内增加了关于通报义务的要求；⑦加拿大的国有企业条款虽然跨越年份也较大，从 1996 年至 2014 年一直都在签署载有国有企业规范的 FTA，但是质量比较稳定，且深度较高，平均分为 3.9；⑧智利签署的 FTA 数量高，为 7 个，但质量从 1 分到 5 分不等，表明其跟随性强；⑨澳大利亚的国有企业规范比较稳定，多集中在竞争中立上。

根据深度散点图（见图 1）可知：①从 1995 年开始已有 FTA 涉及国有企业条款，但质量一直偏低；②以缔约方为简单划分，加拿大签署的 FTA 中，国有企业条款质量相对较高，位于中段，其余国家相对较为集中，且质量偏低；③ 2018 年以后，新一代高质量的国有企业规范已经形成，其分值实现了突破临界质量的飞跃，包括 CPTPP 和欧盟—日本 FTA，其中 CPTPP 的质量最高。由此可以判断成体系的高质量国有企业国际规范已经形成，其基

---

[38] 具体数据限于篇幅不在此赘述。

本代表是 CPTPP 和欧盟—日本 FTA。

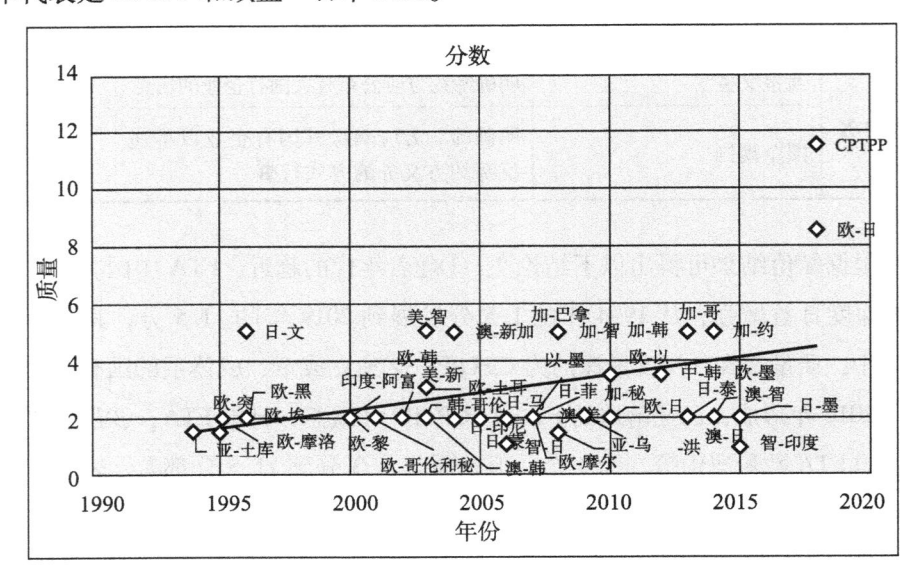

图 1　FTA 中国有企业条款的深度

资料来源：作者整理而成。

三、国有企业国际规范的内容

（一）"WTO+"

理论上，"WTO+"的国有企业国际规范包括非歧视待遇和扩大公共机构的定义这两类，但是，通过实证分析发现，现有 FTA 中并没有出现扩大公共机构定义的条款，欧盟在其 WTO 改革提案中提出目前对 WTO 争端解决机构的解释过于狭窄，漏掉了大量的国有企业，应当对"受国家影响、扭曲市场行为"的实体概念予以明确和扩大。[39] 未来不排除欧盟通过 FTA 扩大对公共

---

[39]《欧盟现代化概念文件》（EU Concept Paper），载欧盟委员会网站，http://trade.ec.europa.eu/doclib/docs/2018/september/tradoc_157331.pdf；《美国、日本、欧洲联盟三方贸易部长会议联合声明》（Joint Statement of the Trilateral Meeting of the Trade Ministers of the United States, European Union, and Japan），载美国贸易代表办公室网站，https://ustr.gov/about-us/policy-offices/press-office/press-releases/2019/may/joint-statement-trilateral-meeting? from = groupmessage&isappinstalled = 0, 23, 2019 年 8 月 1 日访问。

机构的定义,增加现有 WTO 补贴规则的适用范围,形成"WTO+"条款。此外,竞争中立中的补贴中立可以从一定程度上理解为 WTO+,因为其扩大了补贴规则的适用范围和对象,目前仅有 CPTPP 规定了特别适用于国有企业的补贴规则,即构成补贴中立,但由于其形成了完整的针对国有企业的规则,本文将其认定为 WTO-X。

据此,目前 FTA 中真实存在的 WTO+只有非歧视待遇。非歧视待遇是WTO 国营贸易企业条款的核心承诺,要求缔约方承诺其国营企业在涉及进口或出口的购买或销售方面,"应以与本协定中对影响私营贸易商进口或出口的政府措施所规定的非歧视待遇总体原则相一致的方式行事"。在 55 个 FTA中,非歧视待遇也是普遍存在的承诺,如澳大利亚签署的 FTA 中规定国家企业"在销售货物或服务时,遵循非歧视待遇义务";加拿大规定"各缔约方应确保其所维持或设立的国家企业在向另一缔约方投资者在其境内的投资销售货物或服务时采取非歧视待遇";美国规定"应确保其成立的政府企业在向涵盖投资销售商品或服务时遵循非歧视待遇义务"。

虽然 FTA 与 WTO 在基本立法取向上趋于一致,但两者还是有着本质的不同,FTA 中适用于国有企业的非歧视待遇承诺水平普遍高于 WTO 国营贸易企业条款中的承诺水平。首先,FTA 中非歧视待遇适用领域较之 WTO 更广。WTO 国营贸易企业条款中所涉的非歧视待遇仅适用于货物贸易,这不仅可以从其在结构上被放置在 GATT 之下,更可以从其关于"出口商品"(exports)和"进口商品"(imports)的文本表述可知。而 FTA 中非歧视待遇除了适用于国营企业购买和销售货物的行为外,还适用于服务贸易和跨境投资的行为。其次,FTA 中非歧视待遇适用范围较之 WTO 更广。WTO 中的非歧视待遇原则不适用于"直接或最终供政府消费使用、而不是用于转售或用于生产供销售的货物的进口产品",这主要是因为 WTO 国营贸易企业条款约束的主要是从农产品营销局发展而来的国家对特定产品的贸易权管制制度,并不适用于直接或最终供政府消费使用的进口产品。而新一代 FTA 则将国有企业作为强大的市场竞争者予以制度设计,如 CPTPP 中要求只要是国有企业涉及商业活动,即需要遵循非歧视待遇。

但是,不论是 FTA 还是 WTO 在谈及非歧视待遇时,并没有过多着墨于非歧视待遇的内涵和范围。理论上,非歧视待遇原则的范围根据条约调整对象的不同而有很大差异,如对外国公民的刑事程序、投资法中的"设立权"等都有适用国民待遇义务的相关条约实践。[40] 非歧视待遇的范围和内涵主要包括以下两个方面。

第一,非歧视待遇的范围。作为国际法分支学科的国际经济法下的非歧视待遇,一般被认为是指国民待遇和最惠国待遇,如《服务贸易总协定》第5条脚注"非歧视一词应理解为本协定中所定义的最惠国待遇和国民待遇"。但也存在着另一种更为完整的解释,即非歧视待遇原则的实质是延续了国际法基本原则中的平等原则[41],其中隐含了公平与公正待遇、最低标准、透明度等。[42] 平等对于发达国家而言意味着促进世界贸易增长动力的无差别待遇;而对于发展中国家更多的意味着主权平等。WTO 与 FTA 中的非歧视待遇包含哪些范围呢?本文认为:首先,均包括国民待遇和最惠国待遇,这二者是非歧视待遇最核心的内容,GATT 第 17 条并未明确列明,但是 CPTPP 第 17.4 条明确了"不得低于给予本缔约方"的国民待遇和"不得低于给予任何其他缔约方或任何非缔约方"的最惠国待遇。其次,均包括最低标准,GATT 第 17 条第 1 款第 2 项规定非歧视待遇应理解为国营企业"应仅依照商业因素进行任何此类购买或销售",CPTPP 第 17.4 条也规定了"依照商业因素"行事,由此可知"仅依照商业因素"是遵守非歧视待遇的基本标准。最后,不包括公平与公正待遇,GATT 第 17 条第 2 款指出,对于不适用非歧视待遇的"直接或最终供政府消费使用、而不是用于转售或用于生产供销售的货物的进口产品,缔约方应给予公平和公正的待遇",这也就说明非歧视待遇与公平和公正待遇并非包含与被包含的关系,而是相斥的关系。而 CPTPP

---

[40] See John H. Jackson, *National Treatment Obligations and Non-Tariff Barriers*, 10 Michigan Journal of International Law 207 (1989).

[41] See Ernst U. Petersman, *International Economic Theory and International Economical Law: On the Tasks of a Legal Theory of International Economic Order*, in R. St. J. McDonald & Douglas Johnston eds., The Structure and Process of International Law: Essays on Legal Philosophy and Theory, Martinus Nijhoff, 1983, pp. 227, 250 – 251.

[42] See Edward A. Laing, *Equal Access/Non-Discrimination and Legitimate Discrimination in International Economic Law*, 14 Wisconsin International Law Journal 246 (1996).

中也是以描述的方式说明穷尽了非歧视待遇的内容，其中并没有包括公平与公正待遇。欧盟—日本 FTA 也有同样的规定。

第二，非歧视待遇的适用对象。从理论上说，非歧视待遇的适用对象十分丰富，包括支付金额、支付方式、运输方式等，但 GATT 第 17 条和新一代 FTA 均限定在国有企业的"购买和销售"活动上，且均将商业因素定义为价格、质量、可获性、适销性、运输和其他购销条件，或者相关商业或行业中的私有企业在商业决策中通常予以考虑的其他因素。这仍然未脱离国营贸易企业主要是指供销社所带来的底色，即以购买和销售为其主要商业活动，而其中主要的商业因素即为围绕着购买和销售所产生的因素。

（二）"WTO-X"

"WTO-X"的国有企业国际规范包括国有企业定义、补贴中立和通报义务三类。WTO 中没有国有企业的表述，对国营贸易企业也缺乏明确的法律定义，故在 FTA 中出现了国有企业定义均被认定为"WTO-X"的情况；补贴中立属于竞争中立的一个重要部分，且全方位突破了 WTO 中的补贴纪律，形成了新的国际规范；对国有企业的通报义务从未出现在 WTO 中，FTA 中规范通报义务的透明度条款构成了新的国有规范，故均被认定为"WTO-X"。

1. 国有企业定义

在 WTO 中，不论是法律文本本身还是争端解决实践中，均没有对国营贸易企业进行明确的定义。究其根本原因，主要在于"WTO 是以规范国家行为为主，并不规范国家内部的市场行为者"。[43] 只有在乌拉圭回合时，为进一步澄清国营贸易企业定义与解决透明度问题，WTO 国营贸易企业工作小组发布《释义谅解书》（Understanding on the Interpretation of Article XVII of the General Agreement on Tariffs and Trade 1994）对其进行解释，"国营贸易企业是指经由法定或宪法规定授予，具有专属经营权或特殊权利或特权的政府或非政府企业（包括供销组织），并且能透过购买与销售货品来影响进、出口

---

[43] John H. Jackson, William J. Davey & Alan O. Sykes. *Legal Problems of International Economic Relations-Cases, Materials and Text*, 4th edition, West Group, 2002, p. 402.

的水平或方向"。美国贸易代表办公室定义的 WTO 中的国营贸易企业是指负责出口或进口货物的政府或非政府企业,包括营销委员会。经济学则普遍认为"当一个贸易组织在国际商品交易中的定价和定量行为被认为是追求政府政策的工具时,该贸易组织即为国营贸易企业"。[44] 可以看出,上述定义都侧重于货物的专属经营权,即以供销社为主要形式的统购统销,其主要集中在农业领域。供销社一方面是为了维护国家粮食安全和增加税收的主要政策性工具,如由国营贸易企业集中采购本国小农户的粮食,确保小农户不过多地承受国际粮食波动的影响;另一方面是计划经济国家经济政策的主要落实者,通过农业补贴和垄断地位可以行政性地调节农产品价格。

FTA 中的国有企业发端于 WTO,但与国营贸易企业已是范畴完全不同的概念。FTA 中对国有企业的表述包括国有企业、国家企业、公共企业等。各定义的不同之处在于国家与企业的关系,主要包括以下几类。一是国家所有或控制企业,其中包括两类:未交代何谓国家所有或控制,并主要以加拿大签署的 FTA 为主,如欧盟—加拿大 FTA 规定国有企业是指"由缔约方全部或主要所有或控制的、为了贯彻商业活动目的的企业",以及美国—新加坡 FTA 中的美国国有企业;明确交代何谓国家所有或控制,如 CPTPP 规定国有企业是指国家在企业中享有 50% 以上的股份,或通过所有权享有 50% 以上表决权,或享有任命高管的权力,通过所有权、表决权和任命权确定了国家所有和控制的定义。二是国家有效影响企业,主要以欧盟签署的 FTA 为主,以及美国—新加坡 FTA 中的新加坡国有企业。新加坡国有企业是指"国家享有有效影响力的企业,即当新加坡可以对一企业采取'有效影响'时,即认为其是政府企业。有效影响包括股权、表决权、对董事会或其他管理机构的构成有实质影响力,对战略、财务或其他运营政策或计划有确定能力或者对管理或运营能够行使实质影响力"。另外,当政府及其政府企业,单独或一起,拥有不足或等于 50%,但超过 20% 且属于大部分的表决权益时,即认定其存在有效影响。

---

[44] Rude James & Annand Mel. *European Union Grain Export Practices: Do They Constitute a State Trading Enterprise?*, 3 Estey Centre Journal of International Law and Trade Policy (2002).

2. 补贴中立

补贴中立是竞争中立最为重要的内容，OECD 指出"如果一个组织与私营部门竞争，在提供一项商业服务的同时还在提供另一项具有垄断性的服务，则必须采取注意措施，以保证垄断服务并没有补贴商业活动"。㊺ 在 WTO《反补贴协定》中，涉及国有企业的补贴问题主要有两个层面——"对国企补贴"（to SOE）与"经国企补贴"（through SOE）。《反补贴协定》法律文本中并没有对两者予以区分，上述两个层面的不同走向由《中华人民共和国加入世界贸易组织议定书》（以下简称《中国入世议定书》）和日后 WTO 涉华的争端解决实践日渐明晰。"对国企补贴"中，中国已承担"超 WTO"义务。《反补贴协定》第 2 条规定补贴必须满足专向性要求，即补贴必须是向"企业或产业、或一组企业或产业的专向性补贴"，但《中国入世议定书》第 10.2 条放大了对国有企业提供的补贴，规定"对国有企业提供的补贴将被视为专向性补贴"，这也就意味着，在向中国国有企业提供补贴的情况下，无须按照《反补贴协定》第 2 条的规定进行专向性认定。"经国企补贴"主要是上述公共机构的界定问题。

FTA 中只有 CPTPP 对国有企业的补贴中立予以全面的规制，即设计了非商业支持制度突破了 WTO 中"经国企补贴"和"对国企补贴"的区分，取而代之为国有企业塑造了成体系的补贴规范，从而构成 WTO-X 规范。本文所称补贴中立指 CPTPP 第 17 章规定的非商业支持规范。CPTPP 第 17.6 条"非商业支持"、第 17.7 条"不利影响"、第 17.8 条"损害"都是关于非商业支持（non-commercial assistance）制度的。非商业支持，系指因国有企业的政府所有权或控制权对国有企业进行的支持，即补贴。

首先，补贴范围覆盖货物、服务和投资三个领域。CPTPP 既包括与 WTO 补贴规范相类似的向货物提供的补贴，也包括对跨境服务的补贴，还包括对在另一缔约方投资的补贴。CPTPP 第 17.6 条规定"任何缔约方不得通过（确保其国家企业和国有企业）向国有企业提供下列内容的非商业支持：

㊺ A. Capobianco & H. Christiansen, *Competitive Neutrality and State-Owned Enterprises: Challenges and Policy Options*, OECD Corporate Governance Working Papers, No. 1, OECD Publishing, 2011.

（a）国有企业的货物生产和销售；（b）国有企业从该缔约方境内向另一缔约方境内进行的服务提供；（c）通过属于另一缔约方或第三缔约方境内涵盖投资的企业在该另一缔约方境内进行的服务提供"。上述三项分别对贸易、服务贸易中的跨境支付和商业存在，即跨境投资予以规制：其一，对货物补贴的规制，除了增加国有企业为补贴提供者之外，CPTPP 基本沿用了《反补贴协定》的规制；其二，对服务补贴的规制，结合第 17.7 条，如果对国有企业跨境支付的支持对其他缔约方的利益造成不利影响，就有可能违反了 CPTPP 非商业支持规制；其三，对跨境投资（服务贸易中的商业存在）补贴的规制。

其次，补贴对象的地域包括向本国境内的国有企业和向位于外国境内的本国国有企业，即为境外本国国企及其子企提供补贴。第 17.6 条第 1 款和第 3 款分别规定"任何缔约方不得通过直接或间接向""国有企业"（第 1 款）和"在另一缔约方境内、属于其涵盖投资的国有企业"（第 3 款），"提供非商业支持"。但是，二者的构成要件有所不同，向本国境内的国有企业提供非商业支持只要对另一缔约方造成不利影响即可；而向境外本国国企的子企提供非商业支持则需要对另一缔约方的国内产业造成损害。

最后，非商业支持不再有专向性要求。《反补贴协定》规定了法律上的、事实上的、地理上的和拟制上的专向性认定标准[46]；CPTPP 中"非商业支持"是指因国有企业的政府所有权或控制权对国有企业进行的支持，其中"依国有企业的政府所有权或控制权"是指一缔约方政府或其国有企业"明确将支持限定于其国有企业"，或者"主要由该缔约方的国有企业所使用"，或者"提供不成比例的大量支持"。只要符合上述三项中任一项要求，即构成非商业支持项下的专向性，从而弱化甚至是抛弃了 WTO 补贴规则中复杂的专向性认定。

3. 通报义务

透明度被认为是解决补贴、国有企业和强制技术转让等问题的关键因素，目前提出透明度要求的 FTA 并不多，仅有美国—新加坡 FTA、CPTPP、中国—韩国 FTA 和欧盟—韩国 FTA 四个。

通报内容主要是国有企业的信息披露。如美国—新加坡 FTA 对新加坡提

---

[46] 《反补贴协定》第 2 条及其注释 2 和注释 3。

出了相关要求，包括国有股份、特殊股权及其描述、政府任命高管的情况等。CPTPP 第 17.10 条第 1 款要求各缔约方应向另一缔约方，或在官方网站上公开提供其国有企业清单，且应每年更新此名单。CPTPP 第 17.10 条第 3 款至第 9 款规定了经另一缔约方申请，一缔约方应提供的信息，包括国有股的股份、表决权份额、国有特殊股份或特别表决权、高管的政府头衔、近 3 年的年收入和总资产等可获信息、在缔约国法律下所享有的任何免责和豁免、其他可公开获取的信息（如年度财务报表、第三方审计报告等）。

通报内容还包括国有企业对 FTA 成员之间贸易可能产生影响的信息。例如，中国—韩国 FTA、欧盟—韩国 FTA 均要求"当一缔约方向另一缔约方请求某个具体国营贸易企业提供的有关经营模式和运营对双边贸易的影响的信息时，被请求缔约方应考虑到确保最大可能的透明度的要求"。CPTPP 也要求"如果一缔约方书面请求另一缔约方解释一政策或项目如何影响或可能影响两缔约方间贸易或投资，该缔约方也应以书面形式迅速提供其采取或维持的非商业支持条款的信息"。

四、国际规范生命周期理论的适用与检视

（一）规范兴起

生命周期理论中的规范兴起往往是由国际组织发起的，这主要是因为国际组织不涉及明显的国家利益，各国更易将自己的诉求放诸其中。国有企业的国际规范也遵循了这一兴起模式。以发达国家为主要成员的 OECD 自 2005 年开始就对国有企业投以关注，发布了一系列有关国有企业公司治理的研究报告，自 2011 年起研究重点从公司治理向竞争中立发生转变，晚近开始关注国有企业对国际市场的影响。这体现了西方主流社会对国有企业问题的认知发生了方向性转变，呈现出"公司治理—竞争法—国际规制"的变化趋势。系列竞争中立的国际标准构成了国有企业国际规范的初步核心内涵。

除国际组织外，国家也可以成为规范倡导者。美国是国有企业国际规范的积极倡导者。美国贸易代表办公室在多个场合指责中国使用国有企业来补贴和扭曲经济，而 WTO 的司法实践更破坏了 WTO 的规则，使其无法有效抵

制损害美国工人和企业以及扭曲全球市场的中国国有企业补贴,这也暴露了WTO现有规则的弱点,美国决心采取一切必要措施,确保公平竞争,使中国及其国有企业不再伤害美国工人和企业。[47] 除了如前文所述,美国在CPTPP中设计了高质量的国有企业条款,其下一个目标是将质量与CPTPP同样高的USMCA落地。

规范产生除了有规范倡导者的说服外,还需要有国内压力。[48] 在美国政界,始终有一股潮流视中国为对手或潜在对手,这股潮流随着放弃将中国"和平演变"和走出"反恐"泥潭而渐为主流。中国经济在近十年内实现了大增长,超越除美国外的所有西方大国,成为世界第二,这些数字上的涨幅加剧了美国对中国崛起的安全危机,为了维护自身的体系霸主地位和防范来自中国的挑战,根据"修昔底德陷阱"理论的推演,美国一定会在战略上扼制中国。[49] 其中对起到国民经济支柱地位的国有企业进行国际层面的"围追堵截"实为必然。

(二)规范扩散

在规范兴起后,规范倡导者一定会说服"有意义的多数"(critical mass)国家接受新规范。之后,便是规范倡导者采用一系列举措使其他国家,即在规范兴起阶段未接受的国家成为规范的遵守者。

国际伙伴压力和社会压力是规范扩散的两个外部驱动。国际关系学者马克·帕特尔(Mark Puttcher)通过定量研究方法,提出当大约30%的国家接受规范时,规范开始迅速扩散,即国家规范要么只扩散到30%以下数目的国家,要么扩散到几乎所有国家。[50]

---

[47] 2019年7月16日美国对"WTO关于中国某些产品反补贴措施案的上诉机构报告"的声明,参见美国贸易代表办公室网站,https://ustr.gov/about-us/policy-offices/press-office/press-releases/2019/july/statement-wto-appellate-report-china,2019年7月25日访问。

[48] 黄超:"建构主义视野下的国际规范扩散",载《外交评论》2008年第4期。

[49] 王江雨:"权力转移、模式之争与基于规则的国际秩序——国际关系与国际法视角下的中美关系",载《中国法律评论》2018年第5期。

[50] See Mark Puttcher, *International Norm Dynamics Revisited: Quantitatively Analyzing the Diffusion Patters of International Norms*, http://psweb.sbs.ohio-state.edu/intranet/rip/puttcher.pdf. 黄超:"建构主义视野下的国际规范扩散",载《外交评论》2008年第4期。

从 FTA 的数据看，除了加拿大、欧盟和美国外，多数国家所签署的 FTA 并未载有高质量的国有企业条款，尚未形成普及性的规范。不论是载有国有企业规范的 FTA 占所有 FTA 的比例（41/327），还是签署载有国有企业规范 FTA 的国家占 WTO 所有成员的比例（32/164），均未达到 30%。单从数据上看，国有企业国际规范尚未达到普及阶段。然而，国际经济领域的规范除了要考察上述规范自身的扩散程度外，还必须将规范倡导者和跟随者的经济体量加以考虑。如此，美国、欧盟、日本、加拿大、澳大利亚等主要规范倡导者的经济总量显然超过 30%。从该角度看，则国有企业国际规范已经实现了规范扩散，达到普及阶段。

值得注意的是，一方面拥有最大国有企业的发达国家在竭力通过 FTA 规范国有企业的国际行为，如加拿大和澳大利亚；另一方面拥有最多国有企业的发展中国家却并未在此问题上过多纠缠。究其原因，主要是因为规范扩散中更易达成一致并予以扩散的规范是谋福利的规范（如禁止化学武器规范）和提高法律上机会平等的规范（如妇女选举权规范），而因意识形态相异而引发的制度差异方面的规范是不易形成扩散的，甚至从一定程度上说，如果有大国的干预，将无法形成全球性扩散。

（三）规范内化

规范内化是指规范已经具备理所应当的特征（taken-for-granted），已不会再引发广泛的公共争论。例如，当今人类已不会再去讨论妇女是否享有选举权、奴隶制是否还有存在的必要。

国有企业并不是某个国家所特有的，世界各国都有国有企业。甚至于遵循经济自由主义的美国也仍然存在 17 个完全由国家所有的公司。[51] 其中，美国商品信贷公司（the Commodity Credit Corportion）[52] 在 2018 年代表美国农

---

[51] 31 U. S. C. § 9101（2）.
[52] 美国商品信贷公司是一家政府全资所有的公司，于 1933 年根据特拉华州宪章成立，用于实施国会制订的关于农业的具体计划。在公司治理结构方面，由董事会管理，但须受农业部部长的一般监督和指导。其董事会秘书和理事会成员均由美国总统任命。在融资方面，美国商品信贷公司拥有美国持有的 1 亿美元的授权资本存量，有权在任何时候从美国政府获得高达 300 亿美元的借款。

业部向在中美贸易摩擦中受损的农民提供 120 亿美元的补贴,以抵销外国对美国农产品关税的增加。澳大利亚自 20 世纪 90 年代私有化了许多国有企业,但是仍然存在 14 个中央政府所有的国有企业,主要存在于邮政、铁路、水电、军队等领域,欧盟—澳大利亚 FTA 中也将独立成章地讨论国有企业。

否认国有企业存在的经济自由主义也并非世界上唯一的经济体制。在日本快速崛起的 20 世纪 80 年代,查尔斯·约翰逊提出了"发展型国家"(developmental state)的概念,用该术语来描述日本实施的强干预政策,从而实现持续、快速的工业化和长期的经济发展,该概念后来成为完整描述了东亚新兴工业国家或"亚洲四小龙"成功崛起的理论。[53] 之后,阿根廷、巴西、埃塞俄比亚、卢旺达和中国被认为是发展型国家成功的例子。美国学者创设的发展型国家理论和德国学者一向秉承的经济国家主义理论不是英语为母语的国家中主流的学说,经常被认为是主流经济形态的某种变种,但是其被批判为变种的原因主要被集中在意识形态上,多数学者认为发展型国家所采取的产业政策背后具有政治寓意。但是,美国学者禹贞恩指出多数学者错误地将政府与私人部门的关系设想为截然二分的零和关系,没有考虑到"私人的"在其母国伦理体系中的意涵。[54] 国有企业国际规范构建中,强势大国往往利用其国际影响力推广其国内法律概念和体系,在不触碰政治和文化体制的情况下,概念互通和移植是可行的,但是在处理国有企业这一涉及宪法的问题时,理论概念"殖民"就显露出其缺陷而遭到抵制。以 CPTPP 和欧盟—日本 FTA 为代表的高水平国有企业国际规范仍然处在争议的旋涡中,远未达到内化的阶段。

虽然欧盟、美国、日本等在国际社会中举足轻重的经济体试图通过构建新的规则以规制国有企业,但是仍然有多位学者指出 WTO 现有补贴规则、

---

[53] See Chalmers Johnson, *MITI and the Japanese Miracle: The Growth of Industrial Policy*, 1925 - 1975, Stanford University Press, 1982.

[54] 参见 [美] 禹贞恩编:《发展型国家》,曹海军译,吉林出版集团有限公司 2008 年版,第 60-68 页。

《中国入世议定书》中关于国有企业的承诺足以规范中国国有企业的行为[55]，重构新规则将削弱多边贸易体制。[56]

五、结语

国有企业国际规范的形成与否关系着国家对外缔结条约的战略选择。作为国际经贸规则再构建中的新议题，"直指一国的内部监管体系和规制实践"。[57] WTO 中，以国营贸易企业条款和补贴规则组成的国有企业规范不足以调整国有企业在国际市场上的行为，撼动了多边贸易体制的基石——所有制中性共识，竞争中立的立法取向兴起。实证检验表明以 CPTPP 为主的新一代超大型 FTA 已经确立了成体系的国有企业规范，一改传统 FTA 中的"小打小闹"，CPTPP 的 WTO 深度已经达到了"质上的新"的临界程度。

由国有企业定义、补贴中立和通报义务三方面的内容形成了成体系的、完整的国有企业国际条款，标志着国有企业国际规范已经经过了"生命周期"理论中的规范兴起阶段，从接纳国的数量来看暂时还未实现规范扩散，但从接纳国的经济体量来看已经跨越了规范扩散阶段进入规范内化阶段。由于规范内化涉及宪政体制等主权项下最核心的权力，所以国有企业国际规范尚未实现规范内化，未来如果有大国坚决抵制，从理论上看是无法真正在全世界范围内实现规范内化的。然而，区域层面通过 CPTPP 的实证研究可知，采取不同经济体制的国家有可能通过过渡条款实现规范内化，最终形成国有企业国际规范。

我国实行社会主义市场经济，国有企业是国民经济中的主导力量。国有企业国际规范对我国经济体制将产生深远影响，应当时刻警惕其动态发展。一旦国有企业国际规范顺利完成内化，形成全球性的国际规范，我国将面临

---

[55] Weihuan Zhou, Henry S. Gao & Xue Bai, *China's SOE Reform: Using WTO Rules to Build a Market Economy*, SSRN Electronic Journal. 10. 2139/ssrn. 3209613 (2018)。

[56] Mark Wu. *The "China, Inc." Challenge to Global Trade Governance*, 57 Harvard International Law Journal 2 (2016)。

[57] 石静霞："国际贸易投资规则的再构建及中国的因应"，载《中国社会科学》2015 年第 9 期。

比较大的压力。但深化国有企业改革，发展混合所有制经济，培育具有全球竞争力的世界一流企业要求我国国有企业有融入全球市场的意识和能力，这就要求我国不能无视国有企业国际规范的构建，而应当积极参与甚至引领这一国际规范，将其塑造成平等对待各经济体制下不同特色国有企业的公平规范和制度。

"一带一路"跨境电子商务规则的构建
——以 CPTPP、USMCA 为鉴

郑玲丽[*]

跨境电子商务突破了国家或地区间的贸易障碍,使传统的国际贸易迈向无国境贸易,是当代国际经贸领域的巨大变革。跨境电子商务可引领"网上丝绸之路""数字丝绸之路",推动"一带一路"与"互联网+"完美结合,促进"一带一路"沿线国家和地区整合资源,加强经贸合作,实现互利共赢、共同发展。然而,跨境电子商务会产生诸多的法律问题,如数据自由流动与数据本地化要求、消费者权益与隐私保护、数据存储与利用、争端解决机制等,由于国际贸易法的碎片化,很难在多边贸易体制层面予以有效应对。世界贸易组织(World Trade Organization,WTO)仅通过《服务贸易总协定》(General Agreement on Trade in Serrices,GATS)条款对电子形式的服务进行了调整,对于其他电子商务形式缺乏相应的规则予以规制。

WTO 电子商务谈判前景不明,区域贸易协定(Regional Trade Agreement,RTA)已然成为试图解决与贸易相关电子商务法律问题(Trade Related E-commerce Legal Issues)的试验田。由于 WTO 电子商务多边规则缺

---

[*] 郑玲丽,南京师范大学法学院副教授。本文系国家社科基金 2016 年一般项目"TPP 环境章节文本分析及我国法律对策研究"(项目编号:16BFX04)和江苏高校优势学科建设项目(PPAD)阶段性研究成果。

失,跨境电子商务国际规则呈现"意大利面碗"[1]局面。以《全面与进步跨太平洋伙伴关系协定》(Comprehensive and Progressive Agreement for Trans-Pacific Partnership, CPTPP)电子商务规则[2]和《美国-墨西哥-加拿大协定》(United States-Mexico-Canada Agreement, USMCA)数字贸易规则[3]为代表的新生代FTA,大有合围建构全球跨境电子商务贸易规则的样板之势。国外学者对TPP/CPTPP电子商务条款有着较为深入的研究。[4] 但是,我国法学界对TPP电子商务规则的研究相对不足且不够深入。[5]

---

[1] "意大利面碗"现象一词源于美国经济学家巴格沃蒂1995年出版的《美国贸易政策》一书,指在双边自由贸易协定(Free Trade Agreement, FTA)和RTA,统称特惠贸易协定下,各个协定不同的优惠待遇和原产地规则就像碗里的意大利面条,一根根地绞在一起,剪不断,理还乱。贸易专家将这种现象称为"意大利面碗"现象或效应。在自由贸易区激增的情况下,区域贸易结盟的现象犹如意大利面般相互纠结,其中贸易规则复杂的程度与部分具有保护色彩的措施,对于多边贸易体系可能有负面影响。

[2] CPTPP 第14章。

[3] USMCA 第19章。

[4] 仅2017年代表性文献有8篇:Abhijit Das, *WTO Negotiations on E-Commerce: Uncertain Gains but Certain Losses for Developing Countries*, Centre for WTO Studies, 2017; Alberto Lemma, *E-commerce: The Implications of Current WTO Negotiations for Economic Transformation in Developing Countries*, Supporting Economic Transformation, 2017; Biswajit Dhar, *Electronic Commerce and the WTO: The Changing Contours of Engagement*, Madhyam Briefing Paper #21, 2017; Jane Kelsey, *The Risks for ASEAN of New Mega-Agreements the Promote the Wrong Model of E-Commerce*, ERIA Discussion Paper Series ERIA-DP2017-10, 2017, pp. 17 – 18 and Table 1; Parminder Jeet Singh, *Digital Industrialisation in Developing Countries: A Review of the Business and Policy Landscape*, Commonwealth Secretariat, 2017; Parminder Jeet Singh, *Report on Developing Countries in the Emerging Global Digital Order-a Critical Geopolitical Challenge to which the Global South Must Respond*, IT for Change, 2017, "WTO MC11: Issues at Stake for Developing Countries, Informal Note on MC11", 6 November 2017; Kati Suominen, *Fuelling Trade in the Digital Era. Policy Roadmap for Developing Countries*, International Centre for Trade and Sustainable Development (ICTSD), 2017; Robert Teh, *Provisions on Electronic Commerce in Regional Trade Agreements*, WTO Working Paper ERSD-2017-11; Mira Burri, *The Regulatory Framework for Digital Trade in the Trans-Pacific Partnership Agreement*, in Current Alliances in International Intellectual Property Lawmaking: The Emergence and Impact of Mega-Regionals, edited by Pedro Roffe and Xavier Seuba, ICTSD and CEIPI, 2017。

[5] 截至2019年6月12日,笔者在中国知网搜索到篇名含"TPP"的核心期刊论文共计195篇,其中法学论文仅有26篇,主要从TPP知识产权规则、TPP管辖权条款、TPP国有企业条款、TPP环境条款、TPP投资者-国家争端解决等角度研究,从TPP电子商务角度研究的文献仅有5篇:《TPP电子商务规则对中国的影响及启示》(《国际经济合作》2016年第2期)、《TPP电子商务规则与中国对策》(《对外经贸实务》2016年第12期)、《TPP电子商务条款解读以及中国的差距》(《亚太经济》2016年第3期)、《TPP协议电子商务章节分析与解读——同中国现行法和FTA的相关规定进行对比》(《公民与法》2016年第8期)、《跨境电子消费合同中消费者保护制度研究——兼评〈跨太平洋伙伴关系协定〉线上消费者保护》(《中国流通经济》2016年第5期)。中文出版的TPP法学著作有3部:

不断加剧的贸易紧张局势、贸易限制措施的增加以及持续的经济不确定性，给当前世界贸易带来了真正的挑战。适逢《中华人民共和国电子商务法》于 2018 年 8 月 31 日由全国人大常委会通过，并于 2019 年 1 月 1 日正式施行。截至 2019 年 6 月 30 日，中国已与少数"一带一路"沿线国家签署了 FTA。因此，通过规范分析、比较分析等研究方法，批判性解读 CPTPP 和 USMCA 文本，推动"一带一路"跨境电子商务规则的构建，不仅彰显当前应对中美贸易摩擦[⑥]的中国智慧，更是当代实现互利共赢国际经贸合作的重要举措，是构建人类命运共同体的有效法律供给。

本文第一部分首先鸟瞰 RTA 整体，讨论了如何弥补 WTO 在电子商务领域的规则缺失，并逐步创建哪些新的监管模板，最终对全球电子商务监管产生什么影响等问题。第二部分聚焦于特定 RTA-CPTPP 及 USMCA，它们如何在电子商务规则中承前启后，开拓创新；这两个美式 RTA 所展现的电子商务法律创新是否符合发展中国家利益诉求；这两个 RTA 与 WTO 文本有何异同？第三部分批判性借鉴 CPTPP 及 USMCA 规则，以中澳、中韩、中新 FTA 为蓝本，构建符合发展中国家利益诉求的"一带一路"跨境电子商务规则。

一、RTA 电子商务条款概览

众所周知，每一个雄心勃勃的 21 世纪贸易协定都需要一个电子商务章节。RTA 一般开篇就专门关注电子商务问题，这些章节直接或间接地讨论了

（接上注）《〈跨太平洋伙伴关系协定〉全译本导读》（上下册）（韩立余主编，北京大学出版社 2018 年版）、《〈跨太平洋伙伴关系协定〉文本解读》（中国社会科学院世界经济与政治研究所国际贸易研究室著，中国社会科学出版社 2016 年版）、《国际法与国际关系视野下〈跨太平洋伙伴关系协定〉（TPP）知识产权谈判》（余楠著，法律出版社 2016 年版）。

⑥ 中美贸易摩擦不仅体现在美国根据"301 条款"等国内法对中国产品征收高关税，而且还有进一步升级。USMCA 第 32 条规定："任何一方与非市场经济国签订自贸协定，另外两方可以自行选择在 6 个月后退出三方协定，并达成自己的双边贸易协定。"该条堪称孤立中国"非市场经济国家"的"毒丸条款"，粉碎了一些学者通过"相互加入"（mutual accession）条款，实现 CPTPP 和《区域全面经济伙伴关系协定》（Regional Comprehensive Economic Partnership，RCEP）在亚太地区融合的宏大愿景。

WTO电子商务计划[7]中许多已经讨论过但悬而未决的问题[8],且承认WTO规则对电子商务的适用性[9],从而直接或间接地解决了WTO立法缺失的法律困境,并弥补随之而来的法律不确定性。

然而,RTA电子商务章节中看似意义深远的条款在法律地位上似乎不如RTA的其他条款,因为它们"受制于本协定其他章节或附件中规定的任何其他相关条款、例外或不符合规定的措施"[10]。如果发生冲突,电子商务章节的规定可能会被推翻。[11] 其中一个最具政治敏锐性和技术挑战性的问题是个人隐私,包括通过电子手段跨境转移数据、计算设施本地化以及个人信息保护[12]。各国正在探索21世纪跨境电子商务迅速发展趋势下,如何解决国家对跨境电子商务监管的法律问题。美国和欧盟在电子商务纪律中持有不同的价值取向和政策选择,正试图利用各自的RTA产生的多米诺骨牌效应,将电子商务监管法规移植到其他国家。

RTA具有很强的异质性(heterogeneous),为什么在各个RTA中异曲同工的既有意愿性义务又有强制性义务约束的电子商务条款?原因在于,各国政府正在学习如何在一个新的贸易领域相互合作,并了解这些问题对贸易协定的影响。

RTA中第一个包含电子商务条款的是2001年新西兰与新加坡关于无纸化贸易的条款。无纸化贸易问题也是2002年日本与新加坡签署合作承诺以及成立联合委员会的RTA的具体章节目标,该协定还确定促进电子商务是信息和通信技术的合作领域。同年,第一篇关于电子商务的特别章节被纳入了美国和约旦之间的RTA。两年后,澳大利亚和新加坡之间的RTA成为首个在专门的章节中讨论电子商务的协定。多年来,含有特定电子商务条款的RTA数量相对持续增加。

---

[7] WTO General Council, Work Program on Electronic Commerce, WT/L/274 (1998).

[8] Sacha Wunsch-Vincent, *The WTO, the Internet and Digital Products: EC and US Perspectives*, Hart Publishing, 2006.

[9] 如美国—新加坡FTA第14.1条;美国—澳大利亚FTA第16.1条。

[10] See e. g. US-Chile FTA, Article 15.2; US-Singapore FTA, Article 14.2.

[11] Mira Burri, *The Regulatory Framework for Digital Trade in the Trans-Pacific Partnership Agreement*, in Current Alliances in International Intellectual Property Lawmaking: The Emergence and Impact of Mega-Regionals, edited by Pedro Roffe and Xavier Seuba, ICTSD and CEIPI, 2017, pp. 65 – 88.

[12] Robert Wolfe, *Learning About Digital Trade: Privacy and E-Commerce in CETA and TPP*, Robert Schuman Centre for Advanced Studies Research Paper, No. RSCAS 2018/27.

截至 2017 年 5 月，已通知 WTO 的含有电子商务条款的 RTA 达 75 个，占所有通知给 WTO 的 RTA 的 27%，并且 60% 以上于 2014 年到 2016 年间生效[13]。尽管这些章节冠名为"电子商务"，但所含内容超出了 WTO 对"电子商务"的定义——"通过电子手段生产、分销、营销、销售或交付商品和服务"。政治上最敏感、技术上最具挑战性的问题之一是个人信息的隐私。在 RTA 涉及电子商务的 20 多种主要条款中，有 3 种涉及隐私。在许多情况下，已在 RTA 中做出电子商务区域承诺的国家并不情愿直接在 WTO 层面作出类似的多边承诺。RTA 为 WTO 中许多开放性电子商务问题提供双边和区域解决方案和规则创新。在这些协定中，各方对跨境电子商务问题的解决方案和承诺程度有很大不同，甚至在同一方签署的不同协定（如美国先后签署的 TPP 和 USMCA）中，承诺的深度也有差异。[14]

2018 年 4 月以来，WTO 成员美国、日本、巴西等参与发布了《联合声明》[15]，提出电子商务相关议题已达 24 个。这表明准备参与电子商务谈判的 WTO 成员各方的具体关注焦点存在较大差异，具有各自的利益诉求。美国提出的多项议题都已经包含了清晰明确的义务和纪律[16]。这主要是因为美国早已在 RTA 中制定推行类似的规则，如 TPP[17] 电子商务规则与美国向 WTO 提交的探索性文件基本相同。美国贸易代表办公室称 TPP 是"有史以来最具雄心和远见的互联网贸易协定"[18]。以美式 FTA 电子商务条款为基础的电子商务规则，成为 CPTPP 的核心内容之一，在某种程度上将成为国际电子商务立

---

[13] 这里不包括《综合经济与贸易协定》（Comprehensive Economic and Trade Agreement, CETA）和 TPP。

[14] Lior Herman, *Multilateralising Regionalism: The Case of E-commerce*, OECD Trade Policy Papers, June 28, 2010, No. 99, OECD Publishing, http://dx.doi.org/10.1787/5kmbjx6gw69x-en.

[15] General Council, WTO Negotiations on Trade-related Aspects of E-Commerce, Elements of a Potential Approach Under the Framework of the Joint Statement on Electronic Commerce, Communication from Argentina, Colombia and Costa Rica, JOB/GC/174, 6 April 2018.

[16] 2018 年 4 月 12 日，美国向 WTO 总理事会提交了电子商务谈判的 7 项议题：信息自由流动、数字产品的公平待遇、保护机密信息、数字安全、促进互联网服务、竞争性电信市场和贸易便利化。

[17] 美国退出 TPP 后，日本等 11 个原谈判方将协定改为 CPTPP 并签署，其中第 14 章 "电子商务" 在 TPP 基础上没有改动。

[18] USTR (2016), The Trans-Pacific Partnership, Office of the United States Trade Representative (June 10, 2019), https://ustr.gov/sites/default/files/TPP-Ensuring-a-Freeand-Open-Internet-Fact-Sheet.pdf.

法领域的标杆和范本。美国所主导的 TPP 电子商务规则的立法模式和立法主张，对未来电子商务国际规则制定将产生巨大影响。[19]

二、CPTPP、USMCA 与 WTO 文本比较分析

电子商务是 WTO 多哈回合谈判的"与贸易有关的新问题"之一。1998年，WTO 制定了《电子商务的工作计划》，这是通过 WTO 货物贸易理事会、服务贸易理事会、与贸易有关的知识产权委员会和贸易与发展委员会进行的，并在总理事会进行了专门讨论。但多年过去，这项工作计划几近搁浅。2016年年中，美国、日本和欧盟在 WTO 牵头推动下就更广泛的数字议程展开正式谈判。这些提议及随后提议基本是由美国主导的 TPP 在 2015 年年底达成的。[20] 尽管一些发达国家先后复制了 TPP 的大部分模板，但即便对其中一些发达国家来说，TPP 的过度宽泛管辖范围也存在问题，尤其在隐私保护领域。[21]

CPTPP 电子商务章与 USMCA 数字贸易章，是快速发展的 RTA 电子商务章节的两个缩影，其中包括在 2017 年 WTO 布宜诺斯艾利斯第 11 次部长级会议上启动的探索性工作，以及可能重启《服务贸易协定》（Trade in Service Agreement，TISA）和《跨大西洋贸易与投资伙伴关系协定》（Transatlantic Trade and Investment Partnership，TTIP）谈判。这项研究将有助于我们鸟瞰 RTA 电子商务规则的全貌，并批判性预测 CPTPP 和 USMCA 的成败。尽管这些新议题并非详尽无遗，但为 WTO 多边贸易谈判确定了相对成熟的议题，同时也成为其他 WTO 成员方在电子商务领域多边和区域规则需要密切关注的问题。

---

[19] 韦大宇："TPP 电子商务规则与中国对策"，载《对外经贸实务》，2016 年第 12 期。

[20] Jane Kelsey, *How a TPP-Style E-commerce Outcome in the WTO would Endanger the Development Dimension of the GATS Acquis（and Potentially the WTO）*, 21 Journal of International Economic Law 273 – 295（2018）.

[21] EU, Communication on Exchanging and Protecting Personal Data in a Globalized World, COM 2017.

四、区域贸易协定、中国自由贸易港

（一）趋同的"WTO plus 规则"

1. 独立的 CPTPP 电子商务章和 USMCA 数字贸易章

WTO《电子商务工作计划》中，电子商务被界定为"通过电子方式进行货物或服务的生产、分销、营销、销售或交付以及电子商务的基础——电信服务"[22]。那么，GATS《关于金融服务的附件》《关于电信服务的附件》是否可以有效规制当今乃至未来跨境交付/境外消费的电子商务法律问题？跨境电子商务的发展为 WTO 司法能动主义提供了有趣的案例研究。虽然美国博彩案（US Gambling）[23] WTO 裁决确认，GATS 规则和具体承诺可以适用于电子交付的服务，但是，WTO 成员尤其是发展中国家必须慎重考虑这些具体承诺延伸到跨境电子商务产生的国际法义务，特别是医疗、教育和其他受管制的服务部门。中国电子支付服务案（China E-Payment）[24] 即为前车之鉴。

CPTPP 开 FTA 之先河，将"电子商务"单独成章。第14章虽然题为"电子商务"[25]，但其中包含了一些超越传统电子商务范畴，涉及一系列数字通信和贸易的承诺，而这些承诺可能影响到每一个经济部门。从美国此前缔结的 FTA[26] 中，

---

[22] Work Program on Electronic Commerce, WT/L/274, par. 1.3, WTO (Sep. 20, 2018), https：//www. wto. org/english/tratop_e/ecom_e/ecom_e. htm.

[23] United States-Measures Affecting the Cross-Border Supply of Gambling and Betting Services, WT/DS285/AB/R.

[24] China-Certain Measures Affecting Electronic Payment Services, WT/DS413/R.

[25] the Trans-Pacific Partnership Agreement, Office of the United States Trade Representative (Feb. 4, 2016), https：//ustr. gov/tradeagreements/free-trade-agreements/trans-pacific-partnership/tpp-full-text.

[26] United States-Australia Free Trade Agreement, with Annexes and Related Exchange of Letters, Austl. -U. S., May 18, 2004, 43 I. L. M. 1248；United States-Bahrain Free Trade Agreement, Bahr. -U. S., Sep. 14, 2004, 44 I. L. M. 544；United States-Chile Free Trade Agreement Implementation Act, Pub. L. No. 108 – 77（2003）；United States-Morocco Free Trade Agreement, Morocco-U. S., June 15, 2004, 44I. L. M. 544；United States-Oman Free Trade Agreement, Oman-U. S., Jan. 1, 2006, Office of the United States Trade Representative（Dec. 8, 2017），http//ustr. gov/trade-agreements/free-trade-agreements/oman-fta/final-text；United States-Peru Trade Promotion Agreement, Peru-U. S., Apr. 12, 2006, Office of the United States Trade Representative（Dec. 8, 2017），https：//ustr. gov/trade-agreements/free-trade-agreements/peru-tpa/final-text；United States-Singapore Free Trade Agreement, Sing. -U. S., Sept. 3, 2003, 117 Stat. 948；United States-Korea Free Trade Agreement, S. Kor. -U. S., Apr. 1, 2007, 46 I. L. M. 642.

也可以找到一些类似于 CPTPP 电子商务章的规定，但 CPTPP 电子商务章还包含了不少新的承诺，包括跨境数据传输、禁止计算设施本地化、禁止强制公开源代码等。

CPTPP 电子商务章可能是 FTA 中迄今为止最雄心勃勃的一章。CPTPP 电子商务规则旨在保护大型科技企业的优势地位和寡头垄断权力。其新颖的电子商务章中，涵盖了跨境服务、金融服务、电信、投资和透明度等方面的广泛规则和义务。无论成员发展水平如何，CPTPP 总体方案对各国政府的监管权力施加了重大限制，其中包括更多属于互联网治理而非贸易的事项。虽然美国已不是 CPTPP 缔约国，但作为幕后"操纵者"，导致 USMCA 数字贸易章很大程度上相当于 CPTPP 的复印版。二者在一定程度上都是针对中国或非洲、拉丁美洲和亚洲发展中国家。

USMCA 不仅仅是《北美自由贸易协定》（North American Free Trade Agreement，NAFTA）的更新版本，随着数字贸易[27]章的加入，这一 FTA 在全球类似协定中为电子商务设定了一个崭新的标准，而且这一标准的追随者可能会激增。但 USMCA 数字贸易章[28]也带来了许多新的贸易监管法律问题，特别是通过限制隐私保护和阻碍建立数字环境下新的监管规则，从而锁定规则。

虽然 CPTPP 冠名电子商务章而 USMCA 冠名数字贸易章，但适用范围[29]基本相同，均属于跨境贸易的新议题，并毫无悬念地提高了 WTO 标准，属于典型的 WTO plus 规则。此外，USMCA 堪称目前针对国际贸易新问题制定规则内容最多、涵盖面最广的协定，其相关标准高于 TPP 和 CPTPP 的水平，

---

[27] 相比之下，数字贸易是一个更宽泛的术语，不仅包括电子商务，还包括云服务、基于人工智能的应用程序、基于互联网设备之间的数据流动等服务。

[28] United States-Mexico-Canada Agreement, Chapter 19 Digital Trade, Office of the United States Trade Representative（Oct. 6, 2018），https：//ustr.gov/sites/default/files/files/agreements/FTA/USMCA/19% 20Digital% 20Trade. pdf.

[29] CPTPP 第 14.2 条规定"适用于缔约方采取或维持的影响电子方式贸易的措施"，其"不适用于政府采购，或缔约方或以其名义持有或处理的信息，或与此信息相关的措施，包括与信息收集相关的措施"。USMCA 第 19.2 条规定："本章适用于一方采取或维持的以电子方式影响贸易的措施。但本章不适用于：（a）政府采购；或（b）除第 19.18 条（公开政府数据）外，对于由一方或其代表持有或处理的信息，或与该信息有关的措施，包括与其收集有关的措施。"

反映了国际贸易与投资新规则发展的最新趋势，值得跟踪研究。

2. 数字产品/数字服务的非歧视待遇

众所周知，数字产品与数字服务在 GATT（General Agreement on Tariffs and Trade，即《关税与贸易总协定》）/GATS 框架内难以分类，因为它们兼具商品和服务的传统特征，又衍生出新的特性，如"3D 打印"产品及服务㉚。数字经济给国际贸易监管法律框架带来了广泛挑战。

CPTPP 电子商务条款和 USMCA 数字贸易条款被一些国家用作制定规范数字贸易的基准规则。但是，CPTPP 既没有调和数字经济与现存 WTO 体系之间的系统性紧张关系，也没有解决数字经济所特有的国际、国内监管挑战。

CPTPP 与 USMCA 中数字产品基本概念的内涵和外延高度一致㉛，即将线下交付的数字产品与线上交付的数字产品同等对待。但是，相对于 USMCA 而言，CPTPP 第 14.1 条的定义用更具体的语言涵盖了更多的问题，包括第 14.2 条适用范围。这两个协定均确保了数字产品的最惠国待遇和国民待遇。

CPTPP 第 14.1 条的定义将"金融机构"和"一方的跨境金融服务供应商"排除在电子商务章之外。美国金融服务业曾游说，希望在 NAFTA 的重新谈判中全面禁止数据本地化，但未能成功。因此，如果 CPTPP 的隐私保护义务是 USMCA 条款的基础，那么后者对前者只做了很小的改动，包括保留 CPTPP 第 14.8.2 条的脚注，即现在的 USMCA 第 19.8.2 条。

FTA 电子商务章节中承诺的深度取决于其服务章节。在多数美式 FTA 中，有关跨境服务贸易的章节通过采取负面清单方式来履行承诺，从而提供了高度的服务贸易自由化。虽然负面清单方式并不影响所承担义务的内容或

㉚ See, for example, Peter K. Yu, Trade Agreement Cats and the Digital Technology Mouse, in Bryan Mercurio & Kuei-Jung Ni eds., Science and Technology in International Economic Law: Balancing Competing Interests 2014, p. 185.

㉛ CPTPP 第 14.1 条规定："数字产品指计算机程序、文本、视频、图像、声音记录，以及其他以数字进行编码和制作用于商业销售或分销，且可通过电子方式进行传输的产品。""个人信息指关于已被识别的或可识别的自然人的包括数据在内的任何信息。"USMCA 第 19.1 条规定："数字产品是指计算机程序、文本、视频、图像、录音或其他经过数字编码、用于商业的、能够通过电子方式传输的产品。""个人信息是指任何有关已识别或可识别的自然人的信息，包括数据。"

质量，但它确实间接地解决了过时以及政治上有争议的分类问题，并在原则上确保了未来数字服务的覆盖范围。[32]

3. 均明令禁止计算设施本地化和禁止强制公开源代码

随着数字贸易的快速增长和经济领域的数字化重组，全球经济的数字化转型加剧。以美国为首的发达国家认为，虽然"传统"货物和服务贸易已有明确可执行的 WTO 多边规则，但与电子商务相关的关键领域的监管非常薄弱。这为新兴经济体实施数字产业政策提供了政策空间。通过拒绝市场准入、数据本地化和强制技术转让等，新兴经济体对主导数字世界的美国企业以及美国经济作为全球数字领袖地位构成了真正的威胁。[33] 因此，美国政策制定者和企业一直在不遗余力地推动制定新的具有强制执行力的数字贸易和电子商务国际规则。但将这些问题纳入 WTO 多边贸易谈判的框架进展甚微，促使美国贸易政策制定者将这一"数字贸易议程"纳入新的超大型 FTA 议程。

跨境信息传输中的数据存储设施本地化要求是阻碍发达国家电子商务发展的重要因素[34]。CPTPP 第 14.13 条禁止强制计算设施本地化，有利于发达国家的电子商务企业以更低的成本进入其他国家尤其是电子商务发展程度较低的国家。

一刀切地禁止强制计算设施本地化将对缔约方互联网行业的发展造成不公平竞争的局面。诚如斯蒂格利茨所言，尽管市场力量帮着塑造了不平等的程度，但政府政策塑造了那些市场力量。[35] 在国际竞争中也是如此，各国企业竞争力存在着不同程度的差距，但不容忽视的是，掌握国际贸易规则制定主导权的一方利用规则强化了这种不平等的国际竞争。尽管禁止强制计算设施本地化有利于促进电子商务企业的跨境贸易，但其造成的不平等竞争局面却将对劣势方带来严重的影响。

---

[32] Mira Burri, *New Legal Design for Digital Commerce in Free Trade Agreements*, Research Gate, https://www.researchgate.net/publication/319469279.

[33] Shamel Azmeh & Christopher Foster, *The TPP and the digital trade agenda: Digital industrial policy and Silicon Valley's influence on new trade agreements*, LSE (June 12, 2019), http://www.lse.ac.uk/internationalDevelopment/home.aspx.

[34] 王蕊："TPP 电子商务规则对中国的影响及启示"，载《国际经济合作》，2016 年第 2 期。

[35] [美] 约瑟夫·E. 斯蒂格利茨：《不平等的代价》，张子源译，机械工业出版社 2013 年版。

CPTPP 第 14.17 条禁止强制公开源代码，但只适用于"大众市场软件或包含这种软件的产品"（mass-market software or products）。㊱ 因为关键定义没有界定，该条规定产生了很大的不确定性。这些规定说明了一个有趣的发展趋势。很显然，这些规定不仅需要澄清现有的禁止歧视的规定，而且不像一般预期的贸易协定那样仅仅规定更高的标准。相反，它们在国内塑造了监管空间，实际上可能降低了某些标准。在隐私和数据保护领域，对降低保护水平的承诺尤为明显。㊲

各国担心在网络环境中失去隐私的司法管辖权，越来越多地转向数据本地化，以确保本国法的适用。USMCA 也包含一些限制数据本地化政策的规则，这些政策可用于要求外国公司在本地权限内存储个人信息。该规则可能会对未来的 RTA 乃至多边隐私法改革产生影响。同样，数据传输条款限制了跨境数据传输的能力，如果欧盟要求限制跨境数据传输以满足其隐私标准，这可能成为一个挑战。USMCA 第 19.12 条和第 19.16 条与 CPTPP 禁止计算设施本地化和禁止强制公开源代码要求大致相同，但并未像 CPTPP 那样明确规定只适用于"大众市场软件或包含这种软件的产品"。

CPTPP 电子商务章乃至 USMCA 数字贸易章均明令禁止计算设施本地化和禁止强制公开源代码，对金融服务和机构的本地化措施禁令有所放宽，政府采购也被排除在外，从而反映了美式 FTA 电子商务章少有的"硬法"特色。美国势必会在日后的区域及多边规则的谈判中引入这一规则，对发展中国家的数据主权构成严峻的挑战。这些"硬核"条款在一定程度上是针对那些对美国现有企业构成重大竞争威胁的发展中国家，特别是中国。㊳ 这是中国在最近的 FTA 谈判中开始重视电子商务议题的原因之一。㊴

㊱ CPTPP 第 14.17 条第 2 款。

㊲ Mira Burri, *New Legal Design for Digital Commerce in Free Trade Agreements*, Research Gate (August 2017), https://www.researchgate.net/publication/31946.

㊳ Jane Kelsey, *How a TPP-Style E-commerce Outcome in the WTO would Endanger the Development Dimension of the GATS Acquis (and Potentially the WTO)*, 21 Journal of International Economic Law 273–295 (2018).

㊴ 王亮："中国自由贸易协定电子商务条款研究"，载《河南财政税务高等专科学校学报》2016 年第 4 期。

(二) 各异的"WTO plus 规则"

1. WTO 电子商务规则以"发展"为导向，尤其关注发展中国家及最不发达国家的电子商务问题，而 CPTPP、USMCA 对此鲜有涉及

以非洲集团和最不发达国家为首的大多数发展中国家成员反对在 WTO 推进电子商务议程[40]。它们坚持认为，在多哈回合谈判解决现有 WTO 协定不对称问题之前，无暇顾及层出不穷的新问题。它们还拒绝接受电子商务提议，认为这将剥夺它们在国家和地区层面上进行数字发展的选择。电子商务促进发展之友小组通过了一项面向发展的电子商务议程[41]。但这种几乎没有法律约束力的工作议程，无力改变 CTPP、USMCA 大刀阔斧地推进电子商务贸易自由化的步伐。WTO 是一个竞争的舞台，代表电子商务谈判未来的方向和主导权，以及全球电子商务未来的发展。

具有讽刺意味的是，CPTPP 和 USMCA 均有发展中国家参与谈判，但其文本既无"发展"便利可言，又未像 GATS 那样根据各成员发展水平给予差别待遇，"一刀切"地要求所有缔约方承诺开放跨境电子商务。发达国家将受益于这两个 VIP 级 FTA 电子商务规则的实施，而不会做出任何市场准入让步。这种传导效应会让 TISA 电子商务谈判未卜先知。

2. CPTPP 可能降低隐私和数据保护标准，而 USMCA 提高了国内保护标准

个人信息保护是电子商务领域至关重要的一环。各国在个人信息保护标准及强度等方面的差异可能会造成国际贸易中非关税壁垒的新形式，并且滋生贸易保护主义[42]。在跨境电子商务中，跨境数据自由流动加剧了个人信息

---

[40] See, for example, Republic of Rwanda (2017), National Data Revolution Policy, April 2017, and more generally, African Union Commission (2015), Agenda 2063. Framework Document. The Africa We Want, September 2015.

[41] The WTO lists the group members as Argentina, Chile, China, Colombia, Costa Rica, Kazakhstan, Kenya, Mexico, Moldova, Montenegro, Nigeria, Pakistan, Sri Lanka, and Uruguay, WTO (June 10, 2019), https://www.wto.org/english/thewto_e/minist_e/mc11_e/briefing_notes_e/bfecom_e.htm.

[42] 侯富强："基于个人信息保护的国际贸易壁垒及其法律应对"，载《法学论坛》，2015 年第 3 期。

传递的速度与复杂程度,对个人信息的保护面临着更高的国际合作和法律上的要求。

个人信息保护关注的焦点是数据保护。CPTPP 第 14.17 条对消费者保护和第 14.14 条对垃圾邮件控制做出了规定,还有新出台的网络安全规定,但这些条款并不具有法律约束力,且在"恶意入侵"或"传播恶意代码"以及政府机构处理网络安全事件能力建设的情况下,开展合作的活动范围相对有限。[43] USMCA 第 19.8 条共有 6 款对"个人信息保护"的具体规定,且参照了《APEC 隐私框架》和 2013 年《隐私保护和个人数据跨境流通的指南》。美国并没有如以往所签订的 RTA(TPP 第 14.13 条)一般在 USMCA 中对"数据存储非强制本地化"设置例外条款[44]。相对于 CPTPP 而言,USMCA 对个人信息保护设置了"武装到牙齿"的法律条款,并提高了国内保护标准。

CPTPP 电子商务章并不仅要求澄清关于贸易歧视的现有禁令,也不像一般对贸易协定中预期的那样只是设立更高的标准。相反,它在国内塑造了监管空间,实际上可能会降低某些标准。在隐私和数据保护领域,承诺降低保护标准尤其明显。[45] CPTPP 还敦促缔约方促进其数据保护制度之间的兼容性,基本上将较低的标准视为同等标准。总体而言,CPTPP 的目标是将贸易置于隐私权之上,这显然是美式 FTA 的典型特色。

CPTPP 过度降低隐私和数据保护标准[46],已经在国外学术界备受诟病[47]。

---

[43] Mira Burri, *Adapting Trade Rules for the Age of Big Data*, Cambridge University Press, 2019.

[44] 陈寰琦、周念利:"从 USMCA 看美国数字贸易规则核心诉求及与中国的分歧",载《国际经贸探索》,2019 年第 6 期。

[45] Mira Burri, *The Regulatory Framework for Digital Trade in the Trans-Pacific Partnership Agreement*, Global Perspectives and Challenges for the Intellectual Property System A CEIPI-ICTSD publications series, Issue Number 4 August 2017.

[46] CPTPP 第 14.8 条第 2 款规定,"每一缔约方应采取或维持保护电子商务用户个人信息的法律框架。在建立对个人信息保护的法律框架过程中,每一缔约方应考虑相关国际机构的原则和指导方针。"该条注释:"为进一步明确,一缔约方可通过采取或维持措施,如保护隐私、个人信息或个人数据的综合性法律,涉及隐私的部门法律,或规定企业对隐私做出自愿承诺实施的法律,以符合本款规定的义务。"

[47] Mira Burri, *New Legal Design for Digital Commerce in Free Trade Agreements*, ResearchGate, https://www.researchgate.net/publication/319469279;Robert Wolfe, *Learning About Digital Trade: Privacy and E-Commerce in CETA and TPP*, Robert Schuman Centre for Advanced Studies Research Paper No. RSCAS 2018/27.

在个人信息保护的不同体制间，CPTPP 鼓励"缔约方增强不同体制的兼容性，包括对监管结果的认可，无论该认可是自主给予还是通过共同安排，或是通过更广泛的国际框架"[48]。为了给国内监管制度留出一些政策空间，CPTPP 试图模仿一般例外条款，但这种做法在实践中如何发挥作用值得怀疑。我们可以将所有这些 CPTPP 在现有 RTA 电子商务领域的拓展总结为一种尝试，即在特别考虑最迫切需要的情况下，在数字治理领域取得基本的协调。这并非某种形式的利他贸易规则设计，或电子商务的最优监管，其本质上是一个在国内由强大的利益集团推动，在国际上由经济大国特别是美国等驱使的结果。

3. CPTPP 包含薄弱的网络中立条款，而 USMCA 包含详细的互联网安全港条款

RTA 中的网络中立条款可谓五花八门。仔细研究 CPTPP 文本[49]，并与许多 CPTPP 缔约国现行的网络中立规则进行比较，就会发现，CPTPP 并没有推进这一问题的解决。事实上，这些标准非常薄弱，无法执行，至少有一半的 CPTPP 国家的规定已经远远超过了这些标准。互联网安全港也未纳入 CPTPP，却成为 USMCA 一个受欢迎的新内容。USMCA 第 19.17 条第 2 款规定："任何一方不得采取或维持措施对待供应商或用户的交互式计算机服务作为信息内容提供商在决定损害责任相关的信息存储、处理、传输、分配或提供的服务，除非供应商或用户，在全部或部分，创建或开发的信息。"换句话说，互联网公司对用户的内容不承担责任。虽然这并不需要建立一个立法上的避风港，但它限制了一个国家建立一个以互联网公司责任为前提的体系的能力。此外，同一条款不包括互联网公司自愿删除有害或令人反感内容所采取的行动的责任。当然，USMCA 附件 2 规定，第 19.17 条在该协定生效三年后才适用于墨西哥，给予发展中国家过渡期；且第 19.17 条受第 32.1 条"一般例外"和 GATS 第 14 条第（a）款"公共道德例外"约束。

---

[48] CPTPP 第 14.8 条第 5 款。

[49] CPTPP 第 14.10 条"电子商务网络的接入和使用原则"规定："（a）在遵守合理网络管理的前提下，由消费者选择接入和使用在互联网上可获取的服务和应用；（b）在消费者选择的终端用户设备不损害网络的条件下，将该设备接入互联网；以及（c）获得互联网接入服务提供方网络管理行为的信息。"

（三）殊途同归

CPTPP 与 USMCA 均为强制性承诺和意愿性承诺的混合体。许多其他 FTA 都有遵守 WTO 相关通知义务将符合 FTA 要求，但无论 CPTPP 电子商务章还是 USMCA 数字贸易章，都没有规定缔约方通知 WTO 的要求。虽然 WTO 对任何与电子商务有关的事项尚未有明确的通知要求，但作为超前的巨型 FTA，CPTPP 与 USMCA 缔约方为将来电子商务争端的复杂化埋下了伏笔。在两个 FTA 的例外情形下，缔约方不需要通知它们对计算设施位置的限制或对数据跨境流动的限制，也不需要解释隐私规则的执行情况。[50]

电子商务规则的多边化为实现 CPTPP 和 USMCA 提供了捷径，即便最终目标的进展必然是渐进式的。然而，通过 WTO 谈判探讨这些规则意味着，谈判的过程和授权以及任何实质性规则都将受到严重挑战，事实上在 2017 年 12 月 WTO 布宜诺斯艾利斯第 11 次部长级会议期间宣布的诸边进程已然开始。[51] 70 个 WTO 成员，包括美国和一些发展中国家发表联合声明[52]宣称"就未来 WTO 有关电子贸易方面的谈判进行探索性工作"。到布宜诺斯艾利斯第 11 次部长级会议的时候，美国已经成功地将电子商务作为当代贸易谈判的主要新议题，并建立了一个有利于其战略和企业利益的先例，避开了任何发展层面。然而，这些成果是通过美国主导或由志同道合的发达国家主导的谈判取得的。通过 WTO 实现电子商务模板多边化的目标将面临更多的挑战。数字经济为发展中国家提供了机遇和挑战，发展中国家需要空间来最大化利益和最小化风险。

因此，在法律上和伦理上，电子商务议程不应该在 WTO 继续进行[53]，除

---

[50] Robert Wolfe, *Learning about Digital Trade: Privacy and E-Commerce in CETA and TPP*, 18 World Trade Review 63–84 (2019).

[51] *The Road to the 11th Ministerial Conference*, 10–13 December 2017, Buenos Aires, Argentina, South North Development Monitor, 13 December 2017, TWN (Oct. 10, 2018), https://www.twn.my/MC11.htm.

[52] Joint Statement on Electronic Commerce, 13 December 2017, WT/MIN(17)/60.

[53] 也有西方学者坚持 WTO 法律应在促进跨境电子商务安全稳定的法律监管环境中发挥核心作用，同时削弱当前数字保护主义的抬头。See Andrew D. Mitchell & Neha Mishra, *Data at the Docks: Modernizing International Trade Law for the Digital Economy*, Vand. J. Ent. & Tech. L. 1073, 2018.

非悬而未决的问题的解决和未来规则的设计符合发展目标。目前 WTO 有关电子商务的提议与此相反：它们将巩固发达国家及其企业在 21 世纪数字经济中的主导地位，就像美国在乌拉圭回合中知识产权和服务贸易方面的所作所为。这样的结果将加深 WTO 面临的危机。[54]

为了避免重蹈历史覆辙，中国作为最大的发展中国家，理应在跨境电子商务规则构建中发挥应有的作用，积极推进"一带一路"跨境电子商务规则的构建和实施。

三、中国已签及待签 FTA 电子商务文本与 CPTPP、USMCA

经过 21 世纪初的迅猛发展，我国已发展成为全球规模最大、最具活力的电子商务市场。[55] 我国与"一带一路"沿线国家签订的 FTA 电子商务文本，反映了我国在国际国内电子商务环境下与他国开展跨境贸易的规则轨迹。中—澳 FTA、中—韩 FTA 和中—新 FTA 升级议定书作为我国近年来签订并生效的 FTA 示范性电子商务蓝本，反映了我国在 FTA 领域的最新动态。下文将对它们与 CPTPP 电子商务章和 USMCA 数字贸易章的内容进行横向比较，并提出 RCEP 电子商务谈判合理化建议，对未来横向、纵向发展"一带一路"跨境电子商务贸易规则网络具有借鉴意义。

（一）中—澳 FTA、中—韩 FTA、中—新 FTA 电子商务条款与 CPTPP、USMCA 的比较

2015 年 6 月 1 日及 17 日，中—韩与中—澳 FTA 分别签署，并在同年 12 月 20 日正式实施。此外，2018 年 5 月 17 日生效的《中国与欧亚经济联盟经贸合作协定》[56] 中，电子商务是双方比较感兴趣的议题之一。2018 年 11 月 5 日，中国

---

[54] Jane Kelsey, *How a TPP-Style E-commerce Outcome in the WTO would Endanger the Development Dimension of the GATS Acquis (and Potentially the WTO)*, 21 Journal of International Economic Law 273 – 295（2018）.

[55] "《世界电子商务报告》首次发布：全球电子商务重心正转向新兴市场"，载新华网，http://www.xinhuanet.com/2018-04/11/c_1122668272.htm，2018 年 9 月 10 日访问。

[56] 《中国与欧亚经济联盟经贸合作协定》鼓励双方企业间的商务交流和合作，并鼓励其共同开展电子商务项目，为企业开拓新市场提供较大的便利，也有利于企业提质增效，促进双边贸易进一步发展。

与新加坡完成 FTA 升级谈判,《关于升级〈中新自由贸易协定〉的议定书》新增了电子商务方面的承诺。其电子商务章主要包括电子认证和电子签名、在线消费者保护、个人信息保护、无纸贸易、透明度等内容。[57]

中—韩 FTA 包括 22 章,其中既有一些传统的国际贸易协定议题,也包括电子商务、知识产权、环境保护等新议题。在电子商务方面,中国与韩国在关税、电子认证与电子签名、个人信息保护、无纸贸易以及电子商务合作等领域达成了共识。

中—澳 FTA 包括 17 章,与中—韩 FTA 一样,中—澳 FTA 也涉及电子商务这个较新的议题。中国与澳大利亚在电子商务领域达成合作的范围较中—韩 FTA 更为广泛,不仅涵盖了中—韩 FTA 在电子商务领域的相关条款,还在国内电子交易框架、线上消费者保护、非应邀电子商业信息三个方面展开了合作。

表 1 列出了 CPTPP、USMCA 与中—澳 FTA、中—韩 FTA、中—新 FTA 关于电子商务条款的比较。

表 1　各 FTA 的电子商务条款比较

贸易协定 类目	CPTPP	USMCA	中—澳 FTA	中—韩 FTA	中—新 FTA
海关关税	√	√	√	√	√
数字产品的非歧视待遇	√	√	×	×	×
通过电子方式跨境传输信息	√	√	×	×	×
计算设施的位置	√	√	×	×	×
源代码	√	√	×	×	×
个人信息保护	√	√	√	√	√
线上消费者保护	√	√	√	×	√
非应邀商业电子信息	√	√	√	×	√
电子认证和电子签名	√	√	√	√	√

---

[57] http://fta.mofcom.gov.cn/article/zhengwugk/201811/39339_1.html,2019 年 5 月 20 日访问。

续表

类目＼贸易协定	CPTPP	USMCA	中—澳FTA	中—韩FTA	中—新FTA
电子商务网络接入和使用原则	√	√	×	×	×
无纸贸易	√	√	√	√	√
国内电子交易框架	√	√	√	×	√
网络安全事项合作	√	√	×	×	×
争端解决	√	√	√	√	√

综上，CPTPP电子商务章几乎完全涵盖了中—澳、中—韩和中—新FTA电子商务章的内容，CPTPP的全面性有所突显；另外，可以看出中—澳FTA、中—韩FTA在许多电子商务领域均未涉及，这些领域包括数字产品的非歧视待遇、电子商务网络的接入和使用原则等。这反映了我国目前在这些领域还未能与有关国家达成一致。就中—澳FTA、中—韩FTA的内容来看，海关关税、电子认证和电子签名、个人信息保护、无纸贸易、电子商务合作等方面都形成共识，其内容与CPTPP电子商务章中的相应条款基本一致，这表明我国在这些方面与他国达成了共识。

中—澳FTA、中—韩FTA、中—新FTA实质上可看作中国应对CPTPP及其挑战的一个初步尝试，它们从双边贸易规则出发，基于我国国情探寻了我国对电子商务跨境发展的承受能力。出于多方面的考虑，我国的电子商务发展难以完全接受TPP电子商务章中所规定的条款，但通过双边自由贸易协定可对能够尝试的条款进行预先的经验积累。

（二）待签的RCEP电子商务文本

2012年，RCEP谈判由东南亚国家联盟（以下简称东盟）10国发起，之后加入的有中国、日本、韩国、澳大利亚、新西兰、印度，旨在建立16国统一市场的FTA。若RCEP谈判功成，其涵盖区域约包括35亿人口，GDP总和达23万亿美元，占全球总量的1/3，所涵盖区域将成为世界最大的自贸区。

1. 东盟电子商务协定介评

毋庸置疑，东盟（ASEAN）是世界上第一个由发展中国家签署统一电子商务法律框架的FTA[58]。该协定是由10个成员于2018年11月12日在新加坡举行的东盟峰会上签署的。其电子商务协定有三个主要目标：一是促进跨境电子商务贸易便利化；二是为电子商务应用创造互信环境；三是进一步发展和加强电子商务应用以推动区域经济增长，深化东盟各国合作。东盟已经采用在线纠纷解决机制来保护消费者的权益，保障个人数据安全。这份协定的成功签署至关重要，因为东南亚是增长速度最快的互联网市场，拥有大约3.3亿名互联网用户。[59]

到目前为止，东盟电子商务协定协调的重点是电子交易法，通过为承认电子合同创造法律确定性来促进电子商务。然而，由于电子商务往往涉及大宗和低价值的跨境交易，所以它的便利化需要更便利的海关手续、税率和发票标准。此外，为电子商务提供基础的法律架构并不能确保电子商务的成功或促进电子商务的发展。电子商务的生存能力取决于强大的电信基础设施、用户友好的在线支付系统和有效的分销网络的存在，特别是在最后交付方面。因此，为跨境电子商务建立一个有利的法律框架，应该纳入更宏大的，多维度解决广泛问题的"一带一路"电子商务协定中。

2. RCEP电子商务谈判展望

首先，RCEP除了按照联合国国际贸易法委员会（UNCITRAL）模式立法，确保电子和/或数字签名的相互承认外，更应建立适当的消费者和隐私保护法律制度。

然而，在许多RCEP司法管辖区，消费者和隐私保护的国内法律体系并不完善。问题往往不在于缺乏具体的电子商务手段，而在于RCEP有些发展中国家缺乏一般的基本消费者保护，如有关产品安全或禁止不公平商业做法

---

[58] Reference Framework for Electronic Commerce Legal Infrastructure (2001) (Reference Framework).

[59] http://www.cifnews.com/article/39223，2018年12月20日访问。

的保护。例如，新加坡和马来西亚有相对全面的消费者保护制度[60]，但老挝、柬埔寨和缅甸才刚刚开始处理基本的消费者保护问题[61]。迄今为止，只有马来西亚制定了专门针对在线交易消费者保护的规定。[62] RCEP 许多发展中国家在跨境电子商务中引入消费者保护之前，必须先在传统交易中建立基本的消费者保护法律制度。

选择适当的 FTA 立法参照物也非常重要。欧盟模式[63]可以被视为消费者保护的最高基准，但在不太发达的 RCEP 地区，这种模式可能难以效仿，因为它给在线企业带来了很高的合规成本。权衡在线消费者利益与在线企业利益，CPTPP 与 USMCA 在兼顾二者的前提下，更侧重于维护企业合法权益。因此，RCEP 有必要在保护电子商务消费者利益的前提下，进行合规评估，以防范排除规模较小的本地在线供应商的风险，这些供应商可能缺乏资源，无法满足更严格的监管要求。电子商务的便利不仅与增强消费者的权能有关，也与增强在线供应商特别是本地中小企业的权能有关。

此外，RCEP 应该限制向缺乏足够隐私保护的司法管辖区输出个人信息。现代全球经济需要不受限制地跨境数据流动，导致对个人数据出口的限制往往不情愿、不合规。具有不同消费者保护水平的国家间无限制地数据跨境流动可能削弱甚至抵消在其他国家获得的消费者保护。现有的 RCEP 国家对个人数据出口的限制很少。[64] 尤其值得一提的是，CPTPP 电子商务章降低了隐私和数据保护标准，并将更严格的隐私保护视为贸易壁垒或歧视性措施。互联网上的数据将被传输到世界各地，因此数据所有者、服务提供商和数据用户需要处理与跨境数据传输相关的隐私和安全风险，以及与跨国数据传输相

---

[60] Singapore, Consumer Protection (Fair Trading) Act 2004; Malaysia: Consumer Protection Act (CPA) 1999.

[61] See Individual Country Reports in ASEAN Australia Development Cooperation Program Phase II (AADCP II) "Roadmapping Capacity Building in Consumer Protection in ASEAN" (2011).

[62] Malaysia, Consumer Protection Act 1999, Consumer Protection (Electronic Trade Transactions) Regulations 2012, which require the provision of basic information and mechanisms enabling the rectification of errors and the provisions of acknowledgement of receipt of orders placed online.

[63] Directive 2011/83/EU of 25 October 2011 on consumer rights.

[64] Graham Greenleaf, *Asian Data Privacy Laws*, Oxford University Press, 2014, p.478.

关的法律合规问题。[65] 尽管欧盟、美国、澳大利亚以及其他许多国家和地区（如中国）对信息通信技术领域的监管不断加强，但均未制定出解决跨境数据传输中的隐私和安全问题的法律。与国内法的局限性相比，数据传输的全球化性质造就了一套适用于国内层面的拼凑式法律体系（patchwork system of laws），尽管数据的存储和传输是国际性的。[66] 为了达到数据技术最优效用，需要建立统一的国际规则与具备各国特色的国内法律规则，从而在数据自由流动与信息安全之间达成有效平衡。[67]

其次，在计算设施的位置和源代码方面，可参照 GATS 具体部门承诺的方式，将数据分类，RCEP 缔约方通过谈判对分类数据的自由流动做出承诺。对于承诺开放的数据，可以设置类似 CPTPP"合法公共政策目标"那样的例外条款，在特殊情况下加以限制。[68]

"数据本地化"对 RCEP 成员来说非常敏感，无论是发展中国家还是发达国家。在 RCEP 谈判驱动下，2018 年 7 月印度颁布首个《电子商务草案》，强调数据是数字经济的石油，从而详细规定了基于国家安全、公共利益需要的数据本地化要求，但仅要求在"公共场合"通过网络传输的"个人或集体数据"本地化存储。[69] 根据 WTO《RTA 秘书处关于电子商务的说明》，只有不到 5% 的与电子商务相关的 RTA 对计算设施位置和源代码有约束力，这并非巧合。此外，少数包含此类规则的 RTA 在执行此类规则时还需要经受时间的考验。CPTPP 成为第一个在电子商务章纳入具有约束力的条款用于保障数据跨境流动并限制数据本地化存储的 RTA。由于中国和美国在这个问题上截然对立的立场，所以 RCEP 和 CPTPP、USMCA 可能会建立难以调和的相互

---

[65] Peter K. Yu, *Towards the Seamless Global Distribution of Cloud Content*, in Anne S. Y. Cheung & Rolf H. Weber eds., Privacy and Legal Issues in Cloud Computing, 2015, pp. 180 – 181.

[66] George Yijun Tian, *Current Issues of Cross-Border Personal Data Protection in the Context of Cloud Computing and Trans-Pacific Partnership Agreement*: Join or Withdraw, 34 Wisconsin International Law Journal（2016）.

[67] 蒋洁："云数据跨境流动的法律调整机制"，载《图书与情报》，2012 年第 6 期。

[68] 陈咏梅、张姣："跨境数据流动国际规制新发展：困境与前路"，载《上海对外经贸大学学报》，2017 年第 6 期。

[69] http://www.newindianexpress.com/opinions/2018/aug/20/importance-of-e-commerce-policy-in-india-1860095.html.

冲突的标准，并使重叠的 RTA "意大利面碗"现象变得更加棘手。尽管一些发达国家复制了 CPTPP 的该模式——禁止计算设施本地化、禁止强制公开源代码，但过度扩张甚至对其中一些缔约方而言也是棘手的问题，因为并非所有国家都有应对数字贸易法律问题的宏观策略和具体对策。

最后，建立有效的跨境电子商务争端解决机制，一方面确保网络供应商遵守其提供商品和服务的司法管辖区的相关法律和法规，另一方面确保消费者能够在其管辖范围内寻求便捷、快速和高效的投诉处理机制和/或在线纠纷解决框架。国际法学界普遍认为，可以通过采用在线争端解决机制来减轻跨境执法的困难，这种机制可以提供一种容易获得和费用低廉的补救办法。[70] RCEP 可以从欧盟指令和联合国国际贸易法委员会建议中获益。[71] 除建立积极的消费者保护机构和促进它们之间的合作外，RCEP 成员还应加入国际消费者保护和执法网络（International Consumer Protection and Enforcement Network，ICPEN），这是一个分享消费者保护问题的平台，包括最佳做法和立法改革。[72]

四、结语

毋庸置疑，"一带一路"跨境电子商务合作是"一带一路"建设最适合优先推动的贸易模式。"一带一路"跨境电子商务规则是全球范围内跨境电子商务规则体系中的重要组成部分，是中国引领"一带一路"沿线国家在复杂的国际经贸局面下，审时度势，弥合跨境电子商务规则碎片化的举足轻重的区域法制变革。

构建"一带一路"跨境电子商务规则，不是在现有 RTA 如东盟基础上简单扩大现有 RTA 的电子商务条款，因为区域一体化需要在已建立的 RTA

---

[70] Amy J. Schmitz, *Building trust in ecommerce through online dispute resolution*, in John A. Rothchild ed., Research Handbook on Electronic Commerce Law Edward Elgar, 2016.

[71] See e. g. Directive 2013/11/EU on Alternative Dispute Resolution for Consumer Disputes, 2013 O. J. （L 165）63; the UNCITRAL Technical Notes on Online Dispute Resolution (2017).

[72] 迄今为止，只有越南和菲律宾是加入 ICPEN 的 RCEP 成员。

之间就已锁定的电子商务规则重新谈判。RCEP 应充分考虑各成员发展水平的差异，在现有"10+N"的基础上，尽可能为最不发达国家提供包括特殊与差别待遇在内的适当形式的灵活性，特别是为中小企业电子商务提供跨境发展机遇。尽管这一谈判仍然是一项复杂和富有挑战性的任务，但 RCEP 成员致力于达成"一带一路"现代、全面、高质量和互利的跨境电子商务协定，以支持"一带一路"开放互利的贸易和投资环境。

中国自由贸易试验区立法问题探析

徐忆斌[*]

随着近年来经济全球化的加快，各种新兴国际合作大量涌现，国际经贸规则不断重新洗牌，如《全面与进步跨太平洋伙伴关系协定》（Comprehensive and Progressive Agreement for Trans-Pacific Partnership，CPTPP）、《美国－墨西哥－加拿大协定》（United States-Mexico-Canada Agreement，USMCA）、《亚洲基础设施投资银行协定》等新型规则大都突破原来世界贸易组织（World Trade Organization，WTO）体制下的规则，采用了更为有利于区域经济发展的战略，并且在经济发展程度、管理体制以及社会法治标准等方面对成员提出了极高的要求。为了进一步参与和适应国际经济竞争，党中央和国务院审时度势决定实施自由贸易区战略。[①] 实施这一战略的目的在于进行制度创新，探索与国际贸易高标准接轨的规则，从规则遵守者成长为规则制定者。同时，战略也能促进自由贸易区内的制度向现代化、国际化、法治化发展，为中国在风云诡谲的国际经济形势中谋求一席之地，以便获取更多国际经

---

[*] 徐忆斌，西南政法大学国际法学院副教授。本文系重庆市教育委员会2017年度人文社科重点研究基地项目"'一带一路'下跨国PPP项目风险防控法律问题研究"（项目编号：17SKJ012）的研究成果。

[①] 加快实施自由贸易区战略，是中国新一轮对外开放的重要内容。党的十七大把自由贸易区建设上升为国家战略，党的十八大提出要加快实施自由贸易区战略，而党的十九大报告则进一步提出，赋予自由贸易试验区更大改革自主权，探索建设自由贸易港。

贸机遇，取得更为公平公正的国际经济竞争平台。因此，自由贸易区②战略是中国政府对国际经济发展和竞争大势的把握，也是中国提升开放度、参与时代竞争的有力工具。

一、中国自由贸易试验区立法中存在的问题

（一）中国自由贸易试验区立法的现状

2019年，从初次建立到多地推广，我国自由贸易试验区战略已经进入了第六个年头。在此期间，自由贸易试验区从最初的仅有上海一个自由贸易试验区逐步壮大到如今的"1+3+7+1+6"模式，投资、贸易、金融、管理和便利化等诸多方面都有了突破性进展。总结各个自由贸易试验区的立法情况③，较早成立的上海、广东、福建、天津4个自由贸易试验区，都在成立之初即以省级人民政府规章的形式出台了管理办法以应对过渡期先行先试的立法需要，而各地管理办法制定依据相同，都是来源于全国人大常委会的授权决定和国务院批准的符合自身特点的总体方案。对于2017年3月国务院正式批复设立的第三批7个自由贸易试验区④，在召开新闻发布会正式宣布设区当日便公布了7个自由贸易试验区的总体方案，但各试验区并没有立即紧跟脚步出台各自的管理办法。

对于目前自由贸易试验区的整体立法情况，从国家层面看，除了总体方案，中央还发布了部分普遍适用于自由贸易试验区的综合类政策和分类详细的文件，如《自由贸易试验区外商投资准入特别管理措施（负面清单）

---

② 中国自由贸易区通常被称为自由贸易试验区（pilot free trade zone），是指在主权国家或地区的关境以内，划出特定功能区域，准许外国商品豁免关税自由进出，给予外国投资准入前国民和负面清单管理待遇，较WTO等有关国际规定更加优惠的一项制度安排。

③ 2019年8月2日，国务院批复同意设立中国（山东）自由贸易试验区、中国（江苏）自由贸易试验区、中国（广西）自由贸易试验区、中国（河北）自由贸易试验区、中国（云南）自由贸易试验区、中国（黑龙江）自由贸易试验区。鉴于撰写本文时6个自贸试验区刚刚设立，因此本文对其立法情况并未涉及。

④ 2017年新设的7个自由贸易试验区分别是：中国（辽宁）自由贸易试验区、中国（浙江）自由贸易试验区、中国（河南）自由贸易试验区、中国（湖北）自由贸易试验区、中国（重庆）自由贸易试验区、中国（四川）自由贸易试验区、中国（陕西）自由贸易试验区。

(2018年版)》《商务部关于支持自由贸易试验区进一步创新发展的意见》等。从地方层面来看，各自由贸易试验区的立法也各有特点，并非所有自由贸易试验区都出台了自己的管理办法和自由贸易试验区条例，如中国（浙江）自由贸易试验区，在总体方案公布后不久便制定和出台了《中国（浙江）自由贸易试验区条例》，但并没有制定管理办法；而陕西和重庆的自由贸易试验区则只制定了管理办法，至今没有出台相关条例。

由此可以发现，中国自由贸易试验区立法模式的鲜明特色是，国家尚未对自由贸易试验区进行宏观立法[5]，各个自由贸易试验区在成立之初主要以各自的总体方案为其建设和发展的指针，并依据具有深厚政策色彩的总体方案将其中明确的任务转化为地方政府规章以及地方性立法的相关内容。诚然这种立法方式对于及时应对自由贸易试验区现阶段"先行先试"的立法需求有一定的积极作用，但是将各具地方发展要义和特色的总体方案作为代表国家层面意义的"中国（××）自由贸易试验区"建设和发展的基本法律依据的做法显然略有不妥。[6] 就《中国（上海）自由贸易试验区总体方案》而言，其中不仅规定了自由贸易试验区建设的指导思想，还就政府职能转变提速、投资贸易开放、推进贸易发展方式转变和深化金融领域开放创新作出了具体的实施方案，并且该文件还通过添加附件的形式，明确了服务业扩大开放的具体措施。这种全面细致的方案，难免会对依据其制定的相关政府规章或者地方条例，在立法的创新性、规范性和技术性等方面造成一定的影响和困惑。

（二）自由贸易试验区立法存在的问题

从上述立法情况的现状可以看出，中国的自由贸易试验区在立法方面突出存在以下两方面的问题。

一方面，由于缺乏国家层面的整体性立法，各地依据明显具有政策倾斜

---

[5] 夏红、韩涛："我国自贸试验区法治建设经验梳理"，载《辽宁师范大学学报（社会科学版）》，2018年第1期，第51页。

[6] 中国自由贸易试验区的命名均以"中国（××）自由贸易试验区"这种形式，如中国（湖北）自由贸易试验区。因此在各地自由贸易试验区的地方性立法中，都以"中国（××）自由贸易试验区条例"的形式命名。但问题在于，在省级人大的地方性立法中，往往很少会采用"国字号"，因为省级地方人大的立法毕竟无法规定国家事权范围内的相关内容。

性的总体方案进行地方性立法，但总体方案中的多项规定却属于国家基本经济制度等中央事权以及其他由《中华人民共和国立法法》规定的法律保留事项，因此如果将其作为自由贸易试验区建设的指导性文件，会产生总体方案本身法律位阶不明的疑虑[7]。而且总体方案的法律位阶也决定着其在适用过程中的效力。具体而言，若总体方案从性质上属于法律，则应当"依据"其行事，若从性质上只属于国务院规章，则应当"参考"其行事，而名称和定位的不同，使总体方案本身具有不同的效力之分。也因此，总体方案在具体落实的过程中也始终存在一定的问题。有学者指出，如果以总体方案作为自由贸易试验区国家层面法规，则缺乏足够的法律依据和法理支撑。若坚持为之，其合法性和合理性将饱受学界争议与诟病。[8] 中国（上海）自由贸易试验区作为我国第一个自由贸易试验区，其后设立的11个自贸试验区或多或少都有模仿其法治建设的痕迹。因此，在《中国（上海）自由贸易试验区总体方案》中存在的这些问题，在其他自由贸易试验区也相应地或多或少存在。

另一方面，自由贸易试验区在践行先行先试、自主创新的过程中，其依据总体方案制定和出台的相应政府规章和地方性条例中往往会涉及中央事权的处理，如贸易和投资方面的规定都有可能触及国家在外贸和投资领域的相关立法事项，由于国家对此没有整体性的立法规定，所以只能通过授权性的立法实现一定程度上的中央与地方事权协调，但相关的授权性立法也因其合法性引起广泛的争议。为保证改革试点工作的依法进行，2013年8月第十二届全国人大常委会通过了《关于授权国务院在中国（上海）自由贸易试验区内暂时调整有关法律规定的行政审批的决定》（以下简称《授权决定》）[9]。对此，有学者认可《授权决定》的合法性，认为根据《中华人民共和国宪法》（以下简称《宪法》）第89条，全国人大常委会做出授权决定具有根本

---

[7] 李猛："中国自贸区国家立法问题研究"，载《理论月刊》2017年第1期，第88页。
[8] 丁伟："《中国（上海）自由贸易试验区条例》立法透析"，载《政法论坛》，2015年第1期，第135页。
[9] 国务院向全国人大常委会提交了《关于授权国务院在中国（上海）自由贸易试验区内暂时调整实施有关法律规定的行政审批的决定（草案）》的议案，此议案于2013年8月30日，第十二届全国人大常委会第四次会议通过。

法上的依据。[10] 因此，授权依据不存在不合法的问题，国务院批准并正式公布《中国（上海）自由贸易试验区总体方案》并不超越《宪法》赋予国务院的职权范围。而也有质疑者则提出："全国人大常委会的这一行为在我国现行立法中找不到任何渊源和依据。全国人大常委会仅有在全国人大闭会时部分增补和修改由全国人大制定的法律，而无暂停适用全国人大制定的法律的权力。"[11] 因而，全国人大常委会允许国务院在中国（上海）自由贸易试验区内"暂停适用法律"的这一举动有严重的违宪之嫌。

为更好应对国际经济贸易规则的变化与挑战，促进中国的对外开放水平的提升，党的十九大报告中强调要"赋予自由贸易试验区更大改革自主权"。试验和推动高水平、高标准的法治环境是我国建设自由贸易试验区的重要内容之一，同时为了保障自由贸易试验区试验的顺利进行，也需要良好的法治环境作为保障。对于上述问题，实际上涉及我国自由贸易试验区立法制度的模式问题，根本上囿于我国缺乏对自由贸易试验区制度在国家层面的整体性立法，作为一项新的创新的制度改革，在推行过程中也有循序渐进和逐步成熟的过程。因此，本文认为有必要先从理论上分析上述争议问题是否存在，在此基础之上再去探究是否需要完善国家层面立法。

二、中国自由贸易试验区立法问题的理论辨析

在目前我国尚未从中央层面对自由贸易试验区进行立法的情况下，各地总体方案可以说是中国自由贸易试验区立法的雏形，各地的政府规章和地方性立法都将其当作中国自由贸易试验区发展建设的"基本"法律依据。因此关于自由贸易试验区总体方案的法律位阶定性问题，关系到我国自由贸易试验区法制的总体完成度，对于建设法治国家和自由贸易试验区而言，都至关重要。但从自由贸易试验区初次设立之日起，学界对总体方案的法律位阶问

---

[10] 《宪法》第89条第18项是兜底条款："国务院行使下列职权：……（十八）全国人民代表大会和全国人民代表大会常务委员会授予的其他职权。"

[11] 范进学："授权与解释：中国（上海）自由贸易试验区变法模式之分析"，载《东方法学》，2014年第2期，第130－132页。

题的质疑和争议就未停止过,已经成为自由贸易试验区立法建设过程中需要解决的首要问题。

(一) 总体方案法律位阶评判

学界之所以会存在对总体方案法律位阶定性的争论,主要是因为学者们对具体评判对象的选择不同,有的是关注其制定的主体,而有的则更侧重于对制定过程的考量。

本文认为,从制定主体来看,各地自由贸易试验区的总体方案并不存在法律位阶不明的问题。因为总体方案都是由国务院和商务部牵头,在与地方政府商议后联合拟制的。具体内容由商务部和地方政府协商一致后确定,最终汇总并报由国务院核准印发。因此,从制定主体这一角度分析,总体方案的性质应当属于部门规章(以商务部的行政位阶来算),或者至少是地方性规章(以地方政府的行政位阶来算)。而从法理学的角度考量,无论是部门规章还是地方政府规章,二者均具有同等的法律效力,法律位阶亦没有高低之分。

但是,从制定的过程来看,总体方案与传统的部门规章或者地方性规章相比确有不同之处。通常情况下,部门规章或者地方性规章都是由单一立法机构完成制定、发布等一系列工作的,而总体方案并非如此,其增加了一些步骤,包括具体内容制定后,要先报送国务院进行复核,国务院复核通过后再走程序,于全国性媒体介质上发布公告。这一流程不可能仅靠单一制定部门就能完成,而是需要多个制定部门的互相配合与联动完成。故而,总体方案的制定主体和颁布主体是分离的,归属于不同的立法机构。若总体方案以法规颁布主体为法律位阶的评判标准,则可将其定性为行政法规,其效力当然就高于从制定主体角度衡量得出的部门规章、地方性规章和地方性法规。

由于总体方案在制定的内容上需要考虑符合各个地方的自身特色与先行先试、改革创新的实际效果,因此不得不采用地方政府和国务院部门联合制定的模式,但是作为一项国家重大改革战略举措,根据后续在其他地方复制推广的需要,其不适合以地方的名义出台,故只能以国务院的名义颁布,因而有的学者将其视为行政法规，甚至有的地方条例直接"根据"总体方案制定[12]。由此看来，总体方案法律位阶不明的问题，是总体方案本身所无法解决的问题。但是如前所述，定性不明不仅影响其在适用过程中的效力，而且极易引发不同位阶的法规对同一事项的法律适用产生冲突的情景，无法发挥指引和统筹我国自由贸易试验区整体建设的功效作用。

（二）《授权决定》依据问题考究

对于备受争议的《授权决定》，争论的核心还是其作出的依据是否符合《宪法》的问题。这一问题一方面会影响到《授权决定》本身的性质问题，另一方面，从授权立法的角度，也可以进一步观察对我国相关自由贸易试验区在改革创新和特色建设等方面的制度任务落实过程中的授权性方式如何完善的问题。

就全国人大常委会作出《授权决定》的依据而言，学界多批评该项授权决定存在违宪的嫌疑。本文认为这个问题尤为重要，如果全国人大常委会作出此项决定没有依据，则意味着只有全国人大开会才能作出相关决定，那么未来自由贸易试验区相关改革试点立法中需要授权时就需要等到召开全国人大会议之时才能确定。此问题涉及《宪法》第 89 条的解释问题。《宪法》第 89 条穷尽列举了可以授予国务院的相关职权，其中第 18 项兜底性地规定了全国人大和全国人大常委会授予国务院的其他职权。《宪法》的这一规定，直接赋予了国务院开放性的权力，属于国务院在有合法授权的情况下可以获得的职权。照此规定，全国人大常委会的授权是有《宪法》根据的，授权决定的依据来源明确不存在问题。原则上，国务院批准和正式公布总体方案，这两个动作都不曾超越宪法赋予国务院的职权范围。事实上，这并非我国立法史上第一次出现全国人

---

[12] 例如，《中国（广东）自由贸易试验区条例》第 1 条规定："为了促进和保障中国（广东）自由贸易试验区的建设与发展，根据《全国人民代表大会常务委员会关于授权国务院在中国（广东）自由贸易试验区、中国（天津）自由贸易试验区、中国（福建）自由贸易试验区以及中国（上海）自由贸易试验区扩展区域暂时调整有关法律规定的行政审批的决定》、国务院批准的《中国（广东）自由贸易试验区总体方案》和有关法律、法规，结合本省实际，制定本条例。"《中国（陕西）自由贸易试验区管理办法》第 1 条规定："为推进中国（陕西）自由贸易试验区建设，根据国务院印发的《中国（陕西）自由贸易试验区总体方案》和有关法律、法规，制定本办法。"

大或者全国人大常委会作出类似的授权立法决定。[13] 因此值得关注的是，为顺应新形势下改革开放的现实需要，扫清自由贸易试验区先行先试、制度创新在可复制、可推广过程中的法律障碍，中国可能会再次尝试这种方式。

虽然依据不存在问题，但是就暂停"外资三法"[14] 实施的授权而言，仍然还存在的一个争议问题是全国人大常委会是否有权调整全国人大制定的法律。学者提出质疑的主要理由是，《宪法》第67条第1款至第4款详细列明了全国人大常委会有关制定法律等方面的职权，而此法条的列举内容并未授予全国人大常委会暂停实施某些法律的职权。以上质疑，是基于全国人大与全国人大常委会有权制定的不同法律范畴提出的。但对此，本文认为不应笼统讨论全国人大常委会是否有权调整全国人大制定的法律，而应思考被暂时调整适用的"外资三法"是何性质，即这三部法律是否被划分为只能由全国人大制定的"基本法律"。如果"外资三法"都属于"基本法律"，则全国人大常委会对自己通过的《中华人民共和国中外合作经营企业法》《中华人民共和国外资企业法》进行调整并不存在法律障碍，但对全国人大通过的《中华人民共和国中外合资经营企业法》进行调整则有可能存在一定的障碍或尴尬。因为，根据《宪法》规定，全国人大常委会只有在与"基本法律"的基本原则不相抵触的情况下，才能对"基本法律"进行细微补充或者进行修正。因此，如果要确定《授权决定》是否符合《宪法》规定的标准，就需要进一步权衡这个授权的内容是否与《中华人民共和国中外合资经营企业法》[15] 的基本原

---

[13] 依据《宪法》的此项规定，我国曾经出现过三次类似的授权立法决定：（1）1985年4月，全国人大通过《关于授权国务院在经济体制改革和对外开放方面可以制定暂行规定或者条例的规定》；（2）1984年9月，全国人大常委会通过关于授权国务院改革工商税制发布有关税收条例草案试行的决定；（3）2012年12月，第十一届全国人大常委会第三十次会议通过《关于授权国务院在广东省暂时调整部分法律规定的行政审批的决定》。此次自由贸易试验区采用的立法授权就是2012年全国人大常委会授权国务院在广东省暂时调整部分行政审批事项的模式。

[14] 这三部法律分别是《中华人民共和国中外合资经营企业法》《中华人民共和国中外合作经营企业法》《中华人民共和国外资企业法》。

[15] 《中华人民共和国中外合资经营企业法》第1条确立了立法目的："中华人民共和国为了扩大国际经济合作和技术交流，允许外国公司、企业和其他经济组织或个人（以下简称外国合营者），按照平等互利的原则，经中国政府批准，在中华人民共和国境内，同中国的公司、企业或其他经济组织（以下简称中国合营者）共同举办合营企业。"而《授权决定》开宗明义也阐明了立法目的："为加快政府职能转变，创新对外开放模式，进一步探索深化改革开放的经验。"以上两条表明，《授权决定》与《中华人民共和国中外合资经营企业法》的基本原则基本吻合。

则相符,以及这种授权暂停实施方式是否属于对原法的"细微补充或者进行修正"。

对此本文持保留态度,因为确实难以评估全国人大的立法调整或暂停的《授权决定》是否符合宪法的要求。但同时本文也认为,虽然授权立法的方式有《宪法》依据,也可以通过相应的立法机关对应性调整自己的立法来防止上述障碍或者尴尬的出现,但毕竟授权立法并非长宜之计,自由贸易试验区制度作为长期的国家改革开放的发展战略,需要有长久的"立法授权",而不是"授权立法"。

三、中国自由贸易试验区立法问题的解决思路

鉴于上述无论是总体方案还是《授权决定》,都难以在具体运用和实际效果上发挥国家层面立法的作用,因此我国自由贸易试验区战略国家层面立法至今缺位的问题依然存在。[16] 虽然我国改革一贯有自下而上进行探索和试点之传统,但国家立法也是法治建设的顶层设计的主要实现方式之一,将为自由贸易试验区战略的未来提供有效且全面的法治保障。故本文认为,国家层面宏观立法对我国自由贸易试验区法治建设的重要性不可替代,解决中国自由贸易试验区立法问题还是需要加快国家层面的立法,这不仅具有必要性,而且也具有现实可行性。

(一)自由贸易试验区国家立法的必要性

首先,通过国家层面的立法,有助于通过顶层的法治设计,为各地的自由贸易试验区的制度建设与发展提供依据和保障。自由贸易试验区不是政策洼地,而是制度创新之地,但不同地区承担自由贸易试验区改革创新任务的过程中,不可避免会存在政策的不透明性以及由此可能导致的不同地域自由

---

[16] 马敏:"从美新自由贸易园区立法看中国自贸区立法的改进",载《黑龙江省政法管理干部学院学报》,2016年第3期,第114页。

贸易试验区之间的利益转移，甚至出现不公平竞争和地域矛盾冲突等情况。⑰因此，无论是从保障制度创新的实效，还是从自由贸易试验区制度本身而言，通过整体规划、出台国家层面的立法对于统筹安排各试验区地域之间的制度生态系统，防范创新竞争过程中出现的各种外部性风险，为相关国家战略提供可靠的、可复制的推广经验都具有重要的意义。

其次，通过国家层面的立法，有助于协调自由贸易试验区涉及的中央与地方之间事权的平衡和一致。因为我国的主要事权集中在中央，而且相关事权涉及的部门也存在职权交叉和央地管理体制的不同，而透过地方立法途径不仅难以企及中央相关的事权，而且对于涉及广泛改革创新试点任务的自由贸易试验区而言，即使通过地方与中央部门之间进行事权的协调也非易事。因此，各自由贸易试验区分地域制定总体方案的做法并非平衡中央与地方事权关系的最佳方案。为了减少中央与地方事权之间的矛盾，促进自由贸易试验区长远发展，应当吸纳各自由贸易试验区的总体方案和实际立法的相关经验，在国家层面进行立法，作为统领我国自由贸易试验区发展方向的"基本法"，并依此明确各自由贸易试验区地方政府相应的立法权限和具体行政职能范围。

再次，通过国家层面的立法，有助于消除上位法缺乏而利用总体方案和相关授权立法作为"基本法"依据所带来的各种矛盾和尴尬。众所周知，各地的自由贸易试验区均冠名为"中国（××）自由贸易试验区"，这就造成各地在制定地方性立法中，往往出现"中国××自由贸易试验区条例"的命名，一方面，这个与地方立法惯常的以该地域的名称命名的一般做法不符；另一方面，更为重要的是，由于不同地域在制定地方立法过程中有不同的侧重考量，因此即导致不同地方均冠以"中国"开头的自由贸易试验区地方立法在规定的内容和体例方面出现了很多不一致与不协调的情况⑱，这对于自由贸易试验区制度而言甚为尴尬。而且依据各地总体方案制定的地方立法也受制于"方案"本身的法律位阶不明的性质和具有政策指导性的内容，导致

---

⑰ 周亚军："周汉民委员：尽快制定自贸区促进法"，载《人民日报》2015年3月5日，第3版。
⑱ 例如，各地的自由贸易试验区条例中都涵盖了"容错机制"，但从表述上可以看出，均存在适用范围、概念界定等方面的差别。

在立法的创新性和技术性方面存在矛盾与尴尬的境况。因此，制定国家层面立法，将在立法的统一性、规范性和权威性方面消除各地立法和授权立法模式下的相关困境。

最后，通过国家层面的立法，有助于从立法上解决和满足我国现有立法和相关法律对自由贸易试验区此类改革制度法律依据不足的现实需求。2014年2月28日，习近平总书记在中央全面深化改革领导小组第二次会议的重要讲话中强调指出，"凡属重大改革都要于法有据。在整个改革过程中，都要高度重视运用法治思维和法治方式，加强对相关立法工作的协调。"改革开放之初为了吸引外资，我国采取了政策洼地式的经济特区等模式，但在今天全球竞争日趋激烈、人民币需求日益扩大的国内外背景下，这种模式已经无法满足我国经济进一步优化升级和参与更高层次竞争的需求。我国自由贸易试验区的提出是中国实施改革开放40余年后，党中央和国务院为了适应国内外形势的新变化提出的新举措。[19] 因此对于数量和地域范围远超经济特区、改革创新试点任务如此艰巨复杂的自由贸易试验区，不能再采用原来经济特区类似只有地方立法的模式[20]，而应该通盘考虑、上下统筹、内外兼顾，进行立法方式和模式上的创新，在国家立法层面满足此种重大改革制度于法有据的稳定性和现实性需要。

（二）自由贸易试验区国家立法的可行性

一方面，自由贸易试验区制度进行国家立法，可以统筹中央相关事权的制度模式和与地方事权的划分界限，充分汲取地方立法过程中已经获取的相关经验，集中调配和使用有关立法资源，实现立法效益的最大化。国家层面的立法与地方层面的立法，对于自由贸易试验区而言没有冲突；相反，基于地方立法的经验和资源基础，相关国家层面的立法将会更为可行。自由贸易

---

[19] 佟家栋："中国自由贸易试验区的改革深化与自由贸易港的建立"，载《国际商务研究》2018年第1期，第14页。

[20] 1980年制定的《广东省经济特区条例》是由广东省人民代表大会通过，并报中华人民共和国全国人民代表大会常务委员会批准后施行的，其规定的内容只涉及广东省深圳、珠海、汕头3个经济特区范围的事项。

试验区涉及制度创新，而其中绝大部分事项如投资、贸易、税收、海关和金融等，均属于中央事权范畴，这些事权在地方立法的过程中，不仅会出现没有授权或者难以获得授权的困难或尴尬，而且由于很多事权涉及央地不同职能部门，而地方政府在具体立法时若涉及央地事权混合事项，对于中央职能部门与地方职能部门之间的配合也难以管理和协调，因此难免出现地方立法中对于制度创新尺度和责任规定时的尴尬。因此制定上位阶的国家层面立法，不仅有利于解决上述问题，而且也更适合处理中央与地方的事权划分问题，最终实现建构起一个结构合理、脉络畅通、内容翔实、符合国情的中国自由贸易试验区法治体系的蓝本。

另一方面，我国自由贸易试验区制度的立法模式以及国家层面立法的完善，也有域外相关国家的立法经验和制度设计可以借鉴。发达国家关于自由贸易区的建设，通常做法是立法先行，设区在后。[21] 例如，美国的"对外贸易区"和新加坡的"自由贸易区"等，都遵循了在设立自由贸易区之前，已经就自由贸易区的立法进行了部分努力，自由贸易区成功设立后，又根据具体建设情况进行修正和补充的过程。[22] 同时由于国情因素的不同，即使是相同的做法，在具体制度设计方面的体现也不一样。新加坡因为国土面积小，其各自由贸易区所在地地方政府没有单独地方立法，但 1965 年《新加坡自由贸易区法》和 1969 年《新加坡自由贸易区条例》这两部法律文件都是国家立法。通过这两部立法，新加坡自由贸易区的管理模式采取了典型的"双层级管理模式"，即由中央政府和自由贸易区内特定企业共同进行管理，其中中央政府负责总体方向的规划引领，自由贸易区内特定企业负责日常运营中的具体实施。而与之不同的是，美国采用的是中央立法与地方立法相结合的

---

[21] 陈利强："中国自由贸易试验区法治建构论"，载《国际贸易问题》2017 年第 1 期，第 3-14 页。
[22] 当 1936 年美国对外贸易区成立时，《美国对外贸易区法》已问世两年，其作为美国对外贸易区法律制度国家层面的基本法，在美国对外贸易区战略发展兴盛的过程中发挥了指向性功能，并占据了美国对外贸易区法律制度最为核心的位置。在对外贸易区进入实践阶段后，《美国对外贸易区法》按照美国法律汇编的惯例，被编入《美国法典》，共计 21 个条文，其中多数经过实践检验后进行了修正，因此，"21 条"逐渐趋于完善。在此过程中，美国还制定了《美国对外贸易园区条例》，内容包括议事规则和程序规则，以及区内日常管理活动的实体和程序规则。这一条例的出台，旨在完善美国的经贸政策体系，在提出影响国际竞争力的经济因素的同时，也为完成以上目的提供了更为完善的法律框架。

立法方式，除了有被编入《美国法典》的《美国对外贸易区法》和《美国对外贸易园区条例》作为国家层面的立法，还授权对外贸易区所在地地方政府在区内适当立法，但在适用时会有适当的效力限制，即在《美国宪法》《美国对外贸易区法》等上位法或者其他法律、行政法规与地方政府立法，对同一事项作出相互矛盾规定时，应优先选择上位法相关条款的规定进行适用。虽然我国采用的是制度先行、立法与设区同步的做法，但上述国家的立法经验都是我国的自由贸易试验区在国家立法时可以汲取的宝贵财富。

四、完善中国自由贸易试验区立法的相关建议

2014年十八届四中全会明确了"依法治国"的基本方针，提出"法律是治国之重器，良法是善治之前提"[23]，这也是对我国自由贸易试验区战略法治建设的重要指针。自由贸易试验区本身属于制度创新、先行先试区域的特殊性，而且相关自由贸易试验区虽身在不同地方却承载了较多国家改革功能的事项，因此我国自由贸易试验区制度在立法中存在的问题，并不能够通过获取过往改革经验以及仅仅依靠地方立法或者授权立法等方式加以解决，而是需要进行综合的立法模式考量，提出系统化的对策方案。鉴于以上可行性分析中域外类似自由贸易区的立法实践经验，本文在此尝试初步提出关于中国自由贸易试验区立法完善的相关建议，以抛砖引玉、求教各位方家。

（一）摒弃固有思维加快国家立法的制定

从目前自由贸易试验区立法的理论纷争和实践问题可以看出，中国在实施自由贸易试验区战略的过程中，始终依循着以往"经济特区""经济技术开发区"等特殊经济区域的立法模式，以固有的思维方式将自由贸易试验区与这些特殊的经济区域等同视之。但实际上，特殊经济区域承载的是促进国

---

[23] 2014年十八届四中全会确立"依法治国"的基本方针，全会一致通过《中共中央关于全面推进依法治国若干重大问题的决定》，决定作为我国依法治国方针总纲领着重提出"法律是治国之重器，良法是善治之前提。建设中国特色社会主义法制体系，必须坚持立法先行，发挥立法的引领和推动作用，抓住提高立法质量这个关键"的基本要求。

家经济发展和主动对外开放的功能,使用的手段主要是优惠性政策,而自由贸易试验区设立的目的在于对制度创新的先行先试和应对对外开放的改革需求,属于政策的洼地和制度的高地。因此在实施自由贸易试验区制度过程中,需要摈弃过往固有的思维模式,优惠性措施主要依据的是变动性较大的各级各类政策,而制度创新更多依赖的是法治引领、风险防控和复制推广。而且虽然总体方案和《授权决定》可以从宪法、组织法等相关法律中找到依据,但毕竟现有的法律依据都只能用于评判制定者或者制定过程是否合法,并不能够直接作为自由贸易试验区制度实施的法律依据和指针。因此,中国的理论界和实务界有必要跳出现有地方立法模式的框架思维,思考和尝试通过国家立法的方式加以规制,直接呼应自由贸易试验区制度的本质特征与发展要义。

(二) 确定中央和地方间并行的立法模式

中国自由贸易试验区现有的以总体方案和《授权决定》为依据、通过地方人大或者政府进行立法的模式,是自由贸易试验区所在的各地方践行国家重大战略、保障制度顺利推进,体现"重大改革于法有据"的重要方式,并无全国人大和全国人大常委会的专门授权。很多省市对此立法毫无经验,框架上基本都是"仿效"上海,甚至条款表述上都完全一致,立法的特色不鲜明、亮点不突出。因此从立法模式角度考虑,是否在中央进行国家立法之后就此需要取消地方立法呢?本文认为,根据美国对外贸易区制度的发展经验以及考虑我国目前自由贸易试验区制度的现状,在加快我国的国家立法的制定的同时,也应确定中央和地方立法并行的模式。中央对自由贸易试验区进行宏观立法与地方对自由贸易试验区进行具体立法之间并不矛盾。相反,二者是相辅相成、互为补充的关系。我国幅员辽阔,各地承载的制度改革试点任务不同,不可能千篇一律,只能通过一个国家层面的立法加以实施。中央立法主要是起到基本依据、央地事权协调以及法律调整范围和基本框架确定的作用,而地方立法需要将中央立法中的法律依据细化为特色化的落实举措。自由贸易试验区相关制度创新的先行先试需要通过地方立法加以落实,而地方创新制度经验的复制推广需要依赖国家立法的保障与落实。自由贸易试验区制度在保障制度创新的同时，其本身的立法模式实际上也是一种制度创新的尝试，可以考虑确定中央和地方立法并行的模式，以尽快完善我国自由贸易试验区的相关法律制度。

（三）合理协调划分中央与地方立法权限

确定中央与地方立法并行模式后，需要进一步考虑，对于自由贸易试验区制度的保障规范，中央与地方如何确定各自的权限以及如何合理协调划分各自的立法权限。根据本文上述对于中央立法和地方立法功能的推论，采用"中央立法规定一切"的做法显然并不合理，也不符合中央宏观调控以及地方自由发展的客观规律。因此，自由贸易试验区立法过程中，为了应对中央立法的一般要求和地方立法的特殊性要求，必须明确中央立法和地方立法各自的权限范围，中央立法和地方立法应当做到分工明确，有理有据，方能在区内实现有法可依。

具体而言，自由贸易试验区制度的中央立法中可以仅作一般性规定。中央立法应当遵循确定性规则和委任性规则相结合的基本原则，针对中央事权的内容，诸如投资、金融、海关、税收等事项，制定确定性规则，以缓解地方事权的内容因法律依据不充分，而落地运行受限制的局限性。确定性规则可以实现中央立法对自由贸易试验区立法工作的引导功能。而且，在必要的确定性规则的前提下，可结合一定的委任性规则的适用余地，为地方立法保留必要的可能性，即在中央立法进行方向性、概括性指示的前提下，允许地方立法对具体实施措施进行探索。以目前的实践经验为例，负面清单规则遵循的基本原则"法无禁止皆可为"，即可认为是中央立法为自由贸易试验区"先行先试"释放政策空间作出尝试的信号。而自由贸易试验区地方立法的相应权限，应在中央立法原则性规定下，针对各自由贸易试验区的地方特色进行特殊规定，以促进本区域的经济建设和长远发展。区别中央立法权限，地方立法权限落脚点应为自由贸易试验区内具体措施的制定和落地实施。地方立法的目的是要推进自由贸易试验区内的正常运行。这就意味着，地方立法不能将法规政策制定出来高高举起，却不能扎根实际进行运用。若出现此种情形，地方立法和中央立法界限可能存在模糊不清的问题，二者立法内容有可能大面积重复,也有浪费司法资源和立法效率低下的嫌疑。

总之,从现实发展来看,中央和地方在立法权限上不做区分将阻碍自由贸易试验区的立法推进。中央立法统筹全局,需要地方立法予以配合,以完善中央立法没办法细致规定的事项。合理协调划分中央与地方立法的权限,才能加快国家立法的制定,为自由贸易试验区的长远发展提供相应的法律保障。

(四) 注重自由贸易试验区立法稳定性和阶段化

中央和地方立法权限的协调划分必然涉及对自由贸易试验区立法的稳定性和阶段化问题的处理。中央和地方立法权限的协调划分重点在于解决地方立法的难题,即既要实现大胆改革、自主创新,又要和中央法治环境下的自由贸易试验区基本法在指导思想上一致。自由贸易试验区地方立法不能突破中央立法的权限,不能违背中央立法。其所立之法,只能是对中央立法的细化。同时,又要在地方立法权力允许的范围内,大胆探索和改革,将监督管理制度作为重点突破。[24] 改革创新和立法稳定二者之间看似相互对立,但实质上存在平衡点。因此,自由贸易试验区立法应稳扎稳打,以阶段化目标的逐步实现推导出自由贸易试验区立法的稳定性和改革创新的平衡。

在进行阶段设计时,各地方立法机关要充分考虑各自由贸易试验区自身的特点,分阶段、分步骤设立确保自由贸易试验区能够逐步完成的预期目标。否则,地方政府将无法实现精细化立法,设立的目标也将毫无意义。地方立法的内容必须包括立法、司法、执法等方面,细化到条款。同时,设置严格的实施标准、监管制度、追责制度。细化到每一个基础实施环节,都有相应的责任主体,培养该主体的责任意识等。地方政府的精细化立法,也应当设置风险规避机制。地方政府需要加强自由贸易试验区的自我约束,建立定期评估制度,对自由贸易试验区进行风险评估,以规避自由贸易试验区因为过

---

[24] 马立群:"上海自贸区'法律尺度突破'意味着什么?",载《经济日报》2013 年 9 月 23 日,第 15 版。

度自由化可能产生的风险。制订风险预案，以便在无奈之下发生风险时，可以最快速度予以处理。

（五）国家立法不能忽略与国际规则接轨

根据其他国家自由贸易区发展的经验，没有任何一个国家的对外开放战略可以脱离国际规则，进行完全本土化建设。自由贸易试验区法的制定，不仅要着眼于国内立法，同时还要目光长远，延伸到对相关国际规则的接轨。我国开放自由贸易试验区战略的目的是进行新一轮改革开放。与国际经贸规则相接轨，参与国际竞争和国际经济新秩序建立是中国开放之路的必然选择。最终中国需要通过政策和理念输出，掌握新一轮国际经济建设中的话语权，以便成为规则制定者，而不再是作为旧规则体系的跟随者。同时，自由贸易试验区作为新一轮改革开放的支点和平台，想要加深中国与世界其他国家在自由贸易试验区方面的联系，要求中国必须对标发达国家提出和主导的区域贸易协定和WTO等多边贸易协定等在贸易、投资、知识产权等各方面的更高规制标准和自由要求，并以此为参考寻求国家立法的基线，对中国的立法加以完善以达到参与国际经贸游戏的"资格"。因此，自由贸易试验区的国家层面立法不能忽略与国际规则的接轨，无论是从战略高度还是从实际需求角度进行考虑，与国际规则接轨都是中国必然要实现的要求和目标。

五、结语

自由贸易试验区战略的提出，是中国自改革开放40年后开启的又一场对外开放的新战场。这既是基于国际经贸规则和国际经济格局重建的需要，也是基于我国创新经济发展和对外开放的需要。党的十九大报告中提出"探索建设自由贸易港"。探索建设有中国特色的自由贸易港，打造开放层次更高、营商环境更优、辐射作用更强的开放新高地，对于促进开放型经济创新发展具有重要意义。[25] 2018年4月，作为中国的第十二个自由贸易试验区，全域

---

[25] 汪洋："推动形成全面开放新格局"，载《人民日报》2017年11月10日，第4版。

皆为片区的海南省成为我国第一个承载"分步骤、分阶段"探索建设和发展中国特色自由贸易港制度体系重大任务的国内区域。[26]

可以说,自由贸易港战略是自由贸易试验区制度实施和发展的新阶段,自由贸易试验区也是自由贸易港战略的前哨站,为未来自由贸易港的建设提供了丰富的经验基础。无论是自由贸易试验区还是自由贸易港,长足发展都离不开法治的保障。立法既是自由贸易试验区和自由贸易港发展的基石,又是贯穿自由贸易试验区和自由贸易港发展全过程的依据。这也是深入贯彻党中央"凡属重大改革都要于法有据"指示的重要体现。我们欣喜地看到,2019年两会期间,"启动海南自由贸易港法立法调研起草工作"的相关内容也已经写入全国人大常委会的工作报告,并经大会表决批准。这标志着海南自由贸易港法正式提上国家立法日程。[27] 党的十八届四中全会提出,"法律是治国之重器,良法是善治之前提"。依法治区,依法治港,必须立良法先行。因此,中国也应尽快着手制定和完善国家层面的自由贸易试验区立法,使自由贸易试验区与自由贸易港的法治建设齐头并进。

---

[26] 《中共中央国务院关于支持海南全面深化改革开放的指导意见》,载中国政府网2018年6月4日,http://www.gov.cn/zhengce/2018-04/14/content_5282456.htm。

[27] "十三届全国人大二次会议采纳海南代表团建议海南自由贸易港法提上国家立法日程",载海南省人民政府网2019年3月16日,http://mof.hainan.gov.cn/hainan/ldhd/201903/edda8ff931934661ac2515ddd8eac66e.shtml。

中国特色自由贸易港的法制体系建设：
指导思想、功能内涵与制度架构

郑 蕴[*]

探索建设中国特色自由贸易港是中国支持并参与多边贸易体制的重要实践，其一方面落地实施国际贸易制度，另一方面针对国内经济现状开展压力测试。自由贸易港作为中国最高水准的对外开放区域，不仅需要吸收国际社会成熟的实践与经验，还应当切实反映中国经济发展需求。在国际层面，全球价值链（Global Value Chain，GVC）[①] 不断深化，国际经济规则面临重大转变，国际经济秩序对自由港的功能提出更综合全面的要求；在国内层面，构建全面开放新格局与"一带一路"倡议蓬勃发展，自由贸易试验区实践取得初步成效。在新形势下，国际经贸规则与秩序的变化、中国参与国际经济秩序的战略需求、中国建设现代化经济体系的制度需要等系列因素，皆对自由贸易港的功能与定位提出考验。其中，法制体系是稳步推动自由贸易港建设的重要保障。

---

[*] 郑蕴，西南政法大学国际法学院讲师，中山大学自贸区综合研究院副研究员。

[①] 全球价值链描述在全球化背景下，企业和劳动者将一项产品从概念变成最终使用以及其他的所有活动，包括研发、设计、生产、营销、分销和最终消费者支持。该价值链通过促进投资、贸易行为的紧密联系，以及各国经济的深度融合，极大改变了国际经济秩序，进而对国际经贸制度提出新的需求。最早研究此概念的是杜克大学的加里·杰里菲教授，详细内容参见［美］加里·杰里菲等：《全球价值链和国际发展：理论框架、研究发现和政策分析》，曹文、李可译，上海人民出版社2018年版。

中山大学自贸区综合研究院在其承担的国家社科十九大专项"中国特色自由贸易港'1+N'模式的制度创新及实现路径研究"中，提出宜将"港产模式"（即"1+N"模式）作为中国特色自由贸易港的建设方案。[②] 笔者作为该课题组成员之一，围绕该模式研究宜如何为自由贸易港提供法制保障的问题。本文围绕三个核心问题，进一步对"1+N"模式的中国特色自由贸易港法制保障问题进行阐释。第一，通过探讨国际经济规则体系与国家重大政策方略对自由贸易港提出的具体要求，明确建设自由贸易港的指导思想与基本原则。第二，分析中国特色自由贸易港的功能与内涵。主要探讨"一线放开、二线管住、区内自由"与"境内关外"的实质内涵，提出以建立自由贸易港城为目标的"1+N"的顶层设想，并分析是否需要将自由贸易港的设立由地方行为转变为国家行为。第三，研究中国自由贸易港的核心制度、主要内容与路径设计，主要包括"1+N"模式的内容，自由贸易港的区位选择，顺序选择，专门管理机构，制度创新及改革系统集成，港、区、城之间的关系，以及自由贸易港之间的关系等。

一、中国特色自由贸易港的指导思想与基本原则

探索建设符合现实需求的自由贸易港，需要考虑三方面的因素：第一，国际社会已有的自由港先进经验，以及正在面临深刻转型的国际经济秩序对自由港功能提出的新要求；第二，中国进一步深化改革开放的大政方针，供给侧结构性改革、"一带一路"倡议、构建现代化经济体系等战略的现实需求；第三，中国已有的海关特殊监管区的历史背景以及自由贸易试验区的建设经验。以上三个角度为建设中国特色自由贸易港的指导思想与基本原则提供了如下思路。

（一）国际需求

针对国际经济秩序与规则正面临深刻变革的大背景，宜以新一代国际经

---

② 关于该模式的论述，详见符正平、王海平、史欣向等："探索建设中国特色自由贸易港"，载《中国港口》2018年第5期，第1-3页。

济治理规则为指导,以贸易便利化带动高端投资集聚,建立附加价值高的国际高水平自由贸易港。

第一,国际经济环境变化要求自由港的功能更全面、附加价值更高,以自由贸易拉动投资集聚。自 20 世纪 70 年代到 21 世纪初,GVC 逐步形成,为发展中国家参与全球分工提供机遇。特殊经济区(Special Economic Zone,SEZ)则是连接各国国内市场与国际市场的重要节点。截至 2006 年,世界 130 个国家设立的 SEZ 数量超过 3500 个,大都以关税减免、较低的劳动力资源等优势发展出口加工与转口贸易。③ 2008 年金融危机后国际经济秩序发生重大改变,美国与欧洲难以继续担当全球经济发展的引擎,大型跨国公司也逐步固化其已经形成的供应链(supply chain)。在此背景下,SEZ 不能继续依赖早期的全球分工福利,需进行功能的转型升级以吸引具有更高附加价值的跨国公司。近年来,国际上成功的 SEZ 已从简单的政策激励转化为提供更高附加值的园区服务,并以全面提升园区内的营商环境作为核心目标。④

第二,自由港的法律制度需要吸收新一代国际经济治理规则的理念与原则。当前国际经济规则体系始于"二战"以后,即以美国为主导的布雷顿森林体系,包括金融领域的国际货币基金组织与世界银行、贸易领域的世界贸易组织(World Trade Organization,WTO),以及投资领域碎片化的投资协议网络。该国际经济规则体系带有深刻的双边特征(bilateralism),以规范主权国家边界上的行为为主要内容。⑤ 然而,一方面,"当今世界正发生复杂深刻的变化,国际金融危机深层次影响继续显现,世界经济缓慢复苏、发展分化,国际投资贸易格局和多边投资贸易规则酝酿深刻调整,各国面临的发展问题依然严峻"⑥;另一方面,以日益扩散的自由贸易协定为代表的新国际经贸规

---

③ FIAS, *Special Economic Zones, Performance, Lessons, Learned, and Implications for Zone Development*, The World Bank Group, 2008.

④ Thomas Farole, Gokhan Akinci ed., *Special Economic Zones, Progress, Emerging Challenges, and Future Directions*, The World Bank Group, 2011.

⑤ Bruno Simma, *From Bilateralism to Communist Interest in International Law*, Recueil des Cours, 1994, pp. 232-233.

⑥ 《推动共建丝绸之路经济带和 21 世纪海上丝绸之路的愿景与行动》,2015 年 3 月 28 日发布。

则体系更为全面,并将可持续发展目标注入全球治理的新理念。总体而言,全球合作的程度正在加深,国际经济规则刺破主权黑箱,将对主权国家管理国内市场的行为进行更多限制。在此背景下,探索建设自由港不仅是中国国内的经济策略,更是参与全球经济治理的重要环节,需吸收借鉴新一代国际经济规则的重要理念,探索贯彻可持续发展目标的要求,建设反映国际经贸秩序新需求的制度体系。

第三,国际投资规则重要性程度加深,对自由港的投资促进功能提出需求。GVC的形成,不仅对国际经济市场环境产生影响,也使国际经济规则的重心发生转变。在国际投资行为重要性逐步提升的同时,国际经贸规则由最初关注边界上削减关税、配额等贸易规则,逐渐转化为以规范国内政府管理行为的投资规则为重点。不仅如此,"商业存在"(commercial presence)成为高端服务贸易跨境流动的重要途径,也对东道国投资规则的完善提出需求。中国自由贸易港作为连接国内外市场的核心枢纽,在促进传统货物贸易的同时也需要为服务贸易提供便捷的制度支持,以"负面清单+国民待遇"为核心管理原则的国际投资规则应当为自由贸易港的制度体系所吸收。

(二)国内需求

党的十九大报告提出,要贯彻新发展理念,建设现代化经济体系。其中,要坚定地推动形成全面开放新格局,探索建设自由贸易港是其中的重要任务之一。对此,需要将自由贸易港打造成我国国内开放程度最高的区域中心,成为"一带一路"沿线重要的枢纽与连接点。

首先,建设自由贸易港以推动形成全面开放新格局为目标,需要符合"一带一路"倡议的基本精神。建设"一带一路","旨在促进经济要素有序自由流动、资源高效配置和市场深度融合,推动沿线各国实现经济政策协调,开展更大范围、更高水平、更深层次的区域合作,共同打造开放、包容、均衡、普惠的区域经济合作架构"。[7] 开展更深层次的区域合作,不仅局限于传

---

[7] 《推动共建丝绸之路经济带和21世纪海上丝绸之路的愿景与行动》,2015年3月28日发布。

统边界上的双边主权关系，还对沿线国家国内政策、理念、制度的协调提出更高要求。自由贸易港应当把握机遇，成为"一带一路"沿线重要的枢纽与连接点。

其次，为建成"一带一路"沿线重要的枢纽与连接点，自由贸易港应成为我国开放程度最高的区域辐射中心。围绕优化区域开放布局，党的十九大报告提出三项重要举措：加强西部大开发，赋予自由贸易试验区更大改革自主权，探索建设自由贸易港。自由贸易港应是其中开放程度最高、辐射能力最强的SEZ。因此，自由贸易港应当对标中国香港、新加坡、鹿特丹、迪拜等国际高水平自由港，建设境内关外、货物资金人员进出自由、绝大多数商品免征关税的特定区域，打造开放层次更高、营商环境更优、辐射作用更强的开放新高地。

（三）历史经验

我国建设海关特殊监管区与自由贸易试验区的实践经验丰富，但也暴露出缺陷与不足。自由贸易港作为功能更加复合、开放程度更高的SEZ，对制度安排与顶层设计提出了更高要求。对此，宜从中央层面进行统一立法，系统打造自由贸易港"境内关外"法制体系。

第一，中国海关特殊监管区实践暴露出功能混乱、制度供给不足的缺点。自20世纪90年代起，我国对外开放全面加速，对外开放政策以数量扩张型为主，通过建立保税区形成对外开放的最高层次，中国海关特殊监管区制度自此起步。[8] 首先，各类特殊监管区功能不一，有待整合：保税区，以进出口加工、国际贸易、保税仓储、商品展示为主要功能；保税物流园，具有口岸功能，是专门发展现代国际物流产业的独立封闭区域；出口加工区，由海关24小时监管、封闭式管理，服务于产品外销的加工贸易；保税港区，则兼具保税物流、报税加工和口岸功能。其次，中国海关特殊监管区的顶层制度缺失。直到2007年，《中华人民共和国海关保税港区管理暂行办法》才由海关总署署务会议审议通过。并且，随后发布的相关部门规章和地方法规难以

---

[8] 刘辉群："中国保税港区发展及其功能创新"，载《国际商务研究》2008年第3期。

打破各权力部门间的壁垒,海关、国检、海事、边检、工商、税务、外汇、港政等管理部门在监管时难以协调。

第二,中国自由贸易试验区暴露出改革自主权不够、改革集成不足的缺陷。自2013年中国(上海)自由贸易试验区设立,到2019年新增加6个自由贸易试验区,自由贸易区建设取得重大进展,形成一批改革创新重要成果。诸如贸易便利化与"单一窗口"建设、投资便利化与"负面清单"管理制度改革等实践,标志着我国对外开放格局进一步扩大。但是,随着改革实践探入深水区,自由贸易试验区呈现出创新举措碎片化、表面化、系统集成度不足等问题。更为重要的是,单纯依赖地方政府向中央"要政策",极大地限制了其改革的自主权。因此,为建设开放程度更高、辐射能力更强的自由贸易港,应当从中央顶层进行制度设计,打通关键权力部门间的节点,系统化地构建中国特色自由贸易港的制度体系。

二、中国特色自由贸易港的功能与内涵

在确定探索建设自由贸易港的基本精神与原则的基础上,本部分分析自由贸易港的功能定位,并进一步阐释"1+N"模式的内涵。

(一) 功能定位

基于上述分析,自由贸易港应当是开放功能最强的特殊经济功能区,具有独立的体制机制与复合型的功能。

首先,自由贸易港体制机制独立,是受专门法律体系规范、有专门行政管理体系的特殊地理区域。在各国SEZ实践基础上,世界银行总结自贸区的成功经验,提炼出四大基本要素:第一,特定的地理区域,通常是一国境内经物理围网的特殊区域;第二,统一的行政管理体系、统一的行政管理机构;第三,统一的法制保障体系;第四,属于"境内关外",并且匹配流水线式的简易管理程序。[9] 相对独立的区域地位和相对自主的权力空间,能够确保自由贸

---

[9] FIAS, *Special Economic Zones, Performance, Lessons, Learned, and Implications for Zone Development*, The World Bank Group, 2008.

港高度自由、开放的营商环境，避免其运行受制于区外的法律与行政体系。

其次，自由贸易港的内涵丰富，独立的体制机制保障其复合型的功能特征。在满足上述四项基本要素之后，需要进一步探讨中国特色的自由贸易港应当承载的功能与价值，进而明确其法律体系中应有的内容。第一，"境内关外"，对自由贸易港的独立特征提出要求。"境内"，是指边境以内，适用于全国范围的宪法、民法、刑法等基本法律对区域内部产生约束力，以保障公共利益。"关外"，是指关界以外，自由贸易港内部的经济行为适用于独特的法制体系，并要求配以独立的管理机制。这与我国海关特殊监管区历来秉持的"税收关外、管理关内"的理念不同，除保障税收优惠以外，还需要进一步促进管理机构的专业化和管理体制的精简化。自由贸易港内部应当设立专门的行政机构实施特殊管理制度，以建成与区域之外相对独立的行政管理体制。第二，"一线放开、二线管住、区内自由"，对自由贸易港的运作原则提出要求。"一线放开、二线管住"的实现取决于对"境内关外"原则的贯彻。独立的法制体系能否对市场开放的范围与程度进行明确规定，能否设立相应的执行机制，直接影响"一线放开"的实施；独立的行政管理机构能否共享市场管理信息与资源，健全事中事后监管体系与社会信用体系，则直接影响"二线管住"的可行性。此外，作为功能复合型的自由贸易港，其"区内自由"的内涵应当更加丰满，包括且不限于货物、资金、人员进出自由，绝大多数商品免征关税等。进言之，自由贸易港法律体系除了规范传统货物贸易便利化问题，还需对服务贸易便利化、投资开放与自由等进行规定。自由贸易港应当体现贸易带动产业发展的功能需求，包含国际高水平贸易与投资规则的核心内容，确保自由贸易港的复合型功能，以打造开放层次更高、营商环境更优、辐射作用更强的开放新高地。

（二）自由贸易港"1+N"模式的内涵

在新形势下，国际投资行为在国际市场上的重要性加强，成为带动要素流动与聚集的核心动力。作为"一带一路"沿线辐射带动功能最强的经济功能区，自由贸易港不应仅仅局限于"港"的概念，其价值与影响力也不应单单局限于"港"的地理范围。党的十九大报告指出，要赋予自由贸易试验区更大改革自主权，探索建设自由贸易港。对此，应当将两者有机联系起来，在探索建设自由贸易港的同时深化自由贸易试验区的改革集成与功能。尤其是，针对自由贸易试验区目前出现的功能分散、改革表面化、制度碎片化等问题，应当赋予自由贸易试验区更精确的功能定位，即作为自由贸易港的功能延伸区，以吸引投资、培育新兴产业为核心功能，进而港区与功能延伸区联动以辐射带动所在的母城及其腹地。对此，进一步阐释"1+N"模式的设想。

首先，应当充分利用所在区域的地理禀赋，建成"1+N"模式的自由贸易港城。我们把自由贸易港内涵的外延扩大，在港区内着重发展贸易，在功能延展区内集聚投资。具体而言，"1"，即为享有港口优势的自由贸易港本身。它以贸易便利化与高端物流产业为核心功能，汇集港口、物流、运输等总部企业的投资，在开放传统贸易的同时开放相关产业，打造开放程度最高、营商环境最优的经济区域，促进港区功能转型升级。"N"，则是基于自由贸易港所在母城及其腹地的地理禀赋优势而发展的自由产业园区。园区内不设港口，不开展传统的转口贸易、出口加工等业务，以投资自由化与便利化为核心功能。它们围绕特定产业建立专业的自由区（free zones），以产业集聚为目标，因循产业链关系不断延展集聚规模，吸引诸如高端制造业、高新技术研发、互联网与人工智能产业、会议与展示服务、物流与跨境电商、现代服务业等的聚集与发展。实践中，围绕自由贸易港的各功能延伸区具体规划何种产业，取决于自由贸易港所在母城的产业优势。在此模式下，"1"以贸易为优势，通过围网的方式实现"一线放开、二线管住"；"N"以投资为特征，通过法律规则与"红线管理"的方式防控风险。在此基础上，"1"与"N"，"N"与"N"联动，以贸易带动产业，再以产业提升贸易，彼此合作，加强港、产、城联动。

其次，自由贸易港以"1"为核心，有独立的管理机制与法制体系；"N"在"1"基础上的功能延伸区，以产业集聚为主要目标，管理机制与法制体系的自由度低于前者。为保障其高效运行，它们都接受集约化的管理；在负面清单准入制度、金融政策、人员流动便利化等方面皆享有同等的特殊待遇；但是，鉴于各区块的具体功能不同，其体制机制仍然有差别，其差别体现为以下两点。

一是自由贸易港的管理机制以贸易便利化与发展高端物流产业为核心目标。它享受独立且自由的关税、税收政策，具有保税功能，在区内培育与贸易便利化相关的总部企业。管理机构要着重关注货物的"一线放开、二线管住"问题，加强港口、仓储、检验检疫区域等基础设施建设，为人员和货物进出设置专门的关卡，进行物理或电子围网等。并且，为加强自由贸易港对国际市场的联动作用，应对标 WTO 的《贸易便利化协定》，加强经认证的经营者的企业认证、海关与边检互认、质量溯源体系等的建设。

二是功能延伸区的管理机制以产业开放与投资监管等内容为核心。它们不享有海关特殊监管地位与保税功能，来自自由贸易港的货物在区内只有在加工、展示等时才享有保税政策，货物交易等其他行为需接受与关内相同的税收与管理；区块内以由负面清单制度为核心的投资管理制度为主，并围绕特定产业需求进行高端基础设施建设，提供诸如办公楼、商业门面、展示厅、会场等办公场所，培育优质的园区生态。管理机构应在国家统一负面清单的基础上，根据当地禀赋进行产业规划，吸引相关大型跨国公司总部到区域内投资，并提供方便企业注册及获得许可的程序，确保透明、法治、高效的营商环境。同时，管理机构应当进一步加强事中事后监管的职能，完善法律制度，确定自贸区内经营行为的"红线"。尤其对于新兴业态以及我国尚未发展成熟的高端产业，应建立完善的反垄断审查机制、国家安全审查机制与跨行业、跨部门的社会信用信息体系。

三、中国特色自由贸易港的制度架构

在明确自由贸易港的内涵与外延的基础上，本部分探讨自由贸易港制度架构的实施路径。针对自由贸易试验区实践中出现的权力分散、改革碎片化等问题，本部分强调建立自由贸易港体制机制的独立性。

（一）自由贸易港的授权主体：由地方行为转为中央行为

已经明确的是，作为开放与自由程度最高的特殊经济监管区域，自由贸易港应当有自成一体的行政管理体制。这样的制度安排需要管理权力的统一，以确保自由贸易港运行的顺畅。本部分在分析已有特殊经济监管区域的行政管理制度设计基础上，提出建议。

海关特殊监管区域与自由贸易试验区的设立属于地方政府行为，限制其功能发挥、阻碍其改革举措的系统集成。已有实践中，海关特殊监管区域与自由贸易试验区的设立程序通常为：商务部会同地方政府相关部门探讨设立特殊区域的可行性、必要性，地方进而起草特殊区域的总体方案，最后由国务院批准并印发相应方案。该设立行为本质上属于地方政府行为，从三个方面限制了 SEZ 功能的发挥：其一，地方政府行为将不可避免地受制于地方利益，而我国国内各省市之间的壁垒问题由来已久；其二，通过地方政府行为设立的 SEZ 行政层级较低，缺乏自上而下授予的改革自主权，在改革遇到困难时只能通过地方政府向中央要政策的路径，极大地限制了 SEZ 的创造力与灵活性，直接导致其改革举措的碎片化；其三，当 SEZ 的改革举措触及国家税收、金融、关税、投资等重要事权时，改革实践将严重依赖于相关权力部门之间的协调机制，极大地阻碍区域运作的效率。

因此，需要将设立自由贸易港的行为由地方行为转变为中央行为，建立统一的行政管理体制。自由贸易港是功能更加复合、自由程度更高的 SEZ，其制度设计与改革实践将更深层次地触及国家重要事权。对此，需要建立统一的行政管理体制，将自下而上的路径改为自上而下。首先，梳理自由贸易港特殊功能将会涉及的国家事权种类，尤其要兼顾贸易与投资涉及的不同类型的监管事项，诸如关税、检验检疫、交通、金融、税收、市场准入、社会信用信息、监管、人员流通等，明确各自对应的国家权力部门。其次，由国务院牵头，各部门直接参与讨论下放权力、制定优惠政策、开展合作等重大事项，深入探讨改革的难点与痛点，并确保开放与风险控制之间的平衡。最后，在此基础上授权建立统一的自由贸易港管理局：管理局下分设两类管理机关，港区管理机关享有与贸易便利化相关的管理权力，功能延伸区的管理机关享有与产业开放相关的管理权力；在授权范围以内，管理局及其下设两类管理机关统一负责对自由贸易港的管理，有权决定自由贸易港的重大决策，并就管理程序等技术性事项制定相应规章；在授权范围以外，与各权力部门建立联席会议机制，确保高效、便捷的沟通途径。管理局及其管理机关的具体形式，如法定机构、管委会、公司制等，视各地方需要可灵活处理；问题的关键在于，明确授予管理局及其管理机关权力的内容与范围。

最重要的是，自由贸易港各区块的管理机关应建立集约型的管理体制。就传统海关特殊监管区及自由贸易试验区而言，事中事后监管的职责以海关和边检为主，强调"点"与"线"的概念。但是，自由贸易港不局限于传统开放园区的"点、线"模式，而是"点、线、面"结合的综合性区域治理体制。进言之，自由贸易港是整块的 SEZ，需要集约化的管理运营机制，承担贸易与投资双重管理职能。具体而言，在港区内，管理机构应当兼具海关、边检、国税、公安、工商、质检等部门的职能，在便利通关环境的同时，有权就物流、运输等企业的投资事项进行审批，并综合、全面地进行事中事后监管。在其他产业功能区内，管理机构应当有投资许可的权力，并能就地区特殊产业直接向国务院提出开放行业准入的申请；对于传统上集中于中央的反垄断审查与国家安全审查权应当授予管理机构，管理机构应当与中央建立高效的信息共享平台，确保风险管控的能力。

（二）自由贸易港法律体制：中央逐步起草专门立法

制度创新，最终需要法律层面的规范与确认。本部分总结自由贸易试验区的立法实践特征，进而就自由贸易港法律体制建设提出建议。

自由贸易试验区以国务院批准印发的各自由贸易试验区总体方案为依据，总体方案属于行政法规，效力低于法律。为协调自由贸易试验区总体方案与现行法律体系对市场准入、行政审批事项的不同规定，全国人民代表大会根据《中华人民共和国立法法》（以下简称《立法法》）第 9 条授权国务院在各自由贸易试验区暂时调整相关法律规定的行政审批。在此基础上，自由贸易试验区所在各省、直辖市使用地方立法权，基于总体方案制定自由贸易试验区条例，并就具体管理事项制定行政规章。因此，自由贸易试验区的法制体系面临两大难点：第一，规则内容政策性较强，内容缺乏明确性、确定性，执行性较差；第二，规则体系较为碎片化，就改革的难点问题不同部门从不同层面制定行政法规，难以触及改革的深层次难点。上述难点产生的根本原因在于顶层立法等级过低，难以为体制性的改革实践提供法律依据与权力保障。

有鉴于此，建议对自由贸易港采用中央立法模式。自上而下地赋予自由贸易港改革自主权，明确港内商事主体享有的特殊权利，同时对高度开放带来的风险防范问题进行专门设计。综观世界高水平自由港实践，各国通常基于自由港的特殊经济地位制定专门立法。美国在联邦层面制定《美国对外贸易区法》，新加坡在国家层面制定《新加坡自由贸易区法》。阿联酋属于酋长国制，各酋长国自主权力较大，最为开放的迪拜由迪拜酋长亲自签发法律[或皇家敕令（Royal Decree）]，设立自由贸易区。这些自由贸易区的法案与该国其他法律效力平等，实质上在特殊地理范围内针对特定贸易、投资、税收、商事等事项构建了自成一体的法律体系，确保区内制度的统一与实施的顺畅。不过，在全国范围施行的民法、刑法等基本法律同样应当适用于自由贸易区内，以确保区内的公序良俗与社会秩序。

当然，统一制定自由贸易港立法不可能一蹴而就。依据《立法法》规则，可以按照如图 1 所示的途径逐步进行"立改废释"。

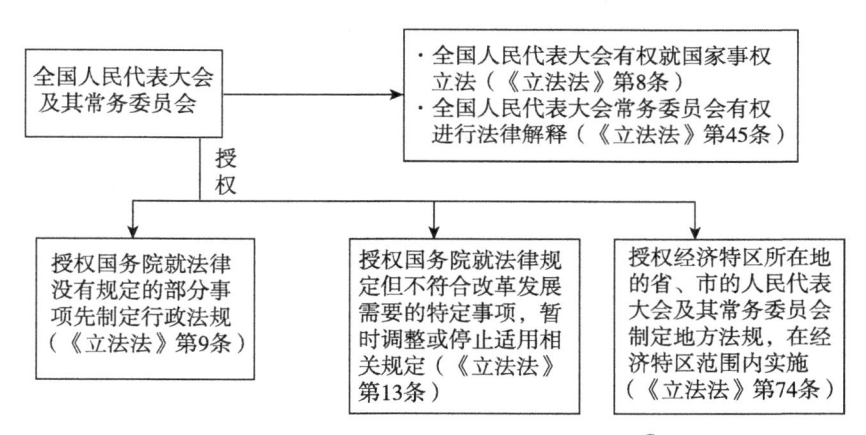

图 1 关于"立改废释"权限的法律规定[10]

---

[10] 《立法法》第 8 条规定："下列事项只能制定法律……（六）税种的设立、税率的确定和税收征收管理等税收基本制度；（七）对非国有财产的征收、征用；（八）民事基本制度；（九）基本经济制度以及财政、海关、金融和外贸的基本制度；（十）诉讼和仲裁制度；……"第 45 条规定："法律解释权属于全国人民代表大会常务委员会。……"第 9 条规定："本法第八条规定的事项尚未制定法律的，全国人民代表大会及其常务委员会有权作出决定，授权国务院可以根据实际需要，对其中的部分事项先制定行政法规，但是有关犯罪和刑罚、对公民政治权利的剥夺和限制人身自由的强制措施和处罚、司法制度等事项除外。"第 13 条规定："全国人民代表大会及其常务委员会可以根据改革发展的需要，决定就行政管理等领域的特定事项授权在一定期限内在部分地方暂时调整或者暂时停止适用法律的部分规定。"第 74 条规定："经济特区所在地的省、市的人民代表大会及其常务委员会根据全国人民代表大会的授权决定，制定法规，在经济特区范围内实施。"

在建设自由贸易港的过程中，全国人民代表大会及其常务委员会应承担健全法制保障体系的责任：第一，对于能够通过法律解释为改革举措提供法律保障的情形，全国人民代表大会常务委员会应及时解释相关法律规则；第二，对于现行立法对自由贸易港改革造成重大法律障碍的情形，全国人民代表大会及其常务委员应及时决定授权国务院暂停相应法律规则的适用，保障自由贸易港的权力空间；第三，对于经过自由贸易港实践检验，制定、修改或废止相关法律条件成熟的情形，全国人民代表大会及其常务委员会应当及时"立改废"。

最终目的在于，在时机成熟时对自由贸易港的功能、地位、管理机制、享受的特殊优惠政策通过法律进行统一规定，保障自由贸易港开放程度最高、营商环境最优、辐射带动功能最强的特殊经济地位；在此基础上，围绕"1+N"的结构进行制度细化，有针对性地发挥自由贸易港的贸易、投资、产业集聚等功能（见图2）。

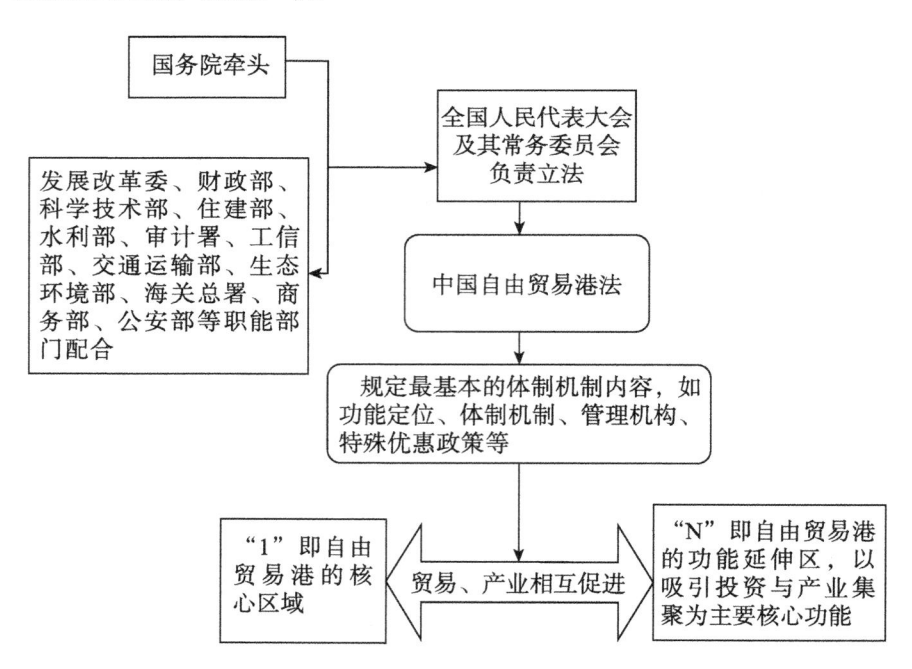

图2 关于自由贸易港的制度架构

（三）自由贸易港的核心法律制度

参照国际自由港已有立法实践，本部分进一步探讨自由贸易港立法应当包含的具体内容。

1. 自由贸易港的设立条件

可以采取两种模式：第一，从功能上进行限定，明确自由贸易港的内涵、宗旨与目标，诸如促进货物、人员、资金等高度自由，构建法治化、透明化的营商环境，汇聚高质量总部经济，建成区域核心枢纽中心等；第二，从地理区域上进行限定，明确自由贸易港能够体现的战略地理区位、自由贸易港的范围大小、内部包含航空港、海港或陆港等。

2. 自由贸易港的管理机制

自由贸易港功能的发挥依赖于统一、专业的行政管理机构与体制。因此，需要从中央层面明确设立自由贸易港的管理机构。首先，明确自由贸易港管理机构的结构设置原则、精简部门设置、缩减行政等级、简化行政程序。例如，可以设立独立的法定机构，按照公司模式设置决策层、董事层与具体执行层，取代传统的工商、税务、发改等政府部门类别。且应当在自由贸易港管理局下针对港区和产业区块的不同功能，设立专门的管理机关进行高效、专业的管理运营。其次，应当明确管理机构的权限范围。借鉴国际经验，自由港的管理机构通常有权决定港内的宏观规划与政策，管理、经营园区内的土地，依照法律授权对自由港内事务进行管理，对于行政管理的技术性事项制定规章，决定投资设立与行政许可等事项，进行事中事后监管。并为了确保自由港内土地与资源的高效运营，管理机构有权选择专业的园区开发企业，负责园区基础设施建设，为区内商事主体提供专业服务。当然，根据"1"与"N"区块的功能差别，应当对相应管理机关的具体权限内容做适当区分。

值得注意的是，需要响应十九大精神，着力打造共建共治共享的社会治理格局。自由贸易港的优质营商环境依赖于现代化的社会治理制度，应当完善党委领导、政府负责、社会协同、公众参与、法治保障的社会治理体制，提高社会治理社会化、法治化、智能化、专业化水平。尤其是，在自由贸易港管理局的统筹管理之下，应当充分发挥社会第三方机构的力量，例如，与高质量的开发商共同完善园区基础设施，提供高质量的园区服务；与高新技术企业共同开发社会信用体系，利用大数据技术加强园区事中事后监管功能；吸引优质医院、教育机构等，整体提高社区环境与功能。

3. "1+N"的自由贸易港架构

在明确自由贸易港的设立条件与管理机制的基础上，进一步细化"1+N"自由贸易港架构的内容。首先，依托于海港与空港，建设以贸易便利化、高端物流服务为核心功能的自由贸易港。在港区内，提供高水平的港口基础设施，按照国际标准建设泊位、码头、仓库、检验检疫区等，吸引并汇聚全球高端物流总部与航运或空运总部，并在港区设置人与货的关卡进行围网。其次，在自由贸易港所在母城，根据当地优势产业，因循产业链的规律建立"N"个自由区。各自由区具有相对独立的集约化管理机制，在享有最基本的金融、投资、人员流动等优惠措施的基础上，重点探索有利于人力、技术、资金等要素聚集的政策措施，加强管理机构的改革自主权，以吸引投资、促进产业集聚为主要目标。它们针对本区域特征进行产业规划，据此向国务院提出相应的投资便利政策，并围绕区内产业特征提供相应基础设施建设。各自由区对于聚集的产业有相对明确的定位，但只要符合该产业定位，商事主体在区域内的经营行为就绝对自由。

4. 基于市场准入"负面清单"管理制度的投资法制

鉴于国际投资行为在国际经济市场中的作用日益重要，服务贸易对现代自由贸易园区的重要作用，以及自由贸易试验区已经就"负面清单"管理制度获得的成功经验，自由贸易港应当建立以市场准入"负面清单"管理为核心的投资法制，健全"一线放开、二线管住"的投资管理环境。对此，投资法制度的理想状态，是在完善、开放的国内投资法基础上逐渐放开外国投资市场，并针对外国投资的特殊管理事项建立统一的外商投资法。2019年《中华人民共和国外商投资法》出台，深刻改变了中国改革开放以来形成的内、外资管理双轨制。目前，可以通过已有的两张负面清单倒逼国内、外投资市场的开放，逐步对外商投资负面清单范围外的外国投资者实施国民待遇，促进中国国内、外投资法体系从"物理集成"发展为"化学集成"（见图3）。在此基础上，按照"1+N"架构中各个自由区的需求进一步细化清单内容。

四、区域贸易协定、中国自由贸易港

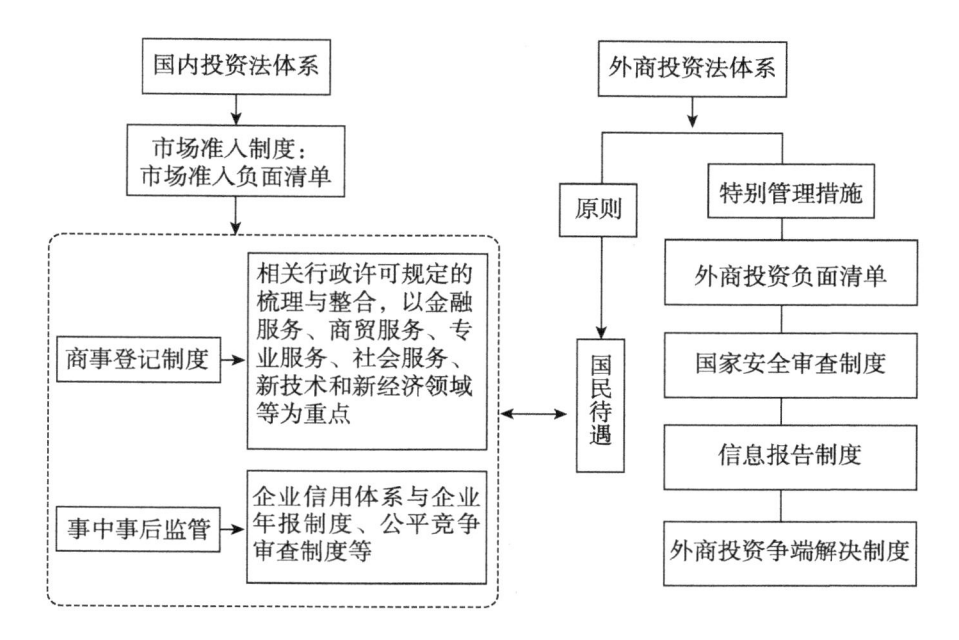

图3　投资法制度从"物理集成"到"化学集成"

在国家层面，统一发布适用于全国自由贸易港的负面清单，将"开放为原则、限制为例外"的理念注入投资管理制度之中，在制度层面保障自由贸易港各个区域的投资自由程度。国家统一发布的负面清单，需要针对目前我国市场开放的基本情况，在深化制造业开放的同时稳步有序地推进服务业开放。具体而言，除极少数敏感领域外，其他制造业还要进一步开放，股比、业务范围等限制也要逐步放宽；扩大服务业对外开放，重点推进金融、教育、文化、医疗等服务业领域有序开放，放开育幼养老、建筑设计、会计审计、商贸物流、电子商务等服务业领域外资准入限制。

在地方层面，各地根据自身资源禀赋，在国家统一发布的负面清单基础上依照围绕区内自由贸易港的产业聚集区的产业规划与开放优势，依法律程序向国务院提出削减负面清单内容的政策请求，为其地域内各自由区的产业功能提供保障。根据《国务院关于实行市场准入负面清单制度的意见》，允许省级人民政府在全国统一的市场准入负面清单基础上，根据本地区资源要素禀赋、主体功能定位、产业比较优势、生产协作关系、物流营销网络、生态环境影响等因素，提出调整市场准入负面清单的建议，报国务院批准后实施。省级人民政府应当充分利用该程序与渠道，探索制定更符合本地市场开放与投资者实际需求的地方负面清单。更进一步，在自由贸易港内部，港区应当注重研究针对航运业、物流业、跨境电子商务业等相关产业的开放政策和管理制度，产业区域则需着重培育并聚集高端服务业、科技创新产业、医疗、教育、金融等现代经济体系的核心支柱性产业，探索制定能够反映区域优势的产业政策。

总体而言，投资管理制度对于自由贸易港建设至关重要，将直接影响区域内产业开放与聚集的效果。国家只能在制度层面确定"负面清单"管理制度，并提供地方进一步申请开放市场领域的程序与途径；地方需要积极吸引高端产业，探索当地市场的优势与需求，在实践基础上依据程序规则向国务院申请进一步开放投资市场。通过自上而下、自下而上双向路径的结合，使自由贸易港的负面清单制度能够实际反映市场和产业的需求。

5. 自由贸易港内商事主体享有的特定权利

首先，需要明确自由贸易港内商事主体享有的权利内容，由国务院会同各部门就关税、税收、人员流动、市场准入、行政审批等事项进行规定。商事主体只能享有依据该立法确定的特殊权益，自由贸易港的管理机构原则上没有权力自主决定上述事项。其次，需要明确自由贸易港内商事主体获得该权利的条件。实践中，自由贸易试验区常采用虚拟地址方式，企业只要在区域内注册即可享受优惠权益，但实际运营发生在别处。该模式在短期内可能为自由贸易港带来大量投资，但长期看来并不能使港区获得投资带来的诸如人员、资金、技术等溢出效应，不利于形成产业集聚与辐射带动作用。

6. 自由贸易港内的人员流动事项

在服务贸易发展迅速的背景下，人员流动，尤其是高水平的人才流动对自由贸易港的运营至关重要。借鉴国际经验，公安与边检部门可以授予自由贸易港管理机构"签证保证权"。基于该权力，管理机构可以与港内企业签订"签证保证协议"，设立企业拟招收海外员工的员额，管理机构为其员工满足签证获取条件向出入境公安机关进行担保，设置快速通道；企业则审核、确保其雇员的实质条件与签证申请材料，在违背出入境相关规定时承担责任。

7. 自由贸易港内的争端解决机制

法治化的营商环境要求自由贸易港内具有专业、高效的争端解决机制与权利救济途径。首先，自由贸易港内可以设立法院与检察院的派出机构，设立专门的海事法庭以解决海事航运争议。其次，应深入利用商事仲裁机制，建立多元争端解决模式。自由贸易港作为高度开放与国际化的特殊区域，港内极易发生跨国商事争议。构建专业、国际化的商事仲裁庭，加强司法体系对仲裁程序的支持力度，使外国投资者信任港内的仲裁机构，确保跨国商事仲裁条款选择港区内的仲裁庭、适用国内的仲裁规则等，进而提升我国仲裁机制在国际社会的影响力。

四、结语

本文聚焦于"1＋N"自由贸易港顶层设计的原则思路、制度框架与具体制度内容，从当前的宏观背景出发，分析国际经济秩序和规则，与中国目前大政方针政策等，总结建设中国自由贸易港的基本原则与指导思想；在此基础上，分析自由贸易港的功能与地位，并明确"1＋N"架构，以及"1""N"的具体内容与彼此之间的关系；进而，针对海关特殊监管区与自由贸易试验区实践中已经突显出的诸如改革举措碎片化等问题，探讨能够保障自由贸易港功能发挥的制度架构设计路径；最后，借鉴国际经验以及国际经济规则的内容，探讨自由贸易港的具体制度。